Der Kartenprofi

Beim Lesen und Verstehen von Karten hilft der Kartenprofi.
So lese ich eine Karte:

1. Schritt: | Eine Karte hat ein bestimmtes Thema.

Der Kartentitel sagt mir bereits einiges über die Karte.
Ich lese den Kartentitel.

Was ist nach dem Kartentitel das Thema der Karte?

2. Schritt: | Eine Karte hat eine Legende.

Die Legende hilft mir, die Karte besser zu verstehen.
Ich suche die Legende der Karte und ihre einzelnen Punkte.

Ich lese die Legende:
- Was bedeuten die Farben?
- Was bedeuten die Linien?
- Was bedeuten die Symbole?

3. Schritt: | Eine Karte hat einen Maßstab.

Mit dem Maßstab kann ich Entfernungen in der Karte berechnen.

- Ich suche die Maßstabsangabe und notiere den Maßstab der Karte.
- Ich berechne mit dem Maßstab Entfernungen auf der Karte.
- Wie viele Kilometer entsprechen 1 cm auf der Karte?

4. Schritt: | Ich habe mir die Karte genau angesehen.

Ich habe die Legende sorgfältig gelesen.

Jetzt kann ich aufschreiben, was die Karte zeigt:
- Was ist auf der Karte zu sehen?
- Was zeigen die einzelnen Punkte der Legende?
- Welche Informationen aus der Karte sind neu für mich?

Inhaltsverzeichnis

Ein Rundgang durch das Buch 6

Leben in unterschiedlichen Landschaftszonen 10

Schauplatz: Bei den Korowai 12
Orientierung 16
Temperaturzonen der Erde 18
Klima- und Vegetationszonen 20
Methode: Klimadiagramme zeichnen 22
Methode: Klimadiagramme auswerten 23
Regen- und Trockenzeiten in Afrika 24
Savannen – zwischen Regenwald
und Wüste 26
Die Wüste – ein extremer Landschaftsraum . 28
In der gemäßigten Zone 30
In der kalten Zone 32
Wahlseite: Zu kalt, zu trocken … 34
Wahlseite: Oasen – Inseln in der Wüste 35
Wahlseite: Mischkultur statt Regenwald 36
Wahlseite: Höhenstufen 37
Erdkunde aktiv 38
Das kann ich! 39

Menschliche Lebensräume in Gefahr 40

Schauplatz: Ein Vulkan bricht aus 42
Orientierung 44
Die Erdoberfläche in ständigem Wandel 46
Kontinente in Bewegung 48
Die Erde bebt 50
Stürme 52
Methode: Ein Wirkungsgefüge erstellen 54
Wahlseite: Die Ostsee in Gefahr 56
Wahlseite: Sandstürme in Deutschland 57
Wahlseite: Fracking für mehr Energie 58
Wahlseite: Gefahren durch Lawinen 59
Leben mit und Schutz vor Naturrisiken 60
Erdkunde aktiv 61
Das kann ich! 62

Nachhaltige Entwicklung 64

Schauplatz: Unsere Wälder 66
Orientierung 68
Methode: Ein Projekt durchführen 70
Wahlseite: Fahrradstadt Münster 72
Wahlseite: Fair Trade 73
Wahlseite: Nachhaltigkeit im Alltag 74
Wahlseite: Die Energiewende 75
Politik aktiv 76
Das kann ich! 77

Glauben und Wissen im Mittelalter 78

Schauplatz: In den Gassen von Córdoba 80
Orientierung 82
Drei Weltreligionen – ein Ursprung 84
Was bestimmte das Denken im Mittelalter? . . 85
Kreuzzüge: Der Kampf um Jerusalem 86
Methode: Primär- und Sekundärtexte 88
Wahlseite: Juden im Mittelalter 90
Wahlseite: Christen im Orient 91
Wahlseite: Begegnung von Kulturen 92
Miteinander leben – heute 93
Das Bild von der Welt auf Karten 94
Geschichte aktiv 96
Das kann ich! 97

Neue Welten und neue Horizonte 98

Schauplatz: Abenteuer Seefahrt 100
Orientierung 102
Eine neue Zeit beginnt 104
Der Beginn der Reformation 106
Die Entdeckung Amerikas 108
Methode: Geschichtskarten analysieren 109
Wahlseite: Hochkulturen in Amerika 110
Wahlseite: Die Azteken 111
Wahlseite: Warenaustausch 112
Wahlseite: Das Reich der Azteken 113
Die Zerstörung des Aztekenreiches 114
Geschichte aktiv 116
Das kann ich! 117

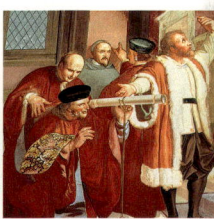

Hauptsache Europa 118

Schauplatz: Lampedusa 120
Orientierung 122
Was verbindet die Europäer? 124
Migration weltweit 126
Migranten bei uns 128
Methode: Wir werten Info-Grafiken aus 129
Europa – Hoffnung vieler Menschen 130
Migration und ihre Auswirkungen 132
Wahlseite: Roma – Flüchtlinge in Europa . . . 134
Wahlseite: Roma in Duisburg 135
Wahlseite: Festung Europa? 136
Wahlseite: Asyl in der Kirche 137
Erdkunde aktiv 138
Das kann ich! 139

Du und die anderen 140

Schauplatz: Jugendliche in Neustadt-Ost . . . 142
Orientierung 144
Wer bin ich? 146
Haben Frauen und Männer
gleiche Rechte? 148
Ein Interview 150
Methode: Ein Interview führen 151
Jugendschutz – Hilfe oder Gängelung? 152
Wahlseite: Jugendkriminalität 154
Wahlseite: Junge Täter und Gesellschaft . . . 155
Wahlseite: Für den Beruf geboren? 156
Wahlseite: Das Briefgeheimnis 157
Politik aktiv 158
Das kann ich! 159

Europa wandelt sich 160

Schauplatz: Der Sturm auf die Bastille 162
Orientierung 164
Der Absolutismus 166
Kritik und Krise 168
Methode: Karikaturen deuten 169
Freiheit – Gleichheit – Brüderlichkeit 170
Von der Monarchie zur Republik 172
Napoleon – Herrscher Europas 174
Preußen: Die Revolution von oben 176
Um Einheit und Freiheit 178
Wahlseite: Freiheit für Griechenland 180
Wahlseite: Belgien – ein neuer Staat 181
Wahlseite: Polens vergeblicher Kampf 182
Wahlseite: Die Einigung Italiens 183
Geschichte aktiv 184
Das kann ich! 185

Wirtschaft und Arbeit 186

Schauplatz: Die Fabrik 188
Orientierung 190
Industrielle Revolution 192
Industrialisierung in Deutschland 193
Kohle und Eisen aus dem Ruhrgebiet 194
Methode: Industriefotos auswerten 195
Wahlseite: Erfolgreiche Unternehmer 196
Wahlseite: Eingriffe in die Natur 197
Wahlseite: Das Ruhrgebiet im Wandel 198
Wahlseite: Das neue Ruhrgebiet 199
Betriebe und Wirtschaftsraum 200
Die soziale Frage 202
Lösungsversuche 203
Kampf um Verbesserungen 204
Der Staat im Wirtschaftsgeschehen 206
Politik aktiv 208
Das kann ich! 209

Europa versorgt uns   210

Schauplatz: Der Airbus A380 212
Orientierung 214
Klimavielfalt in Europa nutzen 216
Energie für Europa 218
Verkehrsnetze in Europa 220
Grenzen überwinden 222
Deutschlands Nachbarn in Europa 224
Methode: Standortanalyse 226
Wahlseite: Logistikzentrum in Leipzig 228
Wahlseite: Autos und Mode aus Italien 229
Wahlseite: Dr. Oetker aus Ostwestfalen 230
Wahlseite: London als Weltfinanzplatz 231
Erdkunde aktiv 232
Das kann ich! 233

Demokratie leben   234

Schauplatz: Im Bundestag 236
Orientierung 238
Die Würde des Menschen 240
Bund und Länder 242
So wird in Deutschland regiert 244
Methode: Ein Verfassungsschema
deuten 245
Wahlseite: Eine Bürgerinitiative 246
Wahlseite: Mehr direkte Demokratie? 247
Wahlseite: Die politischen Parteien 248
Wahlseite: Feinde der Demokratie 249
Politik aktiv 250
Das kann ich! 251

Vom Imperialismus zum Ersten Weltkrieg   252

Schauplatz: Der Aufstand der Herero 254
Orientierung 256
Wettlauf um Kolonien 258
Alltag in einer deutschen Kolonie 260
Ehemalige Kolonien heute 262
Spannungen in Europa führen
zum Krieg 264
Das Attentat von Sarajewo 266
Stellungskrieg und Materialschlacht 268
Wahlseite: Kriegsinvaliden 270
Wahlseite: Frauen im Ersten Weltkrieg 271
Wahlseite: Lebensmittelversorgung 272
Wahlseite: Kinderalltag um 1915 273
Methode: Kriegsdenkmäler untersuchen . . . 274
Das Ende der Monarchie 276
Geschichte aktiv 278
Das kann ich! 279

Eine Welt, viele Welten   280

Schauplatz: Dubai 282
Orientierung 284
Ungleichheiten: global, regional, lokal 286
Methode: Arbeiten mit einem WebGIS 288
Wahlseite: Bolivien – reich und arm 290
Wahlseite: Madagaskar –(k)ein Paradies 291
Wahlseite: Südkorea – ein Tigerstaat 292
Wahlseite: Brasilien – auf dem Sprung 293
Wahlseite: Nauru – der Traum ist vorbei . . . 294
Wahlseite: Mongolei – begehrt wie nie 295
Hauptwege des Welthandels 296
Gerechter Welthandel 298
Hilfe aus Deutschland 300
Erdkunde aktiv 302
Das kann ich! 303

Medien im Alltag	304

Schauplatz: Redaktionskonferenz 306
Orientierung 308
Medien und Werbung 310
Methode: Eine Umfrage durchführen 312
Wahlseite: ARD und ZDF. 314
Wahlseite: Grenzenloses Fernsehen 315
Wahlseite: Internet – eine tolle
Erfindung?. 316
Wahlseite: Internet – gefährliches
Glatteis. 317
Politik aktiv 318
Das kann ich! 319

Anhang	320

Lexikon 320
Bildquellen 326

Zum schnellen Finden: Methoden im Buch	

Selbstorganisation
Mit den Wahlseiten arbeiten –
die Arbeit organisieren 8

**Informationen beschaffen, verarbeiten
und präsentieren**
Klimadiagramme zeichnen 22
Klimadiagramme auswerten 23
Ein Wirkungsgefüge erstellen 54
Ein Projekt durchführen 70
Primär- und Sekundärtexte vergleichen 88
Geschichtskarten analysieren 109
Info-Grafiken auswerten 129
Ein Interview führen 151
Karikaturen deuten 169
Industriefotos auswerten 195
Standortanalyse 226
Ein Verfassungsschema deuten 245
Kriegsdenkmäler untersuchen 274
Arbeiten mit einem WebGIS 288
Eine Umfrage durchführen 312

Projektideen
Experimente durchführen 38
Ein Vulkanmodell bauen 62
Einen Wald erkunden 76
Eine Aztekenmaske basteln 116
„Historisch" Kochen
Aztekentrinkschokolade 116
Haferflockenauflauf (um 1915) 278
Eine Gerichtsverhandlung besuchen 158
Musik aus der Zeit anhören 184
Ein Industriemuseum besuchen 208
Industriedenkmäler erkunden 208
Einen Europa-Tag organisieren 232
Ein Plakat für eine Bürgerinitiative
entwerfen 250
Ein Entwicklungsprojekt unterstützen . . . 302
Medien erproben 318

Ein Rundgang durch das Buch

Liebe Schülerinnen, liebe Schüler,
wir möchten euch kurz die unterschiedlichen Seiten dieses Buches vorstellen.

Auftaktseiten
Jedes Kapitel startet mit einem großen Bild, das einen historischen Schauplatz oder etwas Interessantes zum jeweiligen Thema zeigt. Ihr könnt Eindrücke sammeln und Vorwissen zusammentragen.

Orientierung
Hier könnt ihr euch einen zeitlichen und räumlichen Überblick verschaffen. Ihr erfahrt außerdem, welche Kompetenzen in dem folgenden Kapitel trainiert werden können.

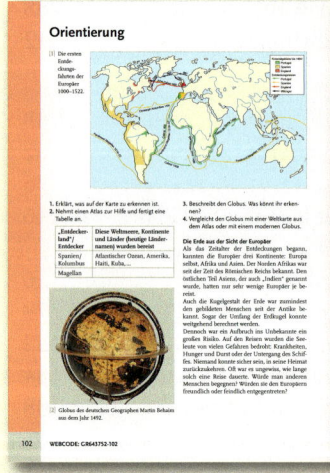

Methode
Diese Seiten unterstützen euch bei der Informationsbeschaffung. Ihr könnt Schritt für Schritt erlernen, wie ihr aus verschiedenen Quellen Informationen entnehmen, diese verarbeiten und schließlich eure Lernergebnisse präsentieren könnt.

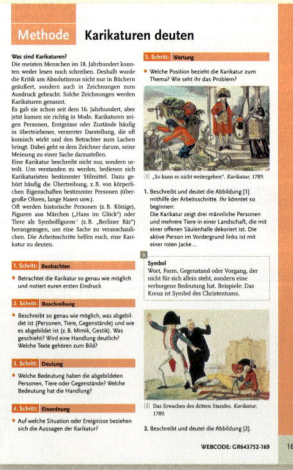

Das kann ich!
Jedes Kapitel endet mit einem „Kompetenz-Check". Hier könnt ihr euer Wissen und Können testen und die neu erworbenen Kompetenzen anwenden.

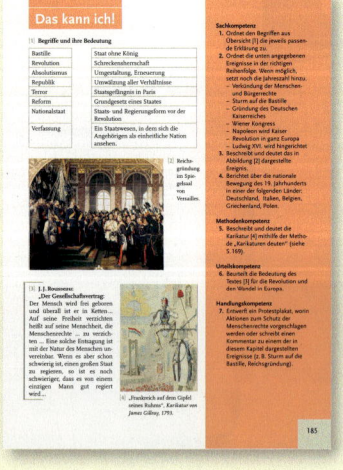

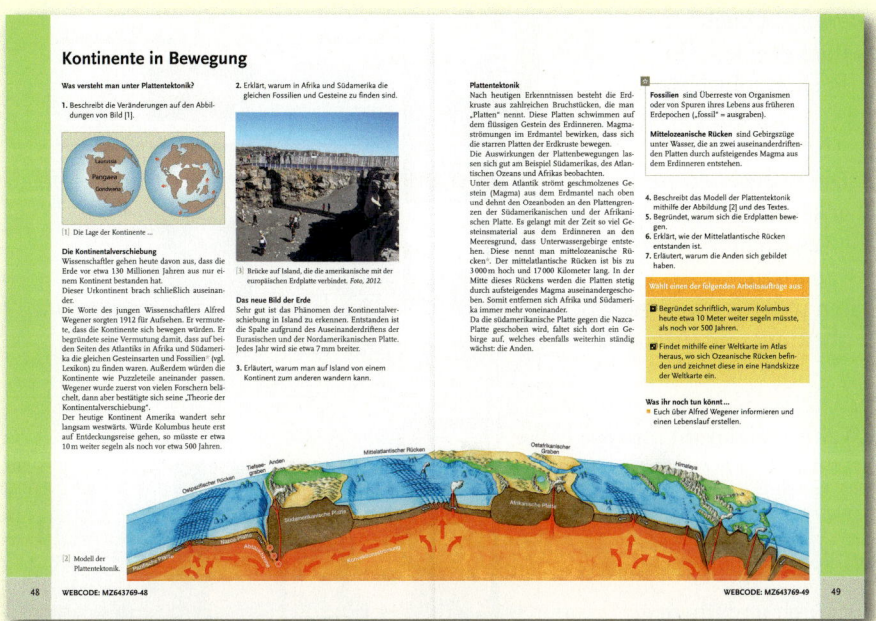

Themendoppelseiten

Oben auf der linken Seite findet ihr eine Leitfrage, worum es auf dieser Doppelseite geht. Fremdtexte (Quellen oder Texte aus anderen Materialien) werden mit einem grauen Balken markiert. Oft kommen in den Texten Begriffe vor, die näher erklärt werden müssen. Diese Begriffe sind mit einem Sternchen versehen und werden in einem Kasten ausführlich erklärt. Auf jeder Inhaltsseite findet ihr Bilder, Schaubilder oder Diagramme. Alle Materialien könnt ihr mithilfe der Aufgaben und Fragen erarbeiten. Mit den Webcodes könnt ihr im Internet weiterarbeiten.

Differenzierungsangebot: Auf vielen Doppelseiten gibt es einen gelben Kasten mit Wahlaufgaben.

Hier könnt ihr einen Arbeitsauftrag auswählen. Die Aufgaben mit ▢ sind etwas leichter, die Aufgaben mit ▣ etwas schwieriger zu lösen. Außerdem findet ihr noch unter „Was ihr noch tun könnt…" weiterführende Anregungen, wenn ihr euch mit dem Thema noch zusätzlich beschäftigen wollt. Wie ihr mit den **Wahlseiten** arbeiten könnt, findet ihr auf Seite 8–9.

Aktiv-Seiten

Hier findet ihr Ideen und Tipps, wenn ihr mit der Klasse ein Projekt zum Thema, eine Werkstatt-Arbeit oder mehrere „Miniprojekte" durchführen möchtet.
Auch für eure Portfolio-Arbeit findet ihr hier Anregungen.

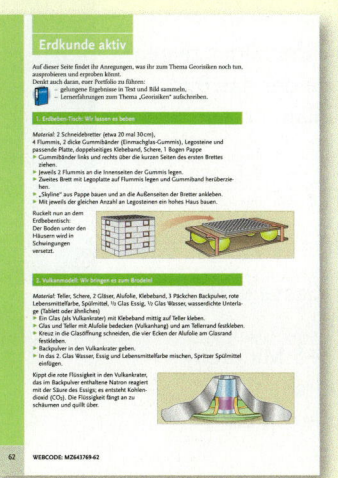

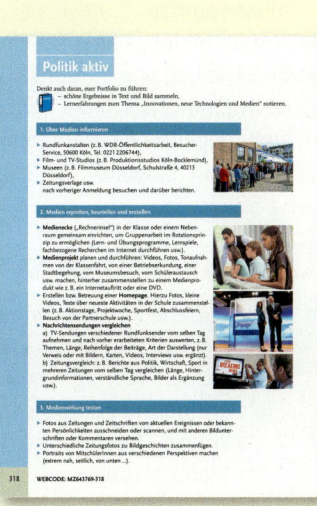

Welches Einzelthema interessiert euch?

In jedem Kapitel dieses Buches findet ihr **Wahlseiten**. Sie sollen von euch selbstständig bearbeitet werden: allein, mit einem Partner oder in Gruppenarbeit. Aber zunächst ohne Hilfe einer Lehrperson. Die Wahlseiten sind oben mit einem Würfel gekennzeichnet. Wahlseiten mit ▣ sind etwas leichter, Wahlseiten mit ▨ etwas schwieriger zu lösen.

Ihr findet auf diesen Seiten unten in dem gelben Balken Tipps für die Erarbeitung und für die Präsentation.

Bei der Arbeit mit den Wahlseiten könnt ihr so vorgehen:

[1] Wahlseiten.

1. Schritt: Thema auswählen

- Blättert die Seiten kurz durch und überlegt, welche Einzelseite euch am meisten interessiert. Wählt diese aus.

2. Schritt: Allein oder mit anderen arbeiten?

- Entscheidet, ob ihr in Gruppen- oder Partnerarbeit zusammenarbeiten wollt oder euch lieber alleine mit der Seite beschäftigt.

[2] Zwei Schüler lesen. *Foto.*

3. Schritt: Wichtigste Punkte herausarbeiten

- Betrachtet die Bilder und lest die Texte. Lasst euch von den Arbeitsvorschlägen anregen.
- Klärt offene Fragen, notiert die wichtigsten Inhaltspunkte.
- Notiert einen „Merksatz" für die Klasse.
- Entscheidet, wie ihr der Klasse die Bilder zeigen wollt (Hinweis auf die Seite, auf der das Bild steht; eigene Zeichnungen; Folien für den Overhead-Projektor usw.).

4. Schritt: Ergebnisse vorstellen

- Entscheidet euch, wie ihr der Klasse eure Ergebnisse präsentieren wollt:
  - ☐ als kleinen Vortrag (Dauer 3–5 Minuten)
  - ☐ als erfundene Zeitungsreportage
  - ☐ als kurzes Theater- oder Rollenspiel
  - ☐ als Wandzeitung usw.

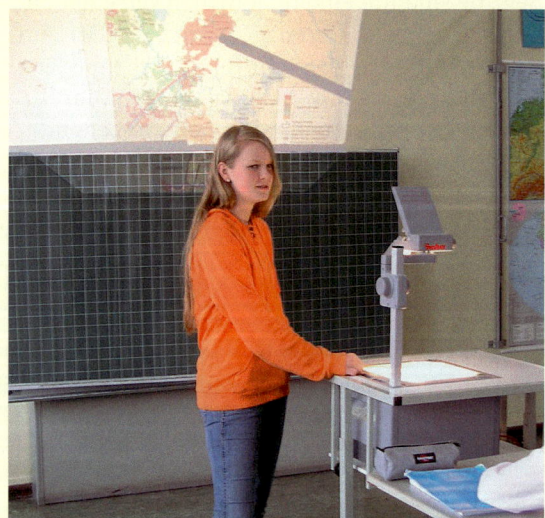

[3] Eine Schülerin präsentiert am Overhead-Projektor ihre Ergebnisse. *Foto.*

Arbeiten mit dem Textknacker

Die Wahlseiten mit ◘ beinhalten Texte, die ihr mit dem Textknacker erschließen könnt. Ihr könnt hier üben, die Schritte anzuwenden. Auch bei der Arbeit mit schwierigeren Sachtexten könnt ihr den Textknacker anwenden. Öffnet dazu die Umschlagklappe hinten im Buch. Wendet die Lesestrategie Schritt für Schritt an. Der Textknacker hilft euch, Texte zu lesen und zu verstehen.

1. Schritt: Vor dem Lesen

Bilder helfen mir, den Text besser zu verstehen.
Die Überschrift sagt mir etwas über den Text.
- Ich sehe mir die Bilder an.
- Ich lese die Überschrift.
- Worum könnte es in dem Text gehen?

2. Schritt: Das erste Lesen

Ein Text hat Absätze. Was in einem Absatz steht, gehört zusammen.
Die Schlüsselwörter im Text sind besonders wichtig.
Einige Wörter werden unter dem Text erklärt.
- Ich zähle die Absätze.
- Ich lese die hervorgehobenen Schlüsselwörter.
- Ich lese die Worterklärungen.
- Was weiß ich jetzt?

3. Schritt: Den Text genau lesen

Erst der ganze Text sagt mir, worum es geht.
- Ich lese den ganzen Text – Absatz für Absatz.
- Was habe ich erfahren?

4. Schritt: Nach dem Lesen

Ich habe den ganzen Text gelesen.
- Ich schreibe zu jedem Absatz etwas auf.
- Ich schreibe die wesentlichen Informationen auf.
- Ich schreibe auf, was für mich wichtig ist.

1   Bilder

2   Die Überschrift

3   Schlüsselwörter

4   Tipps in der gelben Leiste

Leben in unterschiedlichen Landschaftszonen

Bei den Korowai

Es ist heiß und sehr schwül. Der Erdboden ist von Pfützen und Schlamm bedeckt, die Bäume tropfen, dichte graue Wolken hängen am Himmel. Es hat gerade drei Stunden lang geregnet. Jeder Besucher des tropischen Regenwaldes im Innern von West-Papua spürt sofort, warum der Regenwald seinen Namen trägt.

Dennoch leben in diesem Gebiet seit Jahrhunderten Menschen vom Stamm der Korowai. Sie haben 50 Meter über dem Erdboden ein Baumhaus errichtet.

1. Zeigt West-Papua auf einer Weltkarte.
2. Berichtet, was ihr bereits vom Leben im tropischen Regenwald gehört habt.

Bei den Korowai

[1] Ein Baumhaus der Korowai und von ihnen gerodete Flächen für den Anbau. *Foto, 2009.*

Wie (über-)leben die Korowai?

1. Beschreibt Bild [1].

[2] **Der Völkerkundler Roland Garve 2009 über seine Expedition in den Regenwald von West-Papua:**

…Hinein in die grüne Hölle! Wir flogen in das Zentrum West-Papuas. Unter uns breitete sich der große unberührte Regenwald in seiner ganzen Pracht aus. Wir landeten am Rande des Korowai-Gebietes auf einer kleinen Piste. … Vor uns lag eine anstrengende mehrere Tage dauernde Strecke im Gänsemarsch durch die fast undurchdringlichen Urwald- und Sumpfgebiete. … Der Dschungel entschuldigt keine Fehler: ein falscher Schritt, einmal nicht aufgepasst, und man ist erledigt. Die Blutegel beißen in die Beine, den Oberkörper piesacken vom Baum gefallene Ameisen, man schwitzt, es juckt hier, es juckt dort. Kaum hat man das Hemd wegen der Hitze ausgezogen, greifen die Stechfliegen an. In diesem morastigen Feuchtgebiet voller Schlingpflanzen, messerscharfer Lianen und heimtückischer Stachelbäume, wo alles durcheinander wächst und ständig Fallgruben lauern, hat man wirklich das Gefühl, Hunderten von Feinden ausgeliefert zu sein. … Wir stapften durch den Schlamm. Mehr als zehn Kilometer waren am Tag nicht zu schaffen. Da wir am Ende unserer Kräfte waren, nutzten wir eine Lichtung als Lagerplatz, spannten Planen gegen den Regen auf und versuchten Feuer zu machen. … Am nächsten Morgen sahen wir, dass wir Besuch hatten – die ersten Korowai, denen wir begegneten…

Roland Garve/Frank Nordhausen: Laleo, Berlin, 2009, S. 74 ff. bearbeitet.

2. Notiert Wörter aus dem Text, die den Regenwald beschreiben.

Baumhäuser

[3] **Roland Garve berichtet weiter:**
Wie andere Naturvölker kennen die Korowai keine Vorratshaltung. Sie werden nicht alt, nur etwa 40 Jahre, wegen der harten Lebensbedingungen im Regenwald. Überall lauern in der feuchten Umgebung Krankheitserreger. An Malaria leiden fast alle. Kinder bekommen erst mit zwei Jahren einen Namen, da sehr viele von ihnen früh sterben. ... Ein Korowai sagte über die Baumhäuser: „Je höher, desto besser. Oben habe ich einen herrlichen Ausblick, es gibt nicht so viele Mücken, keine giftigen Spinnen und außerdem weht ein kühler Wind. Wir leben oben auch viel sicherer als am Boden, denn oben sind wir vor Feinden sicher." Dort oben zu wohnen, dachte ich, muss die Korowai für alle Mühsal des Dschungeldaseins tausendfach entschädigen!

Ebenda.

3. Begründet, ob ihr der Aussage von Roland Garve im letzten Satz zustimmt oder nicht.

Sammeln, Jagen und Wanderfeldbau
Die Korowai versorgen sie sich mit allem, was die Großfamilie braucht, aus dem Regenwald. Die Männer und Jungen gehen jagen. Frauen und Mädchen sammeln Blätter, Früchte und Kleintiere und legen kleine Ackerflächen an. Dazu roden und brennen die Männer Waldstücke ab. Es werden aber nur die niedrigen Pflanzen beseitigt. Größere Bäume bleiben stehen. Sie halten die heiße Sonne und den starken Regen ab, der sonst die dünne Schicht fruchtbaren Bodens fortspülen würde. Mit Grabstöcken und Hacken werden verschiedene Nutzpflanzen wie Sago, Maniok, Yams, Bananen, Papaya und Mango angebaut. Diese dienen der Grundversorgung der Familie. Nach drei bis fünf Jahren sind die Böden so ausgelaugt, dass die Ackerflächen aufgegeben werden. Da auch die Baumhäuser nach spätestens fünf Jahren verrottet sind, müssen die Menschen den Standort wechseln. Langsam erobert der Regenwald die von den Menschen genutzten Flächen zurück. Es dauert aber 20 Jahre, bis sich ein so genannter Sekundärwald entwickelt hat. Vielleicht kommen die Korowai in dieses Gebiet zurück, bauen ein neues Baumhaus und bepflanzen nach der Rodung dasselbe Waldstück erneut.

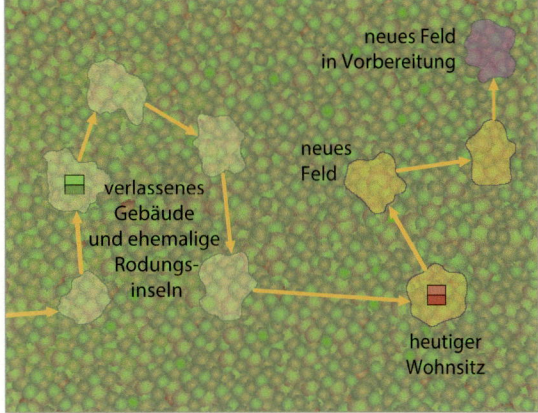

neues Feld
in Vorbereitung

neues Feld

verlassenes Gebäude und ehemalige Rodungsinseln

heutiger Wohnsitz

[4] Wanderfeldbau im tropischen Regenwald.

[5] Eine traditionelle Mahlzeit der Korowai – Maden aus einer Sago-Palme. *Foto, 2009.*

Wählt einen der folgenden Arbeitsaufträge aus:

▣ Schreibt einen Zeitungsbericht über das Leben der Korowai.

▣ Erstellt eine Skizze des Wanderfeldbaus im tropischen Regenwald.

Was ihr noch tun könnt...
■ euch bei der Gesellschaft für bedrohte Völker nach Naturvölkern erkundigen, die auch heute noch im tropischen Regenwald leben.

Bei den Korowai

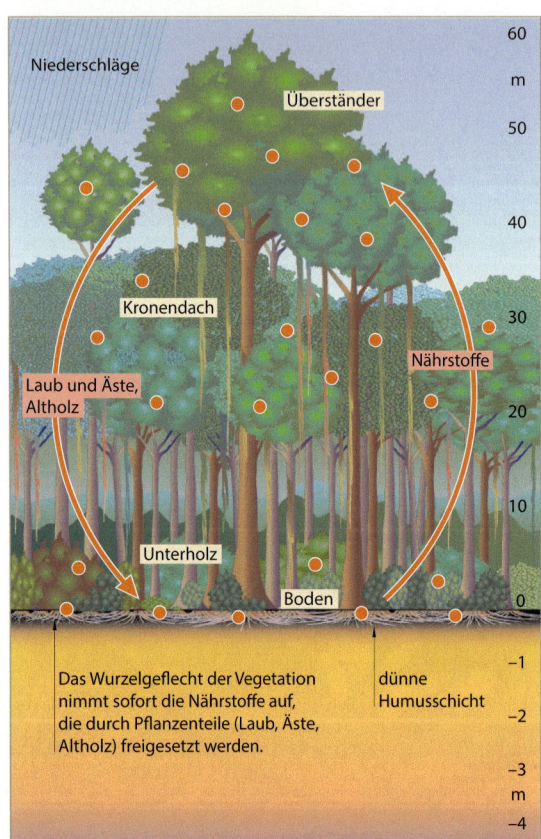

Niederschläge

Überständer

Kronendach

Nährstoffe

Laub und Äste, Altholz

Unterholz

Boden

60 m
50
40
30
20
10
0
−1
−2
−3 m
−4

Das Wurzelgeflecht der Vegetation nimmt sofort die Nährstoffe auf, die durch Pflanzenteile (Laub, Äste, Altholz) freigesetzt werden.

dünne Humusschicht

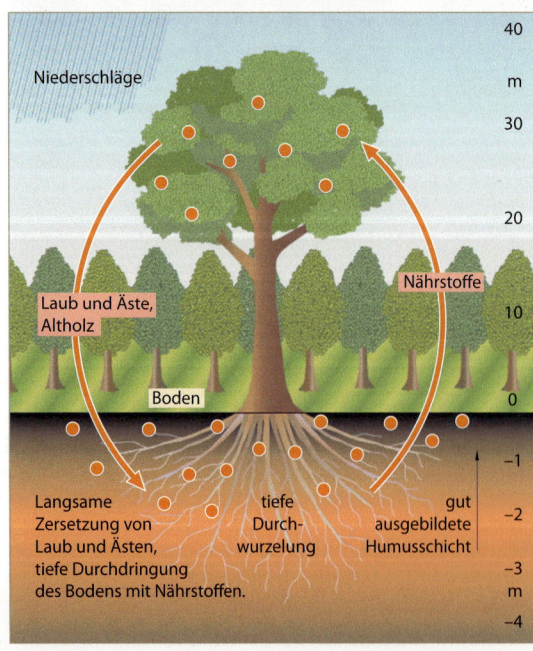

Niederschläge

Laub und Äste, Altholz

Nährstoffe

Boden

40 m
30
20
10
0
−1
−2
−3 m
−4

Langsame Zersetzung von Laub und Ästen, tiefe Durchdringung des Bodens mit Nährstoffen.

tiefe Durchwurzelung

gut ausgebildete Humusschicht

[1] Nährstoffverteilung im tropischen Regenwald (oben) und im Wald bei uns.

[2] Tiere auf West-Papua: Papageien, Pfeilgiftfrosch und Käfer. *Fotos, 2012.*

Artenreich und immerfeucht ...

Seit Millionen von Jahren ist das Klima in den Gebieten des heutigen tropischen Regenwaldes fast gleich geblieben. Deshalb hat sich dort eine üppige Pflanzen- und Tierwelt entwickelt, wie es sie sonst nirgends auf der Erde gibt. Der Regenwald produziert für uns lebensnotwendigen Sauerstoff. Weil es keine Jahreszeiten gibt, finden wir an den Bäumen gleichzeitig frische und welkende Blätter, Blüten und Früchte.

... aber nährstoffarme Böden

Wegen der reichen, immergrünen Pflanzenwelt hat man früher vermutet, dass die Böden dort sehr fruchtbar seien. Aber diese Vermutung ist falsch. Im Gegenteil: Sie sind nährstoffarm. Die Humusschicht ist nur etwa 30 Zentimeter dick. Wenn Blätter oder Äste absterben, werden sie in der feuchten und warmen Umgebung schnell von Pilzen zersetzt. Die Nährstoffe werden von den flachen Wurzeln der Bäume und Pflanzen sofort wieder aufgenommen. Das dichte Pflanzenkleid schützt den Boden.

1. Nennt Merkmale des tropischen Regenwaldes.
2. Beschreibt die „Stockwerke" (Bild [1]).
3. Vergleicht die Nährstoffverteilung im tropischen Regenwald mit der in unseren Wäldern.

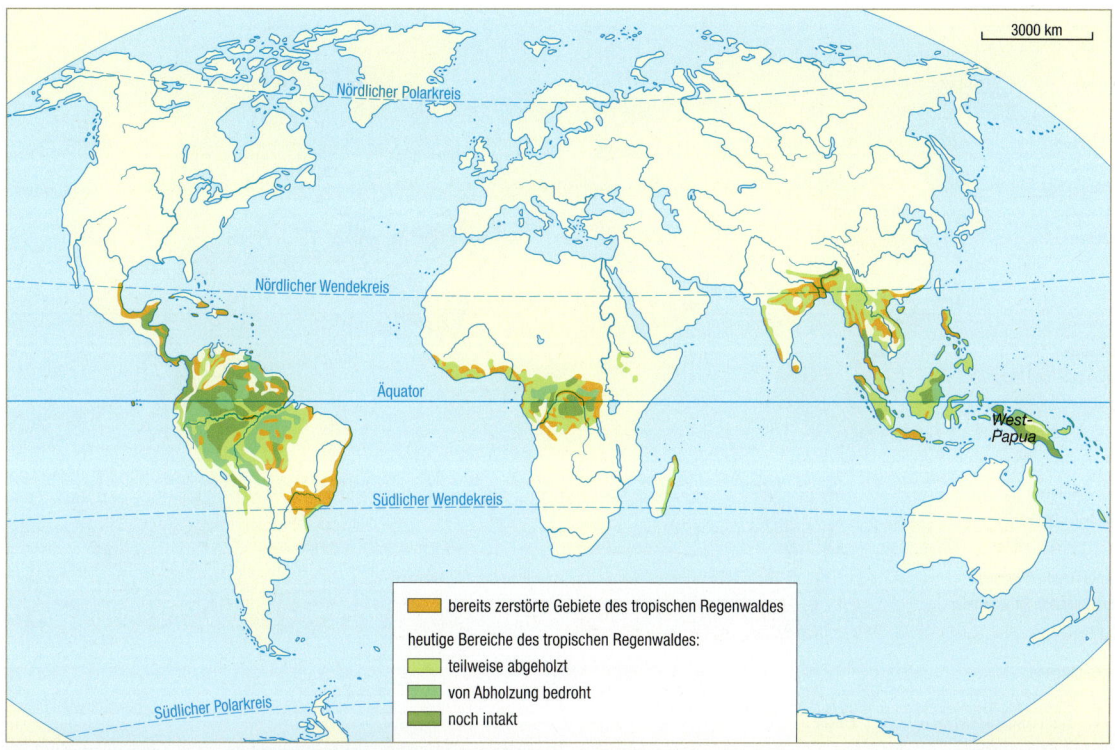

Map legend:
3000 km

Nördlicher Polarkreis

Nördlicher Wendekreis

Äquator

Südlicher Wendekreis

West-Papua

Südlicher Polarkreis

bereits zerstörte Gebiete des tropischen Regenwaldes

heutige Bereiche des tropischen Regenwaldes:
teilweise abgeholzt
von Abholzung bedroht
noch intakt

[3] Ursprüngliche und heutige Verbreitung des tropischen Regenwaldes.

4. Vergleicht die ursprüngliche und die heutige Verbreitung des tropischen Regenwaldes.

Der tropische Regenwald in Gefahr
In jeder Sekunde wird tropischer Regenwald von der Größe zweier Fußballfelder vernichtet. Die Bevölkerung in den Tropenländern wächst ständig. Deshalb roden die Menschen immer mehr Wälder für den Ackerbau und für Weiden, für Siedlungen, für Straßen. Beim Wanderfeldbau werden nicht mehr die notwendigen Brachezeiten eingehalten. In der Nähe der Siedlungen wird viel mehr Brennholz als früher geschlagen und in die großen Städte gebracht. Es ist die einzige Energiequelle der Armen.
Auch wir tragen zur Zerstörung des Tropenwaldes bei: Kaffee und Kakao, Ölpalmen, Soja und Zuckerrohr für die Herstellung von Biokraftstoffen werden dort angebaut, wo früher tropischer Regenwald wuchs. Wir verwenden die Hölzer der Urwaldriesen, z. B. Teak, Mahagoni und Palisander. Ganze Wälder enden in den Papierfabriken, denn der Papierverbrauch in Europa, den USA und Japan steigt ständig. Auch dort, wo Bodenschätze abgebaut, Seen aufgestaut oder Straßen angelegt werden, müssen die Wälder weichen.

5. Nennt Gründe für die Zerstörung des tropischen Regenwaldes:
   – durch die einheimische Bevölkerung,
   – durch die Menschen in den Industrieländern.

Wählt einen der folgenden Arbeitsaufträge aus:

☒ Schreibt auf, warum man den tropischen Regenwald als „grüne Lunge" der Erde bezeichnet.

☒ Sammelt Ideen, wie wir zur Rettung der tropischen Wälder beitragen können.

Was ihr sonst noch tun könnt...
■ Führt eine Pro-und-Kontra-Diskussion durch, ob man den noch verbliebenen Regenwald unter Naturschutz stellen sollte.

Orientierung

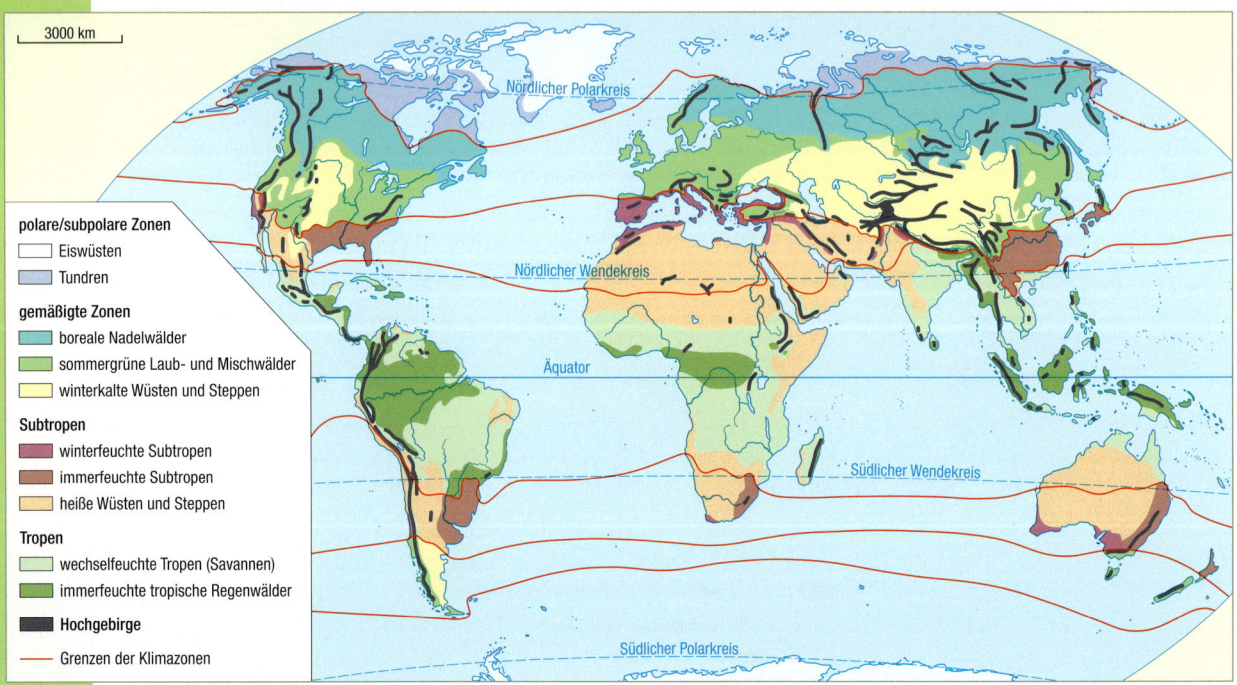

3000 km

Nördlicher Polarkreis

Nördlicher Wendekreis

Äquator

Südlicher Wendekreis

Südlicher Polarkreis

polare/subpolare Zonen
- Eiswüsten
- Tundren

gemäßigte Zonen
- boreale Nadelwälder
- sommergrüne Laub- und Mischwälder
- winterkalte Wüsten und Steppen

Subtropen
- winterfeuchte Subtropen
- immerfeuchte Subtropen
- heiße Wüsten und Steppen

Tropen
- wechselfeuchte Tropen (Savannen)
- immerfeuchte tropische Regenwälder

- Hochgebirge
- Grenzen der Klimazonen

[1] Landschaftszonen der Erde.

1. Erstellt eine Skizze zu den Landschaftszonen.
2. Nennt die Landschaftszone, in der wir leben. Beschreibt, welche Gebiete sie umfasst.

Landschaftszonen

Landschaftszonen sind eine Grobgliederung der Erde. Es handelt sich dabei um Gebiete, in denen das Klima, die Vegetation, die Böden und die Nutzung durch den Menschen in etwa gleich sind. Die Anordnung der Landschaftszonen ist ähnlich wie die der Klima- und Vegetationszonen. Die Landschaftszonen verlaufen parallel zu den Breitenkreisen. Durch die unterschiedliche Lage von Festländern und den Einfluss von kalten oder warmen Meeresströmungen kommt es jedoch zu Veränderungen ihrer Grenzen.

Obwohl im Regenwald, der Wüste und in der polaren Zone extreme Naturbedingungen herrschen, leben und arbeiten hier Menschen. Es sind Landschaftszonen, die für eine landwirtschaftliche Nutzung nur begrenzt oder gar nicht geeignet sind. Doch die Menschen haben es im Laufe der Zeit geschafft, sich den natürlichen Bedingungen anzupassen. Die Landnutzungsformen, wie zum Beispiel der Wanderfeldbau, waren über Jahrhunderte hinweg den natürlichen Bedingungen angepasst.

Die wachsende Bevölkerungszahl, moderne Anbautechniken (künstliche Bewässerung) und die unersättliche Nachfrage nach Bodenschätzen und Nahrungsmitteln haben dazu geführt, dass die Menschen immer weiter in Gebiete vordringen, die zur Siedlung und Nutzung ungeeignet sind. Flächen mit unberührter Natur sind weltweit kaum noch vorhanden.

Die Menschen schufen Raum für Siedlungen, Anbauflächen, Arbeitsstätten, Verkehrsflächen, holzten Wälder ab, legten Sümpfe und Moore trocken und führten Pflanzen und Tiere aus anderen Gebieten der Erde ein. Die Eingriffe in die einzelnen Landschaftszonen haben inzwischen ein solches Ausmaß erreicht, dass sie die zukünftige Entwicklung der ganzen Erde beeinflussen. So kann die großflächige Abholzung der tropischen Regenwälder zu einer nachhaltigen Veränderung der klimatischen Verhältnisse auf der Erde führen. In manchen Teilen der Erde werden die Böden durch falsche Nutzung für immer zerstört.

3. Stellt euch vor, ihr wäret Wissenschaftler auf der Suche nach unberührter Natur. Erarbeitet mithilfe der Karte, wo ihr diese noch finden könntet.

[2] Reisterrassen im Südwesten Chinas. *Foto, 2013.*

[3] Nomaden im Norden Russlands. *Foto, 2013.*

[4] Bananenplantagen auf Gran Canaria. *Foto, 2013.*

4. Beschreibt die Landnutzungsformen auf den Fotos [2]–[4]. Ordnet die Fotos den Landschaftszonen zu.

Wählt einen der folgenden Arbeitsaufträge aus:

☒ Erstellt Quizkarten zu den Landschaftszonen und deren Nutzung.

☒ Plant eine erfundene Flugreise durch alle Landschaftszonen. Gebt die Flugroute an und nennt die Länder, die ihr überfliegt.

▶ Landschaftszonen der Erde

In diesem Kapitel geht es um folgende Fragen:
Welche Zusammenhänge bestehen zwischen Klima, Vegetation und Landnutzung in den verschiedenen Landschaftszonen?
Welche Folgen hat der Nutzungswandel in den trockenen Gebieten der Erde?
Wie funktioniert der tropische Regenwald, und welche Möglichkeiten einer nachhaltigen Nutzung gibt es?
Warum ist die gemäßigte Zone ein Gunstraum?

Wichtige Kompetenzen in diesem Kapitel

Sachkompetenz
▶ Ursachen für das Vorhandensein unterschiedlicher Landschaftszonen erklären
▶ verschiedenen Landschaftszonen unterscheiden und deren zentrale Merkmale (Klima, Vegetation) benennen
▶ Abhängigkeit der Vegetationsperioden von Temperatur und Wasser erläutern
▶ klimatische Gunst- und Ungunsträume für die landwirtschaftliche Nutzung unterscheiden

Methodenkompetenz
▶ Klimadiagramme zeichnen und auswerten
▶ Experimente durchführen und auswerten
▶ Profile auswerten

Urteilskompetenz
▶ Lebens- und Wirtschaftsformen von Menschen unter bestimmten naturräumlichen Bedingungen hinsichtlich ihrer Nachhaltigkeit beurteilen

Handlungskompetenz
▶ Ergebnisse verständlich aufbereiten und präsentieren
▶ Experimente durchführen

Temperaturzonen der Erde

Warum gibt es auf der Erde Zonen mit unterschiedlichen Temperaturen?

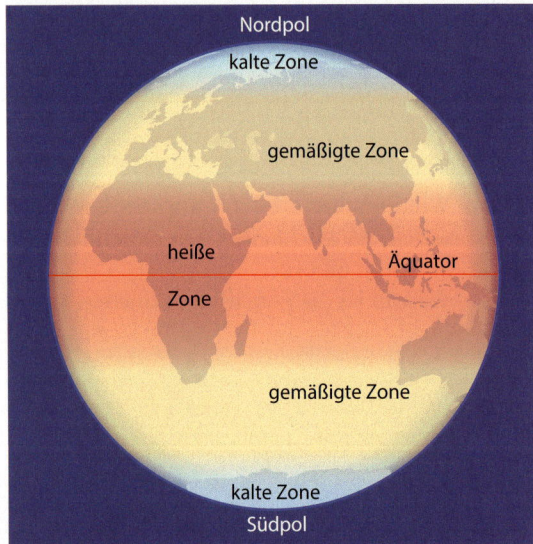

[1] Temperaturzonen der Erde im Modell.

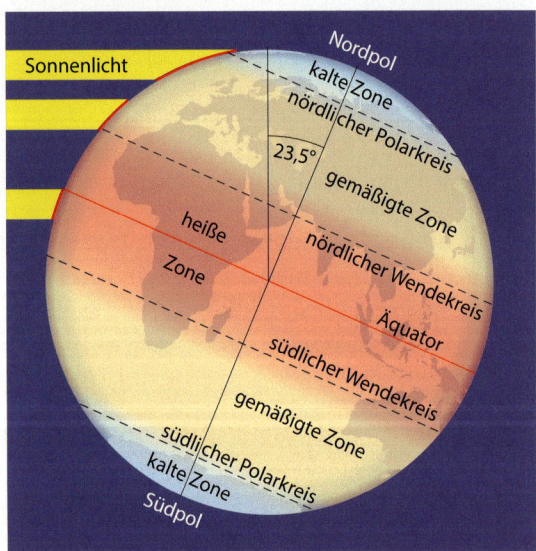

[2] Temperaturzonen der Erde und ihre Grenzen.

Die Sonne wärmt die Erde

Der Sonne verdanken wir das Leben auf der Erde. Sie spendet uns, den Pflanzen und den Tieren Licht und Wärme. Beim Auftreffen der Sonnenstrahlen auf die Erdoberfläche werden diese zum Teil in Wärme umgewandelt.

Aufgrund der Kugelgestalt der Erde treffen die Sonnenstrahlen in unterschiedlichem Winkel auf die Erdoberfläche. Der Erdboden und die Luft er-

wärmen sich dort am stärksten, wo die Sonnenstrahlen sehr steil oder sogar senkrecht auf die Erde einstrahlen. Bei einem flachen Einstrahlungswinkel verteilt sich die Sonnenenergie auf eine größere Fläche, was zu einer geringeren Erwärmung des Erdbodens führt. Am Äquator gelangt so dreimal mehr Sonnenenergie auf einen Quadratmeter Boden als an den Polen.

1. Sucht im Bild [2] die unterschiedlichen Einstrahlungswinkel der Sonnenstrahlen. Beschreibt die Veränderungen vom Äquator bis zu den Polen. Nutzt die Begriffe: flach, mäßig steil, steil bis senkrecht.

Die Neigung der Erdachse und die Folgen

Bei ihrem Umlauf um die Sonne während eines Jahres steht die Erdachse nicht senkrecht, sondern „schief". Diese Neigung (23,5 Grad) verändert sich nicht (Bilder [2] und [3]). Nur in den Tropen, zwischen 23,5 Grad nördlicher und südlicher Breite, kann die Sonne im Verlauf eines Jahres senkrecht, das heißt im Zenit, stehen. Die Grenzen der Tropen werden als nördlicher und südlicher Wendekreis bezeichnet.

Am 21. Juni treffen die Sonnenstrahlen senkrecht auf den nördlichen Wendekreis. Auf der Nordhalbkugel ist Sommer, auf der Südhalbkugel Winter. Im Nordpolargebiet geht die Sonne nicht unter. Es herrscht Polartag.

Am 21. Dezember fallen die Sonnenstrahlen senkrecht auf den südlichen Wendekreis. Die Tage auf der Nordhalbkugel sind kurz. Im Nordpolargebiet geht die Sonne nicht auf. Es herrscht Polarnacht. Auf der Nordhalbkugel ist jetzt Winter, auf der Südhalbkugel Sommer.

2. Findet heraus, welche Jahreszeit bei uns in Bild [2] dargestellt ist. Begründet.

Unterschiedliche Temperaturzonen

Man unterscheidet Gebiete (Zonen), in denen gleiche oder ähnliche Temperaturen herrschen (Bild [1], [2]). Die heiße Zone (Tropenzone) ist der Bereich zwischen den Wendekreisen. Die Sonneneinstrahlung ist immer hoch. Hier gibt es keine Jahreszeiten. Dafür sind die Unterschiede zwischen Tag und Nacht zum Teil recht groß. Zwischen den Wendekreisen und den Polarkreisen in 66,5 Grad nördlicher bzw. südlicher Breite

[3] Die Jahreszeiten auf der Nordhalbkugel der Erde.

liegen die gemäßigten Zonen. Im Verlaufe eines Jahres steht hier die Sonne mal hoch am Himmel oder mal nur ganz flach. Deswegen gibt es hier Jahreszeiten.

Bei den Polarkreisen beginnen die kalten Zonen (Polarzone). In diesen Gebieten herrscht immer ein flacher Sonnenstand. Selbst die Sommertemperaturen sind hier in der Regel niedrig.

3. Übertragt die Tabelle in euer Heft. Vervollständigt sie mit folgenden Textbausteinen: *niedrig, zwischen den Polarkreisen und den Polen, steil bis senkrecht, zwischen den Wendekreisen, gemäßigt, mäßig steil, heiße, zwischen den Wendekreisen und den Polarkreisen, kalte Sommer.*

Zone	Ausdehnung	Einstrahlungswinkel der Sonne	Temperaturen
... Zone	...	...	hoch
gemäßigte Zone	...	...	...
... Zone	...	flach	...

4. Erklärt, warum in den kalten Zonen die Temperaturen niedrig sind.
5. Nennt Folgen, die der Wechsel der Jahreszeiten für euer Leben hat.
6. Vergleicht mit den Lebensbedingungen in den Gebieten der Erde ohne Jahreszeiten.

Wählt einen der folgenden Arbeitsaufträge aus:

☑ Schreibt mithilfe des Atlas zwei Länder je Temperaturzone auf.

☑ Erklärt, wo die Sonne heute ungefähr im Zenit steht (Bild [3], Atlas).

Was ihr noch tun könnt …
- Erstellt ein Poster mit den Temperaturrekorden der Erde. Schreibt in das Poster das dazugehörige Land und den Kontinent. Ihr könnt dazu im Atlas nachschlagen.

Klima- und Vegetationszonen

Wo gibt es Gemeinsamkeiten, wo Unterschiede?

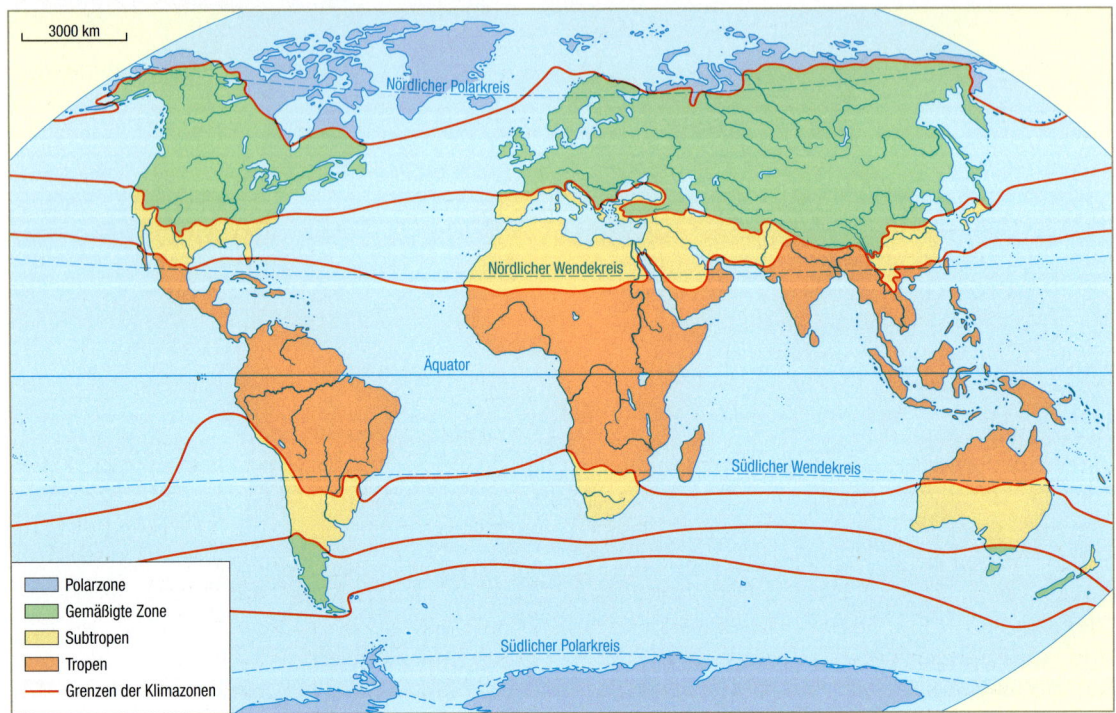

Polarzone
Gemäßigte Zone
Subtropen
Tropen
Grenzen der Klimazonen

[1] Klimazonen der Erde.

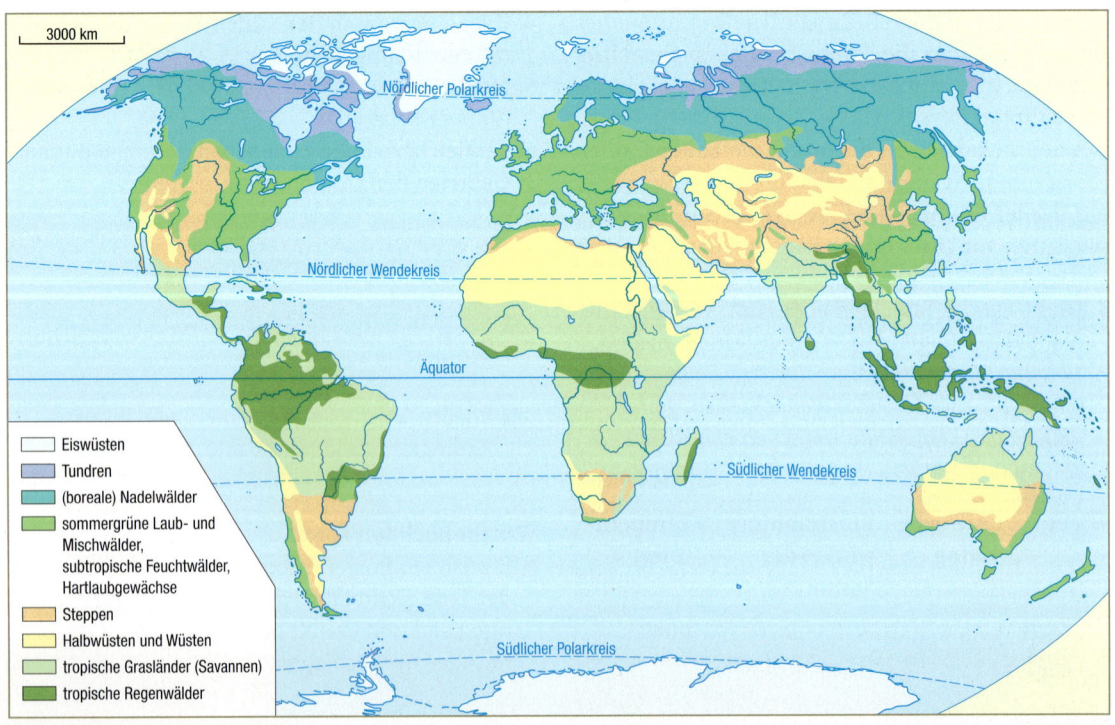

Eiswüsten
Tundren
(boreale) Nadelwälder
sommergrüne Laub- und Mischwälder, subtropische Feuchtwälder, Hartlaubgewächse
Steppen
Halbwüsten und Wüsten
tropische Grasländer (Savannen)
tropische Regenwälder

[2] Vegetationszonen der Erde.

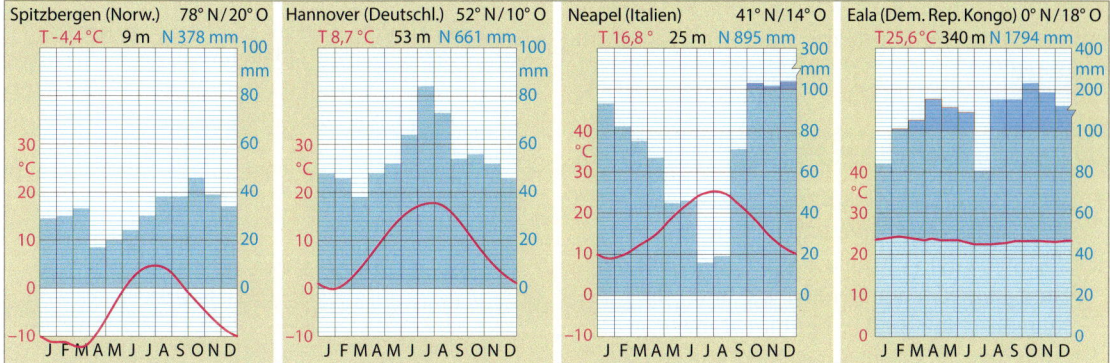

Spitzbergen (Norw.)   78° N/20° O
T -4,4 °C   9 m   N 378 mm

Hannover (Deutschl.)   52° N/10° O
T 8,7 °C   53 m   N 661 mm

Neapel (Italien)   41° N/14° O
T 16,8 °   25 m   N 895 mm

Eala (Dem. Rep. Kongo) 0° N/18° O
T 25,6 °C 340 m N 1794 mm

[3] Klimadiagramme der verschiedenen Klimazonen der Erde.

Klimazonen

Klimazonen sind Gebiete, in denen ähnliche Klimabedingungen herrschen. Sie umspannen die Erde wie Gürtel. Doch sie sind nicht gleichmäßig verteilt. Für die Ausprägung von Klimazonen sind auch die Verteilung von Land und Meer, die Höhenlage eines Ortes sowie der Verlauf von Gebirgen wichtig. Zusätzlich verändert der Einfluss von warmen und kalten Meeresströmungen die Lage der Klimazonen.

1. Beschreibt die Lage der großen Klimazonen.
2. Erklärt, warum die Klimazonen nicht gleichmäßig die Erde umspannen.
3. Wertet mithilfe der Methode (S. 23) in Gruppenarbeit die Klimadiagramme oben aus.

Die natürliche Vegetation

In Gebieten mit ähnlichem Klima hat sich auch eine ähnliche natürliche Vegetation herausgebildet. Zusammenhängende Gebiete mit gleichartiger Vegetation nennt man Vegetationszonen.

Würden die menschlichen Eingriffe aufhören, könnte sich in Deutschland ein Eichen-/Buchen-Mischwald bilden.

Alle Pflanzen haben sich dem bestehenden Klima angepasst. In den trockenen Gebieten der Erde wachsen Pflanzen, die die Fähigkeit haben, Wasser zu speichern. Andere haben kleine mit einer Wachsschicht überzogene Blätter oder Nadeln, damit sie sich vor Verdunstung schützen.

4. Ordnet die Vegetationszonen den Klimazonen zu (Karten links).
5. Stellt fest, in welcher Klima- und Vegetationszone sich Nordrhein-Westfalen befindet.
6. Ermittelt, in welcher Vegetationszone das Bild [4] aufgenommen worden ist.
7. Nennt die Umweltbedingungen, an die sich der Baum in Bild [4] anpassen musste, um überleben zu können.

[4] Mehrere hundert Jahre alte Kiefer in Kalifornien. *Foto, 2013.*

Wählt einen der folgenden Arbeitsaufträge aus:

◼ Sucht Staaten, die Anteil an verschiedenen Klimazonen haben. Erstellt eine Übersicht.

◼ Ihr fliegt von Island nach Südafrika. Notiert, welche Klima- und Vegetationszonen ihr überfliegt.

Klimadiagramme zeichnen

Klimadiagramme veranschaulichen Klimawerte einer Station. So könnt ihr ein Klimadiagramm zeichnen:

1. Schritt: Grundlinie zeichnen und beschriften

- Zeichnet auf Millimeterpapier eine waagerechte 12 cm lange Grundlinie und teilt sie für die 12 Monate ein (1 Monat = 1 cm). Schreibt die Anfangsbuchstaben der Monate unter die Linie. Beachtet: Sind in der Klimatabelle Minus-Temperaturen angegeben, werden die Anfangsbuchstaben der Monate unter die Abschlusslinie geschrieben.

2. Schritt: Temperaturkurve zeichnen

- Zeichnet links eine senkrechte Achse für die Temperaturwerte. Beschriftet rot die Achse mit °C. Tragt den Wert 0 an der Grundlinie ein. Anschließend unterteilt in Zehnerschritten die Achse (1 cm = 10 °C). Sind in der Klimatabelle Minus-Werte angegeben, muss die Achse unterhalb der 0 °C-Linie fortgeführt werden.
- Markiert die Temperaturwerte für die jeweiligen Monate mit einem roten Punkt.
- Verbindet alle Punkte zu einer Kurve.

3. Schritt: Niederschlagssäulen zeichnen

- Zeichnet rechts eine senkrechte Achse für die Niederschlagswerte. Tragt mit einem blauen Stift mm an der Achse und den Wert 0 an der Grundlinie ein. Anschließend unterteilt die Achse (1 cm = 20 mm; über 100 mm: 1 cm = 200 mm).
- Zeichnet die Niederschlagswerte der einzelnen Monate mit einem Querstrich über dem jeweiligen Monat. Verbindet die Striche senkrecht mit der Grundlinie.
- Färbt die Niederschlagssäulen blau ein.

4. Schritt: Klimadiagramm beschriften

- Beschriftet das Klimadiagramm mit dem Namen und der Lage der Klimastation, der Höhe über dem Meeresspiegel, der Jahresmitteltemperatur und dem Jahresniederschlag.

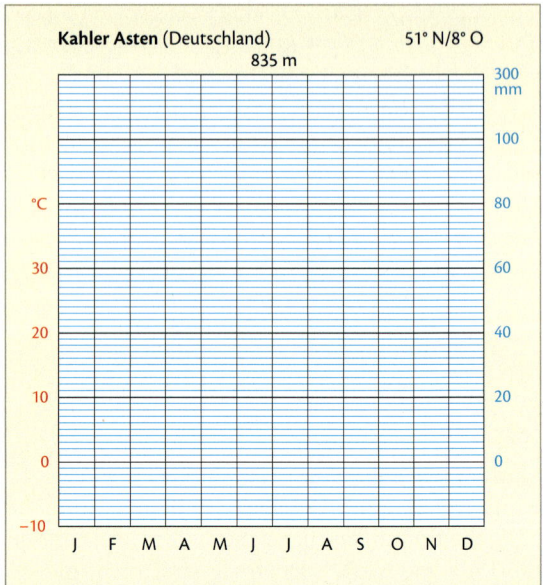

Kahler Asten (Deutschland) 835 m · 51° N/8° O

1. Zeichnet mithilfe der Schritte das Klimadiagramm zur Station Kahler Asten.

Kahler Asten Deutschland 835 m	T (°C)	N (mm)
J	−3,1	148
F	−2,8	128
M	0,4	94
A	4,0	112
M	8,6	90
J	11,6	111
J	13,2	131
A	13,0	135
S	10,3	108
O	5,5	128
N	1,1	132
D	−1,8	137
Jahr	5,0	1454

Klimadiagramme auswerten

Klimadiagramme geben nicht nur Auskunft über Temperaturen und Niederschläge, sondern auch über die Bedingungen für Pflanzen.

Liegen die Niederschlagssäulen in einem Klimadiagramm über der Temperaturkurve, spricht man von feuchtem Klima (humid). Es fällt mehr Niederschlag als verdunsten kann. Liegen der Niederschlagssäulen unter der Temperaturkurve, spricht man von trockenem Klima (arid). Es fällt weniger Niederschlag als verdunsten kann.

1. Schritt: Die Lage der Klimastation

- Nennt den Namen der Station. Beschreibt die Lage: Staat, Kontinent, Höhe über dem Meer und die Gradnetzangabe.

2. Schritt: Werte ablesen

- Lest die mittlere Jahrestemperatur ab. Ermittelt anschließend den kältesten und den wärmsten Monat. Aus diesen Angaben berechnet ihr die jährliche Temperaturschwankung. Bestimmt die Monate über 5 °C.
- Lest den Jahresniederschlag ab und ermittelt die Monate mit dem höchsten und dem niedrigsten Niederschlag.

3. Schritt: Verlauf von Temperaturen und Niederschlägen beschreiben

- Beschreibt den Verlauf der Temperaturkurve mit der Höhe der Niederschlagssäulen. Nennt die ariden (trockenen) und humiden (feuchten) Monate.

4. Schritt: Die Klimastation einordnen

- Ordnet die Station einer Klimazone zu.

5. Schritt: Die Klimawerte vergleichen

- Vergleicht die Werte mit einer anderen Klimastation in der Nähe oder mit anderen Messstationen in derselben Klimazone.

Beispiel für die Auswertung eines Klimadiagramms

1. Schritt: Die Klimastation Dortmund liegt auf einer Höhe von 120 Metern über dem Meeresspiegel. Dortmund befindet sich auf 51 Grad nördlicher Breite und 7 Grad östlicher Länge.

2. Schritt: Die jährliche Durchschnittstemperatur beträgt 9,6 °C. Die drei wärmsten Monate sind Juni, Juli und August. Die drei kältesten Monate sind Dezember, Januar und Februar. Der wärmste Monat ist der Juli mit einer Durchschnittstemperatur von 17,6 °C, der kälteste Monat ist der Januar mit einer Durchschnittstemperatur von 1,9 °C. Im Januar, Februar, November und Dezember liegen die Temperaturen unter 5 °C. Sie liegen damit zu niedrig für das Wachstum von Kulturpflanzen. (z. B. Getreide).

3. Schritt: Die Summe der Jahresniederschläge beträgt 852 Millimeter. Die drei niederschlagsreichsten Monate sind der Juni, Juli und der Dezember. Am wenigsten Niederschlag fällt im Februar, April und Oktober. Das Klima ist ganzjährig feucht.

4. Schritt: Die Klimastation Dortmund liegt in der gemäßigten Klimazone.

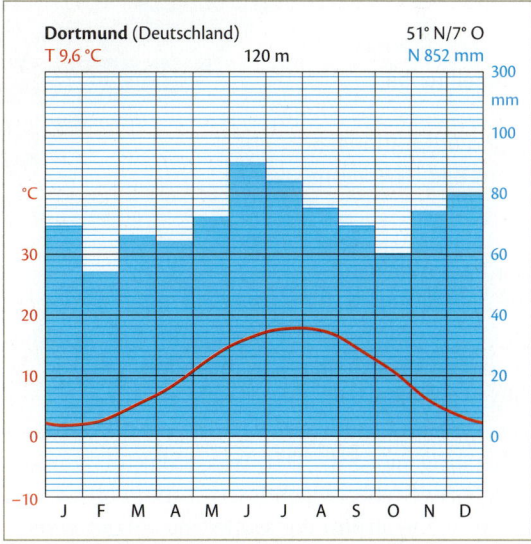

1. Vergleicht das Klimadiagramm von Dortmund mit dem Klimadiagramm der Station Kahler Asten.

Regen- und Trockenzeiten in Afrika

**Wie entstehen Regen-
und Trockenzeiten?**

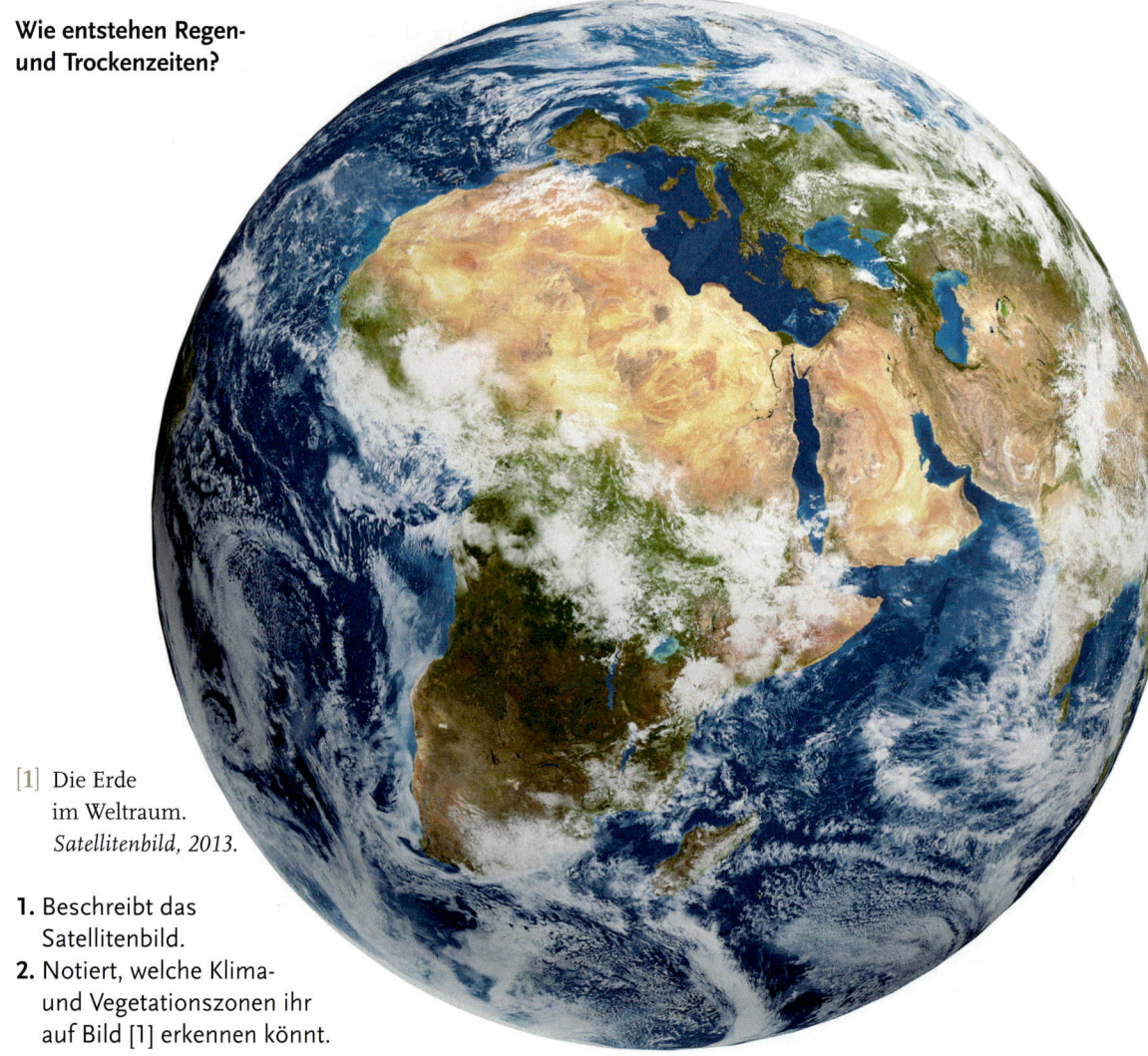

[1] Die Erde
im Weltraum.
Satellitenbild, 2013.

1. Beschreibt das
Satellitenbild.
2. Notiert, welche Klima-
und Vegetationszonen ihr
auf Bild [1] erkennen könnt.

Der Passatkreislauf

Wo die Sonnenstrahlen steil oder sogar senkrecht einfallen, erwärmt sich die Erdoberfläche stark. Diese erwärmt die darüber liegende Luft, die dadurch aufsteigt. Es bildet sich am Boden eine Zone tiefen Luftdrucks. Dies ist am Äquator ganzjährig der Fall. Der Wasserdampf kondensiert, es entstehen mächtige Gewitterwolken.

In der Höhe strömt die kühle und „abgeregnete" Luft nach Norden und Süden in Richtung der Wendekreise. Dort sinkt sie ab und erwärmt sich. Die Wolken lösen sich auf, da warme Luft mehr Wasserdampf aufnehmen kann als kühle Luft. Daher liegen im Bereich der Wendekreise die größten Wüsten Afrikas. Diese Gebiete werden auch als trockene Tropen bezeichnet.

Durch das Absinken der Luftmassen entsteht am Boden an den Wendekreisen eine Hochdruckzone. Von dort fließt die Luft wieder in Richtung Äquator zur dortigen Tiefdruckzone. Der Luftkreislauf ist geschlossen. Die Winde, die beständig äquatorwärts wehen, nennt man Passate.

Nordost- und Südostpassat

Durch die Erddrehung werden alle Winde in ihrer Richtung abgelenkt. Auf der Nordhalbkugel entsteht so ein Nordostpassat. Auf der Südhalbkugel weht ein Südostpassat Richtung Äquator (Bild [2]). Beide treffen sich in der so genannten Innertropischen Konvergenzzone (ITC).

3. Erläutert den Passatkreislauf.

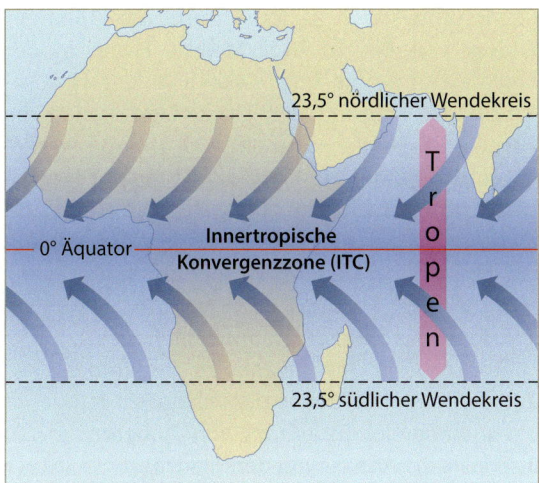

[2] ITC und Passate.

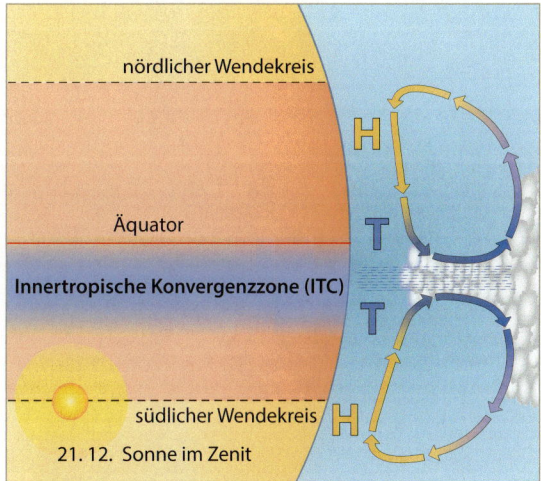

[3] Der Passatkreislauf im Dezember.

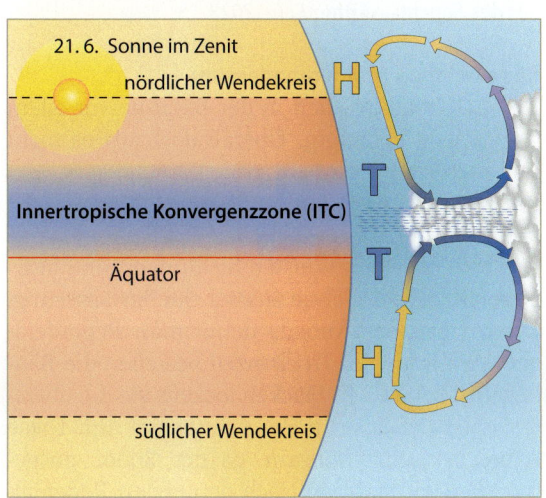

[4] Der Passatkreislauf im Juni.

Der Passatkreislauf „wandert"

Das System des Passatkreislaufs steht nicht fest über dem Äquator, sondern es verschiebt sich mit dem Zenitstand der Sonne – in unserem Sommer nach Norden, im Winter nach Süden. Aber dieses „System" ist träger und langsamer als die „Wanderung" des Sonnenhöchststandes, es hinkt gewissermaßen hinterher. Deshalb erreichen die Regengebiete der ITC kaum einmal die Wendekreise. Am Äquator gibt es aber keinen Monat ohne Regen. Deshalb spricht man hier von einem immerfeuchten Tropenklima.

Im Bereich der ITC regnet es besonders heftig. Die ITC verläuft in der Realität nicht als streng zum Äquator parallele Zone. Ihr Verlauf wird vor allem durch die unterschiedliche Verteilung von Land- und Wasserflächen beeinflusst.

Zwischen dem Äquator und den Wendekreisen gibt es eine Regenzeit im Jahr. Sie dauert umso länger, je näher das Gebiet am Äquator liegt. Wegen des Wechsels von Regen- und Trockenzeiten bezeichnet man das Klima in diesem Raum als wechselfeuchtes Tropenklima.

4. Erläutert, warum im Bereich der Wendekreise die großen Wüstengebiete der Erde liegen.

5. Verdeutlicht mit eigenen Worten, wie der Passatkreislauf „wandert".

Wählt einen der folgenden Arbeitsaufträge aus:

◩ Erstellt eine Übersicht mit den Merkmalen des Klimas in den immerfeuchten, den wechselfeuchten und den trockenen Tropen.

◩ Erarbeitet ein Kurzreferat über die Entstehung von Regen- und Trockenzeiten in Afrika. Beziehet dabei auch das Satellitenbild (Bild [1]) mit ein.

Was ihr noch tun könnt ...

■ Einen „Tropentag" gestalten. Zum Beispiel zu den Fragen: Welche tropischen Früchte gibt es? Welche Tiere leben dort? Wie sehen Wohnhäuser in den Tropen aus? Wie ist das Wetter in den Tropen?

Savannen – zwischen Regenwald und Wüste

Welche Formen der Savannen gibt es?

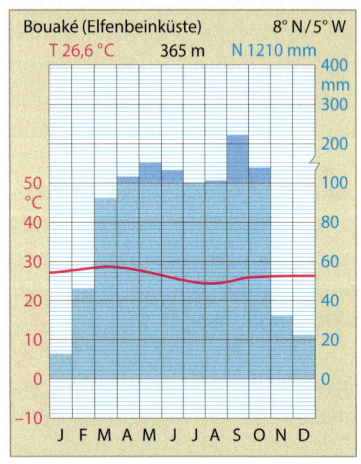

[1] Bouaké (Elfenbeinküste)

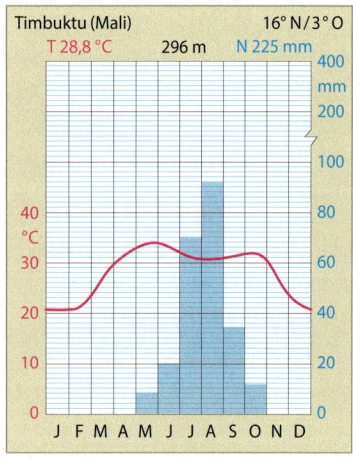

[2] Timbuktu (Mali)

der Baumbestand. Zudem nimmt die Höhe der Gräser von bis zu drei Metern Höhe in der Feuchtsavanne bis knöchelhoch in der Dornsavanne ab. Während der Trockenzeit stellen die Pflanzen ihr Wachstum ein. Die Bäume werfen dann ihre Blätter ab. Dort, wo genügend Grundwasser zum Wachstum zur Verfügung steht, sind dichtere Wälder möglich. So ziehen sich entlang der Flüsse die sogenannten Galeriewälder.

1. Ordnet die Klimadiagramme der Feucht-, Trocken- und Dornsavanne zu. Begründet.
2. Nennt Veränderungen der Vegetation mit zunehmender Entfernung vom Äquator.
3. Erklärt die Anpassung der Pflanzen.

[3] Eine Mutter mit Kind in einem Garten im Gebiet der Feuchtsavanne. *Foto, 2013.*

Das Klima gliedert die Savannen

An die Zone des immerfeuchten tropischen Regenwaldes schließen sich beiderseits des Äquators die Zonen der Savannen an. Savannen sind weite Graslandschaften. Typisch für das Klima ist der Wechsel von Regen- und Trockenzeiten. Je weiter ein Gebiet vom Äquator entfernt ist, desto kürzer ist die Regenzeit. Die Savannen werden in Feucht-, Trocken- und Dornsavannen unterteilt.

Die Pflanzenwelt der Savannen

Die extremen Trockenzeiten erfordern eine besondere Anpassung von den Pflanzen. Ledrige Blätter und lange Dornen vermindern den Wasserverlust durch Verdunstung. Der Affenbrotbaum (Baobab) kann in seinem Stamm über Monate große Mengen Wasser speichern.
Mit zunehmender Trockenheit verringert sich

Regenfeldbau und Nomadentum

Der Ackerbau ist auch in der Savanne vor allem vom Regen abhängig. Überall dort, wo es nicht mehr als siebeneinhalb aride Monate gibt und mindestens 250 Millimeter Niederschlag im Jahr fallen, ist Ackerbau möglich.
Die Bauern leben in festen Siedlungen und bearbeiten ihre Felder ohne zusätzliche Bewässerung. Diese Form des Anbaus nennt man Regenfeldbau. Am Ende der Trockenzeit bestellen die Bauern ihre Felder. Mit Hacken lockern sie die oberste Schicht etwa zehn Zentimeter tief auf. Diese Arbeit ist sehr mühsam, da der Boden ausgetrocknet und hart ist. Nach den ersten Regenfällen muss schnell gesät werden, damit die Pflan-

zen die geringen Niederschläge nutzen können. Bleiben die Niederschläge aus oder fallen nicht ausreichend in der Wachstumsperiode der Pflanzen, kommt es zu Ernteverlusten und Hungersnöten.

Dort, wo die Niederschläge für den Ackerbau nicht mehr ausreichen, wird Viehzucht betrieben. Die Viehherden werden auf dem spärlichen Weideland der Trocken- und Dornstrauchsavannen gehalten. Wenn Rinder, Schafe und Ziegen die Weiden abgegrast haben, werden sie in neue Gebiete geführt. Viehhüter und ihre Familien sind aus diesem Grund das ganze Jahr auf Wanderschaft. Sie werden als Nomaden bezeichnet.

4. Erläutert, wie sich die Viehhaltung und der Anbau von Nutzpflanzen an die Bedingungen angepasst haben (Bild [5], Text).

Wählt einen der folgenden Arbeitsaufträge aus:

◼ Tragt in eine Skizze von Afrika die drei Savannenformen ein.

◼ Nennt mithilfe von Bild [4] die Kulturpflanzen zur Selbstversorgung in den Savannen. Informiert euch, welche Pflanzen es auch bei uns zu kaufen gibt.

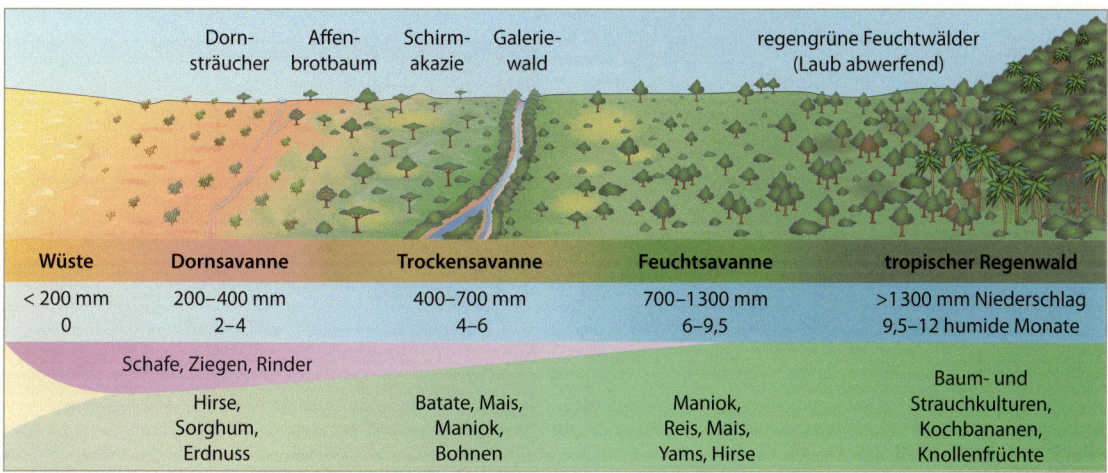

Wüste	Dornsavanne	Trockensavanne	Feuchtsavanne	tropischer Regenwald
< 200 mm	200–400 mm	400–700 mm	700–1 300 mm	>1 300 mm Niederschlag
0	2–4	4–6	6–9,5	9,5–12 humide Monate
	Schafe, Ziegen, Rinder			Baum- und Strauchkulturen,
	Hirse, Sorghum, Erdnuss	Batate, Mais, Maniok, Bohnen	Maniok, Reis, Mais, Yams, Hirse	Kochbananen, Knollenfrüchte

[4] Vegetation und Nutzungsformen in den Landschaftszonen im nördlichen Afrika.

[5] Eine Schule am Rande der Wüste. *Foto, 2012.*

Die Wüste – ein extremer Landschaftsraum

Wie haben sich die Bewohner angepasst?

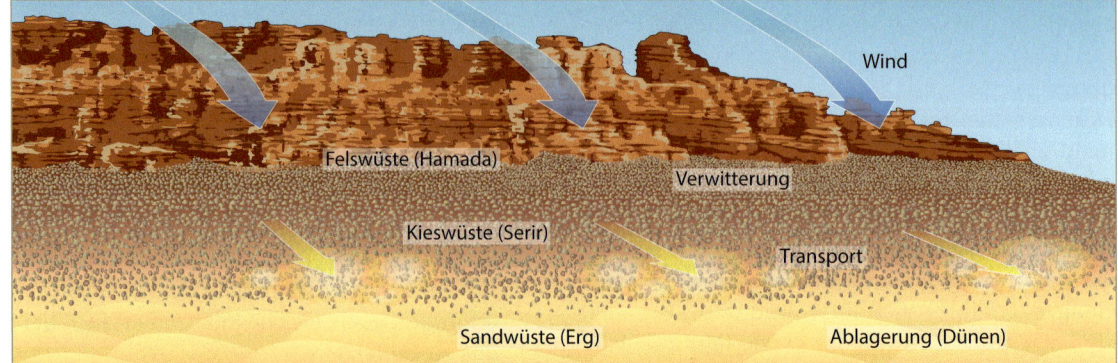

Wind

Felswüste (Hamada)

Verwitterung

Kieswüste (Serir)

Transport

Sandwüste (Erg)

Ablagerung (Dünen)

[1] Wüstenarten und ihr Anteil an der Fläche der Sahara.

1. Schließt die Augen und beschreibt, wie ihr es euch in einer Wüste vorstellt.

Klimatische Bedingungen

In der größten Wüste der Erde, der Sahara, herrscht ein Klima, das durch hohe Temperaturen und wenig Niederschlag während des ganzen Jahres gekennzeichnet ist. Weil die Verdunstung während des gesamten Jahres größer als der Niederschlag ist, spricht man von einem trockenen oder vollariden Klima.

Die vielen Gesichter der Wüste

Da die Sonne vom wolkenlosen Himmel brennt, kann es in der Sahara am Boden über 50 °C heiß werden. Nachts dagegen sinken die Temperaturen gelegentlich unter den Gefrierpunkt. Durch die großen Temperaturschwankungen dehnt sich das Gestein am Tag aus und zieht sich nachts wieder zusammen. Die Spannungen im Gestein lassen Felsen zerspringen und Steine allmählich zu Sand zerbröseln. Das bei dieser Verwitterung entstehende Feinmaterial bläst der Wind heraus und lässt so die Fels- und Kieswüsten der Sahara entstehen.

In der Sandwüste lagert der ständig wehende Wind den Sand um und schüttet ihn zu Dünen auf. Sie können bis zu 300 Meter hoch werden. Sandwüsten sind für uns zwar spektakulär. Fels- und Steinwüsten dehnen sich aber in der Sahara über weitaus größere Gebiete aus (Bild [1]).

2. Erstellt eine Übersicht über die Merkmale des Klimas in der Sahara.

A

B

C

[2] Wüstenarten in der Sahara. *Fotos.*

3. Ordnet die Fotos A–C der Grafik [1] zu.

[3] Tiere in der Wüste: Namib-Gecko, Wüstenteufel, Erdmännchen, Wüstenfuchs. *Fotos.*

Erst bei 41 °C beginnt das Dromedar zu schwitzen.

Lederartige Gaumen vermeiden Verletzungen beim Fressen von Dorngestrüpp.

Im Höcker wird Fett gespeichert. Das Dromedar kann drei Wochen ohne Nahrung überstehen.

Doppelte Augenlider und verschließbare Nasenlöcher verhindern das Eindringen von Sand.

Die langen Beine schaffen Abstand zum heißen Wüstenboden.

Das Dromedar kann 150 Liter Wasser im Magen speichern.

Tellerartige, beschwielte Hufe ermöglichen das Laufen im Sand.

[4] So hat sich das Dromedar an die Lebensbedingungen in der Wüste angepasst. *Foto, 2001.*

Die Wüste lebt

Die Wüsten gehören wegen ihres Wassermangels und ihrer hohen Temperaturschwankungen im Tagesverlauf zu den lebensfeindlichsten Landschaftszonen der Erde. Doch Menschen, Pflanzen und Tiere haben sich an die extremen Bedingungen angepasst.

Manche Wüstenpflanzen schränken ihre Verdunstung durch winzige Blätter oder Dornen ein. Andere überstehen als Samen oder mit einer viele Meter tiefen Wurzel, die bis in die Grundwas-

serschichten reicht, selbst jahrelange Trockenheit. Nach gelegentlichen Regenfällen überziehen sie in nur wenigen Tagen den zuvor kahlen Boden mit einem prächtigen Blütenteppich.

Die Tiere liegen tagsüber meist unter Steinen, in Erdhöhlen oder graben sich in den Sand ein. Sie haben sich durch eine entsprechende Gestalt an das Klima angepasst. Die großen Ohren des Wüstenfuchses dienen zur Abgabe überschüssiger Wärme, um eine Überhitzung zu verhindern. Nachts helfen ihm die Ohren bei der Jagd.

4. Beschreibt die Wüstenarten in der Sahara und erklärt ihre Entstehung (Bilder [1], [2]).
5. Erläutert Strategien, die Pflanzen und Tiere (Fotos in Bild [3]) entwickelt haben, um sich an das Klima anzupassen.
6. Das Dromedar hat sich auf die Hitze in der Wüste optimal eingestellt. Begründet diese Aussage mithilfe von Bild [4].

Wählt einen der folgenden Arbeitsaufträge aus:

◼ Zeichnet ein Bild eurer „Traumwüste".

◼ Messt mithilfe des Atlas die Ausdehnung der Sahara von Nord nach Süd und von Ost nach West. Vergleicht mit Entfernungen in Europa.

Was ihr noch tun könnt...

◼ Informiert euch im Internet über Tiere und Pflanzen der Wüste. Erstellt Plakate über deren Anpassung an den Naturraum Wüste.

In der gemäßigten Zone

Warum ist sie ein Gunstraum?

[1–4] Landnutzung in der gemäßigten Zone. Links oben: In Irland. Rechts oben: In Nordrhein-Westfalen. Links unten: In Südrussland. Rechts unten: In Nordfinnland. *Fotos.*

1. Nennt mithilfe der Karte auf Seite 20 die Teile der Erde, die in der gemäßigten Zone liegen.

2. Beschreibt die Fotos [1]–[4]. Ordnet sie den Klimagebieten in Europa (Karte [5]) zu.

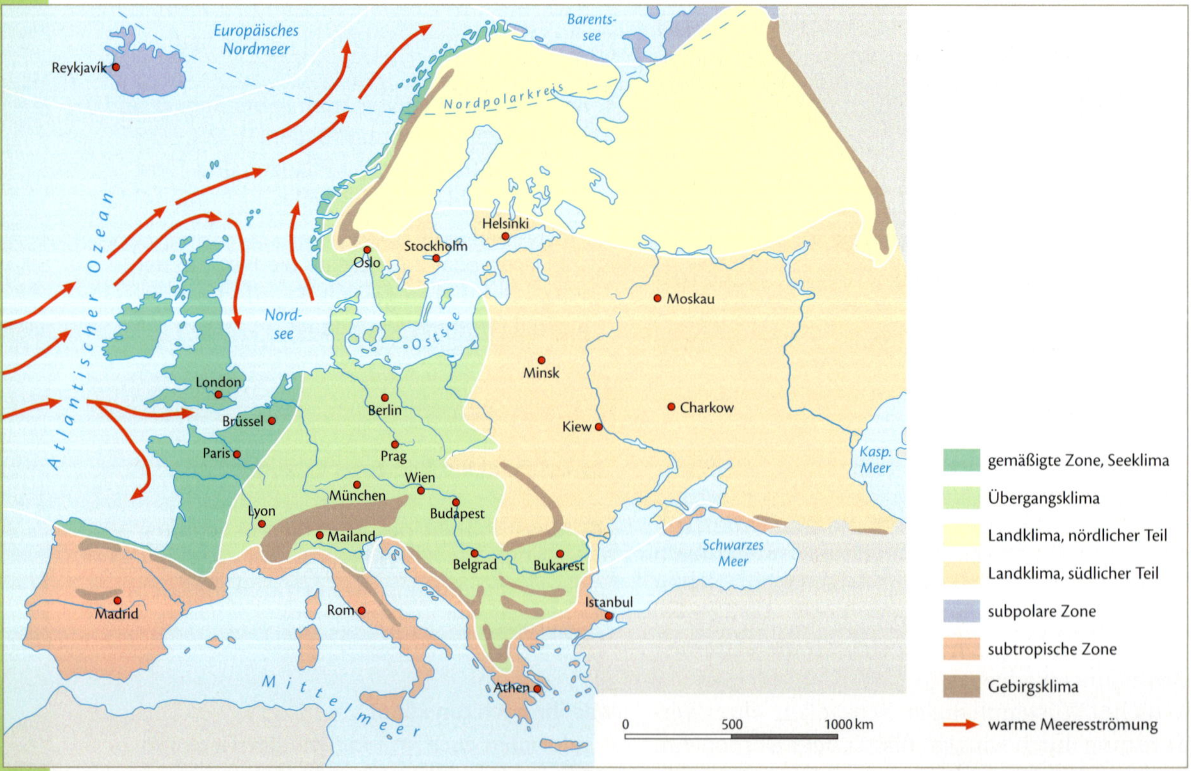

Legende:

- gemäßigte Zone, Seeklima
- Übergangsklima
- Landklima, nördlicher Teil
- Landklima, südlicher Teil
- subpolare Zone
- subtropische Zone
- Gebirgsklima
- → warme Meeresströmung

[5] Klimagebiete in Europa.

Das Klima in der gemäßigten Zone

Über ein Drittel der Bevölkerung auf der Erde lebt in der gemäßigten Zone, in der auch Deutschland und große Teile Europas liegen. Typische Kennzeichen der gemäßigten Zone sind der Wechsel zwischen den vier Jahreszeiten und der Gegensatz zwischen ozeanisch und kontinental geprägten Gebieten. Vorherrschende Westwinde bringen das ganze Jahr über feuchte Luftmassen vom Ozean auf den Kontinent. Folglich sind die Niederschläge über das ganze Jahr verteilt. Doch je weiter ein Gebiet vom Ozean entfernt liegt, desto weniger Niederschläge fallen und auch die temperaturausgleichende Wirkung des Meeres nimmt ab. Man unterscheidet in der gemäßigten Klimazone drei Klimatypen: Seeklima (ozeanisches Klima), Übergangsklima und Landklima (kontinentales Klima).

Ein landwirtschaftlicher Gunstraum

Dank des ausgeglichenen Klimas findet man in der gemäßigten Zone einige der fruchtbarsten und ertragreichsten Gebiete der Erde. Der größte Teil ist sowohl für den Ackerbau als auch für die Viehzucht geeignet. Aber auch Sonderkulturen wie Spargel, Kirschen und Weintrauben werden hier angebaut. Grünlandwirtschaft spielt vor allem in den Gebieten mit ozeanischem Klima eine bedeutende Rolle. Für einen lohnenden Getreideanbau ist es hier zu feucht. Die Räume mit Übergangs- und Kontinentalklima werden überwiegend für den Getreideanbau genutzt.

Der Einsatz von Düngemitteln und Hochleistungssaatgut sowie moderne Anbau- und Erntetechnik ermöglichen sehr gute Erträge in der Landwirtschaft. Aber auch die Forstwirtschaft nutzt intensiv die Nadel- und Mischwälder der gemäßigten Breiten.

[6] Auf Neuseeland. *Foto, 2011.*

Steppen als Kornkammern

Die Steppen sind eine von Natur aus baumlose Graslandschaft. Weite Weizen-, Mais, Zuckerrüben- und Sonnenblumenfelder prägen heute die Steppe. Das Grasland ist nur noch in Resten erhalten.

[7] Im Süden Kanadas. *Foto, 2012.*

Das Klima der Steppen zeichnet sich durch warme Sommer und kalte Winter aus. Das Landklima hat die Entstehung von Schwarzerde begünstigt. Sie bildet eine mächtige Bodenschicht aus zersetzten Pflanzenresten (Humus) und gehört zu den besten Ackerböden. Dadurch haben sich die ehemaligen Grasländer zu den weltweit bedeutendsten Getreideanbaugebieten (Kornkammern) entwickelt. Insbesondere Weizen findet hier gute Bedingungen.

3. Notiert mithilfe des Atlas und der Karte [5] die Lage der wichtigsten Agrargebiete in der gemäßigten Klimazone in Europa.

Wählt einen der folgenden Arbeitsaufträge aus:

▣ Erstellt eine Kartenskizze zur Lage der gemäßigten Klimazone in Europa.

▣ Fertigt eine Kartenskizze mit den wichtigsten landwirtschaftlichen Gebieten der gemäßigten Zone der Erde an.

In der kalten Zone

Wie hat sich das Leben der Menschen dort verändert?

[1] Siedlung an der Westküste Grönlands. *Foto, 2013.*

1. Beschreibt das Bild [1].

Die Inuit in Nordamerika

„Inuit" nennen sich die Ureinwohner im Norden Nordamerikas; das bedeutet „Mensch". Wir kennen sie als „Eskimos". Aber diese Bezeichnung empfinden die Inuit als Beleidigung, denn sie bedeutet „Rohfleischesser".

Wo die etwa 100 000 Inuit leben, ist es das ganze Jahr über so kalt, dass keine Bäume wachsen und kein Getreide angebaut werden kann. Nur Moose und Flechten gedeihen im Sommer. Deshalb können sich die Inuit nur von Fleisch ernähren. Sie jagen Seehunde, Eisbären, Robben und Walrosse und sie fischen. Die Inuit lebten ursprünglich in Erdhäusern, die mit Grassoden bedeckt waren.

Die harten Lebensbedingungen machten die Inuit erfinderisch. Während der Jagdzüge im eisigen Winter bauten sie sich Behausungen aus Schneeblöcken. In der Inuitsprache heißt Iglu „das Haus". Den Inuit verdanken wir auch die wetterfeste Jacke mit Kapuze und warmem Futter, den Anorak und das Kajak.

[2] Inuit-Familie in Grönland. *Foto, 2009.*

Leben zwischen den Zeiten

Das Leben der Inuit hat sich in den letzten Jahrzehnten sehr verändert. Sie gehen zum Teil noch auf die Jagd, essen aber Tiefkühlpizza. Sie fahren mit dem Hundeschlitten und tragen dabei Fleecepullover. Sie telefonieren mit Handys und stricken und nähen Souvenirs für Touristen. Einige Inuit sind von dem Wandel überfordert und ertränken ihre Sorgen und ihre Langeweile im Alkohol.

2. Stellt das Leben der Inuit früher und heute in einer Tabelle gegenüber (Text, Bilder).

[3] Hundeschlittengespann. *Foto, 2011.*

[4] Blühende Tundra in Alaska. *Foto, 2009.*

Die Tundra

An die polare Eiswüste schließt sich im Süden eine baumlose Landschaft an – die Tundra. Obwohl die Wachstumszeit für Pflanzen nur kurz ist, existieren niedrige Sträucher, Gräser, Moose und Flechten. Sie haben sich an die Kälte und Trockenheit angepasst. In der Polarzone und den nördlichen Bereichen der gemäßigten Zone ist der Untergrund seit tausenden Jahren ständig gefroren. Der Boden taut nur in den Sommermonaten für kurze Zeit oberflächlich auf. Ein solcher Boden wird Dauerfrostboden genannt.

Der Bau befestigter Straßen ist auf Dauerfrostboden kaum möglich. Menschen und Fahrzeuge versinken im Schlamm. Im Winter verlaufen die Wege über zugefrorene Seen und Flüsse.

3. Beschreibt das Aussehen der Pflanzen in der Tundra (Bild [4]).
4. Vergleicht die Verbreitung der Tundra und des Dauerfrostbodens auf der Nordhalbkugel (Karte [5]).

Wählt einen der folgenden Arbeitsaufträge aus:

◧ Erstellt eine Liste der Kontinente und Staaten, die Anteil an der Vegetationszone der Tundra haben.

◧ Informiert euch im Internet über Tiere in der Tundra. Notiert Stichworte, wie sie sich an die Lebensbedingungen angepasst haben.

Was ihr noch tun könnt...

■ Recherchiert im Internet über den Wettlauf um die Entdeckung des Nord- und Südpols. Berichtet in einem Kurzvortrag darüber.

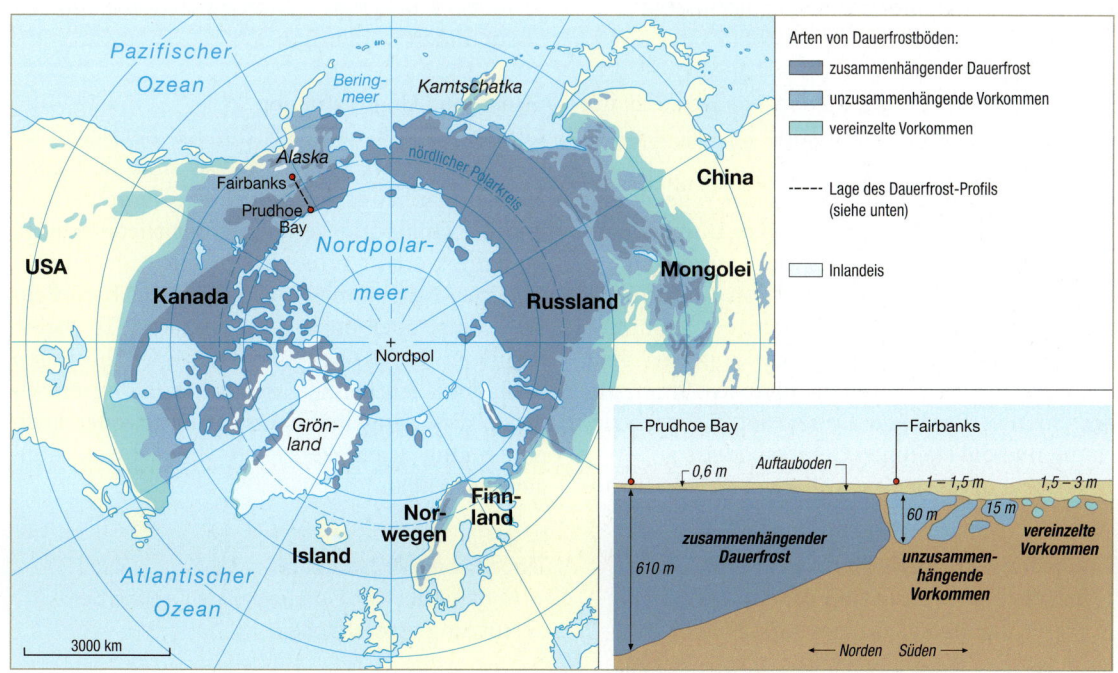

[5] Verbreitung des Dauerfrostbodens auf der Nordhalbkugel.

Zu kalt, zu trocken …

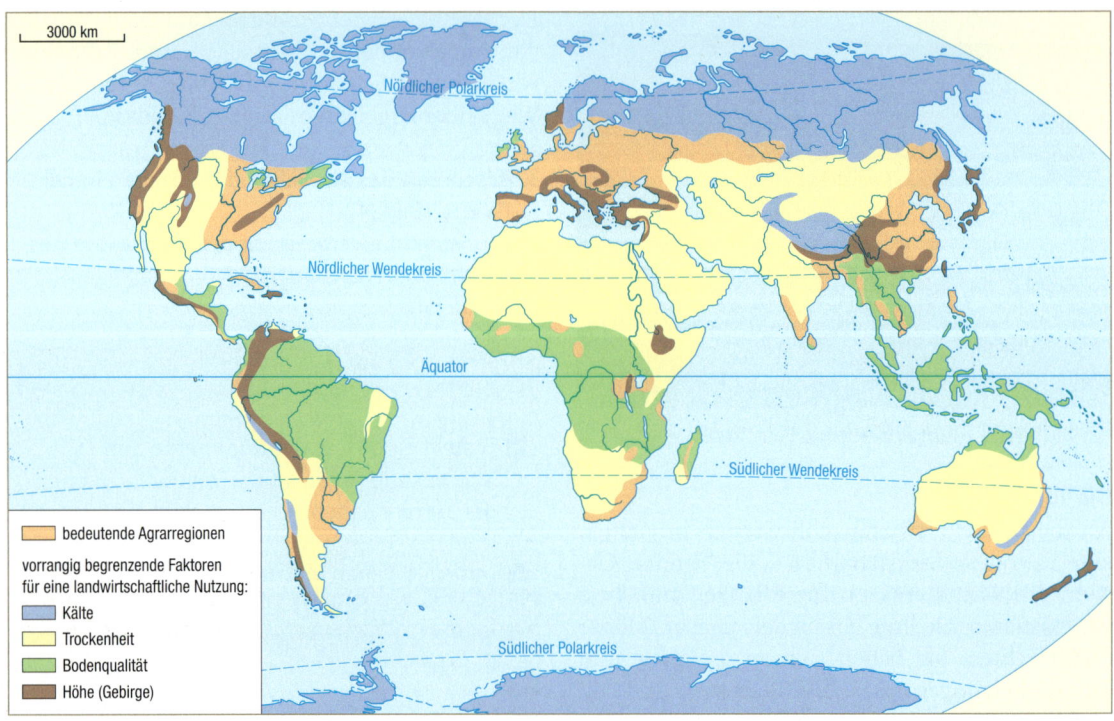

3000 km

Nördlicher Polarkreis

Nördlicher Wendekreis

Äquator

Südlicher Wendekreis

Südlicher Polarkreis

■ bedeutende Agrarregionen

vorrangig begrenzende Faktoren
für eine landwirtschaftliche Nutzung:
■ Kälte
■ Trockenheit
■ Bodenqualität
■ Höhe (Gebirge)

[1] Natürliche Grenzen der landwirtschaftlichen Nutzung.

1. Sammelt mit den Materialien der Seite und dem Atlas Informationen zum Thema „Grenzen der landwirtschaftlichen Nutzung".
2. Präsentiert die Informationen eurer Klasse.

Anbaugrenzen
Weltweit versuchen die Menschen, Neuland für die landwirtschaftliche Nutzung zu erschließen. Dabei stoßen sie an Grenzen:
Die Kältegrenze verläuft dort, wo die Vegetationszeit der Kulturpflanzen zu kurz ist. Durch Züchtung kann die Kälteresistenz verändert weren.
Die Höhengrenze des Anbaus von Kulturpflanzen wird – wie bei der Kältegrenze – bestimmt durch die Wachstumszeit. Dazu kommen aber als begrenzende Faktoren die intensive Strahlung der Sonne, die lange Dauer der Schneebedeckung und die steinigen Gebirgsböden.
Die Trockengrenze des Anbaus ist zugleich die Grenze des Regenfeldbaus. Wo die Verdunstung höher ist als der Niederschlag, herrscht ein arides Klima. Da Pflanzen bei Bewässerung gedeihen, kann die Trockengrenze vergleichsweise einfach überwunden werden.

Gunst- und Ungunsträume
Besonders günstige Verhältnisse herrschen in den gemäßigten Breiten, sodass man dort auch die Hauptanbaugebiete findet. Die Temperaturen und die Höhe und Verteilung der Niederschläge im Jahresverlauf ermöglichen die Kultur hochwertiger Nutzpflanzen wie Weizen, Kartoffeln und Mais, aber auch die Viehzucht. In vielen Regionen der Tropen und Subtropen hingegen behindern Trockenheit, schlechte Bodenverhältnisse, die mangelhafte Infrastruktur oder auch regelmäßig wiederkehrende Überschwemmungen den Anbau.

Tipps für die Erarbeitung
– Beispiele für die Grenzen der landwirtschaftlichen Nutzung aus diesem Kapitel nehmen.
– Im Internet die Klimaansprüche von Weizen, Kartoffeln, Reis und Hirse herausfinden.

Tipps für die Präsentation
– Anhand der Karte die jeweilige Grenze der Nutzung verdeutlichen.

Oasen – Inseln in der Wüste

[1] Die Flussoase des Nils. *Foto.*

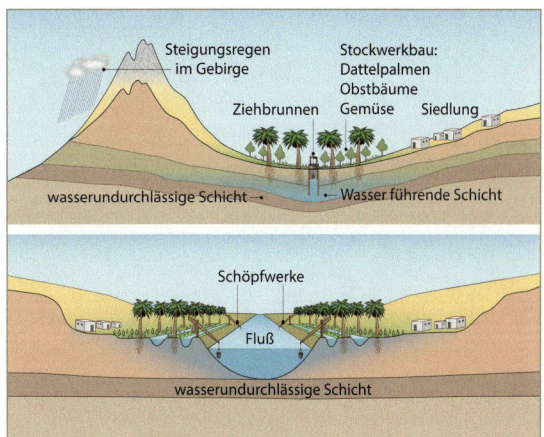

[2] Wasser für die Oasen.

1. Sammelt mit den Materialien der Seite und dem Atlas Informationen zum Thema Oasen.
2. Präsentiert die Informationen eurer Klasse.

„Bahr bela ma" – Meer ohne Wasser – so nennen die Araber die Sahara. Doch tausende Oasen liegen wie grüne Inseln inmitten des Wüstenmeeres. Überall dort, wo es Wasser gibt, können sich Menschen ansiedeln und Ackerbau betreiben.

Wie kommt das Wasser in die Wüste?

1 Die meisten Oasen sind **Grundwasseroasen**. Das
2 Wasser der **Niederschläge**, die vor allem in den
3 Gebirgen am Rand der Sahara fallen, versickert.
4 Wenn es auf eine wasserundurchlässige Schicht
5 trifft, wird es gestaut und fließt oft viele hundert
6 Kilometer unterirdisch bis weit in die Sahara hin-
7 ein. In den Oasen tritt das Wasser in **Quellen** an
8 die **Erdoberfläche** oder es wird durch Brunnen
9 mithilfe von **Motorpumpen** gefördert.

Landwirtschaft in der Wüste

1 In kleinen Kanälen wird das Wasser zur **Bewäs-**
2 **serung** in die Gärten, auf die Felder und die
3 Dattelpalmhaine geleitet. Die Gärten der traditio-
4 nellen Oasen werden im **Stockwerkbau** bewirt-
5 schaftet.

Oasen im Wandel

1 Jahrhundertelang waren Oasen auch **Handels-**
2 **plätze** und Stützpunkt von **Karawanen**. Doch es
3 hat sich viel verändert. Die Karawanen wurden
4 durch Lastkraftwagen und Asphaltstraßen er-
5 setzt. Auch der **Tourismus** hat Einzug gehalten.
6 Er wird zu einer neuen **Einnahmequelle**.
7 Durch die verbesserte Verkehrsanbindung gelan-
8 gen viele neue Güter zu niedrigen Preisen in die
9 Oasenstädte. Selbstversorgung gibt es kaum
10 noch. Viele Bewohner haben in großen Städten
11 oder auf den Ölfeldern besser bezahlte Beschäfti-
12 gungen gefunden.

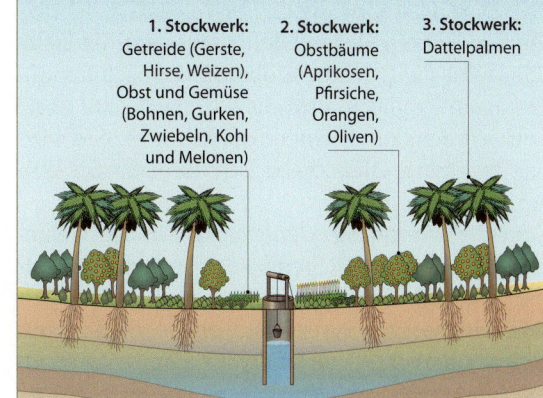

[3] Stockwerkanbau in einer Oase.

Tipps für die Erarbeitung
– Nutzt Textknacker und Kartenprofi für eure Arbeit.
– Beschreibt Merkmale einer Oase.
– Erklärt den Stockwerkanbau einer Oase.

– Erklärt die Ursachen für die veränderte Lebensweise in den Oasen.

Mischkultur statt Regenwald

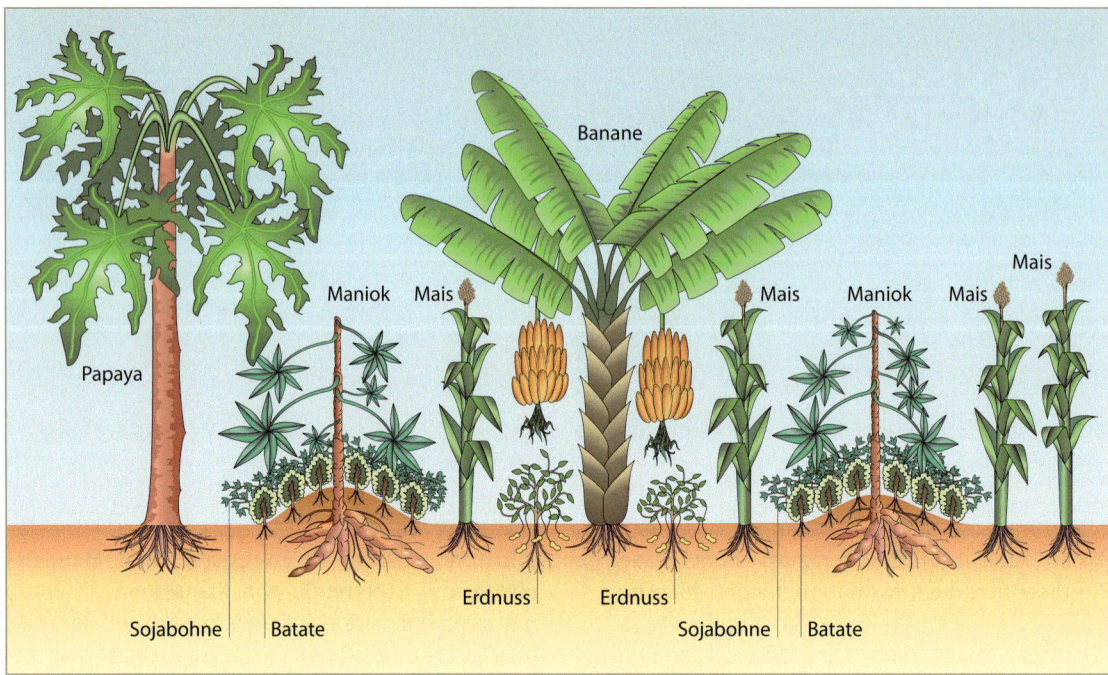

Papaya · Maniok · Mais · Banane · Mais · Maniok · Mais · Mais · Sojabohne · Batate · Erdnuss · Erdnuss · Sojabohne · Batate

[1] Standortgerechter Anbau in den Gebieten des ehemaligen Regenwaldes.

1. Sammelt mit den Materialien der Seite Informationen zum Thema „Angepasste Nutzung des ehemaligen Regenwaldes".
2. Präsentiert die Informationen eurer Klasse.

Folgen der Regenwaldvernichtung

Der Boden ist ohne die dichte Vegetation schutzlos den starken Regenfällen ausgesetzt. Großflächig wird die fruchtbare obere Bodenschicht abgetragen. Zugleich wird die Erdoberfläche ohne den Bewuchs mit Pflanzen stark erhitzt. Sie wird wie in einem Ofen „gebacken" und ist für den Anbau ungeeignet.

Etwa drei Viertel der Niederschläge in den Gebieten des tropischen Regenwaldes entstehen durch die Verdunstung aus dem Regenwald selbst. Mit der Zerstörung großer Waldgebiete fließen immer größere Teile des Niederschlages sofort in die Flüsse ab. Zugleich regnet es jedoch immer weniger, das Klima wird trockener.

Mischkultur als Lösung?

Der Wanderfeldbau ist im tropischen Regenwald nur für die Selbstversorgung der dort lebenden Menschen sinnvoll. Eine Ertragssteigerung für die Ansprüche der wachsenden Bevölkerungszahl ist damit nicht möglich. Ein Lösungsversuch der angepassten Nutzung ehemaliger Flächen mit tropischem Regenwald ist die Mischkultur. Dabei handelt es sich um den Versuch, bei der landwirtschaftlichen Nutzung die Verhältnisse im ehemaligen tropischen Regenwald „nachzubilden". So soll eine Mischkultur mit dem Anbau von Kulturpflanzen in unterschiedlichen Höhen den verschiedenen Stockwerken des Regenwaldes entsprechen. Eine so genannte „Humuswirtschaft" soll dafür sorgen, dass die Böden gut durchwurzelt sind und damit weniger anfällig für Erosion werden. Außerdem kann die Humusschicht die Nährstoffe binden und diese den Pflanzen zur Verfügung stellen.

Tipps für die Erarbeitung
– Die Folgen der Regenwaldzerstörung in Stichworten notieren.

Tipps für die Präsentation
– Anhand der Abbildung oben die Ziele der Mischkultur verdeutlichen.

Höhenstufen

[1] Blick auf den Kilimandscharo. *Foto, 2012.*

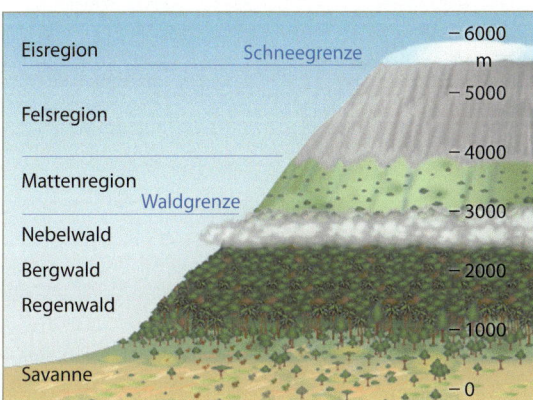

[2] Höhenstufen des Kilimandscharo.

1. Sammelt mit den Materialien der Seite Informationen zum Thema.

2. Präsentiert die Informationen eurer Klasse.

Höhenstufen

Der Kilimandscharo ist mit 5 895 Metern der höchste Berg Afrikas. Auf seinem Gipfel liegt Schnee, obwohl er am Äquator liegt. So wie vom Äquator zu den Polen eine Temperaturabnahme erfolgt, verändern sich auch die Temperaturen mit der Höhe. Auf je 100 Meter Höhe nimmt die Temperatur um etwa 0,6 °C ab. Dadurch bilden sich Höhenstufen aus, die sich in Klima, Vegetation und landwirtschaftlicher Nutzung unterscheiden.

[3] **Bericht über eine Bergtour zum Gipfel des Kilimandscharo**

Nach wochenlanger Vorbereitung sind wir am Fuße des Kilimandscharo angekommen. Der Bergort Marangu, der von Kaffee- und Bananensträuchern umgeben ist, liegt auf etwa 1 400 Metern Höhe und ist der Ausgangs- und Zielpunkt unserer Tour.

Am ersten Tag stehen wir früh auf, um der Tageshitze zu entgehen. Das Thermometer zeigt um 4 Uhr bereits 20 °C. Unser Marsch führt uns im Nebel durch dichten Regenwald mit Moosen, meterhohen Farnen und lang herunterhängenden Bartflechten. Wir erreichen unser Tagesziel, die Mandara-Hütten auf etwa 2 700 m. Das Thermometer zeigt 11 °C.

Die zweite Etappe unserer Tour führt uns durch eine Landschaft mit Gräsern und Heidesträuchern. Diese Sträucher werden bis zu drei Meter hoch, sind immergrün und zum Teil sehr verzweigt. Wir sehen die ersten Riesenlobelien. Auf etwa 3 780 m erreichen wir die Horombo-Hütten. In der Sonne sind es 18 °C, nachts friert es.

Abmarsch zur dritten Etappe, die uns über Felsen und Geröll, einzeln stehende Grasbüschel und Moose zur Kibo-Hütte, auf etwa 4 700 m führt. Das Thermometer ist stetig gefallen. Es zeigt nur noch 5 °C. In der frostigen Nacht und durch den Sauerstoffmangel in der Höhenluft schlafen wir nur wenig.

Die letzte Etappe beginnt kurz nach Mitternacht bei − 8 °C. Wir sind jetzt beim Gletscher, und der Aufstieg wird immer mühsamer. Da es leicht schneit, kommen wir nur langsam voran. Bei Sonnenaufgang stehen wir staunend am Kraterrand des Kilimandscharo und überblicken den gleichnamigen Nationalpark.

Nur jeder zweite Bergsteiger erreicht den Gipfel des Kilimandscharo. Viele erkranken durch den Sauerstoffmangel an der gefürchteten Höhenkrankheit, benötigen ärztliche Hilfe und müssen sofort wieder absteigen.

Autorentext

Tipps für die Präsentation

– Zeigt auf einer Wandkarte Afrikas den Kilimandscharo.
– Erstellt für die Präsentation eine große Umrissskizze mit einem Profil des Kilimandscharo.
– Tragt während eures Vortrags dort die einzelnen Höhenstufen ein.

Erdkunde aktiv

In diesem Kapitel habt ihr viel über das Leben in verschiedenen Landschaftszonen erfahren. Diese Seite ist für alle, die das Thema besonders interessiert und die gern selbst etwas ausprobieren. Ihr könnt die Anregungen in oder außerhalb der Schule, zu zweit oder in der Gruppe verwirklichen. Denkt auch daran, euer Portfolio zu führen:

– gelungene Ergebnisse in Text und Bild sammeln,
– Lernerfahrungen zum Thema „Landschaftszonen" aufschreiben.

Artesischer Brunnen

Was ihr für das Experiment braucht, seht ihr in der Grafik rechts.
Montiert die Trichterhalterungen auf gleicher Höhe an die Stative und setzt die Trichter ein. Zieht die Enden des Schlauchs über den jeweiligen Trichterauslauf. Bohrt ein kleines Loch in die Mitte des Schlauchs und verschließt es mit einem Zahnstocher. Füllt Wasser in die Trichter und entfernt den Zahnstocher. Was passiert?

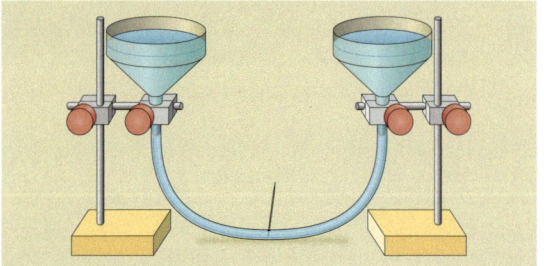

Eis

Ihr benötigt dafür zwei Gefrierdosen aus Plastik, destilliertes Wasser (Supermarkt), Mineralwasser mit Kohlensäure und etwas Geduld. Füllt eine der Plastikdosen bis etwa zur Hälfte mit destilliertem Wasser, die andere Gefrierdose ebenfalls etwa zur Hälfte mit Mineralwasser. Stellt beide Gefäße über Nacht in das Gefrierfach des Kühlschranks oder in die Tiefkühltruhe. Nehmt am nächsten Morgen die Eisblöcke aus den Gefrierdosen. Vergleicht das Aussehen der Eisblöcke. Was stellt ihr fest?

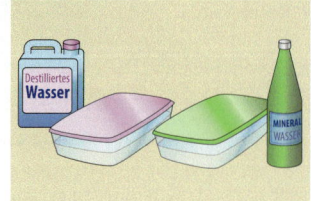

Brötchen der Wüstenbewohner

Zutaten:
250 ml warmes Wasser,
ein Tütchen Trockenhefe,

sechs Teelöffel Honig,
500 Gramm Mehl,
ein Teelöffel Salz

Zubereitung:
Gießt das warme Wasser in ein Glas. Löst darin Hefe und Honig auf. Füllt das Mehl in eine Schüssel. Gebt das Salz und das Gemisch aus Wasser, Hefe und Honig hinzu. Knetet das Ganze zu einem Teig. Und zwar so lange, bis der Teig nicht mehr an den Fingern klebt. Im Notfall noch etwas Mehl hinzufügen.
Formt aus dem Teig Bällchen (etwa so groß wie Tischtennisbälle). Verteilt diese Bällchen auf einem Backblech, das ihr mit Backpapier ausgelegt habt. Die Bällchen auf dem Backblech müssen jetzt eine halbe Stunde ruhen. Stellt den Backofen an und wartet, bis er auf 200 Grad aufgeheizt ist. Schiebt das Backblech dann vorsichtig in den Ofen. Nach 15 bis 20 Minuten könnt ihr die fertigen Brötchen aus dem Backofen nehmen. Sie schmecken am besten, wenn sie noch warm sind.

WEBCODE: MZ643769-38

Das kann ich!

Sachkompetenz
1. Erklärt euch gegenseitig die wichtigen Begriffe in [1] und schreibt die Bedeutung der Begriffe auf.
2. Erklärt, warum es in Deutschland vier Jahreszeiten gibt.
3. Ordnet die Klimadiagramme [1–3] den Landschaftszonen [A–C] zu. Begründet!
4. Nennt mithilfe der Karten (Seite 20) die jeweilige Klima- bzw. Vegetationszone.

Methodenkompetenz
5. Zeichnet mithilfe der Werte in Bild [3] ein Klimadiagramm zu London oder Kiew. Vergleicht anschließend die Diagramme.
6. Erklärt, warum ihr ein Klimadiagramm sehr genau zeichnen müsst.

Urteilskompetenz
7. Begründet, warum die gemäßigte Zone ein landwirtschaftlicher Gunstraum ist.

Handlungskompetenz
8. Stellt den Umlauf der Erde um die Sonne mit einem Globus im Klassenraum nach. Achtet auf die richtige Stellung der Erdachse.

[1] **Wichtige Begriffe:**

> Klimazonen   Vegetationszonen   Landschaftszonen
> Tropen   Wendekreise   Jahreszeiten   humid   arid
> Passatkreislauf   ITC   Savannen   Höhenstufen   Subtropen
> Anbaugrenzen   Gunst-/Ungunsträume

[2] **Klimadiagramme und Landschaftsfotos**

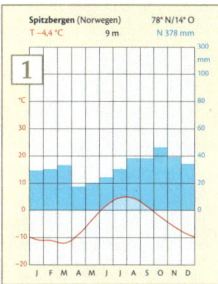

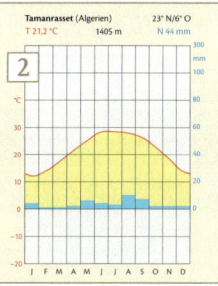

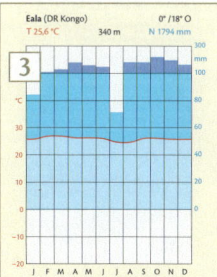

[3] **Klimawerte für London und Kiew**

London	1	2	3	4	5	6	7	8	9	10	11	12	ø
Temp.	4,9	5	7,2	9,7	13,1	16,6	18,7	18,2	15,5	11,6	7,7	5,6	**11,2**
Nieder.	56	39	46	45	49	50	48	53	56	60	61	58	**621**
Kiew	1	2	3	4	5	6	7	8	9	10	11	12	ø
Temp.	−5,3	−4,2	0,7	8,7	15,3	18,2	19,2	18,5	13,9	8,0	2,1	−2,2	**7,8**
Nieder.	46	46	38	48	52	69	87	67	43	39	50	47	**832**

Menschliche Lebensräume in Gefahr

Ein Vulkan bricht aus

Menschen in einem Auto fliehen vor einer heißen Wolke aus Staub, Gasen und Gestein. Die Wolke ist 300 °C heiß und sie bewegt sich mit etwa 100 Stundenkilometern ins Tal ...

1. Beschreibt das Bild und geht auf die Stimmung ein, die es vermittelt.
2. Notiert an der Tafel, was ihr bereits über Vulkane wisst.

Ein Vulkan bricht aus

[1] Der Merapi ist aktiv. *Foto, 2010.*

[2] Viele Menschen müssen bei einem Ausbruch des Merapi ihre Dörfer verlassen. *Foto, 2010.*

Der Merapi in Indonesien

Der 42-jährige Khan berichtet: „Als der Vulkan ausbrach, waren viele Menschen in ihren Häusern. Sie hatten keine Chance, der heißen Wolke zu entfliehen. Es gab viele Tote und Verletzte. Wir verloren unsere Häuser, das Vieh und die Felder. Jetzt leben wir in Notunterkünften und werden von Soldaten versorgt, denn wir haben nun nichts mehr."

Der Merapi ist einer der aktivsten Vulkane der Erde. Anfang November 2010 sahen die Anwohner Rauchschwaden, die aus dem Vulkan aufstiegen. In den folgenden Wochen wurden zahlreiche kleinere Erdbeben gemessen. Schließlich wurden 20 000 Menschen evakuiert*. Viele Menschen wollten ihre Häuser und ihr Hab und Gut nicht zurücklassen. Bei mehreren Ausbrüchen wurden Geröll und Asche bis zu vier Kilometer in die Luft geschleudert. Besonders gefährlich sind die pyroklastischen Ströme* am Merapi.

1. Vergleicht das Bild auf den Auftaktseiten mit den Bildern [1]–[3].
2. Schildert den Ausbruch des Merapi und die Folgen.
3. Erklärt in eigenen Worten, was pyroklastische Ströme sind.

pyroklastischer Strom ist eine über 100 km/h schnelle und zwischen 200 und 700 Grad heiße, vom Vulkan abgehende Lawine aus heißer Asche, Gasen und Gesteinsstücken.

Evakuierung ist die Räumung eines Gebiets von Menschen.

Eruption ist ein vulkanischer Ausbruch von Lava, Gas, Dampf oder Asche.

[3] Am Merapi nach dem Ausbruch. *Foto, 2010.*

[4] Reisanbau auf fruchtbaren Böden in Vulkannähe. *Foto, 2010.*

Vulkane – „Freunde und Feinde" des Menschen

Denkt man an Vulkane, so hat man Bilder von Zerstörung vor Augen. Allerdings begünstigen sie auch das Leben der Menschen vor Ort.

Sehr bedeutend ist die Fruchtbarkeit des Bodens in Vulkannähe für die Landwirtschaft. Das vulkanische Gestein enthält viele Mineralien, die beste Böden bieten. Landwirtschaft in Vulkannähe sorgt für hohe Erträge. Die Gebiete in Vulkannähe sind daher sehr dicht besiedelt. Daneben kann die oberflächennahe Erdwärme zur Energiegewinnung verwendet werden.

4. Vergleicht Bild [3] und Bild [4].
5. Vergleicht die beiden Vulkantypen (Bild [5]).
6. Erklärt, warum Vulkane gleichzeitig „Freunde und Feinde" des Menschen sein können.

Wählt einen der folgenden Arbeitsaufträge aus:

▣ Zeichnet Grafik [5] vergrößert ab.

▣ Erstellt ein Protestplakat eines Bauern aus der Nähe des Merapi, der nicht evakuiert werden möchte.

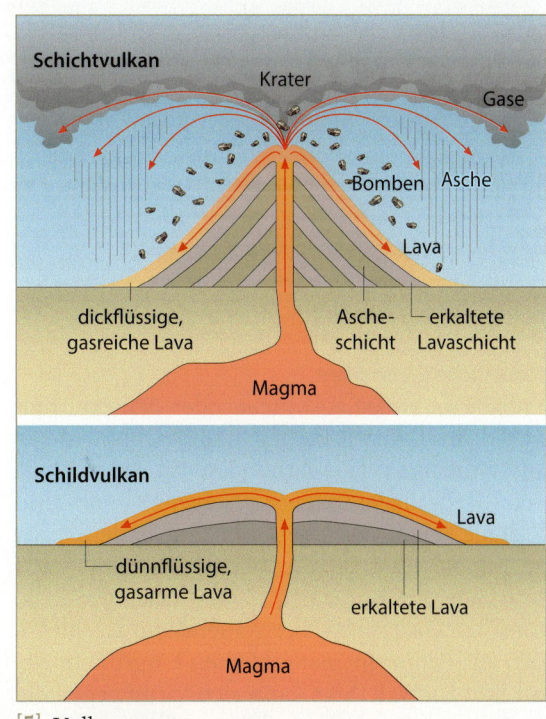

[5] Vulkantypen.

Was ihr sonst noch tun könnt…

■ Das Internet nutzen und „berühmte" Vulkane stichwortartig vorstellen.

Orientierung

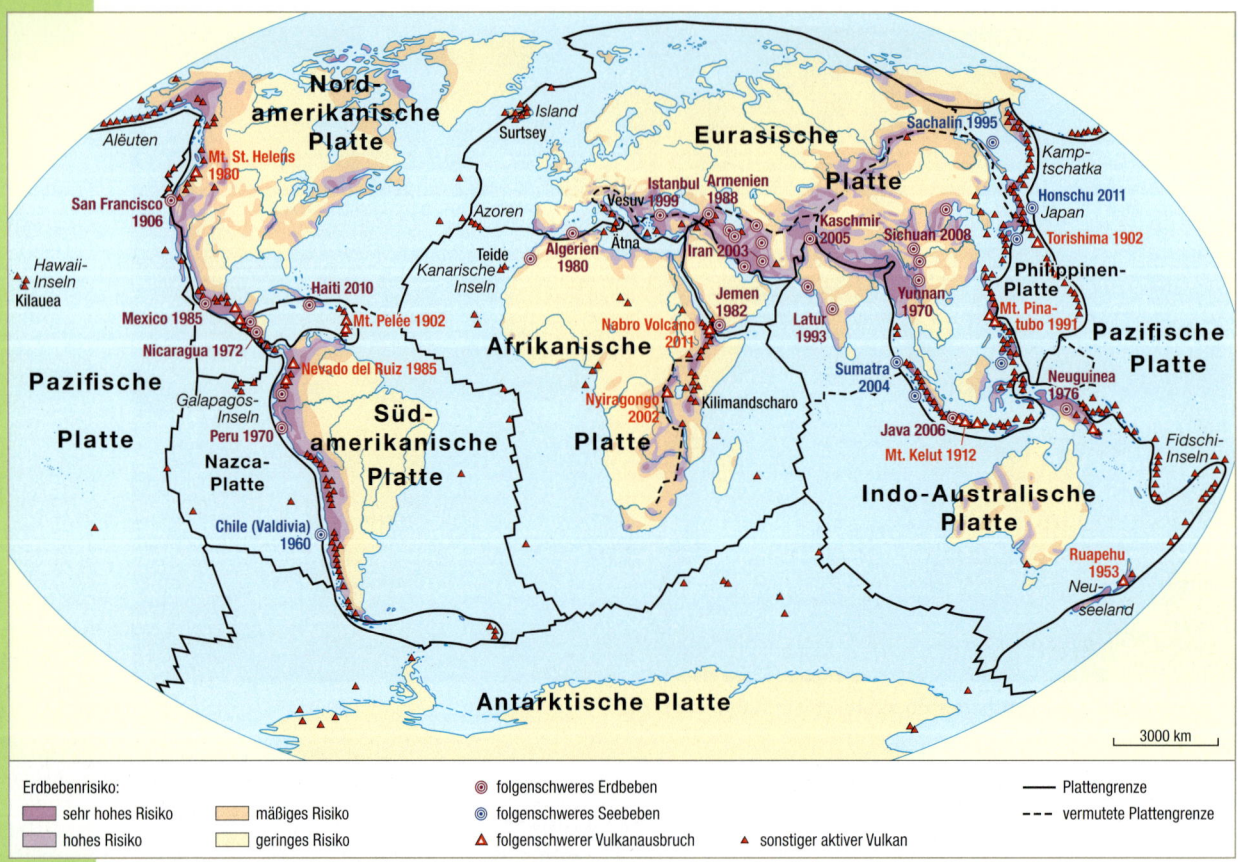

[1] Erdbeben- und Vulkanregionen auf der Erde.

1. Wertet die Karte [1] aus. Wendet dabei den Kartenprofi (Umschlagklappe vorne) an.
2. Wählt einen Vulkan in Bild [1] aus und informiert euch über den letzten großen Ausbruch. Berichtet in der Klasse.

Natürliche Georisiken

Erdbeben, Vulkanausbrüche oder Stürme sind natürliche Georisiken und traten schon immer auf. Oftmals sind sie verbunden mit Todesopfern oder Sachschäden. Manche Gebiete, Länder und Erdteile sind mehr betroffen als andere, was an geologischen Gegebenheiten (Plattengrenzen usw.) oder am Klima liegt. Eines haben diese natürlichen Georisiken aber gemeinsam: Sie entstehen auch ohne die menschlichen Eingriffe in Natur und Umwelt. Man kann sich kaum gegen die natürlichen Georisiken schützen. Sicherheitsvorkehrungen können das Risiko für die Menschen in ihren Lebensräumen aber verringern.

Durch den Menschen verursachte Georisiken

Neben den natürlichen Georisiken gibt es auch Gefahren, für die der Mensch (ganz oder zum Teil) verantwortlich ist. So nehmen Überschwemmungen heute Ausmaße an, die zum Beispiel ohne die Begradigung von Flussläufen oder die Bebauung von Auen deutlich geringer wären. Auch wäre die Lawinengefahr nicht so akut, wenn der Mensch nicht in gefährdeten Gebieten großflächig Wälder gerodet hätte. Die Wüstenbildung würde nicht so rasant voranschreiten, wenn der Mensch den Wasserverbrauch den natürlichen Bedingungen anpassen würde.

3. Nennt Unterschiede zwischen natürlich und anthropogen verursachten Georisiken.
4. Begründet, warum manche Gebiete auf der Erde mehr von Georisiken betroffen sind.
5. Zeichnet einen Zeitstrahl mit den rechts angegebenen Ereignissen in eure Arbeitsmappe.

Beispiele historischer Naturkatastrophen

In diesem Kapitel geht es vor allem um folgende Fragen:
Wie ist die Erde aufgebaut?
Wie entstehen Erdbeben?
Welche Regionen sind durch Naturkatastrophen gefährdet?
Warum brechen Vulkane aus?
Warum gefährden menschliche Eingriffe Lebensräume?

Wichtige Kompetenzen in diesem Kapitel

Sachkompetenz
▶ Entstehung von Erdbeben, Vulkanausbrüchen und Wirbelstürmen sowie deren Auswirkungen auf die Lebens- und Wirtschaftsbedingungen der Menschen erklären
▶ anthropogen bedingte Bedrohung von Lebensräumen erläutern

Urteilskompetenz
▶ Räume als Gunst- oder Ungunsträume im Hinblick auf das Vorliegen und das Ausmaß von Georisiken beurteilen
▶ Vorschläge zur Vermeidung von Bodenerosion, Desertifikation und Überschwemmungen machen

▶ **11. 2. 2011**
Starkes Erdbeben vor der Küste Japans mit Folge eines Tsunamis und atomarer Katastrophe in Fukushima

▶ **28. 8. 2005**
Hurrikan Katrina verursacht in den USA Zerstörungen und Überflutungen, ca. 1 800 Tote (siehe Bild oben)

▶ **26. 12. 2004**
Tsunami als Folge eines Bebens vor Sumatra/Indonesien, ca. 200 000 Tote

▶ **17. 8. 1999**
Starkes Erdbeben in der Türkei

▶ **13. 11. 1985**
Schlammlawine nach Ausbruch des Vulkans Nevado del Ruiz in Kolumbien. Etwa 22 000 Tote, einige Dörfer wurden vollständig zerstört

▶ **27/28. 9. 1976**
Starkes Erdbeben in China/Nähe Peking. Mind. 242 000 Tote

▶ **7. 9. 1955**
Überschwemmungen in Indien. Etwa 45 Mio. Menschen obdachlos, zahlreiche Tote

▶ **8. 1931**
Überschwemmung am Jangtsekiang in China. Etwa 1,4 Mio. Tote

▶ **18. 4. 1906**
Das Erdbeben in San Francisco gilt als eines der schwersten in den USA. Die Stadt wurde durch Brände weitgehend zerstört. Es gab ca. 3 000 Tote

Die Erdoberfläche in ständigem Wandel

Wie ist die Erde aufgebaut und was verändert ihre Oberfläche?

Hohe Temperaturen im Erdinneren

Die Erde ist vor über vier Milliarden Jahren als glühend heißer Ball aus Gestein und Gasen entstanden. Seitdem hat sie sich an der Oberfläche abgekühlt. Die Erdkruste ist mit 70 bis 100 Kilometern Dicke im Vergleich zu den anderen Erdschalen hauchdünn. Sie schützt vor der extremen Hitze im Erdinneren. Dort herrschen Temperaturen von bis zu 6000 Grad und hoher Druck. Dadurch wird Gestein zu flüssigem, glühenden Magma. Durch den enormen Druck besteht der Erdkern jedoch vermutlich aus festem Metall. Durch die hohen Temperaturen im Erdinneren ist die Erdkruste ständig in Bewegung. An Bruchstellen der Erdkruste kann sich Magma aus dem Erdinneren den Weg an die Oberfläche bahnen. Tritt das Magma aus, wird es Lava genannt. So entstehen Vulkankegel, Krater und ganze Inseln wie z.B. Hawaii.

1. Erläutert in eigenen Worten, wie die Erde aufgebaut ist (Bild [1]).
2. Erklärt, was die Ursache für die Veränderungen der Erdkruste ist.

Endogene Kräfte formen die Erdoberfläche

Die heutige Gestalt der Erde ist im Wesentlichen den Kräften aus dem Erdinneren, den endogenen Kräften zu verdanken. Diese Kräfte lassen die Erde beben, Vulkane ausbrechen oder neues Land entstehen. So zum Beispiel auch 1963 vor der Küste Islands:
Am 14. November 1963 ragte südlich von Island ein kleiner Feuerberg aus dem Meer. Asche und Lava wurden mit lautem Donnern und Grollen bis zu 3000 Meter in die Luft geschleudert, so dass dies von der 120 km entfernten Hauptstadt Reykjavik zu beobachten war. Die Vulkaninsel wuchs durch den Nachschub an vulkanischem Material aus dem Erdinneren schnell. Bereits nach 3 Tagen war Surtsey, wie die Insel genannt wurde, 550 Meter lang und 40 Meter hoch. Nach

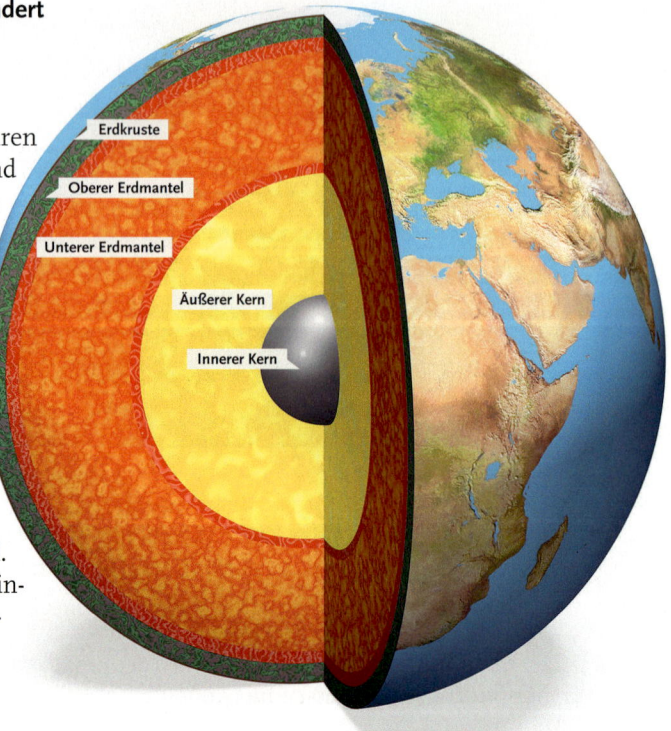

[1] Innerer Aufbau der Erde.

zwei Jahren hatte sie eine Fläche von 2,7 Quadratkilometern und eine maximale Höhe von 174 Metern. Die Ausbrüche und damit die Vergrößerung Surtseys endeten 1965.

[2] Surtsey wächst aus dem Meer. *Foto, 1963.*

3. Beschreibt, wie die Insel Surtsey entstanden ist.
4. Verdeutlicht, was endogene Kräfte sind und nennt Beispiele dafür.

[3] Exogene Kräfte lassen Surtsey schrumpfen. *Foto, 2013.*

[4] In das Rheinische Schiefergebirge „eingeschnittenes" Rheintal bei Bingen. *Foto, 2013.*

Exogene Kräfte verändern die Erdoberfläche

Mit der Entstehung Surtseys begannen auch die äußeren (exogenen) Kräfte auf die Insel einzuwirken. Der ständige Wellengang, der Wind, Eis und Regen sorgen dafür, dass Gesteinsmaterial abgetragen wird. Dadurch wird die Insel immer kleiner. Heute hat die Insel Surtsey fast die Hälfte ihrer Fläche verloren.

Exogene Kräfte sind auch für die Abtragung von Gebirgen oder die Entstehung von Flusstälern verantwortlich. Vor Millionen von Jahren floss der Rhein bei St. Goar durch ein breites Tal. Zu dieser Zeit hob sich langsam das Rheinische Schiefergebirge durch endogene Kräfte. Der Rhein konnte sich mit der Zeit immer tiefer in das Gebirge einschneiden und musste seinen Lauf trotz der Gebirgshebung nicht ändern.

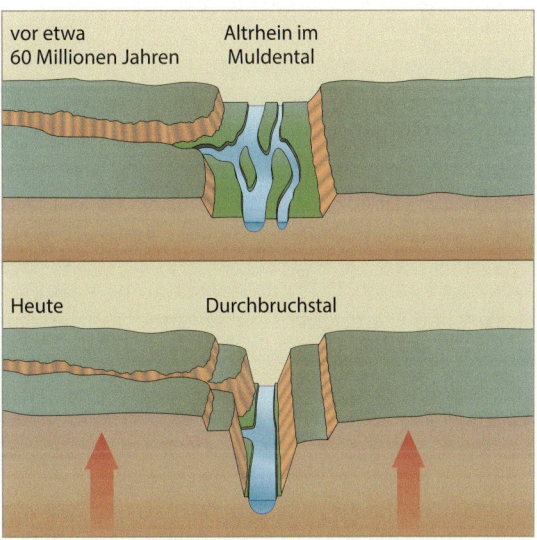

[6] Entstehung des Rheintales am Mittelrhein.

5. Erläutert, warum Surtsey schrumpft.
6. Verdeutlicht die Unterschiede zwischen endogenen und exogenen Kräften (Übersicht [5]).
7. Beschreibt die Entwicklung des Rheintales am Mittelrhein (Bild [6]).

[5] Endogene und exogene Kräfte und ihre Auswirkungen.

Wählt einen der folgenden Arbeitsaufträge aus:

🎲 Erklärt, in wie weit das Modell des Schalenbaus der Erde mit einem Pfirsich vergleichbar ist.

🎲 Erarbeitet ein Lernplakat zu den endogenen und exogenen Kräften auf der Erde.

Kontinente in Bewegung

Was versteht man unter Plattentektonik?

1. Beschreibt die Veränderungen auf den Abbildungen von Bild [1].

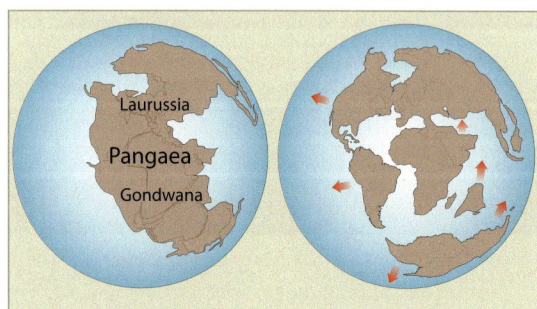

[1] Die Lage der Kontinente im Laufe der Zeit.

Die Kontinentalverschiebung

Wissenschaftler gehen heute davon aus, dass die Erde vor etwa 130 Millionen Jahren aus nur einem Kontinent bestanden hat.

Dieser Urkontinent brach schließlich auseinander.

Die Worte des jungen Wissenschaftlers Alfred Wegener sorgten 1912 für Aufsehen. Er vermutete, dass die Kontinente sich bewegen würden. Er begründete seine Vermutung damit, dass auf beiden Seiten des Atlantiks in Afrika und Südamerika die gleichen Gesteinsarten und Fossilien* (vgl. Lexikon) zu finden waren. Außerdem würden die Kontinente wie Puzzleteile aneinander passen. Wegener wurde zuerst von vielen Forschern belächelt, dann aber bestätigte sich seine „Theorie der Kontinentalverschiebung".

Der heutige Kontinent Amerika wandert sehr langsam westwärts. Würde Kolumbus heute erst auf Entdeckungsreise gehen, so müsste er etwa 10 m weiter segeln als noch vor etwa 500 Jahren.

2. Erklärt, warum in Afrika und Südamerika die gleichen Fossilien und Gesteine zu finden sind.

[3] Brücke auf Island, die die amerikanische mit der europäischen Erdplatte verbindet. *Foto, 2012.*

Das neue Bild der Erde

Sehr gut ist das Phänomen der Kontinentalverschiebung in Island zu erkennen. Entstanden ist die Spalte aufgrund des Auseinanderdriftens der Eurasischen und der Nordamerikanischen Platte. Jedes Jahr wird sie etwa 7 mm breiter.

3. Erläutert, warum man auf Island von einem Kontinent zum anderen wandern kann.

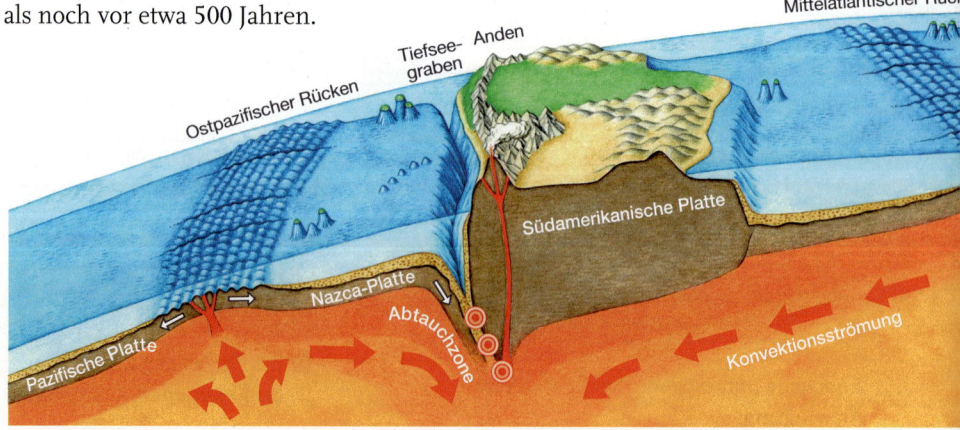

[2] Modell der Plattentektonik.

Plattentektonik

Nach heutigen Erkenntnissen besteht die Erdkruste aus zahlreichen Bruchstücken, die man „Platten" nennt. Diese Platten schwimmen auf dem flüssigen Gestein des Erdinneren. Magmaströmungen im Erdmantel bewirken, dass sich die starren Platten der Erdkruste bewegen.

Die Auswirkungen der Plattenbewegungen lassen sich gut am Beispiel Südamerikas, des Atlantischen Ozeans und Afrikas beobachten.

Unter dem Atlantik strömt geschmolzenes Gestein (Magma) aus dem Erdmantel nach oben und dehnt den Ozeanboden an den Plattengrenzen der Südamerikanischen und der Afrikanischen Platte. Es gelangt mit der Zeit so viel Gesteinsmaterial aus dem Erdinneren an den Meeresgrund, dass Unterwassergebirge entstehen. Diese nennt man mittelozeanische Rücken*. Der mittelatlantische Rücken ist bis zu 3 000 m hoch und 17 000 Kilometer lang. In der Mitte dieses Rückens werden die Platten stetig durch aufsteigendes Magma auseinandergeschoben. Somit entfernen sich Afrika und Südamerika immer mehr voneinander.

Da die südamerikanische Platte gegen die Nazca-Platte geschoben wird, faltet sich dort ein Gebirge auf, welches ebenfalls weiterhin ständig wächst: die Anden.

Fossilien sind Überreste von Organismen oder von Spuren ihres Lebens aus früheren Erdepochen („fossil" = ausgraben).

Mittelozeanische Rücken sind Gebirgszüge unter Wasser, die an zwei auseinanderdriftenden Platten durch aufsteigendes Magma aus dem Erdinneren entstehen.

4. Beschreibt das Modell der Plattentektonik mithilfe der Abbildung [2] und des Textes.
5. Begründet, warum sich die Erdplatten bewegen.
6. Erklärt, wie der Mittelatlantische Rücken entstanden ist.
7. Erläutert, warum die Anden sich gebildet haben.

Wählt einen der folgenden Arbeitsaufträge aus:

◨ Begründet schriftlich, warum Kolumbus heute etwa 10 Meter weiter segeln müsste, als noch vor 500 Jahren.

◨ Findet mithilfe einer Weltkarte im Atlas heraus, wo sich Ozeanische Rücken befinden und zeichnet diese in eine Handskizze der Weltkarte ein.

Was ihr noch tun könnt...
■ euch über Alfred Wegener informieren und einen Lebenslauf erstellen.

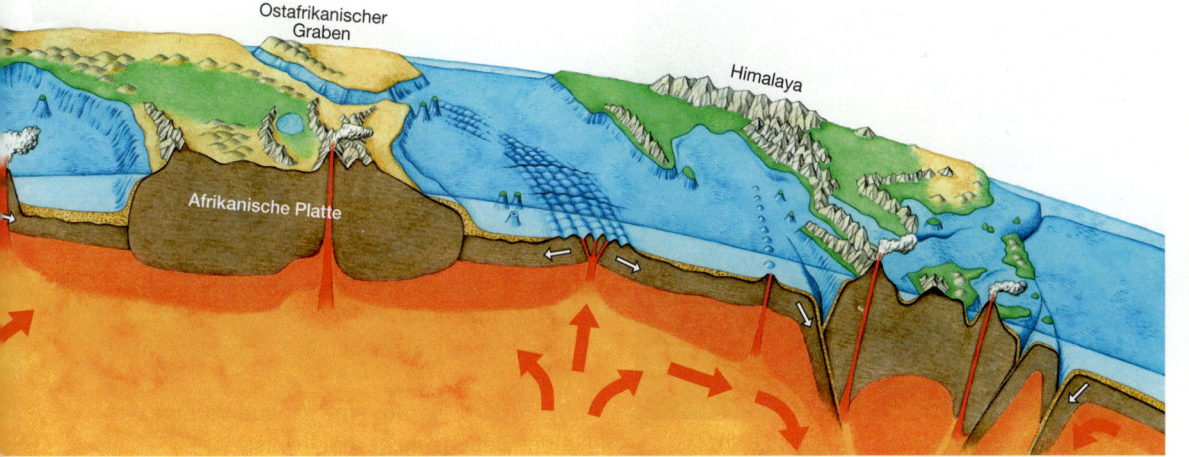

Die Erde bebt

Wie entstehen Erdbeben und Seebeben?

[1] Nach einem Erdbeben in der Kleinstadt Paso Robles (USA, Kalifornien). *Foto.*

1. Sammelt im Gespräch mögliche Folgen von Erdbeben. Berücksichtigt Bild [1].

Erdbeben in Kalifornien

Die Menschen in Kalifornien erleben regelmäßig Erdbeben. Ursache dafür ist die San-Andreas-Verwerfung, ein etwa 1100 Kilometer langer Riss in der Erdkruste zwischen der Pazifischen und Amerikanischen Erdplatte. Diese Verwerfung ist eine der wenigen Plattengrenzen, die an Land sichtbar sind. Die Erdplatten verschieben sich dort im Jahr durchschnittlich mehrere Zentimeter gegeneinander. Dabei verhaken sie sich und lösen sich ruckartig um bis zu mehrere Meter, wenn die Spannung zu groß wurde: ein Erdbeben entsteht.

[2] Die San-Andreas-Verwerfung. *Luftbild, 2011.*

Vorhersage und Schutz vor Erdbeben

Die starken Erschütterungen bei einem Erdbeben breiten sich bis mehrere hundert Kilometer weit aus und sind mit einem Seismographen messbar. Allerdings kündigt sich ein Beben in der Regel nicht lange vorher an; es erfolgt plötzlich. Eine langfristige Vorhersage ist demnach nicht möglich. Lediglich erste Bewegungen in der Erdkruste können etwa 40 Sekunden vor dem Beben durch Messstationen erkannt werden. Daraufhin werden sofort Warnungen ausgelöst. Denn auch diese wenigen Sekunden können lebenswichtig sein.

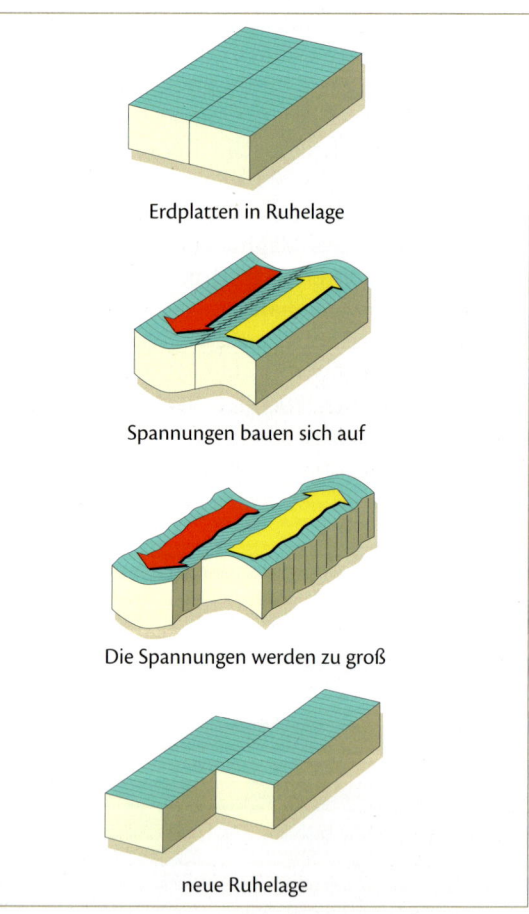

Erdplatten in Ruhelage

Spannungen bauen sich auf

Die Spannungen werden zu groß

neue Ruhelage

[3] Bewegungen entlang einer Verwerfung.

2. Erklärt, was als San-Andreas-Verwerfung bezeichnet wird.
3. Erläutert, wie Erdbeben in Kalifornien entstehen.
4. Begründet, warum eine genaue Vorhersage eines Bebens nicht möglich ist.

Beben im Meer

Japan, 11. März 2011, 14.46 Uhr: An einem Freitagnachmittag erschüttert ein starkes Seebeben die Nordküste Japans. Das Zentrum des Seebebens befindet sich im Pazifik vor der Küste des Inselstaates. Das Seebeben führt zu einem gewaltigen Tsunami, der unter anderem den Nordosten der Hauptinsel Honschu erfasst.

Entstehung von Tsunamis

Bei dem Seebeben, ausgelöst durch die Bewegung der Erdplatten vor Japans Küste, hat sich der Meeresboden stark angehoben. Das verdrängte Wasser hat sich zu Wellen geformt, die in tiefen Gewässern kaum spürbar sind. Treffen sie aber auf flache Gewässer in Küstennähe, werden sie abgebremst und bauen sich zu einer Wasserwand auf. Diese können auf bis zu 30 Meter Höhe und mehr anwachsen.

Folgen der Tsunamikatastrophe – Fukushima

Die Folgen der Katastrophe vom 11. 3. 2011 sind weitreichend. Es starben viele Menschen, und es entstand hoher Sachschaden. Besonders schlimm war die Zerstörung des in Fukushima an der Küste gelegenen Atomkraftwerkes. Das Eindringen des Meerwassers durch die Tsunamiwelle führte zum Zusammenbruch der Stromversorgung, es kam zu Bränden und Explosionen. Mehrere Kernreaktoren explodierten, tödliche radioaktive Strahlung trat aus und verseuchte die Umwelt.

5. Erläutert den Unterschied zwischen einem See- und einem Erdbeben.

6. Erklärt in eigenen Worten, wie ein Tsunami entsteht.

Tsunami-Frühwarnsysteme

Nach dem schweren Seebeben am 11. 3. 2011 wurde von einem Frühwarnsystem Tsunami-Alarm ausgelöst. Weil das Beben aber nur 130 km von der Küste entfernt erfolgte, erreichten die verheerenden Wellen innerhalb weniger Minuten das Land. Experten sind sich einig, dass die Katastrophe ohne das Frühwarnsystem noch schlimmer ausgefallen wäre.

7. Verdeutlicht, warum Frühwarnsysteme wichtig sind.

[4] Folgen der Tsunami-Flutwelle an Japans Küste. *Foto, 2011.*

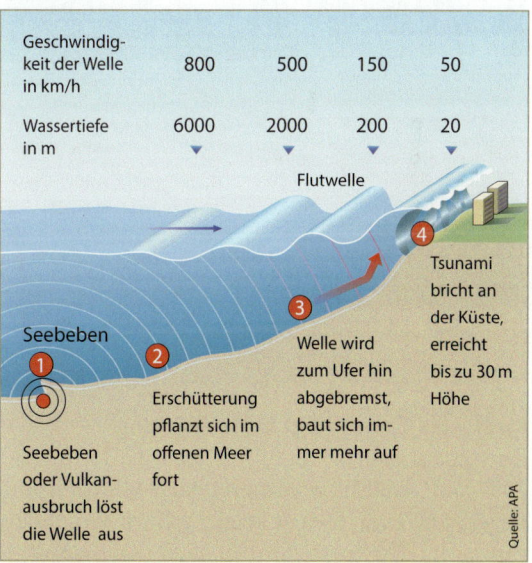

[5] Entstehung eines Tsunamis.

Wählt einen der folgenden Arbeitsaufträge aus:

◼ Zeichnet das Modell zur Entstehung von Tsunamis (Bild [5]) ab.

◼ Notiert, welche Sicherheitsmaßnahmen vor Erdbeben und Tsunamis von großer Bedeutung sind.

Stürme

Welche Folgen haben Stürme für die betroffenen Regionen?

[1] Ein Pkw-Besitzer in Gelsenkirchen nach dem Durchzug von Kyrill. *Foto, 2007.*

[2] Spuren der Verwüstung in den Wäldern in Nordrhein-Westfalen. *Foto, 2007.*

Kyrill – Ein Orkan sorgt für Verwüstung

Der Orkan „Kyrill" zieht am 18. und 19. Januar 2007 vom Atlantik kommend nach Mitteleuropa. In weiten Teilen Deutschlands gibt es Windböen von bis zu 200 km/h. Ein Schaden von mehreren Milliarden Euro entsteht. Europaweit kommen mehr als 40 Menschen ums Leben; allein in Deutschland sterben sturmbedingt 13 Personen.

Kyrill und seine Folgen

Neben dem Sachschaden an Autos, Häusern usw. und den Verletzten und Toten hatte Kyrill zusätzliche Auswirkungen.

In zahlreichen Regionen gab es zum Teil längere Stromausfälle. Zum ersten Mal wurde der Zugverkehr in ganz Deutschland wegen eines Or-

kans eingestellt. Flüge wurden gestrichen, Straßen waren wegen umgestürzter Bäume teilweise tagelang unpassierbar. Einige Städte in NRW riefen Katastrophenalarm aus, was in Deutschland relativ selten vorkommt.

Selbst heute, Jahre nach dem Orkan, sind die Folgen gerade in Waldgebieten immer noch sichtbar. Auf riesigen Waldflächen sind damals Bäume wie Streichhölzer umgeknickt worden. Die Gebiete wurden großflächig neu aufgeforstet. In vielen Waldgebieten bei uns sind so heute große Flächen mit Jungbäumen zu sehen.

1. Nennt die Folgen von Kyrill (Bilder [1], [2]).

Entstehung von Orkanen

Generell bezeichnet ein Orkan Windgeschwindigkeiten von mindestens 117 Kilometern pro Stunde (Windstärke 12 – siehe Tabelle 3). Inzwischen hat sich aber durchgesetzt, dass die Bezeichnung Orkan nicht für tropische Wirbelstürme verwendet wird, sondern nur für starke Stürme über Europa.

Orkane brausen vor allem im Herbst und Winter über diese Gebiete hinweg. Dann ist der Temperaturunterschied zwischen der Polarregion im Norden und den südlicheren Breiten besonders groß. Trifft dann kalte Luft aus den Polarregionen direkt auf warme Luft, die aus den Tropen stammt, können wegen der großen Druckunterschiede zwischen den Luftmassen starke Stürme in Orkanstärke auftreten.

2. Erklärt, wie ein Orkan entsteht.

Windstärke		Bezeichnung
0	(< 1 km/h)	Windstille
1	(1–5 km/h)	leiser Zug
2–5	(6–38 km/h)	leichte bis frische Brise
6–8	(39–74 km/h)	starker bis stürmischer Wind
9	(75–88 km/h)	Sturm
10	(89–102 km/h)	schwerer Sturm
11	(103–117 km/h)	orkanartiger Sturm
Ab 12	(ab 118 km/h)	Orkan

[3] Skala der Windstärken.

[4] Nach dem Durchzug eines Zyklons. *Foto, 2012.*

[6] Schutzbauwerk bei Zyklon-Gefahr. *Foto, 2012.*

Zyklone in Bangladesch

Bangladesch, der südasiatische Staat, wird immer wieder von starken Wirbelstürmen (Zyklone) heimgesucht. 1991 traf der vermutlich stärkste Zyklon auf Bangladesch: Windböen mit bis zu 260 km/h fegten über das Land. Häuser stürzten ein, Bäume wurden entwurzelt, Gegenstände flogen umher. Gefolgt wurde der Zyklon von einer 6 Meter hohen Flutwelle, die besonders in den Küstenregionen für Zerstörung sorgte. Weite Ackerflächen wurden durch das salzige Meerwasser für den Anbau unbrauchbar. 138 000 Menschen kamen ums Leben, Millionen wurden obdachlos.

Die Armen trifft es am Schlimmsten

Die Menschen in Bangladesch sind meist arm, wohnen in einfachen Hütten, welche wenig Schutz vor Stürmen bieten. Bangladesch gehört weltweit zu den am dichtesten besiedelten Staaten. Das Land liegt im Mündungsgebiet der großen Ströme Brahmaputra und Ganges. Große Teile des Landes erheben sich nur wenige Meter über dem Meeresspiegel, weshalb Stürme und Sturmfluten hier besonders viele Menschen gefährden. Wegen der dichten Besiedlung und den schlechten sanitären Verhältnissen brechen nach Zyklonen immer wieder Seuchen aus.

Wirbelstürme	
Außertropisch	**Tropisch**
Tornado/Windhose	Hurrikan
	Taifun
	Zyklon

[5] Einteilung von Wirbelstürmen.

Maßnahmen zum Schutz

[7] **Herr Wajedin, Mitarbeiter der Katastrophenschutzbehörde berichtet:**

„Wichtig ist die Zusammenarbeit mit den Wetterämtern. Diese können Zyklone vorhersagen. Wir versuchen, die Bevölkerung über TV und Radio zu warnen und Evakuierungen in sichere Camps im Landesinneren zu organisieren. Viele wollen ihre Häuser nicht verlassen, aus Angst vor Plünderungen. Die Regierung hat mit internationaler Hilfe zahlreiche Sicherheitsbunker auf Stelzen in den Küstengebieten bauen lassen. Die Verteilung von Wasser und Lebensmitteln im Fall einer Katastrophe ist besonders wichtig!"

Autorentext

3. Begründet, warum es in Bangladesch bei Zyklonen die Armen am Schlimmsten trifft.
4. Erklärt, warum bei uns vor allem im Herbst und Winter Orkane auftreten.

Wählt einen der folgenden Arbeitsaufträge aus:

☒ Schreibt Gründe auf, warum es bei Stürmen in Deutschland weniger Opfer und Schäden gibt als z. B. in Bangladesch.

☒ Listet auf, welche Maßnahmen zum Schutz der Bevölkerung getroffen werden.

Was ihr noch tun könnt...

■ euch im Internet/Lexikon über Orkane, Zyklone, Hurrikane und Tornados informieren und die Unterschiede herausarbeiten.
■ über eigene Sturmerfahrungen berichten.

Ein Wirkungsgefüge erstellen

[1] Landschaftszonen im nördlichen Afrika.

Corinna hat einen Sachtext zur Sahelzone gefunden und darin Schlüsselwörter markiert:

Sahelzone und Desertifikation

Die Sahelzone ist ein Trockengürtel, der sich vom Atlantik bis zum Roten Meer erstreckt. Sie umfasst große Teile der Savannen im Nordteil Afrikas. Die Nord-Süd-Ausdehnung beträgt zwischen 100 und 800 km, die West-Ost-Erstreckung etwa 6 000 km. Anders als bei uns bleibt der Regen dort oft aus; es kann mehrjährige Dürren geben. Es gibt starke Niederschlagsschwankungen.

Die Staaten in der Sahelzone gehören zu den ärmsten Ländern der Welt. Es herrscht ein hohes Bevölkerungswachstum. Es werden neue Ackerflächen benötigt und die Viehherden vergrößert. Insbesondere der hohe Viehbestand sorgt für Überweidung. Ziegen, Schafe und Rinder fressen alles kahl. Somit wird der Boden anfällig für Erosion durch Wind und Wasser. Die Erosionsgefahr wird zusätzlich durch die großflächige Abholzung, insbesondere für Brennholz verstärkt. Unangepasste Bewässerung sorgt zudem für eine Versalzung der Böden und zum Sinken des Grundwasserspiegels. Das Absterben der Vegetation führt zur Ausbreitung von Dünen und schließlich zur größtenteils vom Menschen verursachten Ausbreitung der Wüste (Desertifikation). Es kommt zu verheerenden Dürre- und Hungerkatastrophen. Geographen schätzen, dass etwa 40 % der Gesamtbevölkerung Afrikas und Asiens in Gebieten leben, die von Desertifikation bedroht sind.

[2] Desertifikation im Sahel/Mali. Im Hintergrund eine eingezäunte Fläche. *Foto, 2005.*

Desertifikation auf einen Blick

Ein Wirkungsgefüge macht die Beziehungen von Einzelaspekten eines Themas übersichtlich deutlich. Zusammenhänge werden mithilfe von Pfeilen sichtbar gemacht.

1. Schritt: Festlegung des Themas, Auswertung des Materials und Finden von Schlüsselbegriffen

- Legt das Thema des Wirkungsgefüges fest (z. B. Ursachen und Folgen der Desertifikation in der Sahelzone).
- Wertet Material zum Thema aus (Lexika, Internet, Sachbücher).
- Notiert euch Schlüsselbegriffe, welche Bausteine des Gefüges werden können.

2. Schritt: Schlüsselbegriffe inhaltlich sortieren

- Ordnet die Schlüsselwörter nach Unterthemen wie Gründe, Maßnahmen, Folgen oder Nebenwirkungen.

3. Schritt: Schlüsselbegriffe übersichtlich platzieren

- Sortiert die Schlüsselbegriffe übersichtlich auf einem Plakat oder an der Tafel nach Ursachen und Wirkungen bzw. Folgen.

4. Schritt: Zeichnen des Wirkungsgefüges

- Stellt die Wirkungszusammenhänge durch Pfeile dar (unterschiedliche Strichstärken und Farben können dabei die Wichtigkeit oder Bedeutung signalisieren).

5. Schritt: Wirkungsgefüge präsentieren

- Präsentiert das Wirkungsgefüge und macht die Zusammenhänge des Themas deutlich.
  Tipp: Zeigt nicht gleich das gesamte Wirkungsgefüge, sondern erläutert die verschiedenen Bausteine nacheinander. So werden die Zusammenhänge leichter verständlich. Achtet auch auf eine große Schrift.

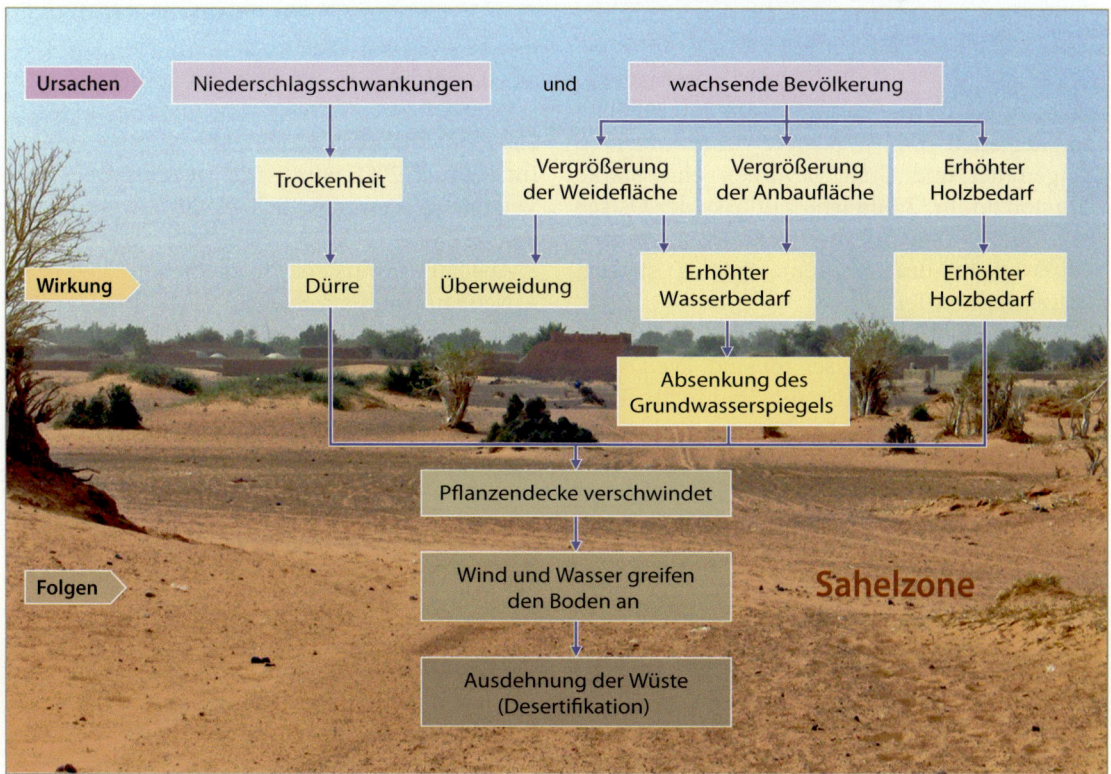

[3] Ursachen und Folgen der Desertifikation in der Sahelzone.

Die Ostsee in Gefahr

1. Informiert euch auf dieser Seite über das Thema.
2. Präsentiert eure Ergebnisse in geeigneter Form der Klasse.

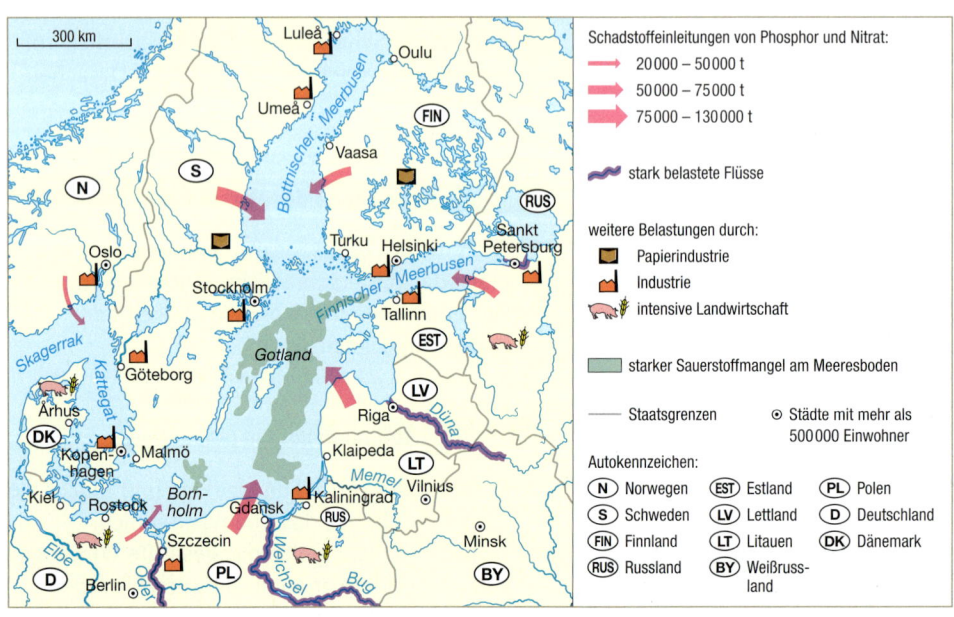

[1] Die Verschmutzung der Ostsee.

Menschen nutzen die Ostsee

Die Ostsee ist eines der am stärksten verschmutzten Meere weltweit. Etwa 85 Millionen Menschen wohnen in ihrem Einzugsgebiet. Sie verursachen Abfälle und Abwässer, die mehr oder weniger gereinigt in die Ostsee gelangen. Sie ist umgeben von Regionen mit intensiver Landwirtschaft. Düngemittel und Gülle bewirken eine starke Nährstoffzufuhr. Zahlreiche Zuflüsse der Ostsee sind durch Industrieabwässer sehr belastet. Schiffsverkehr und Massentourismus steuern zusätzlich ihren Teil bei.

Experten befürchten, dass heute etwa 25 Prozent des Ostseebodens biologisch tot sind. Die Ostsee ist teilweise zu einem Ungunstraum für Tiere und Pflanzen geworden. Die Verschmutzung hat gesundheitliche Folgen für den Menschen. Krabben, Muscheln oder Fische werden verspeist, und die in ihnen enthaltenen Giftstoffe gelangen so direkt in unsere Körper.

Die Auswirkungen der dauerhaften Verschmutzung werden noch verstärkt durch den geringen Wasseraustausch zwischen Nordsee und Ostsee. Eine Verbindung beider Meere besteht nur im Gebiet zwischen Dänemark und Schweden. Dort ist zudem die Wassertiefe relativ gering.

Schutzmaßnahmen

Im Februar 2010 wurden in Helsinki freiwillige Vereinbarungen zum Schutz der Ostsee getroffen:

– Ausbau von Küstenschutzgebieten,
– Neubau von Kläranlagen,
– Verringerung der Belastung durch die Landwirtschaft,
– Einleitungsverbot für Schadstoffe aus Industrie und Haushalten,
– Verminderung der Luftverschmutzung,
– Ausbau der System zur Abwasser- und Ölentsorgung in den Häfen.

Diese Vereinbarungen sind für die Ostseeanrainer jedoch nicht verbindlich.

Tipp für die Erarbeitung
– Die Anliegerstaaten der Ostsee auflisten.

Tipp für die Präsentation
– Anhand der Karte die Umweltprobleme der Ostsee deutlich machen.

1. Informiert euch auf dieser Seite über das Thema.
2. Präsentiert eure Ergebnisse in geeigneter Form der Klasse.

[1] Ein Sandsturm südlich von Rostock. *Foto, 2011.*

[2] Massenkarambolage nach Sandsturm

8.4.2011, Rostock: Bei einem schweren Unfall auf der A 19 südlich von Rostock werden acht Menschen getötet und über 100 verletzt. Ursache dafür war die schlechte Sicht, welche durch einen Sandsturm hervorgerufen wurde.

Ein Autofahrer, der am Unfallort war, berichtet: „Mindestens 40–50 Autos waren ineinander verkeilt. Als die Staubwolke kam, konnte man fast nichts mehr sehen, es war wie im dichten Nebel, alles kam ganz plötzlich. Ich konnte noch rechtzeitig bremsen und ausweichen."

Autorentext nach einer Zeitungsmeldung

Sandstürme in Deutschland

Von Sandstürmen hört man eigentlich nur aus Wüstenregionen. Städte in Afrika und den trockenen Landesteilen der USA werden von Sandstürmen heimgesucht. Aber immer häufiger wird auch bei uns von solchen Phänomenen berichtet. Die intensive landwirtschaftliche Nutzung wird für die Sandstürme als Hauptursache angesehen. Im März und Anfang April 2011 wurden viele Flächen in Mecklenburg wie anderswo auch für die Aussaat von Getreide und Mais gepflügt. Dadurch war die obere Bodenschicht ungeschützt. Als dann noch einige Tage kein Niederschlag fiel, trockneten die feinsandigen Böden aus. Starker Wind konnte den Boden aufwirbeln und davontragen. Dies wird als Winderosion bezeichnet.

Für die Landwirtschaft ist die Abtragung von fruchtbaren Böden immer negativ. Zum anderen können aber durch diese Sandstürme erhebliche Gefahren für die Menschen ausgehen. Viele Experten sind der Meinung, dass die riesigen Felder in Mecklenburg Sandstürme begünstigen.

Maßnahmen gegen Winderosion

Am wirksamsten gegen Winderosion ist es, die Äcker stets mit einer Pflanzendecke zu versehen. Nackter Boden ist sehr anfällig für Erosion. Deshalb kann auch das Auftragen einer Strohmulchdecke sinnvoll sein. Des Weiteren sind Hecken in geeigneten Abständen sehr wirksam, weil sie die Kraft des Windes abschwächen. Gleichzeitig sind sie wertvoller Lebensraum für Tiere und Pflanzen.

Tipp für die Erarbeitung

– Im Atlas eine Karte der Böden in Deutschland finden und dort nach Sandböden suchen.

Tipp für die Präsentation

– Ein Experiment zeigen: Nehmt ganz trockenen Boden ohne Bewuchs sowie bewachsenen Boden. Nun haltet einen starken Fön davor.

Fracking für mehr Energie

1. Informiert euch auf dieser Seite über das Thema.
2. Präsentiert eure Ergebnisse in geeigneter Form der Klasse.

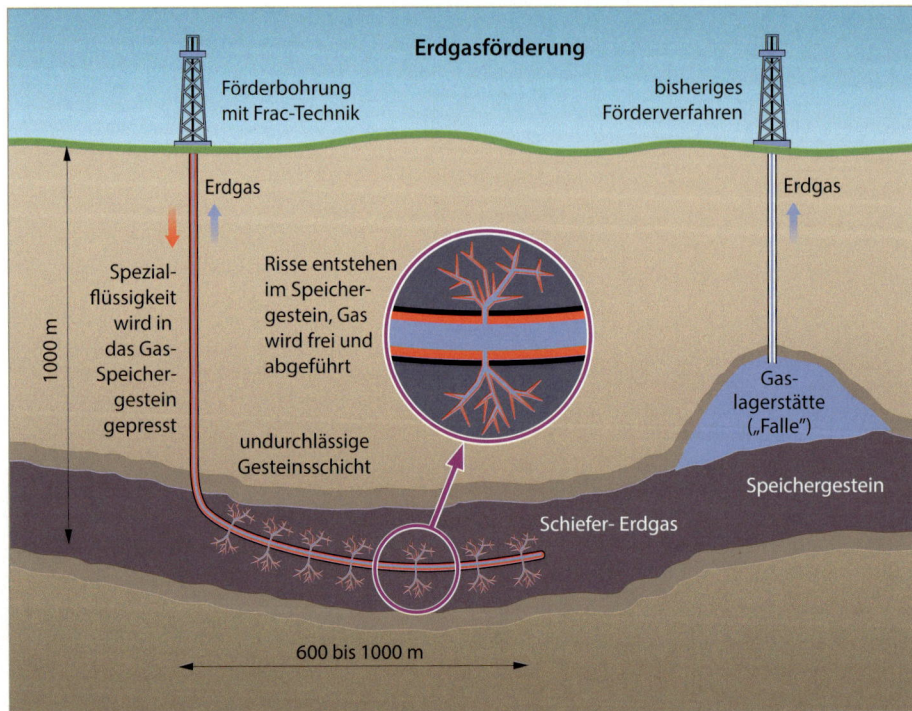

[1] Erdgasgewinnung durch Fracking.

Chancen durch Fracking

Bodenschätze wie Erdöl und Erdgas sind endliche Ressourcen, die von den Menschen in immer größeren Mengen verbraucht werden. Mit der Methode des Fracking ist es möglich, Gas- und Ölvorkommen zu fördern, welche in Gesteinsschichten fest gebunden sind und damit bisher nicht genutzt werden konnten (Bild [1]).

Gefördert werden die Rohstoffe dann über Rohrleitungen. Ein Vorteil des Fracking ist, dass Deutschland unabhängiger von teuren Gas- und Öllieferungen aus dem Ausland wäre.

Umwelt- und Naturrisiken

Naturschutzverbände und Umweltschützer sind strikt gegen das Fracking. Die giftigen Chemikalien, welche in die Gesteinsschichten gepresst werden, könnten das Grund- und Oberflächenwasser großflächig und irreparabel verunreinigen.

Der hohe Druck, welcher benötigt wird, um Gas und Öl zu fördern, könnte nach Meinung von Wissenschaftlern auch zu seismischer Aktivität (leichten Erdbeben) führen, da sich die Bodenschichten bei der Förderung verformen. Es sind einige Fälle aus den USA bekannt, wo der Gasanteil im Trinkwasser durch Fracking derart angestiegen ist, dass man am offenen Wasserhahn eine Flamme entzünden kann. In den USA gilt Fracking als effektiv und günstig. Es stellt sich die Frage, wie der wirtschaftliche Nutzen im Verhältnis zur möglichen Umweltschädigung eingeschätzt wird.

Tipps für die Erarbeitung
– Vorteile und Risiken des Fracking in einer Tabelle gegenüberstellen.

Tipps für die Präsentation
– Fracking mithilfe der Grafik genau erklären.

Gefahren durch Lawinen

1. Informiert euch auf dieser Seite über das Thema Schneelawinen.
2. Präsentiert eure Ergebnisse in geeigneter Form der Klasse.

[1] Lawinenabgang in den Alpen. *Foto, 2011.*

3. Beschreibt Bild [1].

Fritz Hofer vom Galltürer Lawinenschutz berichtet:

1 „Eine Lawine* kann **Bäume mitreißen** und **Häu-**
2 **ser zum Einsturz bringen**. Auch besteht große **Ge-**
3 **fahr für** unachtsame **Wintersportler**. Immer wenn
4 es im Hochgebirge stark schneit, steigt in der Re-
5 gel auch die Lawinengefahr. Besonders gefähr-
6 lich wird es, wenn Neuschnee auf eine alte und
7 festgefrorene Schneedecke fällt. Durch das Ge-
8 wicht der neuen Schneedecke kann sich die unte-
9 re Schicht nur schwer am Hang halten. Die **Lawi-**
10 **nengefahr** steigt mit zunehmender Hangnei-
11 gung. Starke Winde, Wanderer, Skifahrer oder
12 ein lauter Knall können Lawinen auslösen.
13 Wenn unvorsichtige Skifahrer in einen lawinen-
14 gefährdeten Hang hineinfahren, kann es zum
15 **Abrutschen ganzer Schneeflächen** kommen. Ist
16 man unter Schneemassen begraben, ist nach
17 wenigen Minuten das Atmen unmöglich. 1999
18 forderte ein Lawinenabgang bei uns in Galtür
19 31 Menschenleben und zerstörte viele Häuser."

Autorentext nach einer Zeitungsmeldung

Lawine: Wenn an einem steilen verschneiten Hang Schneemassen ins Rutschen geraten, spricht man von einer Lawine.

[2] Schutzzäune in den Alpen. *Foto, 2011.*

Schutzmaßnahmen

1 Lawinenschutz hat in Bergregionen eine große
2 Bedeutung. Sehr wichtig ist die **Aufklärung der**
3 **Urlauber** über die Gefahren. **Hinweisschilder** und
4 strikte **Verbote** sollen dafür sorgen, dass kein Ur-
5 lauber in Lawinengebiete gerät.
6 Den besten Schutz gegen Lawinenabgänge bie-
7 ten **Wälder**, da die Bäume Lawinen aufhalten und
8 bremsen. Deshalb werden an lawinengefährde-
9 ten Hängen großflächig Bäume gepflanzt. Auch
10 der **Bau von „Lawinenbrechern"** in Form von
11 Schutzzäunen und Stahlgittern ist verbreitet.
12 **Sprengungen** und dadurch kontrolliert ausgelöste
13 Lawinenabgänge dienen zudem dem Schutz der
14 Menschen.

4. Erläutert, welche Schutzmaßnahmen es gegen
Lawinen gibt.

Tipps für die Erarbeitung
Ihr könnt beim Lesen die Schritte des
Textknackers anwenden.
– Was habt ihr über Lawinen erfahren?
– Warum sind sie gefährlich?

Tipps für die Präsentation
– Spielt eine Szene: Eine begeisterte Skifahrerin
will trotz Lawinenwarnung auf die Tiefschnee-
piste.

Leben mit und Schutz vor Naturrisiken

Wie können sich Menschen und Natur „einigen"?

[1] Hochwasserschutz in Grein/Österreich. *Foto, 2011.*

[2] Maßnahmen gegen Hochwasser.

1. Beschreibt Bild [1].

Schutz gegen Fluten

Auch in Deutschland und Österreich kommt es immer wieder zu verheerenden Flutkatastrophen wie im Juni 2013. Der Pegelstand der Donau stieg so hoch, dass viele Städte und Gemeinden überschwemmt wurden. Der Schaden war immens. Einige Gemeinden haben seit Jahren in den Hochwasserschutz investiert. In der Stadt Grein in Österreich zum Beispiel verhinderte eine Sperrmauer die Überflutung der Innenstadt. Die Investition, die Ausgaben für diesen technischen Hochwasserschutz, haben sich bisher gelohnt. Die Greiner haben 2013 vorerst den Kampf gegen das Hochwasser gewonnen.

Naturnaher Hochwasserschutz

Die heutigen Hochwasser sind zu einem großen Teil vom Menschen verursacht. So wurden an vielen Orten flussnahe Gebiete bebaut und Flüsse begradigt. Damit wurden natürliche Überschwemmungsgebiete (Auen) und Wiesenflächen beseitigt, auf denen sich vorher das Hochwasser ausbreiten konnte. Ein begradigter Flusslauf bewirkt eine höhere Fließgeschwindigkeit des Wassers und damit ein schnelleres und höheres Anwachsen der Flutwelle.

Langsam setzt sich aber die Erkenntnis durch, dass allein mit technischen Möglichkeiten Hochwasserschutz nicht gewährleistet werden kann. Es bestehen in vielen Bundesländern Zukunftspläne, natürliche Hochwasserabläufe zu ermöglichen. Auengebiete sollen nicht mehr bebaut und Deiche sollen zum Teil beseitigt werden. Zudem könnten dadurch wertvolle naturnahe Flächen für die Tier- und Pflanzenwelt entstehen.

Die Planungen sind jedoch nicht unumstritten. Vor allem die Bewohner der flussnahen Gebiete wehren sich zum Beispiel vehement gegen die Rückverlegung von Deichen.

[3] Naturnahes Flussgebiet der Lippe in der Nähe von Dorsten. *Foto, 2013.*

2. Erklärt, warum es sinnvoll ist, in den Schutz vor Naturgefahren zu investieren.
3. Beschreibt den Unterschied zwischen technischem und naturnahem Hochwasserschutz.
4. Beurteilt die jeweiligen Vor- und Nachteile.

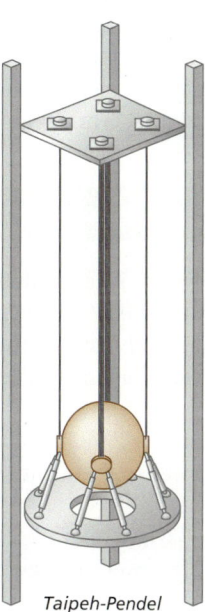

Taipeh-Pendel

[4] Wolkenkratzer in Taipeh: 508 Meter hoch und „erdebensicher" gebaut. *Foto, 2013.*

Erdbebensicheres Bauen

Man könnte meinen, ein Hochhaus sei bei einem Erdbeben stärker gefährdet als ein Haus mit wenigen Stockwerken. Nach dem letzten Erdbeben in San Francisco wiesen die niedrigen Häuser allerdings größere Schäden auf als die Wolkenkratzer. Moderne Hochhäuser bestehen aus Beton und einem Stahlgerüst. Vor allem Querstreben aus Stahl bringen zusätzliche Stabilität. Stahl hat die Eigenschaft, dass er elastisch ist und nicht sofort bricht. Er biegt sich und kehrt in seine Ausgangsposition zurück, was ihm bei Erdbeben einen entscheidenden Vorteil verschafft. Moderne Hochhäuser in erdbebengefährdeten Gebieten werden zudem mit „Stoßdämpfern" gebaut, welche Erschütterungen der Erde abfedern.

Je höher ein Haus gebaut wird, desto größer ist allerdings die Gefahr, dass es von oben zu schwingen beginnt und instabil wird. Daher wurde im obersten Stockwerk des Wolkenkratzers in Taipeh (Bild [4]) eine tonnenschwere Stahlkugel eingebaut, die mit ihrem Gewicht die Schwingungen verringern soll.

5. Erläutert, warum moderne Hochhäuser verhältnismäßig erdbebensicher sind (Bild [4]).

Menschen lernen den Umgang mit Naturrisiken

Das Verhalten der Menschen bei nicht vermeidbaren Naturrisiken wie Erdbeben, Vulkanausbrüchen oder Stürmen ist entscheidend für den Erfolg der Schutzmaßnahmen. Regierungen erlassen Bauvorschriften, die Strom- und Gasversorger stoppen die Zufuhr und Fabriken werden im Ernstfall geschlossen. In besonders gefährdeten Gebieten wie in Japan oder in den USA wird das Verhalten bei gefährlichen Naturereignissen in Schulen trainiert. Touristen erhalten bei der Einreise Informationsbroschüren mit Regeln und Hinweisen zu Schutzmaßnahmen. Zudem muss jederzeit eine schnelle Evakuierung und ärztliche Versorgung erfolgen können.

Wählt einen der folgenden Arbeitsaufträge aus:

▪ Erstellt eine Werbeanzeige, in der ihr die Erdbebensicherheit des Wolkenkratzers in Taipeh hervorhebt.

▪ Erarbeitet eine Tabelle, in der ihr den Naturrisiken jeweils die möglichen Schutzmaßnahmen zuordnet.

Erdkunde aktiv

Auf dieser Seite findet ihr Anregungen, was ihr zum Thema Georisiken noch tun, ausprobieren und erproben könnt.

Denkt auch daran, euer Portfolio zu führen:

- – gelungene Ergebnisse in Text und Bild sammeln,
- – Lernerfahrungen zum Thema „Georisiken" aufschreiben.

1. Erdbeben-Tisch: Wir lassen es beben

Material: 2 Schneidebretter (etwa 20 mal 30 cm), 4 Flummis, 2 dicke Gummibänder (Einmachglas-Gummis), Legosteine und passende Platte, doppelseitiges Klebeband, Schere, 1 Bogen Pappe

▶ Gummibänder links und rechts über die kurzen Seiten des ersten Brettes ziehen.

▶ Jeweils 2 Flummis an die Innenseiten der Gummis legen.

▶ Zweites Brett mit Legoplatte auf Flummis legen und Gummiband herüberziehen.

▶ „Skyline" aus Pappe bauen und an die Außenseiten der Bretter ankleben.

▶ Mit jeweils der gleichen Anzahl an Legosteinen ein hohes Haus bauen.

Ruckelt nun an dem Erdbebentisch: Der Boden unter den Häusern wird in Schwingungen versetzt.

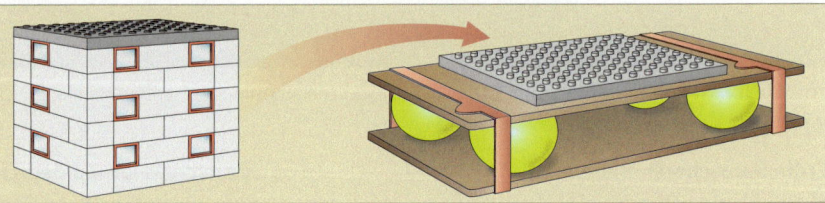

2. Vulkanmodell: Wir bringen es zum Brodeln!

Material: Teller, Schere, 2 Gläser, Alufolie, Klebeband, 3 Päckchen Backpulver, rote Lebensmittelfarbe, Spülmittel, 1/2 Glas Essig, 1/2 Glas Wasser, wasserdichte Unterlage (Tablett oder ähnliches)

▶ Ein Glas (als Vulkankrater) mit Klebeband mittig auf Teller kleben.

▶ Glas und Teller mit Alufolie bedecken (Vulkanhang) und am Tellerrand festkleben.

▶ Kreuz in die Glasöffnung schneiden, die vier Ecken der Alufolie am Glasrand festkleben.

▶ Backpulver in den Vulkankrater geben.

▶ In das 2. Glas Wasser, Essig und Lebensmittelfarbe mischen, Spritzer Spülmittel einfügen.

Kippt die rote Flüssigkeit in den Vulkankrater, das im Backpulver enthaltene Natron reagiert mit der Säure des Essigs; es entsteht Kohlendioxid (CO_2). Die Flüssigkeit fängt an zu schäumen und quillt über.

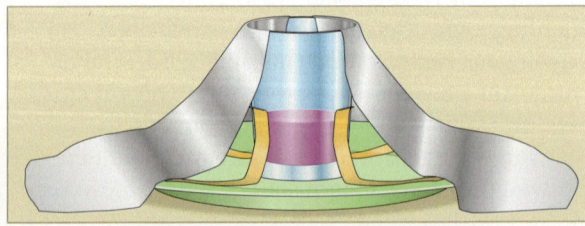

Das kann ich!

[1] **Wichtige Begriffe:**

Erdkruste   Kontinentalverschiebung   natürliche Georisiken
anthropogene Naturgefahren   Tsunamis   Tornados
pyroklastische Wolke   Schicht-/Schildvulkan   Magma
Lava   Eruption   Evakuierung   Erosion

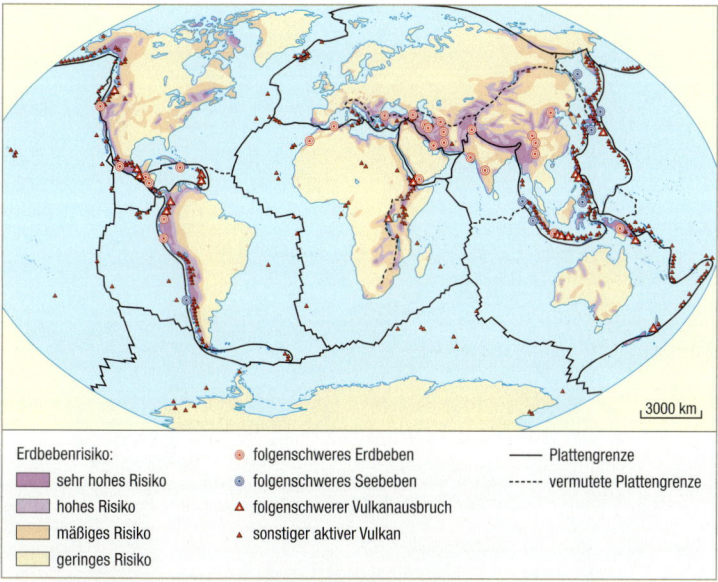

Erdbebenrisiko:
- sehr hohes Risiko
- hohes Risiko
- mäßiges Risiko
- geringes Risiko

- ⊙ folgenschweres Erdbeben
- ⊙ folgenschweres Seebeben
- △ folgenschwerer Vulkanausbruch
- ▲ sonstiger aktiver Vulkan

— Plattengrenze
----- vermutete Plattengrenze

3000 km

[2] Stumme Karte zu Erdbeben und Vulkanen.

[3] So genannte „Superzelle" mit Tornado und Blitz. *Foto, 2012.*

Sachkompetenz

1. Erklärt euch gegenseitig die wichtigen Begriffe in [1] und schreibt die Bedeutung der Begriffe auf.
2. Erklärt die Entstehung von Erdbeben, Vulkanausbrüchen, Orkanen und Wirbelstürmen.
3. Erläutert die Auswirkungen auf die Lebens- und Wirtschaftsbedingungen der Menschen.
4. Erläutert Ursachen und Folgen der Desertifikation.
5. Erklärt den Unterschied zwischen technischem und naturnahem Hochwasserschutz.
6. Erklärt, wie ein Tsunami entsteht.

Methodenkompetenz

7. Erstellt eine Tabelle, welche Maßnahmen Menschen zum Schutz vor Naturgefahren entwickelt haben.
8. Erstellt ein Wirkungsgefüge zu der Gefahr durch Überschwemmungen bei uns in Mitteleuropa.

Urteilskompetenz

9. Beurteilt Räume als Gunst- oder Ungunsträume im Hinblick auf das vorliegende Ausmaß von Georisiken.
10. Nehmt Stellung zur Aussage: Naturgefahren können auch faszinierend sein (Foto links).

Nachhaltige Entwicklung

Unsere Wälder

Ursprünglich war Deutschland fast ganz von Wäldern bedeckt. Viele Jahrhunderte haben die Menschen die Wälder für ihre Bedürfnisse genutzt. Auch heute werden die verbliebenen Wälder bis auf wenige Ausnahmen bewirtschaftet. Die Menschen haben aber im Laufe der Zeit lernen müssen, dass sie den Wald nicht rücksichtslos ausbeuten können. Diese Erfahrungen können auch einen besseren Umgang mit anderen Bereichen unserer Umwelt bewirken.

1. Beschreibt das Bild. Beachtet dabei, wie der Raum durch die Menschen genutzt wird.
2. Erklärt, was euch im Zusammenhang mit dem Wald wichtig ist.

Was ist nachhaltige Forstwirtschaft?

[1] Ein Förster bei der Arbeit. *Foto, 2013.*

Die Haard am Rande des Ruhrgebietes

[2] **Förster Harald Klingbiel berichtet:**
„Eigentlich stand das Ruhrgebiet lange Zeit nicht für Natur und Wald, sondern für Industrie und Bergbau. Dennoch findet man bei uns am Nordrand des Ruhrgebietes das 30 km² große Waldgebiet der ‚Haard‘. Dies ist mein Revier.

Auch die Haard ist immer intensiv genutzt worden. Bereits 1713 machte sich Hans Carl von Carlowitz Gedanken über eine angepasste Nutzung des Waldes. Er schuf dafür den Begriff ‚Nachhaltigkeit‘. Das bedeutete für ihn, dass man nicht mehr ernten und fällen sollte, als in der Natur nachwachsen kann. Leider hörten die Menschen damals nicht auf von Carlowitz, denn um 1800 war das Gebiet der Haard fast vollständig abgeholzt.

Im 19. Jahrhundert gab es bei uns nur noch wenige Wälder. Holz war teuer und begehrt. Es begann eine Phase der Aufforstung großer Gebiete mit Nadelbäumen. Vor allem im Bergbau wurde für die Abstützung der Stollen Holz benötigt. Heute wird versucht, den Laubbaumbestand mit Eichen und Buchen zu vergrößern. Diese Hölzer bringen höhere Erlöse als Nadelholz. Eichen-

und Buchenwälder würden unser Land bedecken, wenn der Mensch nicht in die Wälder eingreifen würde.

Wir in der Haard legen großen Wert auf nachhaltige Waldwirtschaft. Unser Wald ist relativ gesund. Dies liegt zum einen an unserer Arbeit, zum anderen zeigen sich hier die positiven Folgen der bereits erfolgten Umweltschutzgesetze. Wo noch vor 30 Jahren viele kranke Bäume standen, haben wir heute nur noch vereinzelt damit zu tun.“

Autorentext

[3] Der Wald in der Haard hat mehrere wichtige Funktionen. *Foto, 2013.*

1. Erklärt die Bedeutung des Begriffes der Nachhaltigkeit nach von Carlowitz.
2. Verdeutlicht mit eigenen Worten, warum im 19. Jahrhundert die Wälder neu aufgeforstet wurden.

[4] Schwere Maschinen im Einsatz. *Foto, 2013.*

[5] Holzrücker Udo Berner zieht mit seinem Pferd Don Pedro Baumstämme durch den Stadtwald in Bochum. *Foto, 2013.*

[6] **Naturgemäße Waldwirtschaft**

Harald Klingbiel erläutert weiter: „Als Förster in der Haard stehe ich zur naturgemäßen Waldwirtschaft. Dabei ist es besonders wichtig, die natürlichen Bedingungen zu nutzen und langfristig überwiegend heimische Baumarten zu pflanzen. Wir vermeiden es, ganze Waldflächen kahl zu schlagen. Gleichzeitig soll sich der Wald selbstständig regenerieren können. Ich lasse dafür z. B. Totholz im Wald liegen, damit es langsam vermodert und so dem Boden wertvolle Nährstoffe zuführt. Ziel dieser Waldwirtschaft ist, den Wald gesund, den Bedingungen angepasst und artenreich zu erhalten.

Der Wald ist wirtschaftlich von großer Bedeutung für uns. Der Kommunalverband Ruhrgebiet zahlt nur einen Teil des Geldes, welches wir für den Erhalt und die Pflege der Haard benötigen. Den Rest erwirtschaften wir durch den Holzverkauf.

Ich schließe mit den Holzfirmen selbst Verträge ab und kann damit bestimmen, wo welches Holz geschlagen wird. Das ist sinnvoll, denn so wird nur das verkauft und geschlagen, was der Wald verkraften kann, ohne dass es ihm schadet."

Naherholungsgebiet Haard

„Da die Haard am Rand des Ruhrgebietes liegt, treffe ich Pilzsammler, Reiter, Wanderer oder Mountainbiker selbst in den entlegensten Bereichen. Das ist im Prinzip auch gut so, denn der Wald soll ein wichtiges Naherholungsgebiet sein. Ich denke, dass Menschen auch nur das wichtig und schützenswert ist, was sie kennen und mögen. Deshalb sind Besucher immer willkommen. Ärgerlich ist es aber, wenn z. B. Pilzsammler im dichten Unterholz suchen oder Mountainbiker ihre „Single Trails" abseits der Wege befahren. Das zerstört Pflanzen und verschreckt die Tiere."

Autorentext

3. Beschreibt, was Förster Klingbiel mit naturgemäßer Waldwirtschaft meint.
4. Verdeutlicht an Beispielen, warum die Nutzung der Haard als Naherholungsgebiet auch Nachteile mit sich bringt.

Wählt einen der folgenden Arbeitsaufträge aus:

▪ Erklärt die Aussage von Förster Klingbiel, dass den Menschen nur etwas schützenswert ist, was sie mögen und kennen.

▪ Entwerft eine Infotafel zur Haard mit folgenden Themen: Geschichte, naturgemäße Nutzung, Erholungsraum.

Was ihr sonst noch tun könnt...
- euch über Waldgebiete in eurer Nähe informieren.
- über eigene Erlebnisse zum Thema Wald berichten.

Orientierung

Welche Ziele hatte die Agenda 21 und was wurde bis heute umgesetzt?

[1] Rede des damaligen US-Präsidenten Bill Clinton auf der Konferenz für Umwelt und Entwicklung in Rio de Janeiro. *Foto, 1992.*

Nachhaltigkeit

Das Prinzip der Nachhaltigkeit, wie es für das Waldgebiet der Haard gilt, ist in ähnlicher Form auch auf viele Bereiche des Lebens übertragbar. 1992 fand in Rio de Janeiro eine „Konferenz für Umwelt und Entwicklung der Vereinten Nationen" statt. Die 180 Teilnehmerstaaten und zahlreiche nichtstaatliche Organisationen beschlossen das Aktionsprogramm „Agenda 21". „Agenda" heißt „Tagesordnung" und 21 steht für das 21. Jahrhundert. Nachhaltigkeit und nachhaltige Entwicklung stehen dabei im Mittelpunkt. Die Agenda 21 hat:

1. *Soziale Ziele:* Einer der zentralen Punkte ist dabei die Armutsbekämpfung als Hauptaufgabe.
2. *Wirtschaftliche (ökonomische) Ziele:* Dabei handelt es sich vor allem um Maßnahmen für eine umweltschonende Produktion. Zusätzlich wird betont, dass in Wirtschaft und Industrie für gerechte Löhne, Arbeitssicherheit und Arbeitsbedingungen gesorgt werden sollte.
3. *Ökologische Ziele:* Viele Abschnitte der Agenda 21 enthalten ökologische Zielvorstellungen, weil der schonende Umgang mit der Natur die Grundlage für nachhaltige Entwicklung ist. Die Umwelt soll geschützt, Ressourcen geschont und erneuerbare Energien erforscht und gefördert werden.

[2] Bei einer nachhaltigen Entwicklung sollten menschliche Eingriffe und Umwelt in einem Gleichgewicht stehen.

1. Erklärt, zu welchem Zweck die Konferenz in Rio de Janeiro stattfand.
2. Erklärt, welche drei übergeordneten Ziele die Agenda 21 beinhaltet und geht auf diese näher ein.
3. Verdeutlicht anhand der Grafik [2], warum Mensch und Natur im Gleichgewicht sein sollten.

Ein langer Weg

Durch die Agenda 21 konnten seit 1992 einige Fortschritte bei der nachhaltigen Entwicklung erzielt werden. Deutschland und andere europäische Länder übernehmen dabei eine Vorreiterrolle. Aber gerade die aufstrebenden, bevölkerungsreichen Länder wie China oder Indien sind heute für einen hohen CO_2-Ausstoß und gravierende Umweltverschmutzung verantwortlich. Daneben werden weltweit immer noch die Menschenrechte missachtet. Die Unterstützung gerade der ärmeren Länder ist auf dem Weg zu einer nachhaltigen Entwicklung von großer Bedeutung.

Beispiele zum Stand einer nachhaltigen Entwicklung heute:

▶ **2013:**
Alternative Energien werden immer wichtiger. In vielen Regionen Europas wurden Windparks zur Stromerzeugung errichtet. Der Anteil der Windenergie an der Stromerzeugung in Deutschland liegt mittlerweile bei über 8 % der Gesamtstromerzeugung in Deutschland.

▶ **2012:**
In der chinesischen Stadt Xiangfan ist die Luft durch den CO_2-Ausstoß durch Kohlekraftwerke und Autos so verschmutzt, dass die Menschen Atemmasken tragen müssen.

▶ **2010:**
Noch immer müssen weltweit Millionen von Kindern für einen Hungerlohn hart arbeiten.

▶ **2011:**
In Deutschland wird nach langen Protesten der Atomausstieg per Gesetz beschlossen. Spätestens 2022 wird auch das letzte Atomkraftwerk schließen.

4. Erläutert, in wieweit die Beispiele den Forderungen einer nachhaltigen Entwicklung gerecht werden.
5. Nennt Beispiele für die drei Hauptbausteine der nachhaltigen Entwicklung.
6. Verdeutlicht, warum diese drei Bereiche miteinander „verknüpft" sind.
7. Bewertet die Aussage: Reiche Länder müssen den ärmeren Ländern auf dem Weg zur Nachhaltigkeit helfen.

In diesem Kapitel geht es vor allem um folgende Fragen:
Was bedeutet der Begriff „Nachhaltigkeit"?
Welche Umsetzungsmöglichkeiten gibt es?
Was kann ich selbst für eine nachhaltige Entwicklung tun?

Wichtige Kompetenzen in diesem Kapitel

Sachkompetenz
▶ unterschiedliche Möglichkeiten eines nachhaltigen Denkens und Wirtschaftens beschreiben
▶ politische Maßnahmen für eine positive ökologische Entwicklung beschreiben

Urteilskompetenz
▶ die eigenen Möglichkeiten des Eingreifens in nachhaltige Prozesse beurteilen
▶ politische Maßnahmen hinsichtlich nachhaltiger Entwicklung bewerten

Handlungskompetenz
▶ Planung eines fachbezogenen Projektes zum Thema Nachhaltigkeit

Ein Projekt durchführen

Agenda 21 in Bonn und Recklinghausen

Schülerinnen und Schüler hatten bei einer Internetrecherche eine lokale Agenda 21 ihrer Heimatstadt Recklinghausen entdeckt. Ihr Vorschlag für eine Projektarbeit zum Thema Agenda 21 wurde angenommen. Nach viel gemeinsamer Arbeit war eine Collage drei Wochen später fertig und wurde im Klassenzimmer ausgestellt. Mitschüler und ihr Lehrer waren positiv vom Engagement ihrer Heimatstadt für Nachhaltigkeit überrascht.

Nun wollen auch die anderen Schülerinnen und Schüler ein kleines Projekt organisieren und damit auf das Thema Nachhaltigkeit aufmerksam machen. Sie haben erkannt, dass Nachhaltigkeit nicht nur ein Modebegriff ist, sondern dass eine gemeinsame Zukunft ohne Nachhaltigkeit nicht denkbar ist.

1. Beschreibt die Collage aus Schülerhand (Bild [1]). Wie beurteilt ihr persönlich das Vorgehen der Schülerinnen und Schüler?
2. Macht Vorschläge, wie Projektergebnisse für die Öffentlichkeit gestaltet werden können.
3. Sammelt Tipps und Methoden, wie Themen anschaulich aufbereitet werden können (Skizzen, Kurzfilme, Bilder, ...).

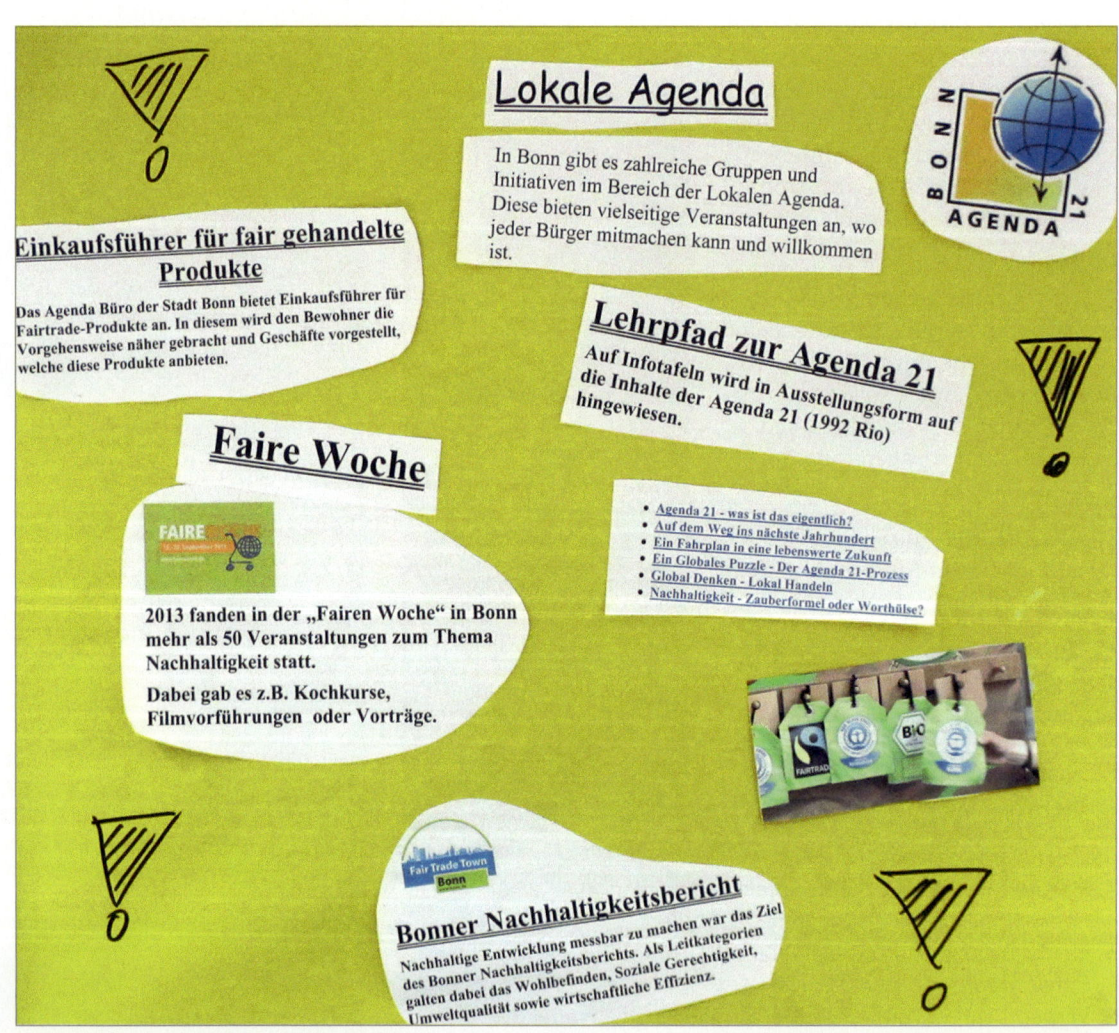

[1] Collage von Schülern zur regionalen Agenda 21 in Recklinghausen. *Foto, 2013.*

Schritte zum erfolgreichen Projekt

Projektarbeit bedeutet, ein selbst gewähltes Thema oder einen Projektauftrag nach genauer Planung selbstverantwortlich aufzubereiten und zu dokumentieren.
Folgende Schritte können euch dabei helfen:

1. Schritt: gründliche Planung

- Einigung auf Thema, Zielsetzung, mögliche Schwerpunkte, Gruppenbildung, Zeitrahmen, Präsentationsmöglichkeiten.
- Aufgabenverteilung konkret festlegen.
- Umsetzungsmöglichkeiten erkunden: Internetseiten, Interviewpartner, Anlaufstellen.
- Gliederung, Ablaufplan und Regeln erstellen.

2. Schritt: Durchführung

- Inhalts- und Materialbeschaffung z. B. in:
  - Bibliotheken, Internet, Medien usw.,
  - Experten einladen bzw. interviewen,
  - Modelle erstellen.
- Regelmäßige Gruppenbesprechungen und Klärung von inhaltlichen und Zuständigkeitsfragen.
- Präsentation vorbereiten z. B.
  - Plakate, OHP usw. besorgen,
  - Powerpoint Folien zusammenstellen,
  - Karteikarten erstellen.

3. Schritt: Präsentation

- Material wie geplant präsentieren
  - zum Publikum sprechen,
  - auf Körperhaltung achten,
  - am Ende Fragen stellen und/oder Feedback geben lassen.

4. Schritt: Auswertung

- In der Gruppe Projektablauf besprechen. Folgende Leitfragen sind hilfreich:
  - War das Projekt erfolgreich?
  - Haben wir unsere Ziele erreicht?
  - Wie fühlten sich die Gruppenmitglieder?
  - War die Aufgabenverteilung gerecht?
  - Was lief besonders gut/schlecht?

[2] Eine Arbeitsgruppe bei der Vorbereitung der Präsentation. *Foto, 2013.*

[3] Die Ergebnisse der Arbeit werden präsentiert. *Foto, 2013.*

Die folgenden vier Wahlseiten bieten zu dem Thema „Nachhaltigkeit" Anregungen für projektorientiertes Arbeiten. Das Material der Buchseiten kann hierfür durch eigene Recherchen z. B. mithilfe des Internets oder anderer Medien abgewandelt und ergänzt werden.

1. Informiert euch auf diesen Seiten über die Fahrradstadt Münster.
2. Präsentiert eure Ergebnisse in geeigneter Form der Klasse.

[1] Fahrräder in der Innenstadt von Münster. *Foto, 2013.*

[2] Grüner Pfeil für Radfahrer. *Foto, 2019.*

Fahrradstadt Münster

1 Besucht man Münster, sieht man es sofort: Es
2 gibt viele Fahrräder, mehr als in jeder anderen
3 deutschen Stadt. In Münster gibt es kaum Stei-
4 gungen, sodass Radfahren dadurch nicht er-
5 schwert wird. Die **Innenstadt** ist für den moto-
6 risierten Verkehr teilweise gesperrt oder besteht
7 aus **Einbahnstraßen**, was das Autofahren er-
8 schwert. Mit dem Rad hingegen kann man durch
9 das Zentrum fahren; lediglich die Einkaufsstra-
10 ßen sind fahrradfreie Zonen. Auch die einge-
11 schränkte Parkplatzsituation spricht für das Rad-
12 fahren.

Radfahren in Münster wird erleichtert

1 In Münster gibt es zahlreiche **Sonderregelungen**
2 und **Vorteile für Radler**:
3 An den großen Kreuzungen sind eigene Fahr-
4 spuren und Ampeln für den Radverkehr ange-
5 legt. Außerdem gibt es mittlerweile 11 Fahrrad-
6 straßen, auf denen der Radverkehr grundsätzlich
7 Vorrang hat. Eigene Radparkplätze prägen auch
8 das Stadtbild (Bild [1]).

Radverkehr und Umweltschutz

1 Da viele Münsteraner ihre Wege mit dem Rad
2 zurücklegen, werden weniger Fahrten mit dem
3 Auto unternommen als in anderen Städten. Die
4 Stadt Münster ist seit langem bemüht, das **Rad-**
5 **fahren** so **attraktiv** wie möglich zu machen. Dafür
6 wurde sie bereits mehrfach mit **Umwelt- und**
7 **Nachhaltigkeitspreisen** ausgezeichnet. So zum
8 Beispiel 2006, als sie zur „Bundeshauptstadt im
9 Klimaschutz" gewählt wurde.

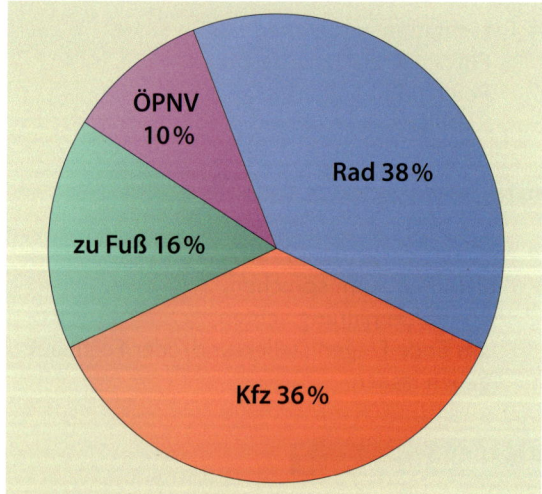

[3] Fortbewegungsmittel in Münster (Verteilung in %).

Tipps für die Erarbeitung
– Nutzt den Textknacker.
– Informiert euch, welche Fortbewegungsmittel in eurer Stadt am meisten genutzt
  werden.

Tipp für die Präsentation
– Sucht für eine Stadt in eurer Nähe die entsprechenden Angaben wie in Bild [3] und vergleicht.

Fair Trade

1. Informiert euch auf dieser Seite über Fair Trade.
2. Präsentiert eure Ergebnisse in geeigneter Form der Klasse.

Plantagenarbeit

Es ist sechs Uhr morgens. Delron aus der Elfenbeinküste muss aufstehen. Er ist im Plantagencamp, weit weg von daheim. Andere Kinder gehen gleich zur Schule. Delron nicht. Er wird gleich mit anderen Kindern auf die Kakaoplantage gefahren, muss arbeiten. Hart arbeiten. Zwölf Stunden lang, bei brütender Hitze. Die ständige Gefahr, von Schlangen gebissen zu werden macht ihm mittlerweile keine Angst mehr. Auch an die Pflanzenschutzmittel, mit denen er manchmal die Pflanzen bespritzen muss, hat er sich gewöhnt. Er bekommt davon oft Hautausschlag. Delron verdient kaum etwas durch seine Arbeit. Er weiß, dass auch europäische Firmen den Rohkakao kaufen.

Kakao – wohlschmeckend und arbeitsintensiv

Kakaobäume sind sehr empfindlich: Sie benötigen aufwändige Pflege, viel Wasser und hohe Temperaturen. Sie sind anfällig für Schädlinge. Die Bauern müssen immer mit Ernteausfällen rechnen, haben gleichzeitig aber hohe feste Kosten für Wasser und Pflanzenschutzmittel. Problematisch ist auch, dass die Kakaobohnen an Zwischenhändler verkauft werden oder dass die Bauern oft Bestechungsgelder an Beamte zahlen müssen, um Kakao anbauen zu können. Zudem ist der Exportpreis sehr niedrig.

Fairer Handel für nachhaltige Entwicklung

Fairer Handel soll helfen, Schicksale wie das von Delron zu vermeiden. Fairer Handel bedeutet zum Beispiel den gänzlichen Verzicht auf Kinderarbeit, eine gerechte Bezahlung für Plantagenarbeiter, angemessene Preise und Fortbildungen für die Bauern, welche die Produkte verkaufen.

Die gekennzeichneten Fair-Trade-Produkte gibt es zwar seit Jahren bei uns in den Läden, ihr Marktanteil ist dennoch niedrig. Die großen Schokoladenproduzenten wollen nichts mit Kinderarbeit zu tun haben, kaufen aber nur in seltenen Fällen Kakaobohnen aus Fair-Trade-Produktion.

Zwar sind Fair-Trade-Produkte etwas teurer als herkömmliche Waren, aber mit dem Kauf kann jeder einen kleinen Beitrag für nachhaltige Entwicklung leisten.

[1] Delron bei der Arbeit. *Foto, 2013.*

[2] Fair-Trade-Produkte. *Foto, 2013.*

Tipp für die Erarbeitung
– Schreibt eine Geschichte aus Delrons Sicht über seinen Arbeitsalltag und lest sie der Klasse vor.

Tipp für die Präsentation
– Bringt Fair-Trade-Produkte mit und präsentiert sie der Klasse.

Nachhaltigkeit im Alltag

1. Informiert euch auf dieser Seite über Nachhaltigkeit im Alltag.
2. Präsentiert eure Ergebnisse in geeigneter Form der Klasse.

Lebensmittel in der Tonne

In Deutschland landen etwa 11 Millionen Tonnen Lebensmittel von Privatverbrauchern, Industrie und Handel im Müll. Um Lebensmittel zu produzieren, braucht man neben den natürlichen Rohprodukten wie Getreide oder Milch auch Energie und Wasser. Zudem sind viele Menschen an der Herstellung, Lagerung, Transport und Verkauf der Lebensmittel beteiligt. Das Entsorgen über die Müllbeseitigung verschwendet somit Ressourcen.

[1] Lebensmittel in der Mülltonne. *Foto, 2013.*

Müllvermeidung durch nachhaltiges Einkaufen

Die meisten unserer Lebensmittel kaufen wir verpackt in Folien, Blechdosen oder Pappe. Im Jahr 2011 summierte sich der durchschnittlich verursachte Müllberg einer Person in Deutschland auf ein Gewicht von 455 kg. Dieser Müll muss energieintensiv entsorgt werden.
Je weniger Verpackungsmüll vom Einkauf mit nach Hause gebracht wird, desto umwelt- und klimafreundlicher ist der Einkauf.

Nachhaltige Stromnutzung

Familien mit vier Personen haben Stromkosten in Höhe von etwa 1 000 Euro im Jahr. Dabei wird es aber in der Zukunft nicht bleiben, die Strompreise steigen ständig. In einem Haushalt gehen bis zur Hälfte der Gesamtkosten auf das Konto von Kühlschrank, Waschmaschine und Herd. Der Kauf von Elektrogroßgeräten sollte also gut durchdacht sein. Hilfe dafür bieten die Energieeffizienzklassen, welche den Stromverbrauch des jeweiligen Gerätes durch einen Aufkleber kennzeichnen. Der Orientierungsrahmen reicht dabei von F (hoher Stromverbrauch) bis A+++ (sehr geringer Stromverbrauch). Der Anschaffungspreis von energiesparsamen Produkten ist höher, aber man spart langfristig Geld. Der Stromverbrauch ist teilweise bis zu 50 % geringer.

[2] Energieeffizienzklassen von Elektrogeräten. *Foto, 2012.*

Nachhaltig unterwegs von A nach B

Der Verkehr trägt in hohem Maße zur Umweltverschmutzung bei. Es gibt aber viele Möglichkeiten, umweltfreundlicher zu reisen. Öffentliche Verkehrsmittel befördern viele Personen gleichzeitig, so dass nicht jeder Einzelne mit dem privaten Kfz fahren muss. Das nachhaltigste Verkehrsmittel ist allerdings das Fahrrad. Wer kurze Strecken mit dem Rad zurücklegt, radelt auch für seine Gesundheit und Fitness.

Tipps für die Erarbeitung und Präsentation
– Euer eigenes Verhalten bezüglich Müllvermeidung und Verkehrsmittelwahl beobachten.
– Einen „Müllberg" zeichnen und Maßnahmen nennen, wie man diesen vermeiden kann.
– Fotos über verschiedene Verpackungen (Plastik, Papier etc.) machen, diese mitbringen.
– Vorschläge zur Vermeidung von Müll sammeln und diese in der Klasse vorstellen.

Die Energiewende

1. Informiert euch auf dieser Seite über die Energiewende in Deutschland.
2. Präsentiert eure Ergebnisse in geeigneter Form der Klasse.

[1] Solarpark in Troisdorf. *Foto, 2013.*

Die „Energiewende" in Deutschland

Die Politik hat reagiert und die Zeichen der Zeit erkannt. Fast alle Zechen in Deutschland sind geschlossen, viele Kohlekraftwerke schließen ebenfalls. Energieträger wie Kohle oder Erdöl sind endliche Ressourcen, Energieerzeugung über deren Verbrennung schadet der Umwelt sehr.

In Kernkraftwerken kann effektiv Strom erzeugt werden. Allerdings sind die leistungsfähigen Reaktoren auch gefährlich, zudem besteht die Problematik des Atommülls. Die radioaktiven Brennstäbe stellen tausende von Jahren eine lebensgefährliche Bedrohung dar. Eine umweltgerechte Entsorgung ist noch immer nicht möglich. Eine Einlagerung in Salzstöcken oder Stollen im Gebirge sind umstritten.

Das letzte Atomkraftwerk in Deutschland wird spätestens 2022 vom Netz gehen. Dies wurde 2012 per Gesetz in Deutschland beschlossen. Der Trend geht zu erneuerbaren Energiequellen wie Wind, Sonnen- oder Wasserenergie. Deren Anteile an der Gesamtenergieproduktion werden immer höher. Erneuerbare Energien haben den Vorteil, dass sie unerschöpflich sind. Zudem ist eine Stromerzeugung auf dieser Basis vergleichsweise umweltfreundlich.

Grenzen der erneuerbaren Energiequellen

Die Gewinnung von Energie aus erneuerbaren Energieträgern ist heute noch nicht so leistungsfähig, als dass eine Energieversorgung alleine darüber zu realisieren wäre. Insbesondere der Anteil der Stromerzeugung über Kohlekraftwerke mit importierter Kohle hat noch eine große Bedeutung. Aber je besser die Techniken zur Nutzung der erneuerbaren Energien werden, desto schneller wird deren Anteil zunehmen.

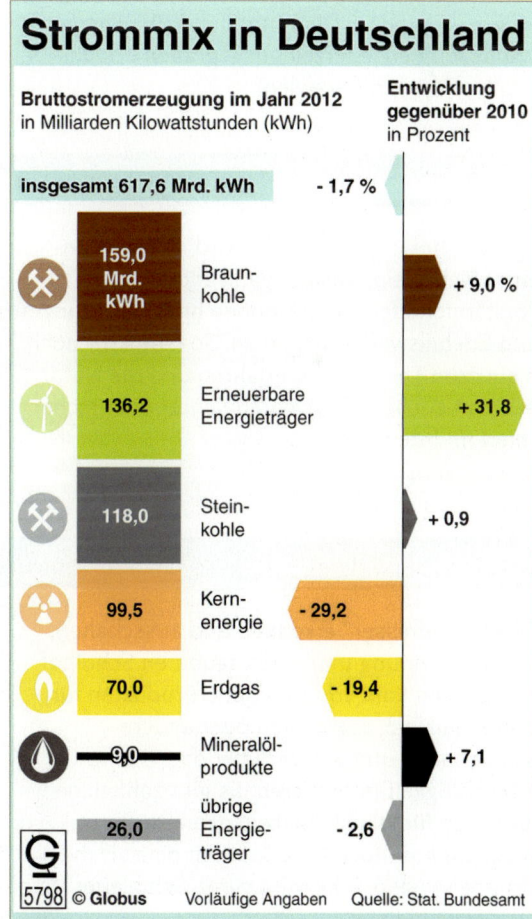

[2] Wege der Stromerzeugung in Deutschland, *2012.*

Tipps für die Erarbeitung
– Die Probleme bei der Erzeugung von Strom durch Kohle- und Atomkraftwerke darlegen.
– Über die Vorteile von regenerativen Energien informieren.

Tipp für die Präsentation
– Anhand der Grafik [2] die Bedeutung von erneuerbaren Energien für die derzeitige und zukünftige Stromerzeugung in Deutschland verdeutlichen.

Politik aktiv

Auf dieser Seite findet ihr Anregungen, was ihr zum Thema Nachhaltigkeit noch tun, ausprobieren, erproben und entwickeln könnt.

Denkt auch daran, euer Portfolio zu führen:

– schöne Ergebnisse in Text und Bild sammeln,
– Lernerfahrungen zum Thema „Nachhaltigkeit" notieren.

1. Der Müllfriedhof

Um euren Mitschülern zu zeigen, wie schädlich das Entsorgen von Müll in der Natur ist, könnt ihr einen Müllfriedhof errichten. Hier haben alle Mitschüler die Möglichkeit, die sogenannte Verrottungsdauer, die Zeit bis zur Zersetzung von Müll zu erkunden. Die vergrabenen Müllgegenstände können jederzeit ausgegraben und ihr Zustand überprüft werden.

2. Walderkundungen

Egal wo ihr wohnt, ein Wald wird irgendwo in eurer Nähe sein. Viele Organisationen wie Forstämter oder Forststationen bieten Führungen und Erlebniswanderungen an. So könnt ihr noch mehr zum Thema Wald erfahren und die Natur hautnah erleben. Fragt euren Lehrer oder recherchiert im Internet dazu.

3. Nachhaltigkeitsdetektive

Ob „Stromfresser" erkennen und ausschalten, für Mülltrennung und einen sauberen Schulhof sorgen, den Kauf von Fair-Trade-Produkten für den Schulkiosk beantragen oder andere Schülerinnen und Schüler über das Thema Nachhaltigkeit informieren: Es gibt zahlreiche Aufgaben für Nachhaltigkeitsdetektive.

Was könnt ihr noch tun? Gründet eine solche Gruppe in Absprache mit Lehrer, Schulleiter oder Hausmeister.

WEBCODE: MZ643769-76

Das kann ich!

[1] **Wichtige Begriffe zur Nachhaltigkeit**

> Nachhaltigkeit   Agenda 21   erneuerbare Energien
> Energiewende   Fair Trade

[2] **Lückentext**

Der Begriff der Nachhaltigkeit wurde von … 1713 geprägt. Er forderte damals, dass man nicht mehr … soll, als auf natürlichem Wege … kann. Auf dieses Prinzip wird in den heimischen Wäldern heute immer noch Wert gelegt. Wichtig ist zudem eine naturgemäße … . Das Pflanzen von heimischen … ist sehr wichtig, weil diese Bäume gut an unsere klimatischen Bedingungen angepasst sind und bestens wachsen. Damit sich der Wald gut … kann, wird regelmäßig … im Wald liegengelassen. Dieses liefert dem Boden wichtige Nährstoffe. Waldgebiete sind heute häufig …. Besucher sollten sich aber vorher informieren, welches Verhalten angemessen und sinnvoll ist.

fällen, nachwachsen, Hans von Carlowitz, Baumarten, Totholz, Waldwirtschaft, regenerieren, Naherholungsgebiet

Staaten und ihre Nachhaltigkeit

Rang	Punkte	Land	Umwelt	Soziales	Governance*
1	9,4	Schweiz	10,0	8,8	9,4
1	9,4	Schweden	8,7	10,0	9,5
3	9,0	Norwegen	7,5	9,5	10,0
4	8,2	Dänemark	7,0	8,9	8,7
5	8,0	Deutschland	7,9	7,9	8,4
19	6,6	Estland	7,7	6,4	5,6
21	6,5	Südkorea	6,2	7,9	5,4
37	5,3	Israel	5,5	5,7	4,6
49	3,8	Südafrika	6,2	1,0	4,2
50	3,6	Russland	5,9	3,9	1,0
51	5,2	USA	1,0	6,0	2,7
52	3,0	Kasachstan	3,1	3,4	2,6

*Rüstungsausgaben, Waffenkonventionen, Pressefreiheit u.a.

Quelle: Züricher Kantonalbank

[3] Staaten und ihre Nachhaltigkeit. *Info-Grafik.*

Sachkompetenz

1. Erklärt euch gegenseitig die Bedeutung der Begriffe und schreibt sie auf.
2. Nennt die wichtigen Ziele der nachhaltigen Entwicklung (vgl. S. 68). Erläutert, warum diese miteinander „vernetzt" sind.
3. Ergänzt den Lückentext [2] mit den passenden Begriffen.
4. Verdeutlicht, warum viele Staaten an einer nachhaltigen Entwicklung arbeiten und sich gegenseitig unterstützen müssen.

Urteilskompetenz

5. Beurteilt, warum jeder Mensch seinen Teil zu einer nachhaltigen Entwicklung beitragen kann und soll.
6. Bewertet die politischen Maßnahmen für eine nachhaltige Entwicklung, welche ihr in diesem Kapitel kennengelernt habt (z. B. Energiewende).
7. Verdeutlicht, warum im Rahmen einer nachhaltigen Entwicklung ein Gleichgewicht zwischen Ökonomie und Ökologie bestehen muss.

Glauben und Wissen im Mittelalter

In den Gassen von Córdoba

Im 8. Jahrhundert hatten muslimische Eroberer aus Nordafrika große Teile Spaniens überrannt. In dem „Al-Andalus" (Südspanien) genannten Gebiet lebten nun Juden, Christen und Muslime für eine bestimmte Zeit friedlich zusammen. Die Hauptstadt Cordoba wurde zu einer der bedeutendsten Städte der damals bekannten Welt. Hier verschmolzen die unterschiedlichen Kulturen zu einer neuen Blüte.

1. Beschreibt die Abbildungen in ihren Einzelheiten.
2. Überlegt, welche Schwierigkeiten und Chancen die Menschen vor Ort haben könnten, wenn fremde Eroberer plötzlich ihr Land beherrschen.

In den Gassen von Córdoba

Córdoba war ein Zentrum von Wirtschaft, Wissenschaft und Kunst. Viele Errungenschaften waren hier Alltag, die im übrigen Europa noch weitgehend unbekannt waren.

1. Stellt euch vor, ihr könntet in den Gassen von Córdoba spazieren gehen. Betrachtet die Bilder auf dieser Seite und erzählt: Was könnt ihr alles sehen?
2. Notiert, welche Dinge, welche Situationen und Berufsgruppen zu sehen sind.

[3] Wissenschaftler im Gespräch (Mathematiker, Architekt und Geograph). *Illustration.*

[1] Im Badehaus. *Illustration.*

[4] Auf dem Basar. *Illustration.*

[2] Privater Schreiber. *Illustration.*

[5] In der Moschee. *Illustration.*

[6] Arzt mit Helfer, der aus Pflanzen Medikamente herstellt. *Illustration*.

3. Lest die Begriffe in dem Kasten durch, die aus der arabischen Sprache ins Deutsche übernommen wurden. Findet heraus, welche ihr kennt und zu welchem Bereich sie gehören (Lebensmittel, Gewürze, Instrumente ... usw.)

4. Schlagt unbekannte Wörter/Begriffe in einem Lexikon oder Wörterbuch nach.

Arabische „Mitbringsel"

Kaffee, Karaffe, Orangen, Sofa, Matratze, Kittel, Zucker, Alkohol, Spinat, Zimt, Jacke, Limonade, Kandis, Konditor, Mokka, Diwan, Schach, Koffer, Zwetschge, Gaze, Watte, Damast, Mohair, Lila, Safrangelb, Drogen, Muskat, Ingwer, Kümmel, Benzin, Natron, Soda, Lack, Talkum, Karmesin, Taft, Atlas, Gamaschen, Chiffon, Estragon, Kampfer, Sacharin, Ambra, Pfeffer, Gewürznelken, Pantoffeln, Gitarre, Laute, Giraffe, Massage, Marzipan, Risiko, Algebra, Monsun, Harem, Kamin, Admiral, Karat, Magazin, Safari, Ziffer (und ca. 450 Begriffe/Produkte mehr).

Das Wissen des Altertums wird bewahrt

Durch die Begegnung unterschiedlicher Kulturen wurde vielfältiges orientalisches Wissen in das Abendland transportiert. Die Araber hatten ihrerseits viele Anregungen aus Indien, Ägypten und Griechenland aufgenommen und zu einer eigenen reichen Kultur entwickelt. So kamen die Menschen im christlichen Europa wieder in Kontakt mit dem ursprünglich als „heidnisch" abgelehnten Wissen des Altertums.

Die Kirche hatte nämlich viele Schriften, z. B. der antiken Philosophen und Mathematiker, verboten und zahlreiche ihrer Bücher vernichten lassen. Aus diesem Grund sehen Historiker in der Eroberung durch die muslimischen Herrscher nicht nur Probleme. Viele finden, dass die dadurch mögliche Bewahrung des antiken Wissens ein Glücksfall für Europa war.

Rückeroberung

1492 endete diese fruchtbare Zeit mit der Rückeroberung von Granada durch die spanischen katholischen Könige Ferdinand II. und Isabella I. Juden und Muslime wurden zur Taufe gezwungen oder vertrieben. In Erinnerung an diese bedeutende Begegnung feiern die Spanier heute noch ihr buntes Fest „Moros y Christianos" (Mauren und Christen), bei dem der Kampf der beiden Kulturen spielerisch nachgestellt wird.

5. Fasst mit eigenen Worten zusammen, worin die Kulturleistung der muslimischen Eroberer Spaniens lag.

Wählt einen der folgenden Arbeitsaufträge aus:

▣ Schreibt einen fiktiven Erlebnisbericht über einen Besuch im mittelalterlichen Córdoba.

▣ Zwei arabische Gelehrte in Córdoba streiten über die Frage, ob man Juden und Christen ihren Glauben lassen oder mit Zwang zum Islam bekehren soll. Notiert Argumente.

Orientierung: Kleine Welt – große Welt

Menschen im Mittelalter – an den Ort gebunden!
Die Gesellschaft des Mittelalters bestand überwiegend aus Bauern. Sie lebten dauerhaft in ihren Dörfern. Viele von ihnen waren „an die Scholle (Erde) gebunden", d.h. ohne Erlaubnis ihrer Herrschaft durften sie ihren Ort nicht verlassen. Selten hatten sie die Gelegenheit, in die nähere Umgebung zu kommen. Deswegen war es für sie ein großes Erlebnis, wenn sie Jahrmärkte in einer nahe gelegenen Stadt besuchen konnten. Manchmal gaben ihnen Wallfahrten Gelegenheit, über die Grenze ihres Dorfes zu gelangen.

[1] Heudorf

1. Äußert Vermutungen, ob die Menschen mit ihrer Gebundenheit an einen Ort unglücklich waren.

Handelsreisen und Kriegszüge
Mehr von der Welt sahen im Mittelalter also nur solche Menschen, die als Händler, Krieger, Gesandte, Pilger oder Auswanderer (Migranten) an weiter entfernte Plätze in Deutschland und Europa kamen. Einige von ihnen lernten als Seefahrer, Fernhändler oder Kreuzfahrer auch Länder in Asien und Afrika kennen. Auch Gesandte im königlichen oder päpstlichen Auftrag unternahmen Reisen in ferne Länder. Eine berühmte Fernhandels-Route war z.B. die Seidenstraße. Auf diesem Weg kamen Waren und Informationen aus China, Indien und Persien zuerst zur Drehscheibe Konstantinopel/Istanbul und von dort nach Europa.

2. Wertet die Karte aus.
a) Welche „Weltreisende" waren zwischen 1245 und 1472 unterwegs?
b) Welche Länder haben sie bereist?
Tragt zusammen, was ihr über die Länder auf der Karte schon gehört habt.

Was ihr noch tun könnt...
■ Einen Weltreisenden aus der Legende auswählen, euch über die Person und die Reise näher informieren, eure Ergebnisse in der Klasse vorstellen.

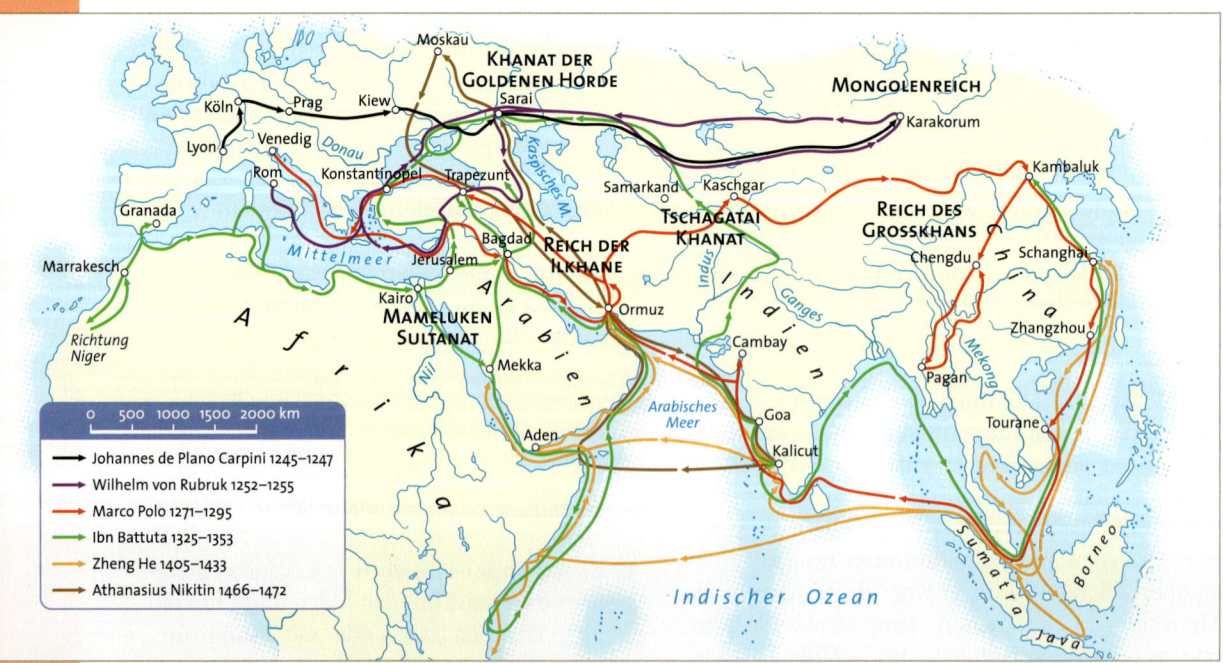

[2] Bedeutende Weltreisende 13. bis 15. Jh.

711
Muslime erobern die Iberische Halbinsel (Spanien)

1045
Trennung von Ost- und Westkirchen (orthodoxe Christen und weströmische Christen)

1063
Normannen erobern Sizilien (hier lebte später der arabische Geograph al-Idrisi am Hofe des Normannenkönigs Roger II.)

1096
Erster Kreuzzug; Kreuzfahrer lernen das Leben der muslimischen Völker am Ostrand des Mittelmeeres kennen; Judenverfolgungen in Deutschland

1119
Universität Bologna gegründet. (Austausch mit Universitäten Paris (1150), Oxford (1163), Salamanca (1218)

1238
Mongolen erobern Russland, kommen bis Polen und Ungarn

1245–47
ein Gesandter des Papstes (Giovanni de Piano Carpini) reist an den Hof des Mongolen-Khans und kommt mit vielen Informationen zurück

1271
Marco Polos Bericht über die Reise nach China über Palästina, Persien, Zentralasien

1318
der Missionar Odorich von Portenau reist ebenfalls nach China, lernt Indien, Sumatra, Java und Borneo kennen

1349
Judenverfolgungen in Deutschland

1418
der Portugiese Heinrich „der Seefahrer" (1394–1460) schickt erstmals Schiffe an die afrikanische Westküste

1492
Abschluss der Reconquista (Rückeroberung) in Spanien

▶ Glauben und Wissen im Mittelalter

In diesem Kapitel geht es vor allem um folgende Fragen:
Welche Vorstellungen hatten die verschiedenen Kulturen von der Welt?
Wie kam es zum Austausch von Informationen?
Was waren die Kreuzzüge und welche Wirkung hatten sie auf das Verhältnis zwischen der christlichen und der muslimischen Welt?
Welches Schicksal erlitten die Juden während der Kreuzzugszeit?

Wichtige Kompetenzen in diesem Kapitel

Sachkompetenz
▶ mittelalterliche Weltvorstellungen und geographische Kenntnisse der Menschen in Asien und Europa beschreiben
▶ Weltvorstellungen des Mittelalters und der frühen Neuzeit mit modernen Kenntnissen vergleichen
▶ Konflikte und kulturelle Begegnungen zwischen christlicher und islamischer Welt in der Zeit der Kreuzzüge darstellen
▶ die Ausgrenzung und Verfolgung der Juden in der Zeit der Kreuzzüge erläutern

Methodenkompetenz
▶ Informationen aus Primär- und Sekundärtexten vergleichen

Urteilskompetenz
▶ mittelalterliche Weltvorstellungen und geographische Kenntnisse in verschiedenen Kulturräumen beurteilen
▶ christliche und muslimische Positionen zu den Kreuzzügen beurteilen

Drei Weltreligionen – ein Ursprung

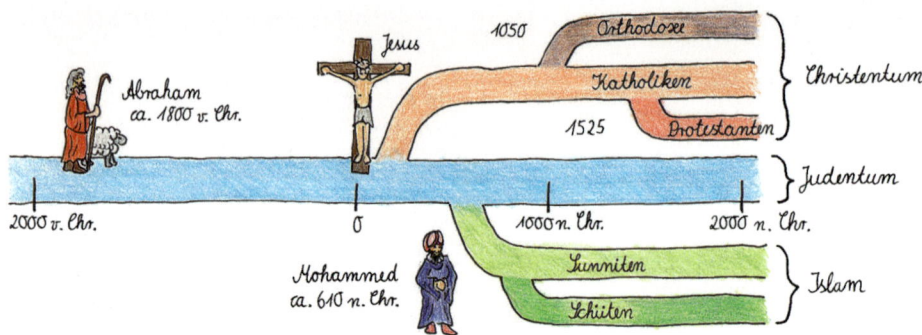

[1] Die Entwicklung von Judentum, Christentum und Islam. *Schülerzeichnung.*

Was haben die drei Religionen gemeinsam?

Christen, Juden und Muslime lebten während des Mittelalters häufig friedlich miteinander. Gemeinsam ist ihnen der Glaube an den einzigen Gott. Abraham ist für sie alle der „Stammvater des Glaubens".

Grundzüge der drei Weltreligionen

Für Juden, Christen und Muslime ist Abraham mit seinem Gehorsam und Vertrauen zu Gott bis heute ein großes Vorbild im Glauben. Weil alle drei Religionen ihre Ursprünge auf Abraham zurückführen, spricht man von den „abrahamischen Religionen. Alle drei Religionen stammen aus dem Vorderen Orient und verehren nur einen Gott.

Abraham/Ibrahim
(geschätzt ca. 1900 bis ca. 1800 v. Chr.)

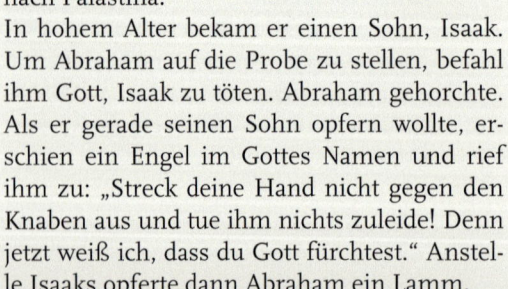

Leben: er lebte in Ur (heute: Irak) verließ auf Weisung Gottes seine Heimat, Umzug nach Palästina.
In hohem Alter bekam er einen Sohn, Isaak. Um Abraham auf die Probe zu stellen, befahl ihm Gott, Isaak zu töten. Abraham gehorchte. Als er gerade seinen Sohn opfern wollte, erschien ein Engel im Gottes Namen und rief ihm zu: „Streck deine Hand nicht gegen den Knaben aus und tue ihm nichts zuleide! Denn jetzt weiß ich, dass du Gott fürchtest." Anstelle Isaaks opferte dann Abraham ein Lamm.
Grabstätte: „Drei-Religionen-Bau" in Hebron (im heutigen Palästina); Pilgerort für Juden, Christen und Muslime.

Judentum
Begründer: Abraham (und seine Söhne)
Heilige Schrift: Thora
Gotteshaus: Synagoge

Weitere Besonderheiten: Der Bund mit Gott; Gott (Jahwe) hat mit dem Stammesvater Jakob einen Bund geschlossen und die Israeliten zum „auserwählten Volk" bestimmt. Durch die Übergabe der Zehn Gebote an Moses wurde dieser Bund nochmals bekräftigt. Wichtige Feiertage: Pessach, Chanukka

Christentum
Begründer: Jesus Christus
Heilige Schrift: Bibel
Gotteshaus: Kirche

Weitere Besonderheiten: Es gibt nur einen Gott und Jesus Christus ist sein Sohn; der Glaube an die Auferstehung (Siehe S. 85); Die Taufe ist ein Zeichen für das Wegwaschen der Sünden und für die Aufnahme in die christliche Kirche. Wichtige Feiertage: Ostern, Weihnachten

Islam
Begründer: Mohammed
Heilige Schrift: Koran
Gotteshaus: Moschee

Weitere Besonderheiten: Es gibt nur einen Gott (Allah) und Mohammed ist sein Gesandter; gläubige Muslime sollen fünfmal am Tag beten (die Betenden knien auf Teppichen und verbeugen sich Richtung Mekka)
– Fastenmonat Ramadan (30 Tage)
– „Fest des Fastenbrechens": Bairam (3 Tage)

Was bestimmte das Denken im Mittelalter?

Glauben im christlichen Europa

Die Menschen des Mittelalters suchten im Glauben Erklärung und Hilfe für die Ereignisse in ihrem Alltag. Geburt und Tod, Freude und Leid, Glück oder Unglück – alles war für sie in Gottes Schöpfungsplan wohl geordnet. Wichtig war vor allem, für ein Leben im Jenseits vorzusorgen. Die Menschen glaubten fest daran, dass Gott die Welt erschaffen hat und auch das „Ende der Welt" festlege. Der Mensch musste sich auf das göttliche Gericht am „Jüngsten Tag" vorbereiten. Hier wurde entschieden, ob die Seele in den Himmel kam oder ob sie ewiges Leid in der Hölle ertragen musste.

[3] Das Jüngste Gericht. *Gemälde.*

[2] Die göttliche Ordnung. *Zeichnung.*

1. Erklärt die dargestellte „göttliche Ordnung" in der Zeichnung [2].

Neben dem Glauben spielte auch das Streben nach Wissen eine wichtige Rolle. Es konnten aber damals nur wenige Menschen lesen und schreiben. Gelehrte Mönche verfügten über Schriften und Bücher, die sich mit Medizin, Astronomie, Geografie oder Geschichte der Völker des Altertums beschäftigten. Viele wichtige Informationen wurden auch deshalb nicht weitergegeben, weil sie im christlichen Europa als „heidnisch" galten. So hatte nur ein kleiner Kreis von Menschen Zugang zum damaligen, etwas lückenhaftem Wissen über die Welt.

2. Beschreibt das Gemälde [3] und erläutert dabei, welche Aussagen über das Denken und Fühlen der Menschen im Mittelalter deutlich werden.

Wählt einen der folgenden Arbeitsaufträge aus:

◼ Begründet die Aussage, dass die drei Weltreligionen Judentum, Christentum und Islam eine gemeinsame Wurzel haben. Berücksichtigt dabei auch Zeichnung [1].

◆ Vergleicht das mittelalterliche Weltbild mit der heutigen, auch naturwissenschaftlich geprägten Auffassung. (Beispiel: Wenn ein Gewitter aufzog und es blitzte, sagte man den Kindern, „der liebe Gott schimpft". Was passierte in Wirklichkeit?)

Kreuzzüge: Der Kampf um Jerusalem

Welche Ziele hatten die Kreuzfahrer?

[1] Jerusalem. *Gemälde.*

[2] Der Papst ruft zum Kreuzzug auf. *Holzschnitt.*

Jerusalem – die Heilige Stadt

Jerusalem war und ist drei großen Religionen heilig: den Juden unter anderem wegen des Tempelbergs mit Resten des Tempels Salomons, den Muslimen wegen des Felsendoms, der die Stelle der Himmelfahrt Mohammeds überspannt, und den Christen wegen der Grabeskirche, die das Grab Jesu enthalten soll.

Anhänger dieser Religionen besuchten als Pilger die Stadt, um dort zu beten. Seit dem 7. Jahrhundert stand die Stadt unter muslimischer Herrschaft. Doch später kam es zu Behinderungen der Pilgerfahrten.

Papst Urban rief im Jahr 1095 dazu auf, Jerusalem aus den Händen der „Ungläubigen" zu befreien. Als Lohn winkte das Versprechen auf ewige Seligkeit im Himmel. In ganz Europa machten sich Ritter, Bürger, Bauern – ja sogar Kinder – auf den so genannten Kreuzzug.

1. Im Mittelalter gab es keinen Rundfunk und kein Fernsehen: Notiert Vermutungen darüber, wie die Botschaft Urbans in Europa verbreitet wurde.

[3] **Aufruf von Papst Urban, 1095:**

„... ihr Volk nördlich der Alpen, ihr seid ... Gottes geliebtes und auserwähltes Volk ... Aus dem Land Jerusalem und der Stadt Konstantinopel kam schlimme Nachricht und drang schon oft an unser Ohr: ... ein fremdes Volk, ein ganz gottfernes Volk ... hat die Länder der dortigen Christen besetzt, durch Mord, Raub und Brand entvölkert und die Gefangenen teils in sein Land abgeführt, teils elend umgebracht ..."

Er lobt dann die Tapferkeit der Christen, erwähnt die Knappheit an fruchtbarem Land in Europa und fährt fort:

„... Tretet den Weg zum Heiligen Grab an, nehmt das Land dort dem gottlosen Volk, macht es euch untertan! ... Jerusalem ist der Mittelpunkt der Erde, das fruchtbarste aller Länder, als wäre es ein zweites Paradies ... Schlagt also diesen Weg ein zur Vergebung eurer Sünden; nie verwelkender Ruhm ist euch im Himmelreich gewiss."

zit. nach Arno Borst, Lebensformen im Mittelalter: Ullstein, Frankfurt/Berlin 1979, S. 318 ff. bearb.

2. Wertet Text [3] aus. Warum sollte das „Volk nördlich der Alpen" in den Orient ziehen?

3. Listet die Argumente Urbans auf.

[4] Erster Kreuzzug. *Karte.*

[6] Kämpfe in Jerusalem.
Illustration.

Ein weiter Weg nach Jerusalem

Der erste Kreuzzug war für alle Beteiligten ein Aufbruch ins Unbekannte. Niemand wusste, wie man ein solches Vorhaben organisieren sollte. Vom Ziel – der Stadt Jerusalem – wusste man nur aus mündlichen Berichten und machte sich vermutlich fantastische Vorstellungen.

4. Untersucht die Karte. Schätzt die Entfernung von Nordrhein-Westfalen bis Jerusalem ab (Maßstab: siehe Legende).
5. Beschreibt mögliche Schwierigkeiten der Kreuzfahrer auf ihrem Weg in den Osten.

[5] **Ein Mönch berichtet über die Kreuzfahrer und ihre Ziele:**

Ihre Absichten waren verschieden. Einige Neugierige zogen los, weil sie neue Gegenden besuchen wollten. Andere zwang die Armut. Weil es bei ihnen zu Hause knapp zuging, kämpften sie, um der Armut abzuhelfen ... Andere wurden von Schulden bedrückt oder wollten die ihren Herren geschuldeten Dienste verlassen oder hatten wegen Verfehlungen Strafen zu erwarten. Nur mit Mühe fand man wenige, die eine heilige ... Absicht hatten.

Würzburger Annalen 1147, übersetzt v. Verfasser

6. Bewertet die Absichten einiger Kreuzfahrer-Gruppen aus dem Bericht [5].

Blut fließt in der Heiligen Stadt

Vom 11. bis zum 13. Jahrhundert gab es mehrere Kreuzzüge, die ins Heilige Land führten. Die Teilnehmer des Ersten Kreuzzuges hatten sich durch Kleinasien kämpfen müssen. Nach jahrelangem Marsch durch eine lebensfeindliche Umgebung, hohen Verlusten und schrecklichen Anstrengungen erreichte das Heer schließlich im Jahr 1099 Jerusalem.

Bei einer Belagerung gelang es, die Heilige Stadt zu erstürmen. Fast alle Menschen, die sich dort aufhielten, wurden ohne Unterschied umgebracht. Die Kreuzfahrer eigneten sich nun Häuser und Grundstücke an und nahmen das Land in Besitz. Sie gründeten im Heiligen Land und Kleinasien in der Folge eine Reihe von Staaten, in denen sie über Christen, Muslime und Juden herrschten.

7. Beurteilt das Verhalten der Kreuzfahrer und nennt Gründe für euer Urteil.

Wählt einen der folgenden Arbeitsaufträge aus:

▪ Ein Kreuzfahrer hat seine Familie seit zwei Jahren nicht mehr gesehen. Schreibt einen Brief, in dem er seine Erlebnisse schildert.

▪ Notiert einen Vorschlag, wie eine Einigung über die heiligen Stätten ohne Krieg und Gewalt aussehen könnte.

Geschichtliche Ereignisse werden berichtet und bewertet

In älteren Quellen finden wir oft Berichte über historische Ereignisse. Sie können von **Augenzeugen** stammen oder Berichte vom Hörensagen wiedergeben. Nicht selten sind Berichte auch absichtlich so verfasst, dass sie den Interessen der Auftraggeber dienen. Diese Überlieferungen nennen wir **Primärtexte** oder **historische Quellen**, weil sie „aus erster Hand" sind und meistens direkte, ursprüngliche Berichte enthalten.

Viele Jahre später beziehen sich **Historiker** oder andere **Wissenschaftler** auf diese Berichte und bewerten sie. Immer stellt sich aber die Frage: Wie war es wirklich? Welche Einschätzung ist näher an der Wahrheit? Historiker, Forscher, Journalisten untersuchen und bewerten Quellen. Diese Texte, die „aus zweiter Hand" sind, nennen wir **Sekundärtexte** oder **Darstellungen**.

Mit den folgenden Schritten könnt ihr Primär- und Sekundärtexte vergleichen.

1. Schritt: **Jeden Text einzeln erschließen**

- Verfasser, Art des Textes, Datum und Ort, Inhalt (wovon handelt der Text?), Schwerpunkte

2. Schritt: **Glaubwürdigkeit prüfen**

- Wer ist näher am Geschehen? (Augenzeuge?) Wer berichtet nur aus zweiter Hand oder vom Hörensagen? Wie groß ist der zeitliche Abstand zu dem Ereignis?
- Welche Version kommt der Wahrheit am nächsten? Geht es um Tatsachen oder gibt es auch Bewertungen?

3. Schritt: **Aussagen vergleichen**

- Stimmen die Aussagen überein? Gibt es Unterschiede, z. B. in der Bewertung?
- Wer berichtet/schreibt mit welcher Absicht?

4. Schritt: **Ergebnisse formulieren**

- Was habt ihr festgestellt?
- Hilft der Sekundärtext beim Einordnen der Ereignisse? Bleiben Unklarheiten oder offene Fragen, die noch geklärt werden müssen?

1. Vergleicht mit diesen Arbeitsschritten die beiden folgenden Texte [1] und [2]:

[1] **Wilhelm von Tyrus (Erzbischof) schrieb 1170 n. Chr.**

… Alle Feinde … streckten sie mit der Schärfe des Schwertes nieder. … Und es lagen überall so viele Erschlagene und solche Haufen abgehauener Köpfe umher, dass man keinen Weg … mehr finden konnte als über Leichen.

Der übrige Teil des Heeres zerstreute sich in der Stadt, zog diejenigen, die sich … versteckt hatten, um dem Tod zu entrinnen … hervor und stieß sie nieder. Andere gingen in Häuser, wo sie die Familienväter mit Frauen und Kindern … herausrissen und entweder mit den Schwertern durchbohrten oder von den Dächern herabstürzten …

Es geschah … nach dem gerechten Urteil Gottes, dass die, welche das Heiligtum des Herrn mit ihren abergläubischen Bräuchen entweiht hatten, es mit ihrem eigenen Blut reinigen mussten."

Guggenbühl, Gottfried; Weiss, Otto: Quellen zur allgemeinen Geschichte, Bd. 2, Zürich 1973, S. 264

[2] **Über die Eroberung von Jerusalem schreiben heutige Autoren:**

„Wie aber ist der Blutrausch 900 Jahre später zu erklären? Sicher mit den unsäglichen Strapazen und enormen Verlusten der Christen auf dem Weg nach Jerusalem, wohl auch mit der zähen, wochenlangen Belagerung und mit dem angestauten Hass angesichts des Widerstands, nicht zuletzt aber auch mit religiöser Verblendung und Verirrung, die am Ende in Andersgläubigen nur noch Feinde sehen ließen. Aus ihrem Selbstverständnis heraus hatten die Kreuzritter offenbar keine Schuldgefühle. Sie erachteten ihren Sieg als ein Zeichen der Zustimmung Gottes. Die überaus drastischen Überlieferungen des Geschehens gerade von christlicher Seite machen keinen Hehl aus dem beispiellosen Grauen.

Das Bild der Muslime von der westlichen Christenheit wurde durch das Massaker nachhaltig geprägt, der Ruf der „Franken" war im sprichwörtlichen Sinne ruiniert, sie galten als mordende Banditen."

Knopp, G.; Brauburger, S.; Arens, P.: „Der Heilige Krieg – Mohammed, die Kreuzritter und der 11. September". C. Bertelsmann Verlag 2011, S. 113

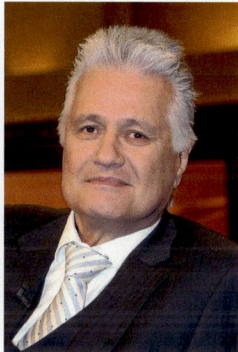

[3] Zwei Autoren – zwei Zeiten. W. von Tyrus (1170) und Guido Knopp (2011)

Lösungsbeispiel

Zum Schritt 1:

Die beiden Texte handeln von dem gleichen Ereignis, von der Eroberung Jerusalems. Der Autor von Text [1] ist Wilhelm von Tyrus. Er war Erzbischof um 1170 n. Chr. und er schreibt aus der Sicht der Kreuzfahrer.
Der Autor von Text [2] ist Guido Knopp. Er ist Historiker, Buchautor und war jahrelang Fernsehmoderator der Sendung „History". Er schreibt und bewertet die Ereignisse aus heutiger Sicht.

Zum Schritt 2:

Beide Berichte stammen nicht von Augenzeugen und wurden in einem zeitlichen Abstand verfasst. Trotzdem erscheint der Bericht von Tyrus authentischer, denn das Jahr 1170 liegt zeitlich nah am Geschehen. Gleichzeitig können wir auch feststellen, dass Wilhelm von Tyrus eher subjektiv berichtet und versucht die Taten der Kreuzritter zu rechtfertigen.
Im Text [2] dagegen werden die damaligen Ereignisse eher objektiv dargestellt und ...

Zum Schritt 3:

Beide Verfasser schildern das grausame Vorgehen der Kreuzritter. Wilhelm von Tyrus macht dabei die damalige christliche Sicht auf die Kreuzzüge deutlich, indem er das Vorgehen als „gerechtes Urteil Gottes" darstellt.
Guido Knopp dagegen weist nicht nur auf die drastische Tötung der Andersgläubigen hin, sondern schildert auch ...

Zum Schritt 4:

Die Eroberung Jerusalems wird in beiden Texten als grausames Ereignis beschrieben, aber die Verfasser betrachten das Ereignis aus verschiedenen Blickwinkeln. Der Sekundärtext von Knopp hilft, die Ereignisse vor 900 Jahren besser einzuordnen und zu verstehen.

2. Wendet die Methodenschritte bei den folgenden Texten an.

[4] **Der arabische Chronist Ibn al-Athir (1160–1233) berichtet in seiner Geschichte der Kreuzzüge:**
... In der Al-Aksa-Moschee ... töteten die Franken mehr als 70 000 Muslime, unter ihnen viele ... Religionsgelehrte ..., die ihr Land verlassen hatten, um in frommer Zurückgezogenheit an diesem heiligen Ort zu leben. Aus dem Felsendom raubten die Franken mehr als vierzig Silberleuchter, ... zwanzig goldene und andere unermessliche Beute. Die Flüchtlinge erreichten Bagdad. ... In der Kanzlei des Kalifen gaben sie einen Bericht, der die Augen mit Tränen füllte und die Herzen betrübte. ... Wegen des schweren Unglückes, das sie erduldet hatten, brachen sie sogar das Fasten. ...

Gabrieli, Francesco: Die Kreuzzüge aus arabischer Sicht. Zürich/München (Artemis), 1973

[5] **Ein heutiger Christ aus dem Libanon sieht das so:**
„Kreuzzüge sind ein schwarzes Kapitel in der Geschichte der Christenheit. Anstatt das Kreuz als Symbol der Liebe und Aufopferung zu sehen, benutzte man es, um zu töten. ... Die Ergebnisse der Kreuzzüge sind bis heute noch zu spüren, allerdings im Osten anders als im Westen.
... Für uns orientalische Christen ist das Zusammenleben mit den Muslimen zerstört. Viele Muslime wollen sich als einzige Opfer der Kreuzzüge sehen ... und für die Muslime im Orient sind die Christen eine Last der Kreuzzüge ... Und das ist für uns eine Katastrophe. ... Bei jedem politischen Ereignis erinnern die Muslime die westlichen Bürger an ihre Gräueltaten von damals. Dieses schlechte Gewissen wird uns Christen immer verfolgen."

Ramy Wannous, Beirut

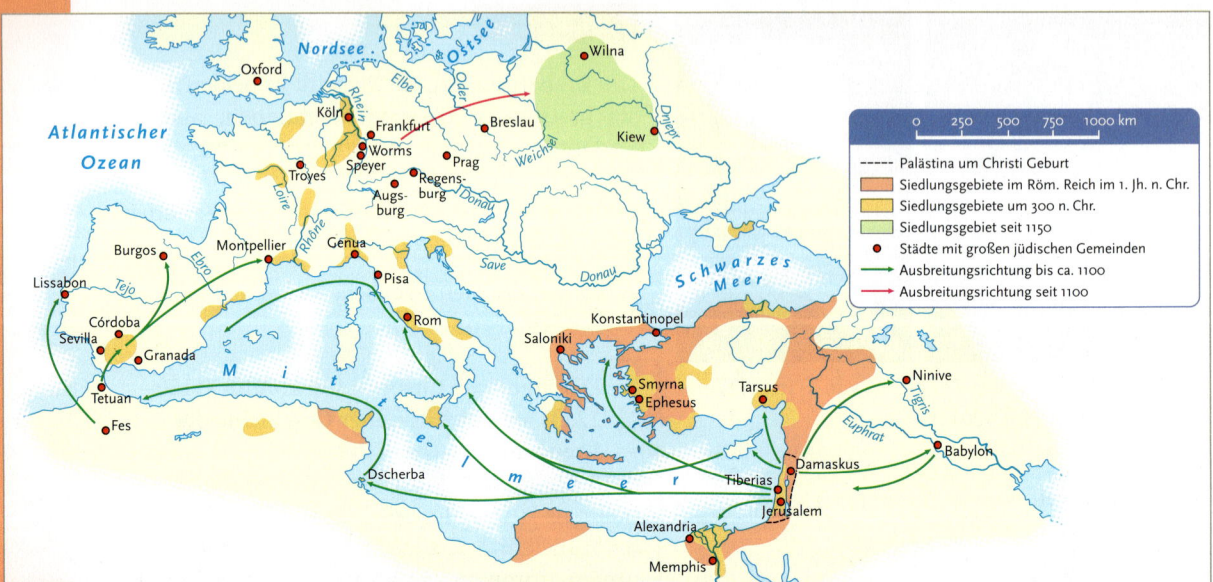

[1] Wichtige jüdische Gemeinden und Siedlungsgebiete 100–1100 n. Chr. *Karte.*

Jüdische Gemeinden im mittelalterlichen Europa

Im Jahr 63 v. Chr. besetzten die Römer Palästina, das Land der Juden. Ein Aufstand gegen die römische Fremdherrschaft endete mit der Zerstörung des Tempels und der Vertreibung der Juden aus Palästina (70 n. Chr.). Nach ihrer Vertreibung siedelten sich die Juden überall in der damals bekannten Welt an. Sie handelten mit Seide, Pelzen oder seltenen Gewürzen und waren zunächst sehr angesehen. Alle Juden sprachen eine gemeinsame Sprache (Hebräisch) und waren zu gegenseitiger Hilfe und Gastfreundschaft verpflichtet.

Hass und Verfolgung

Zu den ersten Judenverfolgungen kam es in Deutschland zur Zeit der Kreuzzüge. Unter dem Vorwand, die Juden seien Christusmörder, überfielen die Kreuzfahrer die Gemeinden in Köln, Mainz, Worms und anderen Städten. Sie ermordeten die Bewohner der jüdischen Viertel und raubten sie aus. Solche Übergriffe werden Pogrome genannt.

[2] **Der Priester Albert von Aachen berichtet über die Tötung der Juden in Mainz am 27. Mai 1096**

„Die Juden dieser Stadt aber ... flohen in der Hoffnung auf Rettung zum Bischof Ruthard. ... Die Juden selbst versammelte er zum Schutze ... im geräumigsten Saal seines Hauses ... Aber (die Kreuzfahrer) griffen sie mit Pfeilen und Lanzen an, ... überfielen die Juden ... trieben sie heraus und machten sie alle nieder."

Quelle: Milger, Peter (Übers.) Die Kreuzzüge. Kriege im Namen Gottes, Bielefeld (Bertelsmann) 1988, S. 38 ff.

Der Schutz durch die Herrschenden versagt

Der Kaiser, der König oder die Stadtherren stellten die Juden unter ihren Schutz und forderten dafür hohe Abgaben (Schutzgelder). Sie versuchten, das Morden zu unterbinden.

Die Angriffe auf die jüdischen Gemeinden in Europa wiederholten sich auch in der Zeit nach den Keuzzügen.

Tipps für die Erarbeitung

– Karte auswerten und die wichtigen jüdischen Gemeinden in Europa auflisten
– Quelle [2] lesen und deuten

Tipps für die Präsentation

– Weitere Informationen über das Judentum im Mittelalter sammeln
– Über die Geschichte der Judenverfolgung einen Kurzvortrag halten

Christen im Orient

1. Informiert euch auf dieser Seite über das Leben der Christen im Orient.

2. Präsentiert eure Ergebnisse in geeigneter Form vor der Klasse.

Ursprünge des Christentums im Orient

Ehe das Christentum nach Europa kam, und ehe der Islam existierte, lebten bereits die ersten Christen im Orient. Ihre Johannes-Kirche in Damaskus wurde 661 von den Muslimen enteignet und zur „Großen Moschee" umgebaut. Diese ortsansässigen Christen erlebten die Kreuzzüge aus mehreren Gründen als schwere Last.

Kreuzfahrer aus Europa gründeten Staaten

Eine vorübergehende Veränderung der Herrschaft im Orient erfolgte zeitweise durch die Kreuzzüge (11. bis 13. Jahrhundert). Viele Kreuzfahrer kehrten nicht nach Hause zurück, sondern blieben auf Dauer in Palästina. Sie gründeten Kreuzfahrerstaaten (siehe Karte). Große Burganlagen sollten ihre Herrschaft sichern und gegen muslimische Angriffe Schutz bieten. Diese Kreuzfahrerstaaten existierten von 1098 bis 1289 n.Chr.

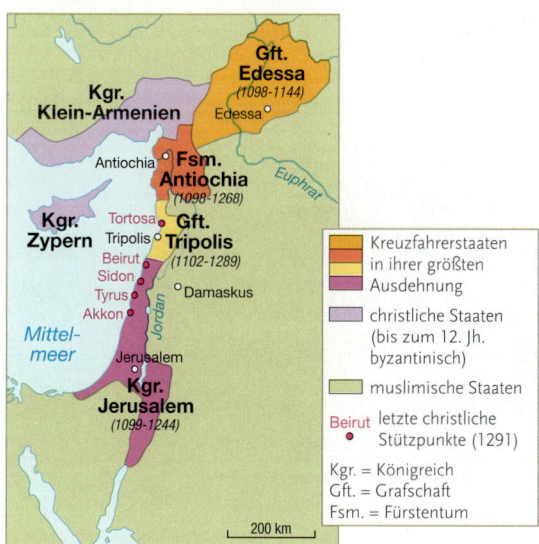

[1] Die Kreuzfahrerstaaten. *Karte*.

[2] **Der französische Mönch Fulcher von Chartres lebte in den Kreuzfahrerstaaten. Er schrieb 1110:**

Wir, die wir Abendländer waren, sind Orientalen geworden. Wir haben schon unsere Geburtsorte vergessen (…) Manche von uns besitzen in diesem Land Häuser und Diener, die ihnen gehören wie nach Erbrecht. Ein anderer hat eine Frau geheiratet, die durchaus nicht seine Landsmännin ist, eine Syrierin (…), die die Gnade der Taufe empfangen hat (…) Sie sprechen verschiedene Sprachen und haben es doch alle schon fertig gebracht, sich zu verstehen.

Zit. nach: Reinhard Barth, Taschenlexikon Kreuzzüge. Piper, München 1999, S. 169

Die Rolle von Konstantinopel

Die Stadt Konstantinopel war nicht nur das Zentrum der orthodox-christlichen Kirche, sondern auch eine wichtige Handelsstadt des frühen Mittelalters. Aus diesem Grund rückte sie immer mehr in den Mittelpunkt der Machtinteressen.

[3] Die Eroberung von Konstantinopel. *Bild*.

Konstantinopel blieb das Zentrum der ostchristlichen Kirche, bis sie schließlich im Jahr 1453 von den türkischen Osmanen belagert und eingenommen wurde.

Tipps für die Erarbeitung

– Karte auswerten und die wichtigen Kreuzfahrerstaaten nennen
– Quelle [2] lesen und deuten

Tipps für die Präsentation

– Weitere Informationen über die Christen im Orient sammeln
– Die Geschichte eines Kreuzfahrerstaates in der Klasse vorstellen.

Wie gelangten Waren und Wissen aus Asien nach Europa?

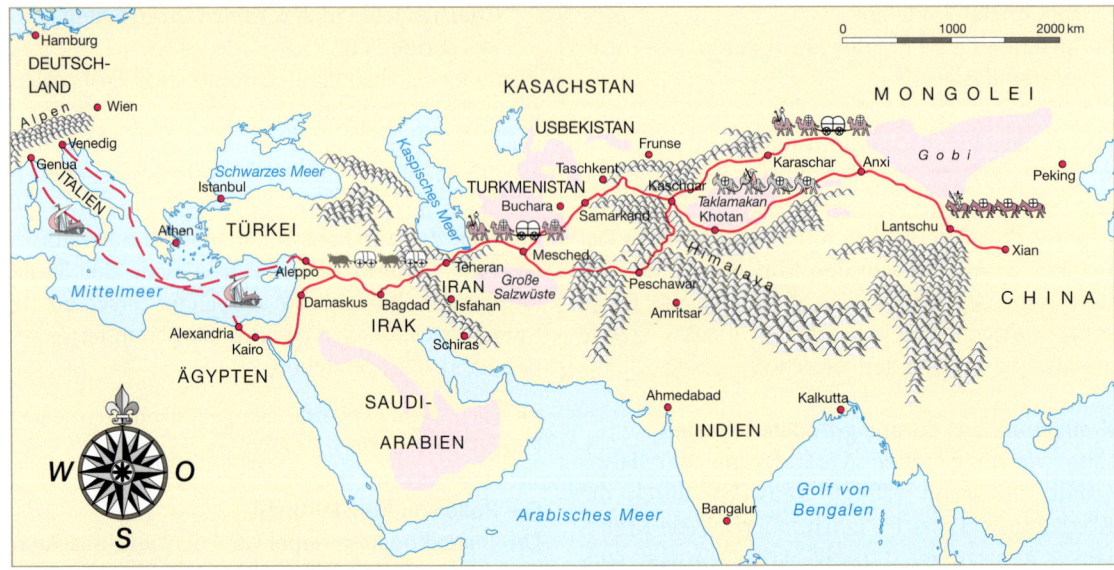

[1] Die Seidenstraße. *Karte.*

1 Die **Seidenstraße** ist die älteste **Handelsroute** der
2 Welt. Seit dem Altertum verbindet sie China,
3 Zentralasien und Persien mit Europa.
4 Diesen Handelsweg darf man sich nicht als nur
5 eine Strecke vorstellen. Es handelt sich vielmehr
6 um ein **Straßen- bzw. Wegenetz**, das durch Ge-
7 biete und Länder führte, die wir heute unter dem
8 Namen China, Indien, Pakistan, Afghanistan,
9 Kirgisistan, Tadschikistan, Usbekistan, Turkme-
10 nistan, Iran und Türkei kennen. Diese **Karawa-**
11 **nenstraßen** verliefen parallel zueinander, kreuz-
12 ten sich und verzweigten sich immer wieder.
13 Reisen auf der Seidenstraße waren alles andere
14 als ein Spaziergang: Das Pamirgebirge und die
15 Taklamakan-Wüste mussten durchquert werden.
16 Und überall konnten Räuber lauern, die die Kara-
17 wanen überfielen. Für einen einzelnen Men-
18 schen war es äußerst schwierig oder unmöglich,
19 die gesamte Seidenstraße zu bereisen. Deshalb
20 bewegten sich die Händler größtenteils lediglich
21 auf Teilstrecken und gaben die Waren an weitere
22 Händler weiter. Über die Seidenstraße wurden
23 jedoch nicht nur **Waren** wie **Gewürze**, **Seide**, **Glas**
24 und **Porzellan** transportiert; mit dem Handel ver-
25 breiteten sich auch **Religion und Kultur**. Das
26 Christentum drang über die Seidenstraße bis
27 nach China vor. Die **Kenntnis von Papier und**
28 **Schwarzpulver** kam entlang der Seidenstraße in
29 die arabischen Länder und gelangte von dort spä-
30 ter nach Europa.

[2] Karawane in der Wüste. *Bild.*

Tipps für die Erarbeitung
Ihr könnt beim Lesen die Schritte des
Textknackers anwenden.
Was habt ihr über die Seidenstraße erfah-
ren?

Tipps für die Präsentation
– Ein Buch oder einen Film über die Seidenstraße aussuchen und vorstellen
– Euch über Reisende auf der Seidenstraße näher
informieren und eine Person vorstellen

Wahlseite Miteinander leben – heute

1. Informiert euch auf dieser Seite über die Bedeutung von Toleranz.
2. Präsentiert eure Ergebnisse in der Klasse.

Der Typ ist nett – seine Religion nicht?

Am einfachsten gelingt Toleranz scheinbar im direkten Miteinander. Man kennt sich, findet sich in Ordnung, ganz abgesehen davon, wie der oder die andere in religiösen Fragen denkt. Offen bleibt, ob die verschiedenen weltanschaulichen Einstellungen sich auch im Alltag vertragen. Ob sie das Miteinander positiv begleiten oder Konflikte heraufbeschwören werden.

Staat und Religion – wie tolerant geht es da zu?

Hat ein Land eine bestimmte Religion zur „Staatsreligion" erklärt, sieht es für andere Glaubensgemeinschaften meist schlecht aus.
Aber auch in Staaten, in denen die Religion angeblich vom Staat getrennt bestehen soll, ist damit noch nicht klar, wie tolerant mit anderen Glaubensbekenntnissen umgegangen wird.

> **Artikel 1: Bedeutung von Toleranz**
> 1.1 Toleranz bedeutet Respekt, Akzeptanz und Anerkennung der Kulturen unserer Welt, unserer Ausdrucksformen und ... unseres Menschseins in all ihrem Reichtum und ihrer Vielfalt. Gefördert wird sie durch Wissen, Offenheit, Kommunikation und durch Freiheit des Denkens ... und des Glaubens.
>
> Auszug aus der Erklärung von Prinzipien der Toleranz, Deutsche UNESCO-Komission e. V.

Beispiel: Bau von Moscheen oder Kirchen

Geht es darum, dass eine Minderheitsreligion nach außen im Stadtbild sichtbar wird, hört die Toleranz bei vielen auf. So gibt es in Deutschland zum Teil erregte Diskussionen, wenn es um den Bau einer neuen größeren Moschee geht. Das dürfte eigentlich nicht sein, weil das Grundgesetz die völlige Religionsfreiheit garantiert. Ob das den Bürgern immer gefällt, ist eine andere Frage.

Andererseits haben Christen in vielen muslimischen Ländern kaum eine Chance, christliche Kirchen zu errichten (zum Beispiel in der Türkei, Saudi-Arabien, Iran usw.). Im muslimischen Ägypten werden die christlichen Kopten verfolgt, obwohl sie der ältesten Religion im Land angehören. In manchen islamischen Ländern kann schon das Bekenntnis zum Christentum lebensgefährlich sein.

Ein Versuch zu mehr Toleranz

Die Religionen könnten einen Beitrag für eine Zukunft in Frieden und Gerechtigkeit leisten. Das meint jedenfalls der international bekannte Theologe Professor Hans Küng. Dazu hat er vier Grundsätze beschrieben, die für alle Menschen gelten sollten – gleich welcher Religion sie sind:

> 1. Hab Ehrfurcht vor dem Leben!
> 2. Handle gerecht und fair!
> 3. Rede und handle wahrhaftig!
> 4. Achtet und liebet einander!

Tipps für die Erarbeitung
– Texte lesen und auswerten
– Artikel [1] lesen und den Begriff „Toleranz" erschließen

Tipps für die Präsentation
– Weitere aktuelle Beispiele für Probleme mit Intoleranz sammeln
– Ein gelungenes Beispiel für mehr Toleranz in der Klasse vorstellen

WEBCODE: 643769-93

Das Bild von der Welt auf Karten

[1] Ebstorfer Weltkarte, Typ: Radkarte, 3,6 m ø, aus 30 Ziegenhäuten zusammengenäht, größte Weltkarte des Mittelalters. Vermutlich entstanden um 1300 im Kloster Ebstorf; 1 2 3: Kopf, Hände, Füße von Christus 4: Jerusalem als „Nabel der Welt".

1. Beschreibt euren ersten Eindruck von der Karte. Was ist hier anders als auf anderen Karten, die ihr sonst noch kennt?

Was Karten abbildeten

Schon die Völker des Altertums orientierten sich anhand von Karten über die geografische Lage von Ländern und Kontinenten.

Die Menschen im Europa des Mittelalters kannten viele Teile der Welt noch gar nicht. Man versuchte aber, geografische Informationen abzubilden, so gut man es wusste. Die Karten zeigten ziemlich grob zum Beispiel Herrschaftsgebiete oder sollten als Weg-Skizzen den Reisenden helfen, sich zurecht zu finden.

Karten „erzählen" Geschichten

Oft dienten Karten – wie die oben abgebildete – aber auch ganz anderen Zwecken. Sie sollten die Welt so beschreiben, wie die heiligen Schriften sie erklärten.

Religiöse Fragen und die Übereinstimmung mit der Bibel standen im Vordergrund. Deshalb ist auf der christlich orientierten Darstellung der Osten (wo man das Paradies vermutete) auf der Karte ganz oben dargestellt, Jerusalem als heilige Stadt in der Mitte (Zentrum). Die Erde wird rund dargestellt. Europa liegt in der unteren linken Ecke. Die Welt wird mit dem Körper Christi in Beziehung gesetzt (siehe: Kopf, Hände und Füße), wovon die gesamte Welt umfangen und eingegrenzt wird.

2. Wertet den Text aus und klärt:
   a) Weshalb werden die Himmelsrichtungen anders dargestellt, als ihr gelernt habt?
   b) Warum wird Jerusalem im Zentrum der Karte abgebildet?
   c) Warum handelt es sich nicht um eine geografische/physische Karte? Begründet.

[2] Die Weltkarte von al-Idrisi. *Reproduktion.*

Ungefähr dieses Gebiet bildet Idrisi in seiner Karte ab.

[3] Ausschnitt aus einer heutigen Weltkarte. *Karte.*

Kenntnisse anderer Völker

Ein ganz anderes Bild zeigt die Karte des muslimisch-arabischen Gelehrten al-Idrisi aus dem 12. Jahrhundert. Er stützte sich auf die Forschungen des Griechen Claudius Ptolemäus, der im 2. Jahrhundert n. Chr. in Alexandria (Ägypten) gelebt hatte. Den Kenntnissen der Griechen und Römer fügte er aber viele Informationen hinzu, die islamische Seefahrer und Händler inzwischen gesammelt hatten.

Al-Idrisi lebte in Sizilien und bereiste viele Gebiete in Spanien, Nord- und Westafrika und auf der arabischen Halbinsel. Von Seefahrern sammelte er Kenntnisse über Indien, China und Zentralasien. Entsprechend dem geographischen Schwerpunkt ist in seinen Werken Nordeuropa weniger detailliert dargestellt.

Die Karte von al-Idrisi war lange Zeit ein Vorbild für weitere muslimische Geographen und beeinflusste auch noch im 15. Jahrhundert die christlichen Seefahrer Christoph Columbus und Vasco da Gama.

Wählt einen der folgenden Arbeitsaufträge aus:

◨ Erklärt, weshalb al-Idrisi viel genauere Informationen haben konnte, als die Geographen Europas im Mittelalter.

◨ Notiert in einigen Stichworten, wieso wir heute genauere Kenntnisse über die Welt besitzen, welche die Menschen im Mittelalter noch nicht haben konnten.

Was ihr noch tun könnt ...

■ Wenn ihr euch für Karten aus vergangenen Zeiten interessiert, sucht im Internet / in der Bibliothek unter den Stichworten: „Portulane"/ „Tabula Peutingeriana" und berichtet darüber in der Klasse.

Geschichte aktiv

Denkt auch daran, euer Portfolio zu führen:

– schöne Ergebnisse in Text und Bild sammeln,
– Lernerfahrungen zum Thema „Weltbild des Menschen im Mittelalter" notieren.

1. Nachforschen, welche Informationen im Mittelalter vorhanden waren.

Sucht nach Informationen zu folgenden Personen, die ihre Erfahrungen
aus Reisen und Kriegszügen weitergegeben haben:
▶ Giovanni de Piano Carpini (Botschafter des Papstes beim Mongolen-Khan)
▶ Marco Polo (Reisender aus Venedig)
▶ Johannes von Montecorvino (Missionar in Asien)
▶ Odorich von Portenau (bereiste Asien, u. a. Indien und Tibet)

2. Reisen im Mittelalter

Findet Informationen über
▶ Reisewege (Straßen, Wasserwege, Pass-Straßen,
   Fußwege)
▶ Pilgerstrecken nach Rom oder Santiago de Compostela
   „Jakobsweg"
▶ Gefahren der Reise
▶ Unterkunftsmöglichkeiten, Kosten und Zölle
▶ Reisemöglichkeiten, Fahrzeuge, etc.

3. „Wie kommt die Botschaft nach Rom?" (Rollenspiel)

Der Austausch von Ideen und Botschaften war im Mittelalter nicht so
einfach wie heute (mit Telefon und Internet).

Bedenkt und spielt folgende Situation:
Kaiser Maximilian befindet sich 1505 auf einem Reichstag in Köln.
Er will eine dringende Botschaft über die Alpen nach Rom senden.
Er überlegt mit seinen Beratern, wie das am schnellsten und sichersten
gehen könnte … es werden verschiedene Vorschläge diskutiert …

4. Vorstellungen über das Weltbild

Stellt eine Wandzeitung (oder größer: eine Ausstellung) über das
Weltbild des Mittelalters zusammen. Sucht dazu nach weiteren
Karten und Modellzeichnungen, fertigt Kopien an, und erklärt diese
mithilfe von Textkarten.

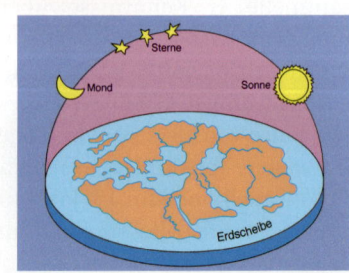

Das kann ich!

[1] Wichtige Begriffe im Kapitel

Abendland   Morgenland   Kreuzzug
Pilger   Pogrom   Toleranz

[2] Marco Polo während seiner Wüstendurchquerung, 1375.

[3] Text A: Ein Spanier schreibt im 13. Jh. über den Sieg der Muslime über die Westgoten in Spanien 711

„Da die Schlacht ihren unheilvollen Ausgang genommen und alle den Tod gefunden hatten ... war das Land leer von Volk, voll von Blut ... von den Barbaren in Verwirrung gebracht. ...
Das unedle Volk der Afrikaner, welchen man weder Kraft noch Güte nachzurühmen pflegte, das all seine Taten mit List und Täuschung tat, ... war nunmehr des Ruhmes voll, denn es zerschmetterte in einer Stunde das edle Gotenvolk. ...

[4] Text B: In einem Jugendbuch (21. Jh.) steht über das Ereignis:

719 war die muslimische Eroberung der Iberischen Halbinsel abgeschlossen. Die Mauren übernahmen die Herrschaft in Spanien und gründeten das selbstständige Emirat von Córdoba. Die Landwirtschaft, das geistige Leben und das Handwerk erlebten in dieser Zeit eine Blüte. Juden, Christen und Araber lebten gemeinsam in Spanien und beflügelten sich gegenseitig in ihren Leistungen und Ideen. So kamen viele Gelehrte, die im Mittelalter hohes Ansehen erlangten, aus Spanien.

Sachkompetenz

1. Erklärt euch gegenseitig die wichtigen Begriffe aus [1] und schreibt die Bedeutung der Begriffe auf.
2. Erklärt, wie sich die Menschen im Mittelalter die Welt vorstellten.
3. Beschreibt, welche Rolle beim gegenseitigen Kennenlernen der Kulturen Händler, Seefahrer und Krieger hatten (s. Abb. [2])
4. Notiert zu den Kreuzzügen:
   a) Aus welchem Grund kam es zu den Kreuzzügen (Aufruf, Begründung)?
   b) Wer waren die Teilnehmer und was waren ihre Absichten?
   c) Zu welchen Konflikten kam es zwischen den Kreuzfahrern und den Menschen in Palästina, Jerusalem und Konstantinopel?
5. Nennt zwei Motive (Gründe) für die Verfolgung der Juden in der Zeit der Kreuzzüge.

Methodenkompetenz

6. Erläutert den Unterschied zwischen Primär- und Sekundärtexten. Was ist eine historische Quelle? Was unterscheidet sie von einer heutigen Darstellung über die gleiche Sache?
7. Vergleicht die Aussagen über die muslimischen Eroberer, die in Text A „Afrikaner", in Text B „Mauren" genannt werden.

Urteilskompetenz

8. Nehmt Stellung zu der Frage, ob die Kreuzzüge des Mittelalters auf die heutigen Beziehungen zwischen Christen und Muslime negative Auswirkungen haben könnten.

9. Begründet, warum das Bild von der Welt auf der „Ebstorfer Karte" (S. 94) nicht zur geografischen Orientierung genutzt werden konnte.

Handlungskompetenz

10. Führt eine Diskussion in der Klasse zum Thema: Was bedeutet Toleranz für uns heute?

Neue Welten und neue Horizonte

Um 1500 begann in Europa das Zeitalter der Entdeckungen. In den Wissenschaften gewannen die Menschen neue Kenntnisse. Der Buchdruck half, das gewonnene Wissen schnell weiter zu verbreiten. Seefahrer stießen in unbekannte Weiten vor, um neue Seewege zu finden und unbekannte Länder zu entdecken. Welche Folgen konnten solche Entdeckungen für die Menschen in Europa haben? Und wie veränderte sich das Leben der Ureinwohner der neu entdeckten Länder?

1. Beschreibt das Bild. – Was könnten die Menschen auf so einem Schiff gedacht, gehofft oder auch gefürchtet haben?

2. Berichtet, was ihr über Entdeckungen unbekannter Länder wisst.

1. Beschreibt die Abbildung.
2. Zählt auf, was vor einer langen Schifffahrt alles an Bord untergebracht werden musste.

Die Besatzung

der Kapitän

„Wenn wir erfolgreich sind und in Gegenden vorstoßen, die noch niemand von hier gesehen hat, werden wir reich. Ich als Kapitän werde als Vizekönig den König vertreten und herrschen."

„Hoffentlich sind wir ausreichend vorbereitet. Ich muss wirklich an alles denken: Wasserfässer, Weinfässer, gesalzenes und geräuchertes Fleisch, Mehlfässer, getrocknete Hülsenfrüchte, Schiffszwieback. Außerdem muss ich für einen ausreichenden Vorrat an Waffen und Munition denken, Ersatzsegel und Taue.
Das Problem ist: Niemand kann mir sagen, wie lange die Reise dauert und wann wir wieder Proviant aufnehmen können."

ein Geistlicher

„Gott wird mit uns segeln, denn wir werden den Unwissenden den wahren Glauben bringen. Wen wir taufen, der wird gerettet sein."

der Bootsmann

ein Soldat

„Ich hoffe vor allem auf Gold. In meiner Heimat ist für mich nichts zu holen. Wer reich ist, bleibt reich. Wer nichts hat, wird nichts gewinnen. Ich habe alles verkauft, damit ich mir eine gute Rüstung leisten konnte."

Wichtige Geräte

Der Kompass

Ohne einen Kompass war eine Schiffsreise so gut wie unmöglich. Sogar bei Nacht und Nebel konnte der Kapitän oder der Steuermann noch feststellen, ob das Schiff in die gewünschte Richtung fuhr. Der Kompass wurde in einem besonderen Raum aufbewahrt.

Der Jakobsstab

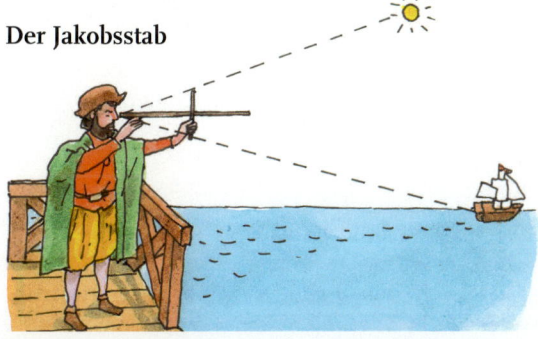

Mit dem Jakobsstab konnte der Kapitän feststellen, auf welchem Breitengrad das Schiff sich befand, also wie weit nach Norden und nach Süden das Schiff schon gefahren war. Dafür musste er den Winkel zwischen einem Gegenstand auf der Erdoberfläche und der Sonne oder dem Polarstern messen. Von einem Schiff, das sich bewegte, war das schwierig. Benutzen konnte man den Jakobsstab natürlich nur bei klarer Sicht.

Das Lot

Vor allem in unbekannten Gewässern in der Küstennähe war das Lot lebenswichtig. Ständig wurde gemessen, wieviele Meter Abstand zwischen Schiffsboden und Meeresgrund war. Eine Nachlässigkeit konnte schnell Untergang und Tod bedeuten.

Das Log mit Knoten

Um die Fahrgeschwindigkeit des Schiffes zu messen, warfen die Seeleute ein Brett, an dem ein Seil mit Knoten befestigt war, vom fahrenden Schiff ins Meer. Das andere Ende des Seils war auf dem Schiff auf einer Rolle aufgewickelt. Je mehr Knoten sich in einer bestimmten Zeit von der Rolle abwickelten, desto schneller fuhr das Schiff. So ließ sich auch in etwa berechnen, welche Strecke das Schiff schon zurückgelegt hatte.

3. Nennt die jeweiligen Geräte, die in den folgenden Situationen benötigt wurden (auch zwei Nennungen möglich).
   a) Seit drei Tagen wurde das Schiff von Wind und Wellen hin- und hergeschleudert. Nun muss der Kurs (Fahrtrichtung) neu bestimmt werden.
   b) Das Schiff ist nahe an einer fremden Küste. Es darf nicht auf Grund laufen.
   c) Wenn das Schiff in der Karibik ankommen soll, muss es auf diesem Breitengrad bleiben.
   d) Wenn das Schiff mit dieser Geschwindigkeit weiter fährt, braucht es noch etwa 5 Tage bis zu den Kapverdischen Inseln.

Wählt einen der folgenden Arbeitsaufträge aus:

◼ Fertigt eine Querschnittszeichnung eines Schiffes an. Zeichnet alles ein, was für die Fahrt benötigt wird.

◼ Wählt eine der Personen der linken Seite. Schreibt einen Brief an die Ehefrau (Kapitän, Soldat, Bootsmann) bzw. an den Bischof (Geistlicher), was ihr von der Fahrt erwartet. Geht auf Hoffnungen und Ängste ein.

Orientierung

[1] Die ersten Entdeckungsfahrten der Europäer 1000–1522.

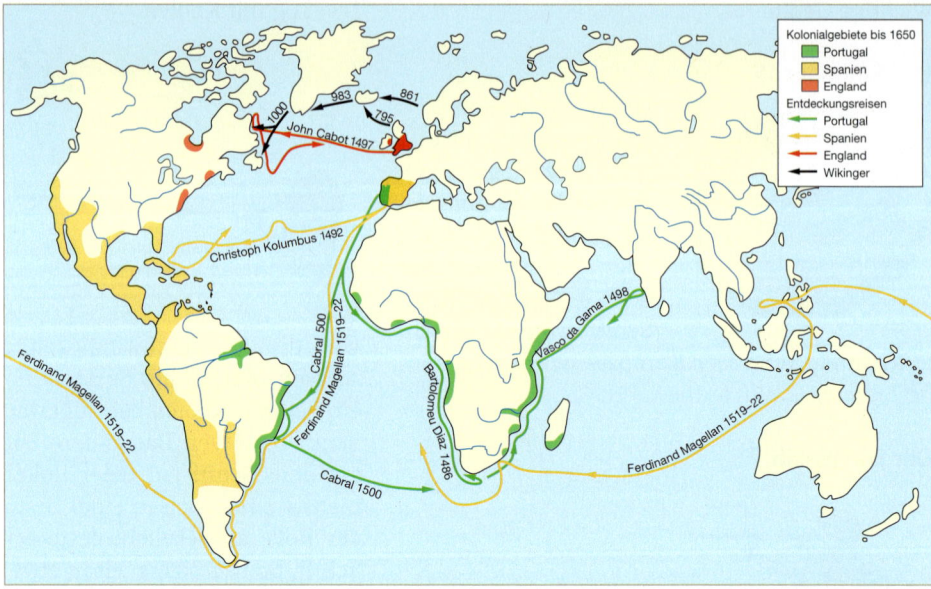

1. Erklärt, was auf der Karte zu erkennen ist.
2. Nehmt einen Atlas zur Hilfe und fertigt eine Tabelle an.

„Entdeckerland"/ Entdecker	Diese Weltmeere, Kontinente und Länder (heutige Ländernamen) wurden bereist
Spanien/ Kolumbus	Atlantischer Ozean, Amerika, Haiti, Kuba,…
Magellan	

[2] Globus des deutschen Geographen Martin Behaim aus dem Jahr 1492.

3. Beschreibt den Globus. Was könnt ihr erkennen?
4. Vergleicht den Globus mit einer Weltkarte aus dem Atlas oder mit einem modernen Globus.

Die Erde aus der Sicht der Europäer

Als das Zeitalter der Entdeckungen begann, kannten die Europäer drei Kontinente: Europa selbst, Afrika und Asien. Der Norden Afrikas war seit der Zeit des Römischen Reichs bekannt. Den östlichen Teil Asiens, der auch „Indien" genannt wurde, hatten nur sehr wenige Europäer je bereist.

Auch die Kugelgestalt der Erde war zumindest den gebildeten Menschen seit der Antike bekannt. Sogar der Umfang der Erdkugel konnte weitgehend berechnet werden.

Dennoch war ein Aufbruch ins Unbekannte ein großes Risiko. Auf den Reisen wurden die Seeleute von vielen Gefahren bedroht: Krankheiten, Hunger und Durst oder der Untergang des Schiffes. Niemand konnte sicher sein, in seine Heimat zurückzukehren. Oft war es ungewiss, wie lange solch eine Reise dauerte. Würde man anderen Menschen begegnen? Würden sie den Europäern freundlich oder feindlich entgegentreten?

▶ **um 1000**
Der Wikinger Leif Eriksson betritt als erster Europäer amerikanischen Boden

▶ **um 1400**
Das Zeitalter der Renaissance und des Humanismus beginnt

▶ **1452–1519**
Leonardo da Vinci

▶ **1453**
Die Osmanen erorbern Konstantinopel und kontrollieren von nun an den Handel zwischen Europa und Asien

▶ **1468**
Johannes Gutenberg erfindet den Buchdruck mit beweglichen Lettern

▶ **1488**
Der Portugiese Bartolomeu Diaz umsegelt die Südspitze Afrikas, das „Kap der Guten Hoffnung"

▶ **1492**
Martin Behaim fertigt den ersten Globus an

Christoph Columbus landet auf einer Insel vor Amerika

▶ **1498**
Der Portugiese Vasco da Gama umsegelt die Südspitze Afrikas und findet den Seeweg nach Indien

▶ **1517**
Beginn der Reformation

▶ **1519–1521**
Hernan Cortéz erobert das Aztekenreich

▶ **1519–1521**
Eine Flotte unter dem Komando Magellans umrundet die Erde

▶ **Galileo Galilei (1564–1642)**
beobachtet, dass die Erde die Sonne umkreist

▶ **1768–1779**
Der britische Kapitän James Cook bereist den Pazifik und vollendet die Weltkarte

▶ Neue Welten und Horizonte

Bei der Arbeit mit diesem Kapitel könnt ihr euch mit folgenden Fragen beschäftigen:
Warum gingen Europäer auf Entdeckungsreisen?
Wie lebten die Ureinwohner der Neuen Welt, bevor die Europäer kamen?
Welche Folgen hatten die Entdeckungen für die Menschen in Europa und in den entdeckten Gebieten?

Wichtige Kompetenzen in diesem Kapitel

Sachkompetenz
▷ das geozentrische und das heliozentrische Weltbild unterscheiden
▷ die wichtigsten Entdecker und deren Entdeckungen benennen
▷ die Kritik der Reformation an der Kirche sowie die wichtigsten Forderungen der Reformation erläutern

Methodenkompetenz
▷ eine Geschichtskarte verstehen und erklären

Urteilskompetenz
▷ die Folgen der Entdeckungen durch die Europäer für die Ureinwohner der Neuen Welt beurteilen
▷ die Sichtweise im Zeitalter der Reformation und des Humanismus im Vergleich zur mittelalterlichen Sichtweise beurteilen

Handlungskompetenz
▷ auf einer Weltkarte die wichtigsten Entdeckungen aufzeigen
▷ auf einer Weltkarte die zufällige Entdeckung Amerikas durch Columbus erklären

Eine neue Zeit beginnt

Wie veränderte sich das Weltbild?

[1] Galileo Galilei führt sein Fernrohr vor dem Senat in Venedig vor. *Fresko von Luigi Sabatelli, um 1820.*

1. Betrachtet [1]. Was könnte so interessant an dem Fernrohr und seinen Möglichkeiten sein?

Das alte Weltbild

Im Mittelalter bestimmte in Europa die Religion weitgehend das Denken der Menschen. Was in der Bibel stand, wurde zum Teil wörtlich genommen.

[2] So stellten sich die Menschen den Lauf der Planeten im Mittelalter vor: das geozentrische* Weltbild

2. Beschreibt das alte Weltbild.

> **geozentrisch:** Weltsystem, das die Erde als Mittelpunkt betrachtet.

Renaissance und Humanismus

Die Renaissance (lateinisch: Wiedergeburt), die Wiederentdeckung der Kultur der Griechen und Römer, ließ die Menschen auf die wissenschaftlichen Erkenntnisse der Antike blicken. Die Beobachtungen der Griechen und Römer sowie die genaue Betrachtung der Natur konnten zu wissenschaftlichen Erkenntnissen führen. Nicht die Bibel sollte der Ausgangspunkt menschlicher Erkenntnis sein, sondern die Untersuchung der Natur. Diese Sichtweise, die sich die antike Betrachtung der Welt zum Vorbild nahm, und die Beobachtung der Natur, standen im Gegensatz zur Sichtweise der Kirche, die nur das für richtig und möglich hielt, was in der Bibel stand.

Zugleich wurde die Forderung nach menschlicher Bildung laut.

Die Menschen, die sich für eine allgemeine Bildung einsetzten, nannte man daher „Humanisten" (vom lateinischen „humanus" = gebildet, menschlich).

Der Humanismus forderte die Freiheit jedes Menschen. Der Mensch sollte die Möglichkeit haben, sich zu bilden, frei über sein Leben zu entscheiden und sein Glück zu machen.

Das neue Weltbild

Der Priester Nikolaus Kopernikus (1473–1543) beobachtete viele Jahre lang die Planeten und ihre Umlaufbahnen. Als Vertreter der Kirche war er davon überzeugt, dass das geozentrische Weltbild richtig ist.

[3] Galileo Galilei vor dem Kirchengericht in Rom.

Die Erde musste im Mittelpunkt des Weltalls stehen, die Sonne und die Planeten mussten die Erde umkreisen. Denn das sagte auch die Bibel.
Doch die Ergebnisse seiner Beobachtungen zeigten ein ganz anderes Bild: Die Sonne stand im Zentrum, und die Erde bewegte sich wie die anderen Planeten um die Sonne. Kopernikus überprüfte seine Beobachtungen viele Male. Erst nach 30 Jahren ließ er seine Erkenntnisse in einem Buch drucken. Die Kirche ließ das Buch jedoch verbieten.
Galileo Galilei, ein italienischer Mathematiker und Physiker (1564–1642) war im Besitz eines für seine Zeit sehr guten Fernrohres, mit dem er sogar Gebirge auf dem Mond erkennen konnte. Mit diesem Fernglas machte er ähnliche Beobachtungen wie Kopernikus Jahrzehnte zuvor. Für Galilei stand fest: Die Beobachtungen des Kopernikus waren richtig, das Weltbild der Kirche konnte nicht stimmen.
Als diese Erkenntnisse öffentlich bekannt wurden, kam es zum Konflikt mit der Kirche. Galilei musste sich in Rom vor einem Kirchengericht verantworten. Als ihm Folter und Hinrichtung drohten, nahm er seine Behauptungen zurück und sagte unter Eid (Schwur), dass er sich geirrt habe. Nach seinem erzwungenen Eid soll er gesagt haben: „Und sie (die Erde) bewegt sich doch."

heliozentrisch: Von Kopernikus entdecktes und aufgestelltes Planetensystem mit der Sonne als Weltmittelpunkt.

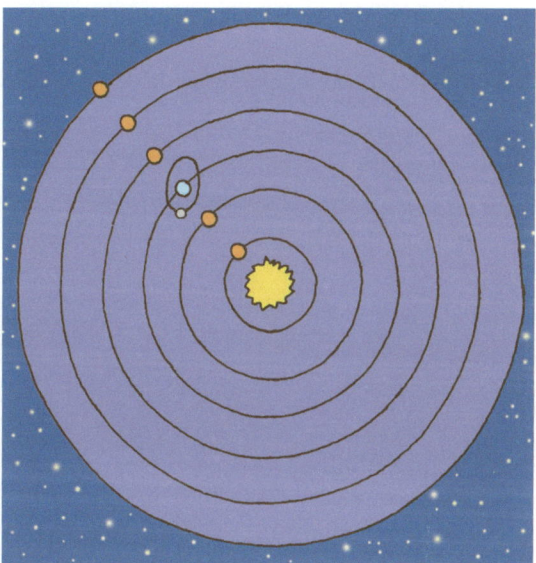

[4] So bewegen sich die Planeten nach Berechnungen in der frühen Neuzeit: das heliozentrische* Weltbild

3. Vergleicht die beiden Abbildungen und erklärt die Unterschiede.

Eine neue Zeit beginnt
Auch wenn das Buch des Kopernikus verboten und Galileo gezwungen wurde, zu behaupten, dass er sich geirrt habe, gelang es der Kirche nicht, das heliozentrische Weltbild zu unterdrücken. Die Beobachtungen des Kopernikus und Galileos verbreiteten sich unaufhaltsam. Das neue Weltbild setzte sich durch.

Wählt einen der folgenden Arbeitsaufträge aus:

▪ Fertigt für euer Klassenzimmer ein Plakat, auf dem das geozentrische Weltbild (Abb. [2]) neben dem heliozentrischen Weltbild (Abb. [4]) zu sehen ist.

▪ Schreibt ein Streitgespräch zu Abb. [3]. Die Vertreter der Kirche halten das geozentrische Weltbild für richtig und berufen sich auf die Bibel. Galilei vertritt das heliozentrische Weltbild und verweist auf seine Beobachtungen und die des Kopernikus. Tragt das Streitgespräch in der Klasse vor.

Der Beginn der Reformation

Wie sah Luther das Verhältnis zu Gott?

1. Beschreibt Abbildung [1]. Was kritisiert der Zeichner?

[1] Nonnen und Abt auf dem Heimweg von einem Trinkgelage auf einem zugefrorenen See. Auf dem Spruchband oben rechts steht: „geschwollen und voll". Die beiden Personen im Vordergrund sind im Eis eingebrochen und fordern noch mehr zu trinken. *Holzschnitt um 1450.*

Die Kirche in der Kritik

Um 1500 häuften sich Missernten, Hungersnöte und Seuchen. Die Hälfte der Kinder starb, bevor sie vier Jahre alt wurden. Die Menschen fürchteten den Tod, die Hölle und das Fegefeuer (= Ort, wo Verstorbene unter Qualen darauf warten, in den Himmel gelassen zu werden).

Die Kirche ließ die Menschen mit ihren Nöten oft allein. In einem Bericht über das Verhalten von Priestern ist zu lesen:

[2] **Ein Bericht über das Verhalten von Priestern**
Sie sagen, dass die Priester so unpriesterlich unordentlich leben, dass es wider den christlichen Glauben wäre, sie länger zu ertragen. Die Priester – so heißt es – liegen Tag und Nacht in den öffentlichen Wirtshäusern, trinken ... und lassen sich volllaufen. Sie machen dann Lärm, schlagen sich und raufen miteinander. Oftmals gehen sie nach solchem Trinken und Lärmen, ohne zu schlafen oder ins Bett zu gehen, zum Altar, um die Messe zu lesen.

Junghans H. (Hrsg.), Die Reformation in Augenzeugenberichten. Übers. von Lau, Franz, Düsseldorf (Rauch), 1973, S. 43.

Weitere Missstände

Der Papst in Rom führte ein luxuriöses Leben. Bischof konnte der werden, der bereit war, dafür Geld zu bezahlen.

Um Geld für den Bau der Peterskirche in Rom zu gewinnen, ließ der Papst Ablassbriefe an die Christen verkaufen. Wer solch einen Ablassbrief kaufte, dem wurden von Gott angeblich sofort seine Sünden vergeben.

[3] Ablasshandel. Der Text lautet: „Hier sitzt der Feind Christi, der Ablässe verkauft. Er befiehlt, seiner Stimme mehr zu gehorchen als der Stimme Gottes." *Holzschnitt von Lucas Cranach, 1521.*

2. Zeigt den Papst, die Ablassbriefe, die Ablasshändler und die Ablasskäufer.
Erklärt den Text, der zu dem Holzschnitt [3] gehört.

3. Zählt die Missstände auf, die um 1500 in der Kirche herrschten.

[4] Martin Luther (1483–1546)

Luther kritisiert die Kirche

Der Begriff „Reformation" bedeutet „Umgestaltung" oder „Erneuerung". Der Mönch Martin Luther betrachtete – wie viele andere Menschen seiner Zeit – die Kirche mit kritischen Augen. Besonders der Ablasshandel der Kirche weckte den Zorn Luthers. Er hielt es für dringend notwendig, dass die Missstände abgeschafft werden und forderte eine Umgestaltung oder „Erneuerung" der Kirche.

Die Kirche sollte nicht mehr zwischen Gott und den Menschen stehen und über den Menschen bestimmen. Nach Luthers Überzeugung waren der Glaube an Gott und das Evangelium allein wichtig für den Menschen, nicht das, was die Kirche sagte.

Seinen Protest veröffentlichte er 1517 in 95 Thesen (Aussagesätze). Luther soll sie an die Eingangstür der Kirche in Wittenberg genagelt haben:

[5] **Einige Thesen von Luther**

21. Es irren die Ablassprediger, die da sagen, dass durch des Papstes Ablässe der Mensch von aller Sündenstrafe losgesprochen und erlöst werde. ...

27. Ein falsche Lehre ... sagt: Sobald das Geld im Kasten klingt, die Seele aus dem Fegefeuer springt. ...

36. Jeder Christ, der wahrhaft Reue empfindet, hat einen Anspruch auf vollkommenen Erlass der Schuld auch ohne Ablassbrief.

Junghans, H. (Hrsg.), Die Reformation in Augenzeugenberichten, übers. von Lau, F. Düsseldorf (Rauch), 1973, S. 58

4. Gebt Luthers Thesen mit eigenen Worten wieder.

Ein neues Menschenbild

Luthers „3-Punkte-Programm"

! Allein durch den Glauben gewinnen wir das ewige Leben.

! Allein aus Gnade spricht Gott den Menschen frei von Schuld.

! Nur die Heilige Schrift bestimmt, was geglaubt werden muss.

Ablass-Brief

Gute Werke: beten, fasten, spenden, wallfahren

Heiligenverehrung: Heilige sollen zwischen Gott und den Menschen vermitteln.

Kirchengesetze und Regeln:
- Papst und Konzil können nicht irren.
- Nur der Papst kann die Bibel auslegen.
- Nur geweihte Männer können Priester sein.
- Priester dürfen nicht heiraten.
- Sprache der Kirche ist Latein.

[6] Luthers Kritik an der Kirche.

5. Erklärt anhand des Schemas, wogegen Luther sich wendet.
– Gebt seine religiösen Überzeugungen mit euren Worten wieder.
– Worin unterscheidet sich „Luthers 3-Punkte-Programm" von dem, was die Kirche sagte?

Wählt einen der folgenden Arbeitsaufträge aus:

☑ Schreibt einen Brief: Martin Luther beschwert sich beim Bischof über die Missstände in der Kirche.

☑ Erstellt eine Tabelle:

Was Luther falsch findet	Das will Martin Luther
...	...

Die Entdeckung Amerikas

Wohin führte der Weg nach Westen?

1. Beschreibt das Bild in allen Einzelheiten. Wie begegnen sich europäische Entdecker und Ureinwohner?

Die Entdeckung Amerikas – ein Zufall

Jahrelang hatte der Seefahrer Christoph Columbus darauf gewartet, vom spanischen Königshaus einen Auftrag zu bekommen: Er wollte den Seeweg in Richtung Westen nach Ostasien, damals „Indien" genannt, finden.

Columbus war von seiner Idee überzeugt. Die Weltkarte des Gelehrten Paolo Toscanelli (1397–1482) bestärkte ihn in seinem Plan.

[2] Toscanelli schrieb in einem Brief an Kolumbus (um 1480):

Ich habe Kenntnis genommen von deinem großartigen Plan, auf dem Weg nach Westen, den dir meine Karte zeigt, zu den Ländern des Ostens zu segeln. (...) Es freut mich, dass du mich richtig verstanden hast. Der genannte Weg ist nicht nur möglich, sondern wahr und sicher. (...)

Das spanische Königshaus und seine Berater bezweifelten, dass der Plan gelingen konnte. Berechnungen zufolge war der Weg von Europa in Richtung Westen bis nach China viel zu weit. Eine Schiffsmannschaft hätte zu dieser Zeit kaum eine Chance gehabt, eine solche Fahrt zu überleben. Dennoch entschloss sich das spanische Königshaus, einen Versuch zu riskieren.

Im Jahr 1492 erhielt Columbus drei Schiffe für sein Unternehmen.

Columbus unterschätzte die Entfernung von Europa in Richtung Westen nach China erheblich. Tausende Kilometer von seinem eigentlichen Ziel entfernt, stieß er schließlich auf eine Insel vor Amerika. Bis zu seinem Tod glaubte Columbus, er habe tatsächlich den Seeweg in Richtung Westen nach „Indien" gefunden. Die Ureinwohner des Landes, auf das er stieß, nannte er daher „Indios".

Wählt einen der folgenden Arbeitsaufträge aus:

◾ Zeichnet die Karte [2] vergrößert auf ein Plakat und hängt es im Klassenzimmer auf.

◾ Ein Ureinwohner der Neuen Welt berichtet in seinem Dorf von den Fremden. Schreibt auf, was er gesagt haben könnte.

Geschichtskarten analysieren

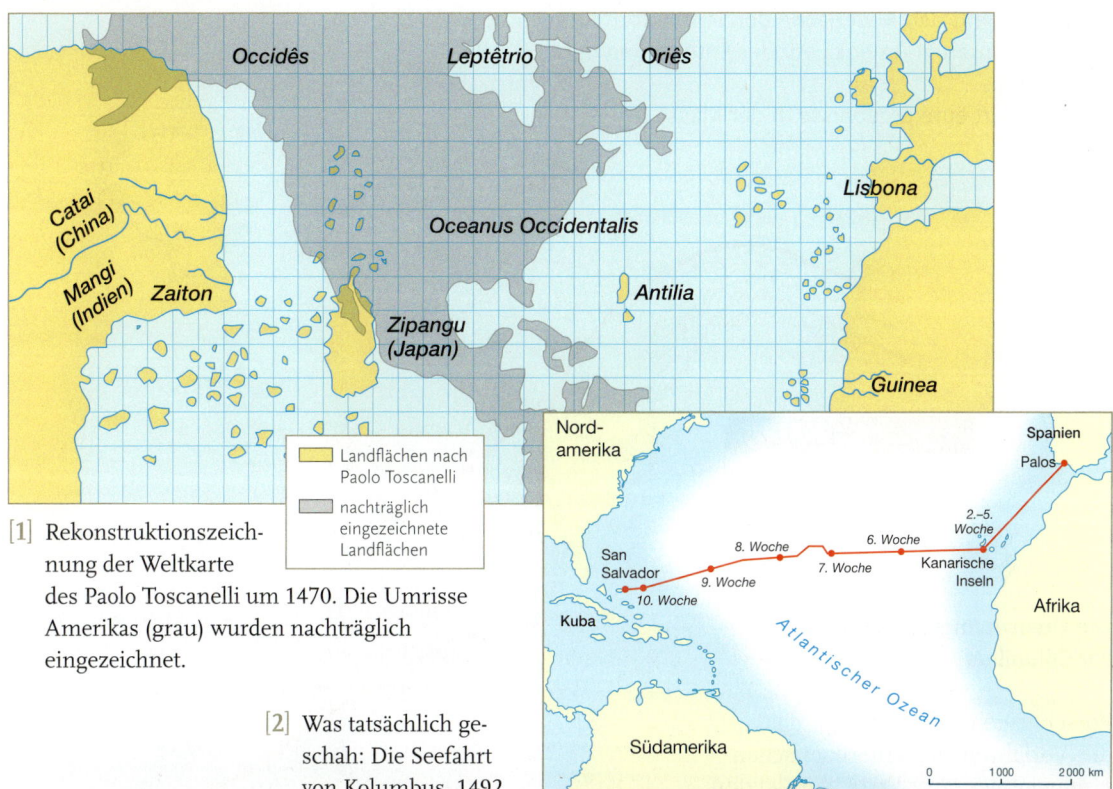

[1] Rekonstruktionszeich-
nung der Weltkarte
des Paolo Toscanelli um 1470. Die Umrisse
Amerikas (grau) wurden nachträglich
eingezeichnet.

[2] Was tatsächlich ge-
schah: Die Seefahrt
von Kolumbus, 1492

Geschichtskarten helfen uns, geschichtliche Abläufe oder Zusammenhänge einfacher zu erkennen. Mit den folgenden Arbeitsschritten könnt
ihr eine Geschichtskarte erschließen.

1. Schritt: Die Überschrift lesen und verstehen

- Wie heißt das Thema der Karte?
- Was wird auf der Karte dargestellt?

2. Schritt: Die Legende lesen und verstehen

- Lest die Legende:
  - Welche Bedeutung haben die Farben und Zeichen?

3. Schritt: Die Karte genau beschreiben

- Beschreibt, was auf der Karte zu sehen ist:
  - Welcher geografische Raum ist dargestellt (z. B. Weltkarte, Europakarte …)?
  - In welchem Maßstab ist die Karte gezeich-net?
  - Was ist auf der Karte zu erkennen?

4. Schritt: Die Karte auswerten

- Welche Informationen lassen sich aus der Karte und der Legende ablesen?
- Wird ein Zustand beschrieben oder werden Veränderungen dargestellt?
- Wie lässt sich das Dargestellte mit Worten beschreiben?

1. Erklärt mithilfe der Methodenschritte, was ihr anhand der Karte [1] erkennen könnt.
   Was zeigt die Weltkarte von Toscanelli?
   Was hat er nicht berücksichtigt?
2. Vergleicht die beiden Karten.
   Was geschah dann tatsächlich während der Reise nach Westen?
   Wie lange war Kolumbus mit seiner Mann-schaft unterwegs?
3. Errechnet mithilfe des Maßstabs, welche Entfernung Columbus zurückgelegt hat.

1. Sammelt mit den Materialien der Seite Informationen über Hochkulturen in Amerika vor der Entdeckung durch Columbus.
2. Präsentiert eure Ergebnisse in der Klasse.

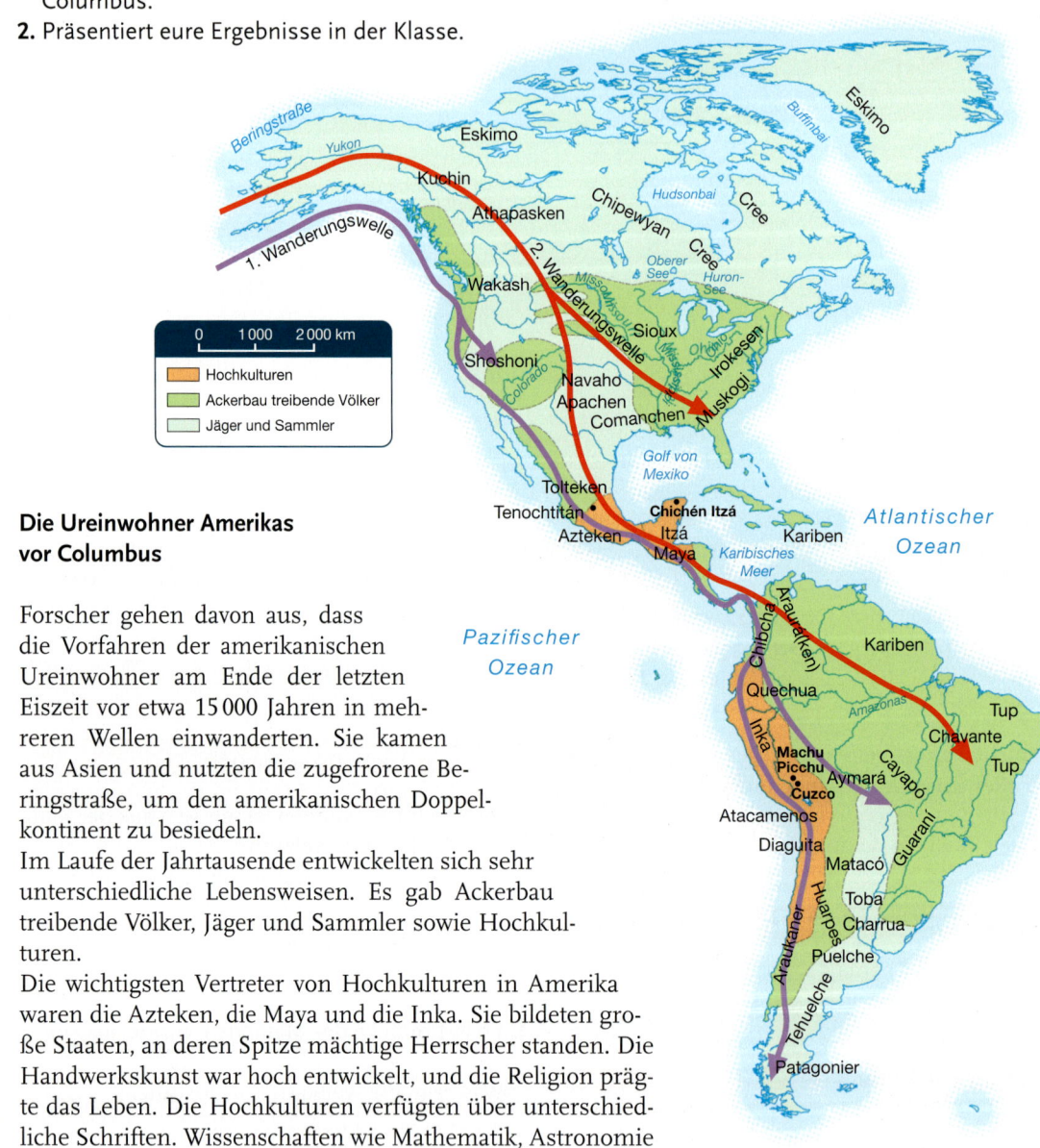

Die Ureinwohner Amerikas vor Columbus

Forscher gehen davon aus, dass die Vorfahren der amerikanischen Ureinwohner am Ende der letzten Eiszeit vor etwa 15 000 Jahren in mehreren Wellen einwanderten. Sie kamen aus Asien und nutzten die zugefrorene Beringstraße, um den amerikanischen Doppelkontinent zu besiedeln.

Im Laufe der Jahrtausende entwickelten sich sehr unterschiedliche Lebensweisen. Es gab Ackerbau treibende Völker, Jäger und Sammler sowie Hochkulturen.

Die wichtigsten Vertreter von Hochkulturen in Amerika waren die Azteken, die Maya und die Inka. Sie bildeten große Staaten, an deren Spitze mächtige Herrscher standen. Die Handwerkskunst war hoch entwickelt, und die Religion prägte das Leben. Die Hochkulturen verfügten über unterschiedliche Schriften. Wissenschaften wie Mathematik, Astronomie und Medizin waren weit entwickelt.

Tipps für die Erarbeitung
- Karte auswerten und die wichtigen Hochkulturen in Amerika auflisten
- Text erschließen und mit der Karte in Beziehung setzen

Tipps für die Präsentation
- Weitere Informationen über die Hochkulturen (Azteken, Maya, Inka) sammeln
- Über eine ausgewählte Hochkultur einen Kurzvortrag halten

Wahlseite   Die Azteken

1. Sammelt mit den Materialien der Seite Informationen über die Gesellschaft der Azteken.
2. Präsentiert eure Ergebnisse in der Klasse.

Die Gesellschaft der Azteken

Der König: Der mächtigste Mann im Staat entstammt dem Adel. Er war gleichzeitig Herrscher über das ganze Volk, Oberbefehlshaber aller Soldaten und oberster Priester. Als die spanischen Eroberer nach Mexiko eindrangen, herrschte der König Moctezuma.

Der Adel: Die Adligen standen an der Spitze der aztekischen Gesellschaft. Äußerlich erkennbar waren sie daran, dass sie Baumwollkleidung tragen durften sowie kostbare Umhänge und Schmuck. Reiche Adlige lebten in Palästen und besaßen viel Land, das von abhängigen Bauern bearbeitet wurde. Die Söhne adliger Familien besuchten Tempelschulen, wo sie eine militärische und religiöse Ausbildung erhielten. Die besten Schüler wurden Krieger oder Priester. Die Krieger trainierten ständig den Kampf. Priester konnten lesen und schreiben. Oberhaupt einer Adelsfamilie konnte nur werden, wer sich im Krieg ausgezeichnet hatte.

Die Bürger: Kaufleute und Handwerker wie Goldschmiede, Töpfer, Federwerker, Edelsteinschleifer oder freie Bauern bildeten die Schicht der Bürger. Sie lebten in einfachen Häusern und waren an ihrer Kleidung aus Agavenfasern (Agave = Pflanze) zu erkennen.

Eine besondere Rolle spielten die Fernhändler. Wer gute Geschäfte machte, konnte reicher werden als ein Adliger. Die Fernhändler hatten außerdem die wichtige Funktion von Spionen, da sie den Herrscher über die Stimmung und die Situation in allen Teilen des Aztekenreiches und in fernen Ländern unterrichteten.

Die Sklaven: Auf die unfreien Sklaven sahen alle herab. Sklave wurde man als Kriegsgefangener, wenn man seinen Besitz verlor und in Armut geriet oder wenn man beim Diebstahl ertappt wurde.

Moctezuma

Priester

Krieger

Adlige

Bürger

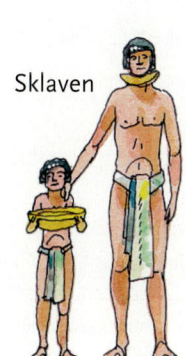

Sklaven

Tipps für die Erarbeitung

– Text lesen und wichtige Merkmale der aztekischen Gesellschaft auflisten
– Bilder beschreiben und den Textabschnitten zuordnen

Tipps für die Präsentation

– Weitere Informationen, Bilder, etc. über die Azteken sammeln
– Aztekenmasken basteln, eine Ausstellung in der Klasse organisieren

Warenaustausch

1. Sammelt Informationen über den Handel zwischen den Kontinenten.
2. Präsentiert eure Ergebnisse in der Klasse.

[1] Warenaustausch zwischen Amerika und Europa.

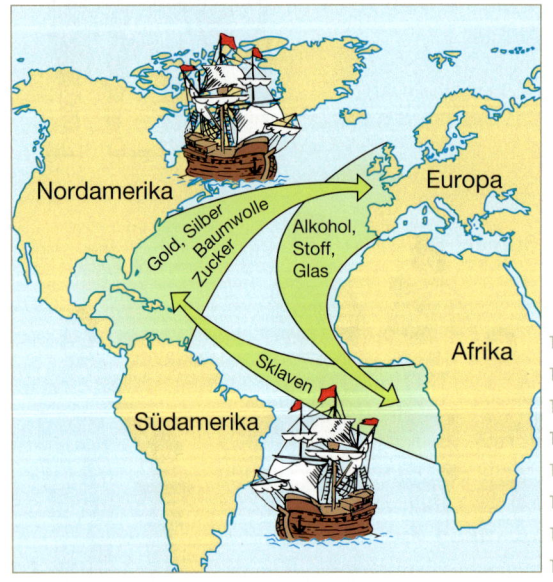

[2] Dreieckshandel zwischen Amerika, Europa und Afrika

Handel zwischen den Kontinenten

1 Nach der Entdeckung Amerikas lernten Europäer
2 und die Ureinwohner Amerikas Pflanzen und
3 Tiere des jeweils anderen Kontinents kennen, die
4 es bisher in ihrem Leben nicht gegeben hatte.
5 Zunächst begann ein Handel mit den unbekann-
6 ten Waren. Später wurden die bisher unbekann-
7 ten Pflanzen und Tiere auch auf dem jeweils an-
8 deren Kontinent angebaut oder gezüchtet.
9 Schon kurz nach der Entdeckung und der begin-
10 nenden Unterwerfung der Ureinwohner Ameri-
11 kas durch die Europäer begann ein Dreieckshan-
12 del. Von Europa segelten Schiffe nach Afrika. Sie
13 hatten Textilien und Glas als billige Tauschwaren
14 geladen. Von Afrika brachten die Schiffe Sklaven
15 nach Mittel- und Südamerika. Von Mittel- und
16 Südamerika wurden vor allem Edelmetalle, Zu-
17 cker, Kaffee und Tabak nach Europa gebracht.
18 Der Handel wurde von europäischen Kaufleuten
19 kontrolliert und sie erzielten mit ihm hohe Ge-
20 winne (Karte [2]).

Tipps für die Erarbeitung
Ihr könnt beim Lesen die Schritte des
Textknackers anwenden. Was habt ihr über
den Handel zwischen den Kontinenten
erfahren?

Tipps für die Präsentation
– Ihr könnt die Abbildung [1] auf einem Plakat
vergrößern und Fotos der Waren aus Zeitschriften oder aus dem Internet besorgen und dazu
kleben.

Das Reich der Azteken

1. Sammelt mit den Materialien der Seite Informationen über das Reich der Azteken.
2. Präsentiert eure Ergebnisse in der Klasse.

[1] Tenochtitlan, die Hauptstadt der Azteken. *Gemälde von Diego Rivera, 1948 (Ausschnitt).*

Tenochtitlan, die Hauptstadt der Azteken

Als die spanischen Eroberer Tenochtitlan, die Hauptstadt der Azteken, sahen, waren sie erstaunt. Solch eine große Stadt hatten sie noch nie gesehen. Hier lebten nach Schätzungen etwa 300 000 Menschen.

[2] **Hernan Cortéz schrieb 1520 in einem Bericht für den spanischen König:**

Die Hauptstadt Tenochtitlan liegt in einem salzigen See. Sie hat vier Zugänge, alles über Steindämme führend ... An einem der Dämme laufen zwei Röhren aus Mörtelwerk entlang, jede etwa zwei Schritte breit und eine Mannslänge hoch. Durch eine Röhre kommt ein Strom süßen Wassers bis in die Mitte der Stadt. Alle Menschen nehmen davon. (...)

Die Stadt hat viele öffentliche Plätze, auf denen ständig Markt gehalten wird. Dann hat sie noch einen anderen Platz..., wo sich täglich mehr als 60 000 Einwohner treffen: Käufer und Verkäufer von Lebensmitteln, Kleinodien aus Gold, Silber, Blech... Außerdem verkauft man Steine, Bauholz, Kalk und Ziegelsteine ...

Es gibt Apotheken ... Häuser, wo man für Geld essen und trinken kann.

An allen Eingängen der Stadt ... sind Hütten gebaut. In ihnen halten sich Wachposten auf, die eine Abgabe von allem erheben, was in die Stadt gebracht wird.

Kriege und Menschenopfer

Die Azteken beherrschten oder bedrohten ihre Nachbarvölker mit einem großen Heer gut ausgebildeter Soldaten. Die besiegten Völker mussten hohe Steuern an die Sieger zahlen.

Kriege wurden von den Azteken aber nicht nur geführt, um andere Völker zu unterwerfen und ihnen Steuern aufzuerlegen. Es wurden auch Kriege ausschließlich geführt, um Gefangene zu machen. Die Gefangenen wurden später dem Gott des Krieges und der Sonne geopfert.

[3] Menschenopfer. *Illustration aus einer zeitgenössischen aztekischen Handschrift.*

[4] **Warum opferten die Azteken Menschen?**
Im Aufgang und Untergang der Sonne sahen die Azteken die tägliche Geburt und den täglichen Tod ihres Sonnen- und Kriegsgottes Huitzlipochtli. Als Krieger kämpfte Huitzlipochtli nach den religiösen Vorstellungen der Azteken jeden Tag gegen seine Brüder, die Sterne, und gegen seine Schwester, den Mond.

Damit er diesen alltäglichen Kampf bestehen konnte, musste er ausreichend mit Menschenblut ernährt werden. Würde er den Kampf verlieren, würde die Sonne nicht mehr aufgehen.

Tipps für die Erarbeitung
– Bilder beschreiben, Texte lesen und wichtige Merkmale der aztekischen Kultur in Stichworten aufschreiben
– Quelle [2] lesen und deuten

Tipps für die Präsentation
– Weitere Informationen, Bilder, etc. über die Azteken sammeln

Die Zerstörung des Aztekenreiches

Wie eroberte Hernan Cortés Mexiko?

1. Beschreibt die Abbildung [1]. Nennt Vorteile, die die Spanier gegenüber den Ureinwohnern hatten.

[1] Spanische Eroberer kämpfen gegen aztekische Krieger. *Illustration.*

Die Spanier erobern das Aztekenreich

Im Jahr 1519 brach der spanische Eroberer Hernan Cortés mit etwa 600 Soldaten in Kuba auf und landete in Mittelamerika. Die Spanier wollten das Land unterwerfen, den christlichen Glauben verbreiten und sich an dem dort vermuteten Gold bereichern. Sie führten 16 Pferde mit sich, 14 Kanonen und einige Musketen (Gewehre).

Mexiko wurde von den Azteken beherrscht. Der König der Azteken nannte sich Moctezuma. Die Ureinwohner in Mittelamerika kannten keine Feuerwaffen. Auch Pferde hatten sie noch nie gesehen. Anfangs wurden die Spanier von den Ureinwohnern sogar für Götter gehalten. So konnten sie die Menschen auf dem amerikanischen Kontinent zunächst einschüchtern.

Aber Pferde und bessere Waffen allein reichten nicht aus, um das fremde Land zu unterwerfen. Lange Zeit hatten die Azteken die benachbarten Völker unterdrückt und mit hohen Steuern und Abgaben belastet. Einige der von den Azteken unterdrückten Völker machten sich zu Verbündeten der Spanier. Sie hofften, sich so endlich gegen die aztekischen Unterdrücker zur Wehr setzen zu können.

So gelang es den Spaniern, mithilfe ihrer Verbündeten, Tenochtitlan, die Hauptstadt der Azteken, zu erobern und sich ganz Mexiko untertan zu machen.

2. Hernan Cortéz hat einen Kaziken (Häuptling) aufgefordert, sich ihm im Kampf gegen Moctezuma anzuschließen. Der Kazike berät sich mit seinen Vertrauten darüber, ob er dieser Aufforderung nachkommen soll. Schreibt dazu ein Gespräch und tragt es in Rollen vor der Klasse vor.

[2] Die Kolonisation oder: Cortés Ankunft in Veracruz. *Gemälde von Diego Rivera, 1930.*

3. Erklärt anhand des Gemäldes, wie die Spanier Mexiko nach der Eroberung beherrschten.
– Welche Arbeiten mussten die Ureinwohner verrichten?
– Welche Strafen wandten die Spanier an?

Die Spanier kolonisieren Mexiko

Nach der Eroberung Tenochtitlans, der Hauptstadt der Atzeken, dauerte der Eroberungszug der Spanier noch lange Jahre. Die Eroberer unterwarfen die Ureinwohner und zwangen sie, sich zu Christen taufen zu lassen. Gleichzeitig begann eine unbarmherzige Ausbeutung der Ureinwohner, auch „Indios" genannt, durch die Spanier.

[3] **Der Dominikanermönch Bartolomé de las Casas (1484–1566) berichtet über die Behandlung der Ureinwohner durch die Spanier:**

Ein königlicher Beamter erhielt 300 Indios als Arbeitskraft zugeteilt. Nach drei Monaten hatte er durch die Arbeiten in den Gruben 270 davon zu Tode gebracht, sodass ihm von allen nur 30 blieben. Danach gab man ihm wiederum dieselbe Zahl und noch mehr. Doch er brachte sie wiederum um. Und je mehr man ihm gab, desto mehr mordete er ... In drei oder vier Monaten starben in meinem Beisein mehr als 7 000 Kinder, weil ihre Väter und Mütter sie in die Gruben schickten.

4. Gebt mit eigenen Worten wieder, was der Dominikanermönch de las Casas berichtet.

Wählt einen der folgenden Arbeitsaufträge aus:

◨ Moctezuma wurde ständig von Beobachtern und Boten über alles unterrichtet, was die Spanier taten. Schreibt einen Bericht über die Ankunft der Spanier und ihre Expedition durch sein Gebiet.

◨ Ein Mönch beklagt sich beim spanischen König über die Herrschaft der Spanier über die Ureinwohner. Verfasst seinen Bericht. Ihr könnt so anfangen: „Majestät, Ihr werdet nicht glauben, wie sich eure spanischen Untertanen hier in den eroberten Gebieten aufführen ..."

Geschichte aktiv

Auf dieser Seite findet ihr Anregungen, was ihr zum Thema Neue Welten und neue Horizonte noch tun könnt.
Denkt auch daran, euer Portfolio zu führen:

– schöne Ergebnisse in Text und Bild sammeln,
– Lernerfahrungen zum Thema „Neue Welten und neue Horizonte" aufschreiben.

Mit einem Lot die Wassertiefe messen

Zur Zeit der Entdeckungen wurde vor allem in Küstennähe mit einem Lot ständig die Meerestiefe gemessen, damit das Schiff nicht auf Grund lief.

Von einer Brücke könnt ihr mit einem Lot leicht die unterschiedlichen Tiefen eines Flusses oder eines Kanals messen.

Dazu braucht ihr: ein Lot (z. B. ein Anglerblei) und einen stabilen Faden

▶ Messt zuerst den Abstand von eurem Standpunkt bis zur Wasseroberfläche.
▶ Versenkt dann das Lot, bis es auf Grund stößt.
▶ Berechnet die Differenz von der Gesamtlänge des Fadens und den Abstand von eurem Standpunkt bis zur Wasseroberfläche.

Aztekentrinkschokolade selbst zubereiten

Als die ersten Europäer nach Mexiko kamen, lernten sie ein in ihrer Heimat unbekanntes Getränk kennen: Kakao.

Rezept Aztekentrinkschokolade
Dazu braucht ihr:
– 250 ml Milch
– 1 Vanilleschote
– 50 g fein gehackte Bitterschokolade, mindestens 70 % Kakaogehalt
– 125 ml kochendes Wasser
– 1 Esslöffel Sirup oder Honig
– ½ Teelöffel Cayennepfeffer oder Chilipulver
– 1 Prise Salz
– 1 Messerspitze Zimt

Zubereitung:
Milch mit Vanilleschote aufkochen und etwa 10 Min. bei kleiner Hitze ziehen lassen. Vanilleschote herausnehmen, längs aufschneiden und das Mark herauskratzen. Das Vanillemark mit der Schokolade und dem kochenden Wasser verrühren. In die heiße Milch rühren, bis die Schokolade geschmolzen ist. Mit Agavensirup oder Honig, Cayennepfeffer oder Chilipulver, Salz und Zimt abschmecken. Heiß oder kalt genießen.

Eine Aztekenmaske basteln

Türkise galten bei den Azteken als sehr wertvoll und waren deshalb sehr beliebt. Sie wurden für Schmuck, aber auch für Gefäße und Masken verarbeitet. Ihr könnt auch eine Maske herstellen und diese beliebig mit Farbe und Glitzersteinen verzieren.

Das kann ich!

[1] Begriffe und ihre Bedeutung

Renaissance	Volk, das von den Spaniern besiegt wurde
Azteken	Wiedergeburt
heliozentrisches Weltbild	Die Erde ist Mittelpunkt des Alls.
Humanismus	Erneuerung, Verbesserung
Reformation	Weltanschauung, die den Menschen in den Mittelpunkt stellt
geozentrisches Weltbild	Die Erde dreht sich um die Sonne.

[2] Fernhandelswege um 1450

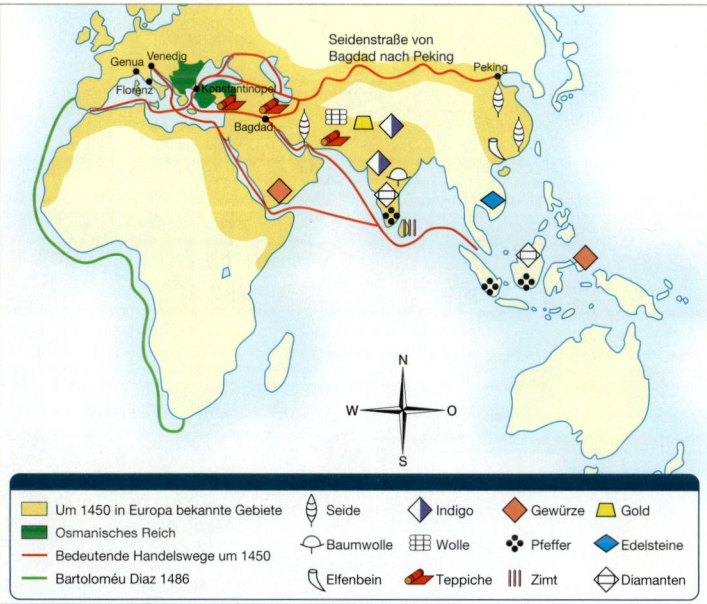

[3] Sätze und Begriffe
– Die Bibel hat immer Recht.
– Im Mittelpunkt der Wissenschaft steht der Mensch.
– Die Erde und die anderen Planeten umkreisen die Sonne.
– Die Erde steht im Mittelpunkt des Alls.
– Ausgangspunkt allen Wissens ist die Heilige Schrift.
– Ausgangspunkt der Wissenschaft ist die Beobachtung der Natur.
– Die Aussagen der Bibel sind ausschlaggebend für die Wissenschaft.
– Die wissenschaftlichen Erkenntnisse und Künste der Antike sind wichtige Vorbilder.

mittelalterliches Denken	neuzeitliches Denken
...	...

Sachkompetenz
1. Ordnet die Begriffe links und rechts einander zu [1].
2. Zählt auf, was Luther an der Kirche kritisierte.
3. Nennt Forderungen Luthers.
4. Zeigt anhand einer Weltkarte, warum Columbus zufällig einen neuen Kontinent entdeckte.
5. Nennt Gründe, warum die Spanier unter der Führung des Hernan Cortéz das große Aztekenreich unterwerfen konnten.
6. Listet jeweils mindestens drei Pflanzen oder Tiere auf, die die Europäer und die Ureinwohner Amerikas nach der Entdeckung der Neuen Welt kennen lernten.

Methodenkompetenz
7. Erklärt mithilfe der Methodenschritte von Seite 109 die Karte [2].

Urteilskompetenz
8. Ordnet die Sätze und Begriffe in [3] in die Tabelle ein.
9. Beschreibt und beurteilt, wie die spanischen Eroberer die Ureinwohner der Neuen Welt behandelten.

Handlungskompetenz
10. Erklärt die Begriffe „geozentrisches Weltbild" und „heliozentrisches Weltbild" und fertigt dazu anschauliche Bilder an.
11. Schildert die Entdeckung und Eroberung der Neuen Welt durch die Europäer aus der Sicht eines Ureinwohners.

Hauptsache Europa

Lampedusa

Tage und Nächte, Wochen, oft sogar Monate voller Angst, Ungewissheit, Krankheit, Hunger und Durst: Menschen auf einem Schiff nach der Überfahrt auf dem Mittelmeer, kurz vor Lampedusa. Die Menschen haben die Hoffnung und einen Traum: Hauptsache Europa.

1. Beschreibt das Bild.

2. Stellt Vermutungen an: Woher kommen die Menschen? Warum verlassen sie ihre Heimat und kommen nach Europa? Was erwartet sie in Europa?

Schauplatz Lampedusa

Flüchtlinge im Mittelmeer gerettet

Italienische und maltesische Behörden haben im Mittelmeer mehr als 150 Bootsflüchtlinge gerettet. Die Marine Maltas und die italienische Küstenwacht bargen 85 Flüchtlinge von einem Boot etwa 163 Kilometer südlich von Malta.
Das aus Nordafrika kommende Boot hatte einen Notruf gesendet.
Die Flüchtlinge wurden zur Identifizierung in die maltesische Hauptstadt Valletta gebracht. Die italienischen Behörden griffen 87 weitere Flüchtlinge in libyschen Gewässern auf. Sie sollen auf die Insel Lampedusa gebracht werden.

[1] Westfälische Nachrichten vom 20. 4. 2013.

Lampedusa – das Tor nach Europa

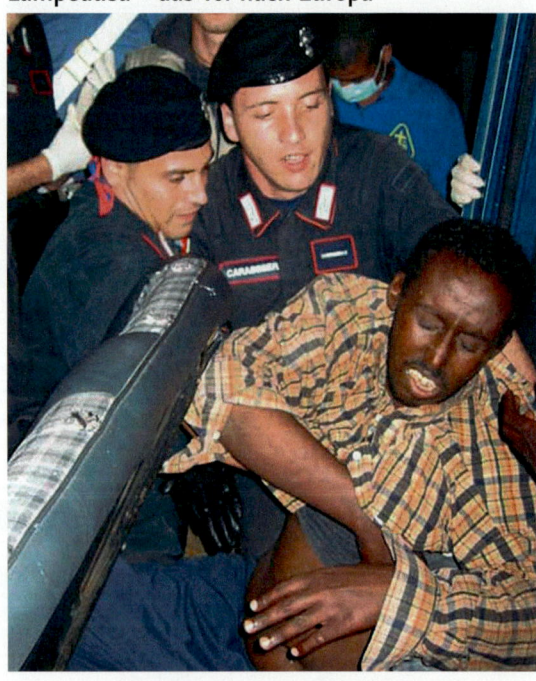

„Ciao ragazzi, ich bin Giovanni, ein italienischer Soldat auf Lampedusa. Dieser Afrikaner aus dem Tschad hat es geschafft. Sein Name ist Latif. Total entkräftet, haben wir ihn auf einem klapprigen Boot gefunden. Es werden immer mehr. Sie sind arm, deshalb fliehen sie. Das kann ich verstehen. Doch wohin mit ihnen? Zurück – dann kommen sie wieder. In Italien haben wir aber auch keinen Platz für sie."

„Ich bin Mohammed-Ali aus Mali. Mehrere Wochen bin ich schon unterwegs. Erst zur Küste. Angst habe ich entdeckt zu werden. Dann muss ich ins Gefängnis. Lange musste ich auf ein Schiff warten. Auch hier die Angst: Reicht mein Geld? Komme ich auf Lampedusa an? Einige von uns sind an Hunger und Krankheit auf dem Weg gestorben. Was wird aus meiner Familie?"

„Meine Heimat ist der Sudan. Ich bin Tawonga und das ist mein kleiner Sohn. Mein Mann wurde im Gefängnis umgebracht. Er wollte einfach seine Religion frei leben. Ich bin verzweifelt und am Ende. Ich schaffe die Arbeit nicht mehr."

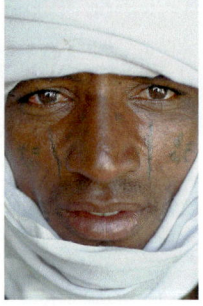

„Geschafft! Mein Name ist Davu aus Äthiopien. Jetzt gehen meine Träume als Musiker oder Fußballstar in Erfüllung! Doch wohin die Reise von Lampedusa geht, weiß ich nicht. Ich möchte nach England. Von Freunden weiß ich, dass sie zurück geschickt wurden."

„Ich bin Abasi aus Algerien. Mein Traum nach Freiheit ist Wirklichkeit geworden. Ich kann nun studieren. Vielleicht in Deutschland.
Sollte das nicht klappen, versuche ich in Spanien Arbeit auf den großen Tomatenfeldern zu finden. Ich nehme jede Arbeit an. Hauptsache, ich bin frei."

1. Zählt Gründe auf für die Flucht vieler Afrikaner nach Europa.

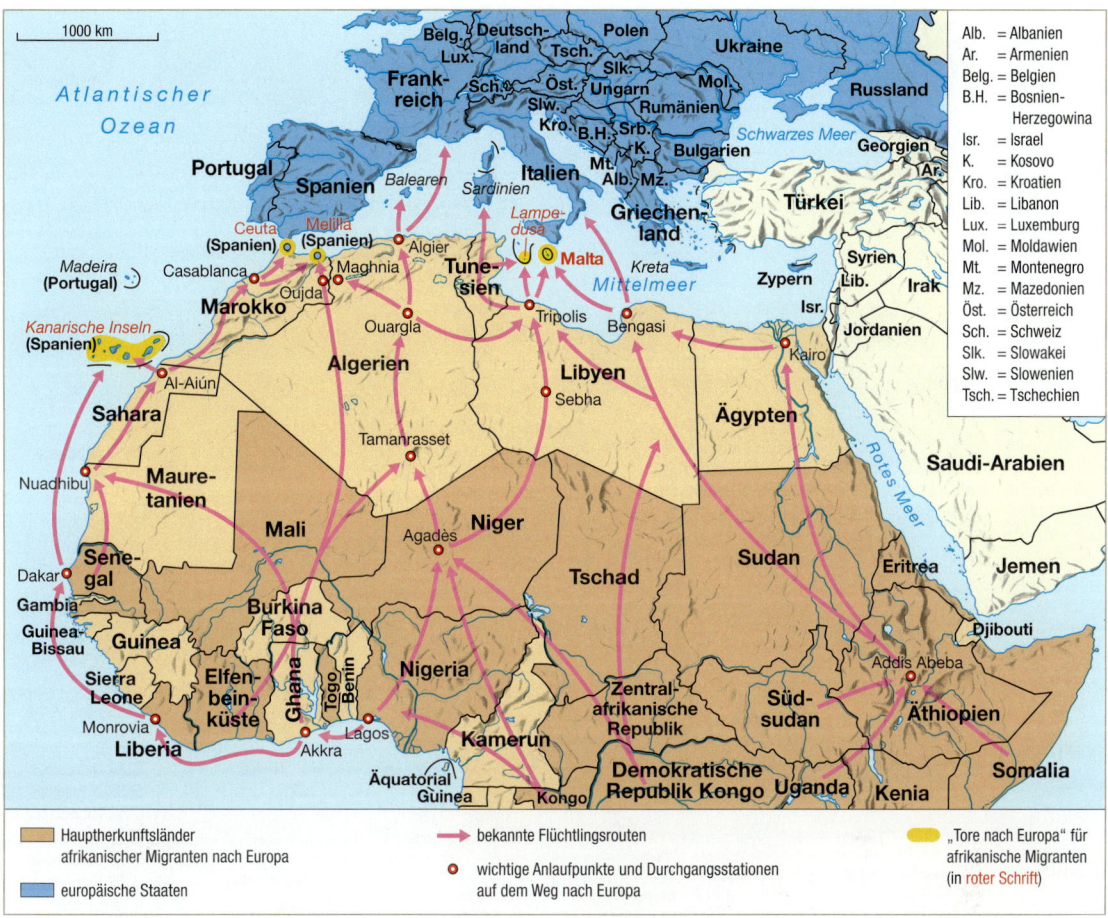

1000 km

Atlantischer Ozean

Alb.	= Albanien
Ar.	= Armenien
Belg.	= Belgien
B.H.	= Bosnien-Herzegowina
Isr.	= Israel
K.	= Kosovo
Kro.	= Kroatien
Lib.	= Libanon
Lux.	= Luxemburg
Mol.	= Moldawien
Mt.	= Montenegro
Mz.	= Mazedonien
Öst.	= Österreich
Sch.	= Schweiz
Slk.	= Slowakei
Slw.	= Slowenien
Tsch.	= Tschechien

▭	Hauptherkunftsländer afrikanischer Migranten nach Europa
▭	europäische Staaten
⟶	bekannte Flüchtlingsrouten
●	wichtige Anlaufpunkte und Durchgangsstationen auf dem Weg nach Europa
▪	„Tore nach Europa" für afrikanische Migranten (in roter Schrift)

[2] Herkunftsländer und Fluchtrouten von afrikanischen Migranten nach Europa.

2. Erstellt einen Fragenkatalog. Formuliert mindestens fünf Fragen für ein Interview mit einem Flüchtling, der auf Lampedusa angekommen ist.

3. Fluchtwege nach Europa. Legt eine Tabelle an:

Flüchtling	Heimatland	Länder auf dem Weg zur Küste
Latif	Tschad	Lybien
Mohammed	...	...

4. Ermittelt mithilfe von Atlas und Maßstab die ungefähre Entfernung von Tunesien nach Lampedusa.

Wählt einen der folgenden Arbeitsaufträge aus:

▣ Sucht in Zeitungen und im Internet nach aktuellen Berichten über Migranten aus Afrika.

▣ Schreibt Pro- und Contra-Argumente auf zur Frage: Sollen Flüchtlinge aus Afrika in Europa aufgenommen werden?

Was ihr noch tun könnt…
- Eine kleine Ausstellung zu den Flüchtlingen und Lampedusa erarbeiten.

Orientierung

Alb.	=	Albanien
Ar.	=	Armenien
As.	=	Aserbaidschan
B.H.	=	Bosnien-Herzegowina
K.	=	Kosovo
Lib.	=	Libanon
Lux.	=	Luxemburg
Mt.	=	Montenegro
Mz.	=	Mazedonien
Slw.	=	Slowenien

Legende: Nordeuropa, Westeuropa, Mitteleuropa, Südeuropa, Südosteuropa, Osteuropa, ● Hauptstadt

[1] Staaten Europas und Großregionen.

Was gehört zu Europa?

Betrachtet man Europa auf dem Globus oder einer Weltkarte, sieht Europa aus wie ein Anhängsel des großen Kontinents Asien. Europa – das ist aber mehr. Europa – das ist die Frage nach dem Zusammenleben vieler Menschen aus unterschiedlichen Sprachen, Kulturen, Religionen und Geschichte. Oft führten Staaten Europas Kriege gegeneinander. Europa – das ist ein Ort der Hoffnung und des Überlebens für viele Flüchtlinge z. B. aus Afrika.

Gut zu wissen

- Europa ist der zweitkleinste Kontinent.
- Europa – das ist für euch wie für 740 Millionen weiterer Europäer tägliche Wirklichkeit.
- 4 000 Kilometer beträgt die Nord-Süd-Ausdehnung, etwa 5 000 Kilometer sind es von Westen nach Osten.

- Im Westen, Süden und Norden bilden Meere die Grenze des Kontinents, im Osten ist das Uralgebirge die Grenze zu Asien.
- Mehr als 40 Staaten gehören heute zu Europa, darunter auch „Zwergstaaten" wie Andorra.
- Besonders durch die beiden Weltkriege hat sich die politische Karte Europas verändert. Staaten sind zerfallen, andere sind entstanden.
- Gegen die Zersplitterung arbeiten heute 28 Staaten in der EU (Europäische Union) zusammen.

1. Füllt die Tabelle aus. Nehmt einen Atlas zur Hilfe. Schreibt nicht in das Buch.

Großraum	Staaten	Hauptstädte
Westeuropa	Großbritannien	London
...	...	...

[2] Zeus (Stier) und Europa. *Foto, 2011.*

2. Wie kam der Kontinent Europa zu seinem Namen?

[3] **Die Sage von Zeus und Europa**
Vor 3 000 Jahren lebte eine schöne Prinzessin mit Namen Europa in Asien. Göttervater Zeus verliebte sich in sie und wollte sie in seine Heimat auf dem Olymp holen. Da Europa Tiere liebte, verwandelte er sich in einen Stier. Als Europa auf dem Stier saß, lief Zeus mit ihr zurück in seine Heimat. In Erinnerung an die schöne Prinzessin, erhielt der Kontinent später ihren Namen.

3. Lest die Sage und erzählt sie einem Partner.

[4] **Was heißt eigentlich?**

Migration: (lateinisch: migrare = wandern) dauerhafter Wechsel des Wohnortes.

Immigrant: Einwanderer aus einem fremden Staatsgebiet.

Emigrant: Eine Person, die aus ihrem Heimatland in ein anderes Staatsgebiet auswandert, scheinbar freiwillig, doch oft ausgelöst durch offenen oder versteckten Druck im Heimatland.

Flüchtling: Jede Person, die sich aus der begründeten Furcht vor Verfolgung außerhalb des Landes befindet, dessen Staatsangehörigkeit sie besitzt.

Asyl: Zuflucht für einen aus politischen, religiösen oder rassistischen Gründen Verfolgten.

► Hauptsache Europa

In diesem Kapitel geht es vor allem um folgende Fragen:
Wo sind die Grenzen Europas?
Wie ist der Kontinent nach Großräumen gegliedert?
Wie lesen wir eine Infografik?
Warum kommen Migranten nach Europa?
Welche Folgen hat ihr Kommen?

Wichtige Kompetenzen in diesem Kapitel

Sachkompetenz
► die Grenzen Europas beschreiben
► Europa in Teilräume (Klima, Topographie) gliedern
► Ursachen und Auswirkungen von Migration in Herkunftsländern und Aufnahmeländern beschreiben

Methodenkompetenz
► Infografiken auswerten

Urteilskompetenz
► die Vor- und Nachteile der Migration für den Einzelnen sowie für die Herkunftsgebiete und Aufnahmeländer beurteilen

Handlungskompetenz
► ein Projekt zu Migration vor Ort planen und durchführen

Was verbindet die Europäer?

[1] Zeitreise

Es wird Abend. Nach der Arbeit sitzen die Männer in der Taverne bei London vor ihrem Wein. Marcus aus Rom blickt in sein Glas. „Wie warm und sonnig es heute war, fast wie zu Hause in Athen", bemerkt Alexander. „Ja, aber nirgendwo sind die Sonnenuntergänge wie bei uns in Hispania (= Spanien)", meint Antonius ... Sie kommen aus Griechenland, Rumänien, Italien, Spanien, Portugal, Frankreich, Belgien, Luxemburg, den Niederlanden, England oder vom Rhein. Sie alle arbeiten seit Jahren zusammen, verständigen sich in einer gemeinsamen Sprache und bezahlen nach Feierabend ihren Wein mit den gleichen Münzen. Sie schimpfen einträchtig auf ihr Steuersystem, und ihre Gesetze gelten gleichermaßen von Schottland bis Nordafrika und von Portugal bis in die Türkei. Europa der Zukunft?

(Autorentext)

1. Versucht, Umfeld und Zeit der Szene aus Text 1 zu bestimmen.
2. Tragt zusammen, was ihr noch über das römische Imperium wisst: größte Ausdehnung – Regierung/Verwaltung – Handel und Verkehr – Religion – Militär – Technik ...
3. Nennt heutige Staaten, deren Gebiete damals Teil des Römerreichs gewesen sind.

Gemeinsame Jahre

Mehr als 500 Jahre der Zugehörigkeit zum römischen Großreich haben überall in Europa deutliche Spuren hinterlassen. Doch die gemeinsamen Wurzeln reichen noch tiefer, weil die Römer ihrerseits viele Ideen von den Griechen übernommen und an uns weitergegeben haben. Nicht nur Bauten und Fundgegenstände zeigen die Verbundenheit mit den Römern, auch die lateinische Sprache wirkt bis in die Gegenwart. Aus ihr gingen moderne Sprachen wie z. B. Spanisch, Italienisch, Französisch oder Rumänisch hervor. Zahlreiche Fremdwörter unseres täglichen Gebrauchs sind römisch-lateinischer Herkunft. Noch viele andere Sprachen enthalten eine Reihe lateinischer Begriffe. Die lange Gemeinsamkeit hat die gesamte Denkweise der Europäer geprägt, z. B. auch das Rechtsempfinden.

Römische Spuren in Europa

Römische Legionäre eroberten ein Weltreich. Die Überreste römischer Bauwerke kann man überall in Europa finden.

[2] Spuren römischer Baukunst in (von oben nach unten) Deutschland (Trier), Großbritannien (Bath), Spanien (Alcántara) und Frankreich (Nîmes). *Fotos, 2012.*

Christliches Europa

Eine weitere Gemeinsamkeit der Europäer ist das Christentum. Kunstwerke aus den Bereichen Malerei, Musik oder Architektur waren ursprünglich auf die Religion bezogen. Sie ähneln sich in ganz Europa. Gesamteuropäisch verbreitet waren in der frühen Neuzeit auch die Ideen der Renaissance, also die Aufklärung und der Humanismus (vgl. S. 104). Bis in die Gegenwart haben Werke der Literatur und anderer Künste allgemeine Gültigkeit in Europa.

Obwohl die europäischen Völker im Laufe der Zeit zahllose Kriege gegeneinander führten, entwickelte sich eine starke innere Verbundenheit. Grenzverschiebungen trennten, schufen aber auch Verbindungen bis hin zur Gründung neuer Staaten.

4. Nennt weitere ähnliche Bauwerke wie in Bild [3], die ihr kennt.
5. Entscheidet, wie weit für das Römerreich die Bezeichnung „vereintes Europa" zutrifft.

Wählt einen der folgenden Arbeitsaufträge aus:

▸ Setzt Text [1] um in einen Comic, wobei ihr die Bemerkungen und Gespräche ergänzt.

▸ Listet die in Karte [4] genannten Hansestädte auf und schreibt daneben, in welchem heutigen Staat sie liegen.

Eine Reiseleiterin erklärt: „Die Baumeister im Mittelalter sind umhergereist und haben nach dem jeweils geltenden Geschmack gebaut. Das europäische Mittelalter war christlich geprägt. Daher haben wir bis heute eine Reihe von Festen, die überall in Europa ähnlich gefeiert werden. Auch Persönlichkeiten wie beispielsweise christliche Heilige sind allerorten bekannt."

[3] Die St.-Veits-Kathedrale in Prag (Tschechien). Foto, 2013.

[4] Hanse – die EU des Mittelalters. In Europa gab es einen Zusammenschluss von Städten, der sich Hanse nannte. Ziele waren gegenseitige Unterstützung und Hilfe zur Erleichterung des Handels.

Migration weltweit

Warum verlassen Menschen ihre Heimat?

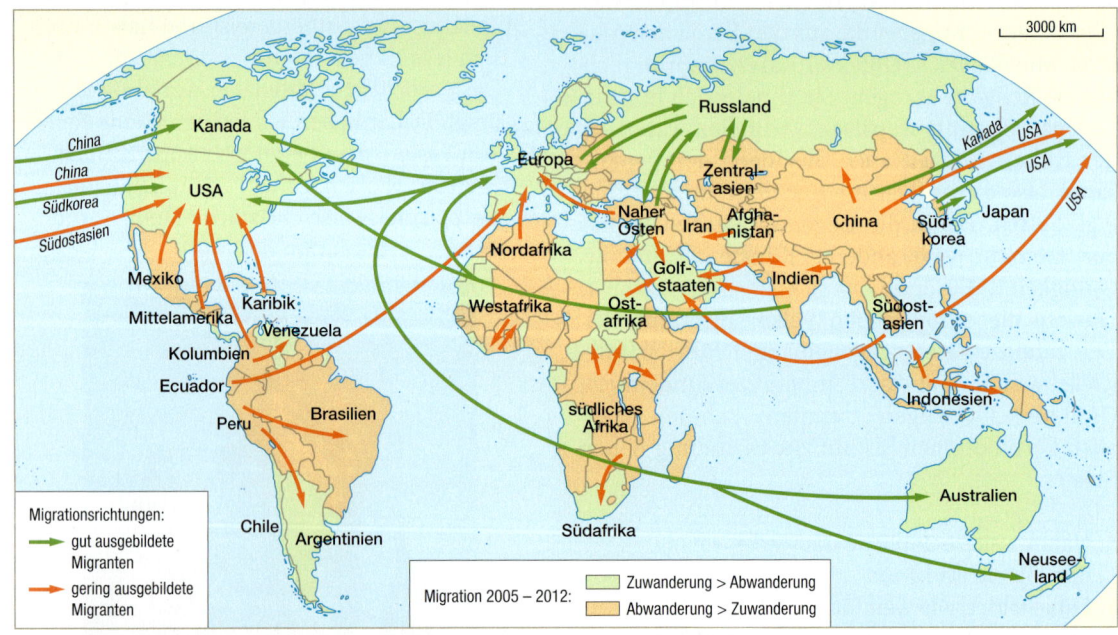

[1] Hauptrichtungen der Migration weltweit 2005–2012.

1. Benennt wichtige Herkunfts- und Zielgebiete der weltweiten Migrationsströme.

Menschen verlassen ihre Heimat

So lange es Menschen gibt, verändern sie ihren Wohnsitz. Wanderungen, bei denen Menschen auf Zeit oder für immer den Wohnsitz wechseln, werden als Migration bezeichnet.

So waren im Jahr 2010 mehr als 210 Mio. Menschen weltweit Migranten. Es gibt kein Land, das nicht grenzüberschreitende Zu- und Abwanderungen (internationale Migration) oder Wanderungsbewegungen im Landesinneren (Binnenmigration) verzeichnen würde.

[2] Kindersoldaten in Nicaragua. *Foto, 2009.*

Die meisten Migranten wandern innerhalb ihrer Heimatländer. Würden alle internationalen Migranten in einem Land leben, nähme dieses Land den fünften Platz der bevölkerungsreichsten Länder weltweit ein.

Anlass der Wanderungen

Die meisten Menschen verlassen nur ungern ihre Heimat. Schwerwiegende Gründe müssen für einen solchen Schritt vorliegen. Das können Kriege, Hungersnöte, Natur- oder Umweltkatastrophen oder die Zugehörigkeit zu einer religiösen oder politischen Gruppe sein, die verfolgt wird. Armut und fehlende Zukunftsaussichten gehören auch dazu.

Heute kommen Menschen nach Europa in der Hoffnung auf Sicherheit und ein besseres Leben. In vorigen Jahrhunderten haben große Teile der Bevölkerung europäischer Staaten unseren Kontinent verlassen wegen Missernten oder aus religiösen Gründen. Vor allem in Nordamerika hofften sie auf eine neue Lebensperspektive.

2. Erarbeitet Gründe, warum Menschen ihre Heimat verlassen.

Menschen auf der Flucht

Ende 2009 gab es weltweit rund 43 Millionen Flüchtlinge*

Auslandsflüchtlinge in 1 000

Die größten Herkunftsländer			Die größten Aufnahmeländer
Afghanistan	2 887	1 741	Pakistan
Irak	1 785	1 071	Iran
Somalia	678	1 055	Syrien
Dem. Rep. Kongo	456	594	Deutschland
Birma	407	451	Jordanien
Kolumbien	390	359	Kenia
Sudan	368	339	Tschad
Vietnam	339	301	China
Eritrea	209	276	USA
Serbien	196	269	Großbritannien

3601 © Globus

*einschl. Binnenvertriebene   Quelle: UNHCR

[6] Syrische Flüchtlinge an einem Grenzübergang zur Türkei. *Foto, 2013.*

[3] Menschen auf der Flucht. *Infografik.*

3. Wertet die Infografik aus (siehe Methodenseite 129).

Positionen zur Aufnahme von Flüchtlingen

[4] **Der Vorsitzende der Deutschen Polizeigewerkschaft, Rainer Wendt, sagte der Neuen Osnabrücker Zeitung:**
„Mit dem Sturz der Diktatoren Nordafrikas wird der Flüchtlingsstrom nach Europa massiv wachsen." Dieser Ansturm lasse sich nur stoppen, wenn Europa zur Festung umgebaut werde.

Neue Osnabrücker Zeitung: Polizei schlägt wegen Flüchtlingswelle Alarm, 16. 2. 2011

[5] **Bundesaußenminister Guido Westerwelle (FDP) erklärte gegenüber Welt Online:**
[entscheidend sei,] „dass wir gemeinsam daran arbeiten, die Bedingungen in den Ländern zu verbessern, aus denen die Flüchtlinge kommen. Wenn die Menschen sehen, dass sie im eigenen Land gebraucht werden, und wenn sie dort auch Chancen sehen, sind das die besten Rezepte gegen Migrationsdruck".

Welt Online: Polizeigewerkschaften fordern Aufbau einer EU-Küstenwache, 16. 2. 2011

[7] **Ein Kommentar in der „taz":**
Gerade mal 63 Migranten aus Tunesien sind von Mitte April bis Mitte Mai nach Deutschland gekommen. 63 Flüchtlinge in einem Monat – das ist eine Zahl, die so verschwindend gering ist im Vergleich zu der historischen Situation in Nordafrika und der arabischen Welt. (...) Amnesty International kommentierte die europäische Haltung gegenüber den Flüchtlingen vor kurzem so: „Eine Europäische Union mit 500 Millionen Einwohnern, eine der stärksten Wirtschaftskräfte der Welt muss wohl in der Lage sein, einige 5 000 bis 10 000 Flüchtlinge, die vorübergehend Platz finden wollen, entsprechend unterzubringen."

Schmidt, Wolf: Das Märchen von der Flüchtlingswelle, in: die tageszeitung, 18. 5. 2011

Wählt einen der folgenden Arbeitsaufträge aus:

- Stellt in einer Tabelle die verschiedenen Positionen gegenüber.

- Schreibt eine Stellungnahme zu einer der Positionen.

Migranten bei uns

Kommen die meisten Migranten mit dem Ziel Europa nach Deutschland?

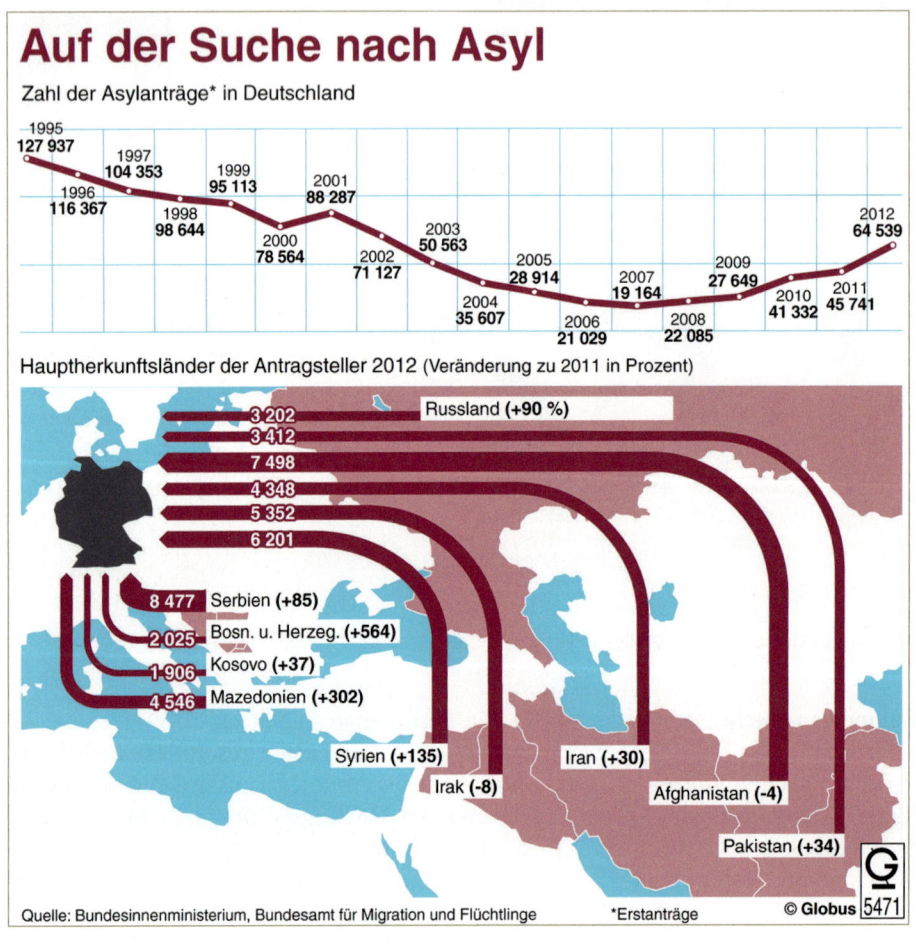

Auf der Suche nach Asyl

Zahl der Asylanträge* in Deutschland

1995: 127 937
1996: 116 367
1997: 104 353
1998: 98 644
1999: 95 113
2000: 78 564
2001: 88 287
2002: 71 127
2003: 50 563
2004: 35 607
2005: 28 914
2006: 21 029
2007: 19 164
2008: 22 085
2009: 27 649
2010: 41 332
2011: 45 741
2012: 64 539

Hauptherkunftsländer der Antragsteller 2012 (Veränderung zu 2011 in Prozent)

Russland (+90 %)
3 202
3 412
7 498
4 348
5 352
6 201
8 477 — Serbien (+85)
2 025 — Bosn. u. Herzeg. (+564)
1 906 — Kosovo (+37)
4 546 — Mazedonien (+302)
Syrien (+135)
Irak (-8)
Iran (+30)
Afghanistan (-4)
Pakistan (+34)

Quelle: Bundesinnenministerium, Bundesamt für Migration und Flüchtlinge   *Erstanträge

© Globus 5471

[1] Zahl der Asylbewerber in Deutschland 1995–2012. *Infografik.*

Sichtweisen

Unsere Gesellschaft besteht aus immer mehr älteren und alten Menschen. Ihre Renten müssen immer weniger junge Menschen bezahlen. Migranten sind in der Regel arbeitsfähige Menschen. Sie könnten in die Rentenkassen einzahlen. Migranten als Fremde lösen auch Ängste bei den Einheimischen aus. Es kommt auch zu Protesten gegen Zuwanderung.

1. Legt eine Liste an, in der ihr die Bemerkungen A–F sortiert.
2. Überprüft die Aussagen E und F mithilfe der Infografik.

A
In der Klasse haben wir auch Asylbewerber. Die sind eigentlich ganz okay.

B
Was wollen die alle hier!? Wir haben schon genug Arbeitslose.

C
Asylrecht ist ein Menschenrecht. In Deutschland steht es im Grundgesetz.

D
In vielen Ländern herrscht Krieg. Oft werden diese Menschen auch verfolgt. Bei uns können sie in Ruhe und Frieden leben. Wir sind ein reiches Land.

E
Ich verstehe gar nicht, warum die alle nach Deutschland kommen. Es gibt doch noch andere Länder in Europa.

F
Das werden ja immer mehr von Jahr zu Jahr.

Wir werten Infografiken aus

Überall finden wir Info-Grafiken: Tageszeitungen arbeiten mit ihnen oder Fernsehnachrichten.

Info-Grafiken sagen mehr als „tausend Worte": Statt vieler Sätze zeigen sie Entwicklungen und Zusammenhänge. Sie dienen als „Faktencheck".

Die folgenden Schritte helfen euch bei der Auswertung von Infografiken:

1. Schritt: Bedingungen klären

- Thema bestimmen: Um was geht es?
- Erstellungsdatum und Zeitrahmen feststellen
- Quelle (= Auftraggeber) angeben.
- Diagrammtyp bestimmen (Säulen-, Balken-, Kurven- oder Kreisdiagramm).

3. Schritt: Interpretation

- Bisherige Schritte in eigenen Sätzen wiedergeben.
- Erklärungen für die dargestellten Aussagen suchen.
- Vermutungen äußern, Vergleiche anstellen.

2. Schritt: Auswertung

- Höchsten und niedrigsten Wert angeben.
- Entwicklungen erkennen (Zu- oder Abnahmen).

4. Schritt: Bewertung

- Beurteilen, ob die Grafik zum Verständnis des Themas hilfreich ist.
- Überlegen, ob weitere Informationen notwendig sind.

1. Sucht eine Info-Grafik aus dem Kapitel aus und wendet die Schritte an.

[3] Entwicklung der Zahl der Asylbewerber in Europa 2000. *Infografik.*

Europa – Hoffnung vieler Menschen

Warum wollen so viele Menschen nach Europa?

[1] Afrikaner drängen gegen die Grenzbefestigungsanlagen in Ceuta. *Foto, 2013.*

Europa – dieser Name wirkt wie ein Magnet auf Menschen insbesondere aus Afrika. Sie hoffen auf grundlegende Änderungen und Verbesserungen ihrer derzeitigen Lebensumstände. Die Motive für das Verlassen eines Landes und die Suche nach einer neuen Heimat in der Fremde fasst man in sogenannten **push-Faktoren** und **pull-Faktoren** zusammen. Darunter fallen wirtschaftliche, demografische* und soziale Bedingungen in den Herkunfts- und Zielländern.

Push-Faktoren sind Gründe, die in den Herkunftsländern liegen und Menschen zum Verlassen ihrer Heimat bringen. Von den Zielländern gehen die pull-Faktoren aus, die Migranten anziehen und Hoffnung geben.

> **demografisch:** die Entwicklung der Bevölkerung betreffend

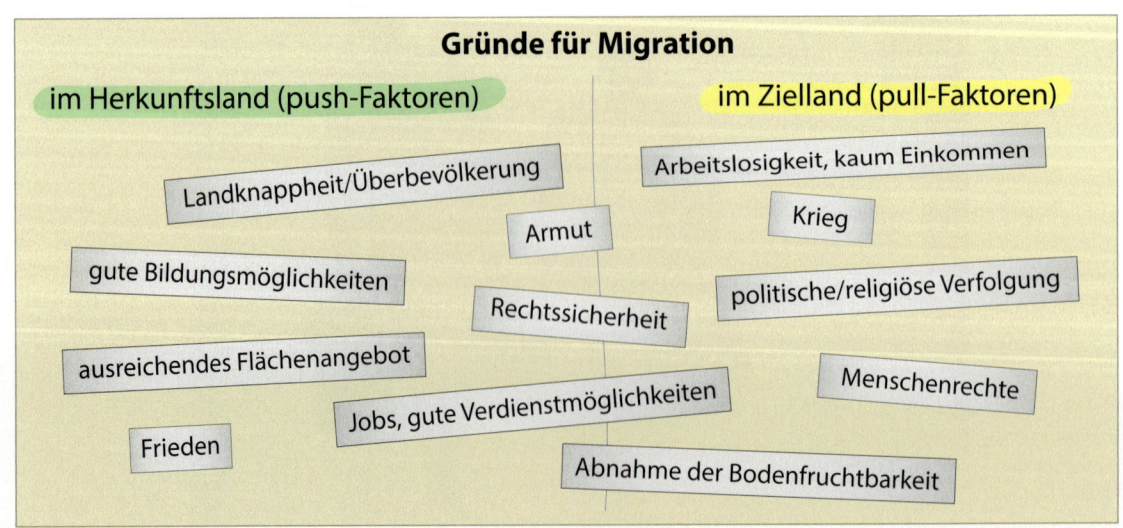

Gründe für Migration

im Herkunftsland (push-Faktoren)	im Zielland (pull-Faktoren)
Landknappheit/Überbevölkerung	Arbeitslosigkeit, kaum Einkommen
Armut	Krieg
gute Bildungsmöglichkeiten	politische/religiöse Verfolgung
Rechtssicherheit	
ausreichendes Flächenangebot	Menschenrechte
Jobs, gute Verdienstmöglichkeiten	
Frieden	Abnahme der Bodenfruchtbarkeit

1. Legt eine Tabelle an und ordnet die Gründe für Migration unter push-Faktoren oder pull-Faktoren ein.

[2] Moussa (vorne rechts) und Fischer an der Küste Senegals. *Foto, 2012.*

„Ich bin **Moussa** aus dem Senegal. Aus meinem Dorf Cayar haben viele schon die gefährliche Flucht nach Europa versucht. Riesige Fabrikschiffe fangen uns kleinen Fischern den Fisch weg und zerstören unsere Lebensgrundlage. Wir müssen mit unseren kleinen Booten, den Pirogen, immer weiter hinaus fahren und fangen immer weniger. Früher hat eine Piroge hier einen ganzen Haushalt versorgt, drei Mahlzeiten am Tag, heute schaffen das nicht einmal sechs Pirogen. Viele Männer sind jetzt arbeitslos. Um das rettende Teneriffa (spanische Insel im Atlantik) zu erreichen, haben wir alles verkauft. Fluchthelfer (Schlepper) verdienen gut an unserer Armut und der Flucht. Freunde von mir haben es nicht geschafft, sie fielen über Bord, verdursteten oder sind an Infektionen gestorben. Wer so Schreckliches erlebt, redet nicht darüber. Gelingt Kindern und Jugendlichen die Flucht, dürfen sie auf Teneriffa bleiben, bis sie 18 Jahre sind. Dann werden sie in den Senegal abgeschoben."

„Mein Mann heißt Hisham, ich bin **Reina** und wir leben in Burkina Faso. Warum er allein auf dem Weg nach Europa ist? Als Bauern haben wir keine Zukunft mehr. Die große Bevölkerungszunahme verursacht einen hohen Bedarf an Brennholz. Die meisten Menschen sind ab-  hängig vom Holz zum Kochen und Heizen. Andere Möglichkeiten sind zu teuer. Immer mehr Wälder werden abgeholzt. Als Folge davon sinkt der Grundwasserspiegel; die Böden trocknen aus. Die Ernteerträge werden immer geringer, und meine Familie und ich können kaum noch überleben. Nicht nur aus meinem Dorf verlassen Menschen ihre Heimat und suchen ein neues Leben in Europa. Unser Traum ist ein Bauernhof irgendwo in Europa."

„Ich bin **Zifa**. Meine Heimat ist der Sudan. Als Christ kann ich meinen Glauben nicht leben. Ich werde verfolgt. Das gilt auch für meine politische Einstellung. In Europa hoffe ich ohne Verfolgung in einer Demokratie leben zu können."

2. Nennt die push-Faktoren aus den Berichten.
3. Diskutiert, welche pull-Faktoren bestimmend für die Migration gewesen sein könnten.

Migration und ihre Auswirkungen

Welche Folgen hat Migration?

überwiegend bewohnt von:

■ Singhalesen

■ Tamilen

■ Hauptstadt

[1] Sri Lanka und das Siedlungsgebiet der Tamilen.

[2] **Rajah ist Tamile und wohnt in Sri Lanka**

Die Tamilen sind eine Volksgruppe, die im Süden Indiens und im Norden Sri Lankas lebt. Einige Tamilen fordern einen eigenen Staat und kämpfen gewaltsam gegen die Armee von Sri Lanka. Rajah hat wegen der Kämpfe sein Zuhause in Jaffna verlassen und ist mit seinen Eltern sowie den drei Geschwistern nach Süden gezogen: Zuerst zur Familie seines Onkels, danach in eine Wohnung in der Hauptstadt Colombo. An der Universität studiert er Medizin. Eines Tages erzählt ihm sein Freund Nagasingam, dass sein Cousin vor zwei Jahren aus Sri Lanka ausgereist sei und nun an der Universität in Zürich (Schweiz) studiere. Dieser Gedanke lässt Rajah nicht mehr los. „Soll ich es auch wagen?"

Autorentext nach einem Zeitungsbericht

1. Beschreibt Rajahs Situation mithilfe des Textes und der Karte oben.

Menschen verlassen ihre Heimat

Das 21. Jahrhundert ist bereits heute durch große weltweite Bevölkerungsbewegungen geprägt. Rund 200 Millionen Menschen leben außerhalb ihrer Heimatländer – mit steigender Tendenz. Solche umfassenden Bevölkerungsbewegungen bleiben nicht ohne Auswirkungen auf Herkunfts- und Zielländer.

Auswirkungen auf Herkunftsländer

Migration hat nicht nur Auswirkungen für die direkt Betroffenen. Oftmals kommen Migranten aus Entwicklungsländern. Sie haben Schulen in ihrer Heimat besucht. Auch hat ihre Ausbildung oder ein Studium ihren Heimatstaat Geld gekostet. Gehen diese Menschen nun ins Ausland, bedeutet das einen großen Verlust. Dabei ist es nicht nur ein Verlust an Geld. Größer ist der Verlust an „Humankapital*" oder „Braindrain*". Gleichzeitig hat die Auswanderung dieser Gruppe aber auch positive Aspekte: Häufig wandern Fachkräfte ohne ihre Familien und nur für begrenzte Zeit aus. Mit den überwiesenen Geldbeträgen aus dem Ausland fließt neben der Unterstützung für die Familien auch Kaufkraft in die Herkunftsländer. So wird Armut bekämpft und die wirtschaftliche Entwicklung gefördert. Kommen die Fachkräfte zurück, bringen sie Wissen, Fähigkeiten, Erfahrungen und neue Kontakte mit. Dieser Gruppe gut ausgebildeter Migranten steht eine zweite gegenüber. Forscher bezeichnen sie als „Armutsflüchtlinge". Sie verlassen ihre Herkunftsländer wegen wirtschaftlicher Not, Verelendung, Hoffnungslosigkeit und damit fehlender Perspektiven für ihre Zukunft. In den Zielländern hoffen sie auf eine grundlegende Verbesserung ihrer wirtschaftlichen Lage, verbunden mit neuen Chancen.

2. Nennt Auswirkungen von Migration auf die Herkunftsländer.

Humankapital: wichtige qualifizierte Arbeitskräfte.

Braindrain: (brain, engl.: Gehirn; drain, engl. Abfluss) Weggang wichtiger Arbeitskräfte, z. B. Medizinforscher, IT-Spezialisten.

Auswirkungen auf Zielländer

Solche großen Bevölkerungsbewegungen bleiben nicht ohne Auswirkungen auf die Zielländer der Migration. Ohne Arbeiter und Angestellte aus anderen Ländern kämen viele Wirtschaftszweige bei uns in große Schwierigkeiten. Männer und Frauen mit einem anderen Pass (Ausländer) haben zehntausende von kleinen und größeren Betrieben gegründet. Sie bieten Arbeitsplätze und auch zunehmend Ausbildungsplätze an.

[3] Geschäfte in Frankfurt am Main, die überwiegend von ausländischen Mitbürgern geführt werden. *Foto, 2012.*

Die große Mehrheit der ausländischen Bevölkerung trägt mit ihren Steuern und Abgaben zu unserem Wohlstand bei. Auch mit ihrem Geld leisten sie ihren Beitrag zu unserer sozialen Sicherheit. Sie zahlen Beiträge zur Renten-, Pflege-, Arbeitslosen- und Krankenversicherung.
Ohne die damals so genannten „Gastarbeiter" hätte die Bundesrepublik Deutschland nicht den wirtschaftlichen Aufschwung erreichen können, den sie nach dem Zweiten Weltkrieg (1939–45) erlebt hat. Aber Zuwanderer bringen nicht nur wirtschaftliche Vorteile für die Zielländer der Migranten. Sie beleben auch die Kultur ihrer neuen Heimat. Wir essen z. B. heute anders als noch vor 20 Jahren. Die Einwanderer haben ihre Rezepte mitgebracht, ihre Spezialitäten, ihre Gewürze und ihre Getränke. Pizza und Döner sind aus unseren Straßen nicht mehr wegzudenken. Olivenöl und Fladenbrot gehören für viele inzwischen zum täglichen Essen. Deutschland hat heute eine Vielzahl von Restaurants, die Speisen und Getränke aus fernen Ländern anbieten.

3. Listet Auswirkungen der Migration für die Zielländer auf.

Migration in der Diskussion

Migration und ihre Auswirkungen in den Zielländern werden sehr gegensätzlich diskutiert. Die ehemaligen „Gastarbeiter", die zwischenzeitlich in der dritten und vierten Generation bei uns leben, stehen weniger im Blickpunkt der Kritik. Befürchtungen gibt es in Teilen der deutschen Bevölkerung insbesondere gegenüber der Gruppe der „Armutsflüchtlinge". Sie verursachen finanzielle Belastungen durch ihren Anspruch auf staatliche Sozialleistungen. Viele sehen auch zunehmende Probleme bei der Eingliederung dieser Menschen in unsere Gesellschaft. Hier werden dann auch Rufe für eine Begrenzung der Zahl der Migranten nach Deutschland laut. Andererseits ist diese Gruppe aber z. B. eher bereit, schlecht bezahlte Jobs anzunehmen, nachts oder sonntags zu arbeiten.

4. Stellt verschiedene Positionen zur Migrationspolitik in Deutschland vor.

> **Wählt einen der folgenden Arbeitsaufträge aus:**
>
> ☒ Zeichnet auf einem großen Plakat Sprechblasen. Tragt hier die Motive der Migranten ein.
>
> ☒ Notiert Argumente zu der Aussage: Zuwanderer bleiben auf Dauer in Deutschland.

Was ihr noch tun könnt…

■ Die Ausländerbeauftragte, den Ausländerbeauftragten der nächsten größeren Stadt in den Unterricht einladen und befragen.

Wahlseite Roma – Flüchtlinge in Europa

1. Informiert euch auf dieser Seite über die Lage der Roma in Bulgarien und Rumänien und ihrem Traum vom „goldenen Westen".
2. Präsentiert eure Ergebnisse in geeigneter Form in der Klasse.

[1] Protest von Roma in Berlin. *Foto, 2012.*

[3] Roma in einer Siedlung bei Belgrad. *Foto, 2012.*

[2] **In der Ausgabe 10/2013 des Nachrichten- magazins Focus wurde berichtet:**

Ein Flüchtlingstreck hat sich gen Westen aufge- macht. Seit die Europäische Union (EU) bis ans Schwarze Meer reicht, sind Millionen Roma EU- Bürger. Sie haben das Recht, sich überall inner- halb der Union niederzulassen. Die Mär (= Mär- chen) vom goldenen Westen lockt Menschen (...) zu Zehntausenden aus den Elendsvierteln Bulga- riens oder Rumäniens nach Berlin, Frankfurt, Mannheim oder eben in die Städte an Rhein und Ruhr.

So leben etwa 800 000 Roma* in dem südosteuro- päischen Land, die meisten in ärmlichen und hoffnungslosen Verhältnissen.

184 Euro Kindergeld zahlt der deutsche Staat für jeden Sprössling (Kind) der kinderreichen Neu- ankömmlinge. Für Migranten wie Placuta Moise ist das ein kleines Vermögen. In Rumänien liegt der Monatssatz bei knapp acht Euro…

nach Focus 10/2013

Sozialleistungen für Bulgaren und Rumänen

Von den Gesamt-Ausgaben für Arbeitslosengeld II, Sozialgeld und Leistungen für Bildung und Teilhabe wurden an Bulgaren und Rumänen in Deutschland ausgezahlt:

max. 1,5 %

0,6 %

Stand 30. 06. 2013   **Prognose 2014**

Quelle: Institut f. Arbeitmarkt- und Berufsforschung

[4] Sozialleistungen für Zuwanderer aus Rumänien und Bulgarien 2013 und 2014 (Prognose).

❀ **Roma:** abwertend auch Zigeuner genannt. Ursprünglich stammen sie aus Indien. Sie werden häufig gesellschaftlich ausgegrenzt, in manchen Ländern auch verfolgt.

Tipp für die Erarbeitung und Präsentation
– Plakate erstellen zum Leben der Roma und Sinti.

Roma in Duisburg

1. Informiert euch auf dieser Seite über Probleme vieler Roma an der Ruhr.
2. Präsentiert eure Ergebnisse in geeigneter Form in der Klasse.

Mehr als 6000 Einwanderer in Duisburg

[1] **In der Ausgabe 10/2013 berichtete das Nachrichtenmagazin Focus:**
... Einen Mietvertrag hat Placuta Moise nicht. Deutsch versteht sie nicht. Sie ist eine Roma. Seit wenigen Monaten lebt sie in einem Block im Duisburger Stadtteil Bergheim. 30 Familien, meist Roma aus Rumänien, leben dort. Sie leben auf engem Raum. Placuta bewohnt mit ihrer zwölfköpfigen Familie drei Zimmer.
Die Menschen aus Osteuropa kommen, weil sie der Armut entfliehen wollen.

Focus 10/2013

Fragen und Probleme bleiben

Armut und Elend vieler Roma werden nach Deutschland exportiert mit der Suche dieser Menschen nach ein bisschen Wohlstand, Sicherheit und staatlicher Hilfe. Es fehlt an geeignetem Wohnraum. Oft verlassen die bisherigen Einwohner ihre Wohnungen. Es kommt zur Ghettoisierung*.
Die Migranten verfügen zum Großteil nicht über eine entsprechende berufliche Qualifikation für den deutschen Arbeitsmarkt. Da sie keine Arbeitserlaubnis besitzen, leben manche auch von Schwarzarbeit. Gleichzeitig müssen die Städte Sozialleistungen in großem Maße aufbringen.

Ghetto: ein Stadtviertel, das ursprünglich den Juden zugewiesen wurde. In Anlehnung daran spricht man heute von Ghettoisierung, wenn Minderheiten verstärkt in bestimmten Straßenzügen leben.

[2] Ein Haus in Duisburg, das nur an Roma vermietet wurde. *Foto, 2013.*

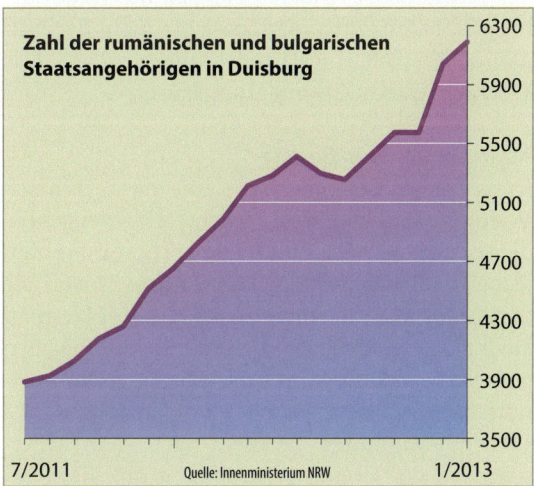

Zahl der rumänischen und bulgarischen Staatsangehörigen in Duisburg

7/2011   Quelle: Innenministerium NRW   1/2013

[3] Entwicklung der Zahl der Bulgaren und Rumänen in Duisburg 2011–2013.

Tipp für die Erarbeitung
– Den Begriff „Ghettoisierung" mit eigenen Worten verdeutlichen.

Tipp für die Präsentation
– Das Leben vieler Roma im Ruhrgebiet darstellen.

Wahlseite   Festung Europa

1. Informiert euch auf dieser Seite über die „Festung Europa".
2. Präsentiert eure Ergebnisse in geeigneter Form vor der Klasse.

[1] Festung Europa. *Karikatur.*

Zuwanderungsgesetze

Jeder Staat Europas muss ein friedliches Zusammenleben seiner Bürger gewährleisten. Dazu gehören geeignete Maßnahmen zur Eingliederung der Zuwanderer. Andererseits soll die Zuwanderung so begrenzt werden, dass sie nicht die Aufnahmefähigkeit eines Landes überschreitet. Das geschieht durch Zuwanderungsgesetze.

Asylrecht im Grundgesetz

In unserem Grundgesetz steht, dass politisch Verfolgte Asyl genießen. Nicht alle Menschen, die versuchen, nach Europa zu kommen, werden jedoch politisch verfolgt. Sie kommen, weil sie die Armut und Hoffnungslosigkeit ihrer Heimatländer abschreckt und weil sie sich in Europa eine Verbesserung ihrer wirtschaftlichen Lage erhoffen.

Manche Migranten tauchen nach dem Überschreiten der Grenzen Europas in die Illegalität ab. Europa fühlt sich mit den großen Flüchtlingsströmen teilweise überfordert.

[2] **Auszug aus dem Grundgesetz der Bundesrepublik Deutschland**

Grundgesetz Artikel 16 a
Asylrecht
(1) Politisch Verfolgte genießen Asylrecht.
(2) Auf Absatz 1 kann sich nicht berufen, wer aus einem Mitgliedsstaat der Europäischen Gemeinschaft oder aus einem Drittstaat einreist, in dem die Anwendung [...] der Konvention der Menschenrechte und Grundfreiheiten sichergestellt ist.

Asyl: Der Begriff stammt aus dem Griechischen und bedeutet: sicherer Zufluchtsort.

[3] Grenzanlagen in Griechenland. *Foto, 2013.*

Tipp für die Erarbeitung
– Sammelt aus Zeitungen aktuelle Bilder und Texte über Flüchtlingsbewegungen in Europa.

Tipp für die Präsentation
– Erstellt eine Wandzeitung mit möglichen Pro- und Contra-Argumenten zur „Festung Europa".

Wahlseite — Asyl in der Kirche

1. Informiert euch auf dieser Seite über Farah und seine Geschichte.
2. Präsentiert eure Ergebnisse in geeigneter Form in der Klasse.

Kirchenasyl für Farah

Farah Hira Harun stammt aus Somalia im Osten Afrikas. Er und andere Flüchtlinge versuchten auf ihrer Flucht nach Europa den Weg über das Mittelmeer zu nehmen.

Auf der **Mittelmeerinsel Malta** strandeten er und weitere Flüchtlinge. Nur wenige hatten die gefährliche Überfahrt von Libyen überlebt. Das war im Juni 2012.

> **Kirchenasyl:** Zeitlich befristete Aufnahme von Flüchtlingen ohne legale Aufenthaltsgenehmigung. Bei Abschiebung in ihr Herkunftsland drohen ihnen möglicherweise Folter, Tod oder andere unmenschliche Härten. Während des „Kirchenasyls" werden alle in Betracht zu ziehenden rechtlichen, sozialen und menschliche Gesichtspunkte geprüft. In vielen Fällen gelingt es nachzuweisen, dass Entscheidungen von Behörden überprüfungsbedürftig sind und ein neues Asylverfahren erfolgversprechend ist.

Er wurde **verhaftet**. Es schloss sich ein dreimonatiger **Gefängnisaufenthalt** an. Dann gelang ihm die **Flucht** in die Bundesrepublik.

Hier hoffte er auf **Asyl**, doch die Bundesrepublik erklärte sich für nicht zuständig, da Farah **Europa** zuerst über Malta erreicht habe. Dort hätte er seinen **Asylantrag** stellen müssen.

Farah sollte daraufhin am 22. April 2013 **nach Malta abgeschoben** werden. Dort würde ihn wieder eine Haftstrafe erwarten. Möglicherweise droht aber auch noch eine weitere **Rückführung nach Libyen**. Davor hat Farah große Angst. Vor diesem Schicksal möchte ihn die Kirchengemeinde Cuxhaven bewahren. Daher auch die Unterbringung unter der ungewohnten Adresse.

[1] Die Kirche der Evangelischen Kirchengemeinde in Fischbach (Saarland) bot einer syrischen Familie Kirchenasyl. *Foto, 2014*

Die Situation in seinem Heimatland Somalia

Seit Juli 2011 lebt Farah in Angst. Zu diesem Zeitpunkt ist seine Familie in Somalia einem Anschlag der **Al-Shabab*** zum Opfer gefallen. Sein Vater, ein Journalist, hatte sich kritisch über die Gruppe geäußert.

Farah verkaufte alle Sachen, um Geld für die **Schleuserbanden** auf dem Fluchtweg zu haben. Auf dem Landweg ging es zunächst bis nach Libyen. Viele Mitflüchtlinge starben auf dem Weg durch die Sahara. In Libyen wurde Farah aufgegriffen und inhaftiert.

Von dort konnte er fliehen und hat sich **Bootsflüchtlingen** angeschlossen.

> **Al-Shabab:** Radikale islamistische militante Bewegung in Somalia mit dem Ziel der Errichtung eines islamischen Staates.

Tipp für die Erarbeitung
Ihr könnt beim Lesen die Schritte des Textknackers anwenden. Erzählt: Was habt ihr über Farah erfahren?

Tipp für die Präsentation
– Erarbeitet eine Infotafel, auf der ihr die Arbeit von Pro Asyl vorstellt.

Erdkunde aktiv

In diesem Kapitel habt ihr viel über Migration in Europa erfahren.
Denkt auch daran, euer Portfolio zu führen:

- schöne Ergebnisse in Text und Bild sammeln,
- Lernerfahrungen zum Thema „Hauptsache Europa" notieren.

Hier noch einige Anregungen, was ihr noch tun könnt.

1. Erkundungstipps

Erstellt einen Flyer (Leitfaden) für Migranten

▶ Besprecht, was ihr aufschreiben wollt: wichtige
Adressen und Ansprechpartner (Gemeinde-
verwaltung, Ärzte, Beratungsstellen von
Pro Asyl, AWO, Diakonie oder Caritas),
Geschäfte mit speziellen Lebensmitteln ...).

▶ Überlegt euch, wie ihr das Thema durchführen
wollt: Interview mit Migranten, Befragung auf
dem Rathaus, Fotodokumentation ...

▶ Sammelt Fragen zum Thema, ordnet sie.

▶ Überlegt den Ort der Präsentation: Schule,
Stadtteiltreff ...

▶ Haltet eure Überlegungen und Ergebnisse im
Portfolio fest.

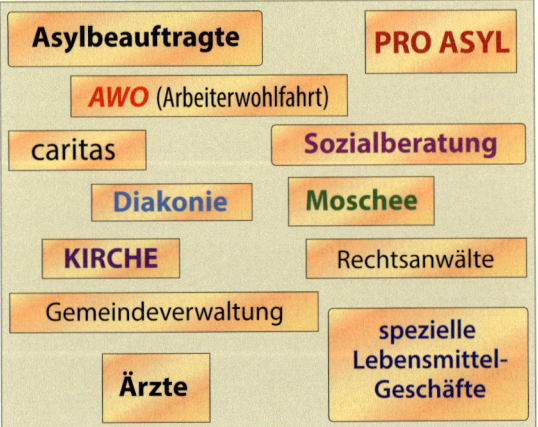

2. Jugendbücher zum Thema Migration

Francesco D'Adamo
Die Geschichte von Ismael
Baumhaus Taschenbuch Bd. 3
Baumhaus Medien
Der 15-jährige Ismael lebt in einer Fischerfamilie
an der Küste Nordafrikas. Das Meer ist Teil seines
Lebens. Doch schlagartig muss er aus Afrika weg,
über das Meer in Richtung Europa. Eine Reise ins
Ungewisse beginnt in einem winzigen Kahn ...

Christine Grunert
Asyl: bedrohtes Recht
Edition Menschenrechte Bd. 4
Horlemann Verlag,
Berlin 2008
Sie flüchten vor dem Tod, vor Verfolgung, vor
Krieg und Gewalt. Angesichts von Millionen
Flüchtlingen macht das reiche Europa seit vielen
Jahren seine Grenzen dicht.
Erzählt werden zwei Geschichten von Flücht-
lingen, die aus unterschiedlichen Gründen
gezwungen sind, ihre Heimat zu verlassen.

Das kann ich!

[1] Geldzahlungen von Migranten an ihre Heimatländer 2011

Arbeiten für die Familie in der Heimat

2011 haben Migranten, die in der EU ansässig sind* und arbeiten, 39 Milliarden Euro in ihre Heimatländer geschickt.

Darunter aus diesen Ländern in Millionen:

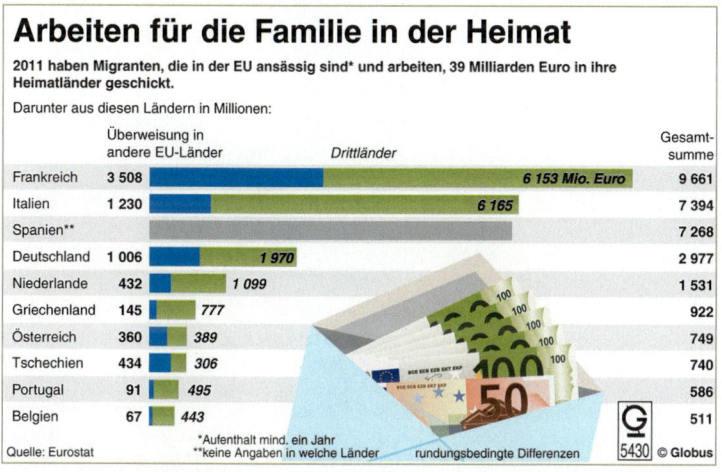

	Überweisung in andere EU-Länder	Drittländer	Gesamtsumme
Frankreich	3 508	6 153 Mio. Euro	9 661
Italien	1 230	6 165	7 394
Spanien**			7 268
Deutschland	1 006	1 970	2 977
Niederlande	432	1 099	1 531
Griechenland	145	777	922
Österreich	360	389	749
Tschechien	434	306	740
Portugal	91	495	586
Belgien	67	443	511

Quelle: Eurostat   *Aufenthalt mind. ein Jahr   **keine Angaben in welche Länder   rundungsbedingte Differenzen   5430 © Globus

Aus aller Welt in Deutschland

Ausländische Bevölkerung am Jahresende in Tausend

2002	2004	2006	2008	2010	2012
7 336	6 717	6 751	6 728	6 754	7 214
			6 695		

Die häufigsten Staatsangehörigkeiten 2012
in Tausend

Türkei	1 576
Polen	532
Italien	529
Griechenland	298
Kroatien	225
Rumänien	205
Serbien	203
Russland	202
Österreich	176
Kosovo	157

Quelle: Ausländerzentralregister, Statistisches Bundesamt   © Globus 6025

[2] Entwicklung der Zahl der ausländischen Bevölkerung in Deutschland 2002–2012 und deren häufigste Staatsangehörigkeiten

[3] „Erdkunde-Vokabeln" aus diesem Kapitel

> Migration   Europa   Asylbewerber   push-Faktoren
> pull-Faktoren   Braindrain   Roma   Humankapital

Sachkompetenz

1. Wählt drei „Erdkunde-Vokabeln" aus und erklärt sie in eigenen Worten.
2. Beschreibt die Lage der „versteckten Länder" zu Deutschland mithilfe der Himmelsrichtungen.
3. Erläutert die Ursachen von Migration.
4. Erläutert Auswirkungen von Migration auf die Herkunfts- und Zielländer.

Methodenkompetenz

5. Nennt die Schritte zur Auswertung einer Infografik.
6. Wertet die Infografik [1] aus. Benutzt die Schritte auf Seite 129.

Urteilskompetenz

7. Nehmt Stellung dazu, warum Menschen ihre Heimat verlassen.
8. Beurteilt die Vor- und Nachteile einer „Festung Europa" aus der Sicht einer Migrantin und einer Bewohnerin Europas.

Handlungskompetenz

9. Sammelt aus Zeitungen und dem Internet Aktuelles zum Thema „Migration". Erstellt eine Wandzeitung für die Aula in der Schule.

Du und die anderen

Lebenswirklichkeit

Unser Leben wird von anderen Menschen mitbestimmt: der Familie, Freunden, Cliquen, Mitschülern, Nachbarn usw. Ihr könnt erarbeiten, wie ihr auch in der Gemeinschaft eure Ziele und Wünsche verfolgen könnt.

1. Das große Foto wurde zur Werbung für die Familienpolitik einer Landesregierung benutzt. Weshalb wurde es wohl ausgewählt?
a) Beschreibt das große Foto.
b) Vergleicht dazu die kleinen Bilder.

8.00 Uhr – Schule ist auch Arbeit!

Für Björn und Nina macht die Schule einen großen Teil ihres Lebens aus. In der Woche heißt das: früh aufstehen, den Schulweg hin und zurück bewältigen, den Schulstunden möglichst aufmerksam folgen und notwendige (Haus-)Aufgaben erledigen. Da kommt schnell eine Arbeitswoche zusammen, die nicht kürzer und weniger anstrengend ist, als die der berufstätigen Erwachsenen. Die Eltern von Björn und Nina meinen dagegen, das Leben ihrer Kinder würde nur aus „dem bisschen Schule" und einem großen Maß an Freizeit bestehen.

[1] Schulalltag!? *Szenenfoto aus einem deutschen Spielfilm von 2013.*

1. Tauscht euch darüber aus, wie ihr euren Schulalltag wahrnehmt.

Rollenverteilung in der Klasse

Jedem Mitglied der Klassengemeinschaft wachsen mit der Zeit bestimmte Rollen zu. Von anderen wird man wahrgenommen
– als Junge oder Mädchen,
– als zurückhaltend und still oder als lebhaft,
– als jemand, der in Mathematik gut ist,
– als jemand, mit dem man im Unterricht gern oder ungern zusammenarbeitet,
– als Freund, mit dem man auch außerhalb der Schule gern zusammen ist oder als jemand, mit dem man nicht so gern Zeit verbringt usw.

2. Stellt euch selbst die Frage, welche Rollen ihr in der Klasse spielt. Denkt darüber nach, ob ihr mit diesen Rollen zufrieden seid, oder ob ihr euch etwas anderes wünscht.

12.30 Uhr – Konflikte in der Pause

[2] Björn und Schüler seiner Klasse. *Foto, 2013.*

3. Deutet das Bild [2]. Was passiert gerade?

Wenn ein Fremder über den Schulzaun auf den Pausenhof blickt, sieht er vermutlich erst einmal die vielen herum laufenden Mädchen und Jungen. Er könnte sehen, wie sie spielen oder zusammenstehen, um sich zu unterhalten.
Was der Fremde auf den ersten Blick nicht wahrnehmen kann, sind Konflikte, wie Björn sie gerade erlebt. Er wird seit einiger Zeit von den Mitschülern abgelehnt und fühlt sich sehr einsam. Er hat überhaupt keine Ahnung, weshalb die anderen so gemein zu ihm sind. Ob es damit zusammen hängt, dass er neu in der Klasse ist?

4. Tragt zusammen, welche Gründe es für Björns Probleme geben könnte. Unterscheidet, was an ihm – und was an Mitschülern liegen könnte.
5. Findet Möglichkeiten, wie Björn wieder Anschluss an die Gruppe finden kann.

17.00 Uhr – Endlich Freizeit

Sind die Pflichten in der Schule (und einige in der Familie) erledigt, bleibt eine freie Zeit, die jeder so nutzen kann, wie er mag. Hier ist der Raum für Hobbies, Musik, Sport, Freunde oder Zeit für sich selbst.

6. Notiert Freizeitbeschäftigungen, die euch am meisten Freude machen. Vergleicht mit anderen Schülern aus der Klasse.

7. Die Bilder [3] und [4] zeigen Jugendliche bei ihren Lieblingsbeschäftigungen. Diskutiert darüber, ob es eine Rolle spielt, dass sie Jungen oder Mädchen sind (Geschlechtsrolle).

[3] Lieblingsbeschäftigung von Cora. *Foto, 2013*

[4] Lieblingsbeschäftigung von Marco. *Foto, 2013.*

18.30 Uhr – Ein Zwischenfall

Große Aufregung am Eichenweg. Kevin hat bei einem Streit ein Messer gezogen und Björn damit gedroht. Auch die anderen hat er eingeschüchtert. Passanten wollen die Polizei anrufen. Kevin verschwindet, so schnell er kann.

8. Begründet eure Entscheidung für die Lösungsversuche a) oder b):

a) Kevin will sich nur wichtig machen. Das ist ein dummes Verhalten – aber kein Grund, die Polizei zu rufen.

b) Bei einer ernsten Bedrohung (erst recht mit einer Waffe!) sollte immer die Polizei verständigt werden.

19.00 Uhr – Darf Esra sich schminken?

Abendessen bei Özkans. Ninas Freundin Esra und ihre Geschwister treffen mit den anderen Familienmitgliedern zusammen. Esra hat sich vorher heimlich abgeschminkt, weil ihr Vater nicht will, dass sie sich schminkt.

[5] Familie Özkan. *Foto, 2013.*

20.00 Uhr: Hausarrest

Bei Leyendeckers fließen Tränen. Tochter Nina darf nicht mehr auf die Straße zu ihren Freundinnen. Seit sie die „5" in der letzten Mathematik-Arbeit geschrieben hat, ist ihre Familie der Meinung, sie müsste mehr üben und weniger ausgehen. Nina ist darüber sehr empört und traurig.

9. Beurteilt die Einstellungen bzw. Erziehungsmaßnahmen bei Esra und Nina aus eurer Sicht.

Wählt einen der folgenden Arbeitsaufträge aus:

▨ Jugendliche möchten gern ein Leben nach eigenen Vorstellungen führen.
Notiert Beispiele aus der Doppelseite, wo das nicht möglich zu sein scheint. Wodurch wird die Selbstbestimmung eingeschränkt?

▨ Tragt zusammen, welche Situationen im Schulalltag oder in der Freizeit euch am meisten Freude machen.

Orientierung

Seit wann gibt es ...?

...Grund- und Menschenrechte

► **1776**
USA: Unabhängigkeitserklärung mit Grundrechten der Bürger

► **1789**
Frankreich: Erklärung der Menschen- und Bürgerrechte

► **1948**
Vereinte Nationen: Allgemeine Erklärung der Menschenrechte

...gleiches Recht für Frauen und Männer

► **1949**
Grundgesetz Art. 3
(1) „Alle Menschen sind vor dem Gesetz gleich."
(2) „Männer und Frauen sind gleichberechtigt."

► **1957**
Gleichberechtigungsgesetz

► **2001**
Gesetz zur Gleichstellung von Frauen und Männern in der Bundesverwaltung (Bundes-gleichstellungsgesetz)

...Gleichstellung von Minderheiten

► **2001**
Lebenspartnerschafts-Gesetz („Homo-Ehe")

► **2002, 27. 4.**
Gesetz zur Gleichbehandlung behinderter Menschen

Lebensgestaltung – das Leben frei gestalten

[1] **Im Vorwort der Amerikanischen Unabhängigkeitserklärung von 1776 steht:**

„Wir halten diese Wahrheiten für ausgemacht, dass alle Menschen gleich erschaffen worden, dass sie von ihrem Schöpfer mit gewissen unveräußerlichen Rechten begabt worden, worunter sind Leben, Freiheit und das Bestreben nach Glückseligkeit."

Vorwort der Amerikanischen Unabhängigkeitserklärung in deutscher Übersetzung. „Pennsylvanischer Staatsbote", 9. Juli 1776

1. Gebt den Grundgedanken dieses Teils der Unabhängigkeitserklärung mit eigenen Worten wieder. Was war damals (Endphase des Absolutismus) an dem Ansatz so revolutionär?

Menschen jeden Alters suchen nach einem Leben in Sicherheit, Gerechtigkeit, guter Versorgung und sozialer Gemeinschaft. Der Staat soll ihnen ihre Rechte garantieren – und muss sie gegen Gewalt durch kriminelle Rechtsbrecher schützen. Jeder sollte sein Leben nach eigenen Maßstäben und auf der Basis der gemeinschaftlichen Regelungen (Gesetze) gestalten können.

Bedürfnisse des einzelnen

Der amerikanische Psychologe Abraham Maslow (1908–1970) hat die Bedürfnisse der Menschen verdeutlicht:

⑤ Selbst-verwirklichung (Das Leben in Freiheit selbst gestalten zu können)

④ Anerkennung (positive Beachtung, Lob, Ruhm)

③ Gruppenzugehörigkeit (Mitglied einer Gemeinschaft, Bekanntheit, Beachtung – egal, ob positiv oder negativ)

② Schutz und Sicherheit (gewohnte Umgebung, sicherer Schlafplatz)

① körperliche Grundbedürfnisse (Sauerstoff, Schmerzfreiheit, Wasser, Essen)

[2] Bedürfnisse des Menschen nach Maslow.

2. Notiert die Bedürfnisse und fügt zu jedem eine Begründung an.

Rechte, Regeln und Gesetze

[3] **Aus dem Grundgesetz der Bundesrepublik Deutschland:**
1. Allgemeine Handlungsfreiheit
„Jeder hat das Recht auf die freie Entfaltung seiner Persönlichkeit, soweit er nicht die Rechte anderer verletzt und nicht gegen die verfassungsmäßige Ordnung oder das Sittengesetz verstößt."

(Art. 2,1 GG)

3. Beschreibt die Situationen:
   – Gegen welche Regeln oder Verbote wird hier verstoßen?
   – Welche möglichen Strafen gibt es dafür?
4. Beurteilt, ob diese Regelungen eure freie Lebensgestaltung einschränken. Diskutiert darüber in der Klasse.

In diesem Kapitel geht es um die Fragen:
Wie sieht die Lebenswirklichkeit von Jugendlichen, Männern und Frauen aus?
Welche Rollen werden ihnen zugewiesen?
Was tut der Staat für die rechtliche Gleichstellung?
Weshalb gibt es ein Jugendschutzgesetz?

Wichtige Kompetenzen in diesem Kapitel

Sachkompetenz
► den Wandel der Familien in Deutschland beschreiben
► sich ändernde Lebenswirklichkeit erklären (Gender Mainstreaming)
► Lebensformen gesellschaftlicher Gruppen beschreiben
► das Jugendschutzgesetz sowie die Rechte und Pflichten Jugendlicher erläutern
► Ursachen für Jugendkriminalität in Deutschland erläutern
► mögliche Konsequenzen für die Gesellschaft und das Individuum beschreiben

Methodenkompetenz
► ein Interview planen, führen und auswerten

Urteilskompetenz
► unterschiedliche politische Maßnahmen zur Gleichstellung von Frauen und Männern beurteilen
► mögliche Konflikte zwischen gesetzlichen Regelungen sowie Verfassungsnorm erörtern

Handlungskompetenz
► Perspektivwechsel vollziehen

Wer bin ich?

Rollenzuweisungen an Frauen und Männern

In jeder Gesellschaft gibt es Vorstellungen darüber, was einen Mann oder eine Frau ausmacht, und welche „Rollen" sie im Privatleben, Beruf und Öffentlichkeit spielen sollten.

Diese Rollenerwartungen gelten nicht nur für Erwachsene, sondern auch für Jugendliche.

Viele solcher Rollenfestlegungen werden oft unbedacht übernommen. Man nennt diese Festlegungen Rollen-„Klischees".

Ein Beispiel: „Männer sind stark und mutig, Frauen sind schwach und empfindlich."

1. Sammelt Argumente und Beispiele, warum diese Rollenklischees nicht mit der Lebenswirklichkeit übereinstimmen.

2. Legt eine Liste an, in der ihr männliche und weibliche Eigenschaften, Berufe und Interessen sammelt (nach folgendem Muster):

	männlich	weiblich
Eigenschaften		
Berufe		
Interessen		

3. Vergleicht die Eintragungen und diskutiert, ob die Zuschreibungen stimmen oder vielleicht auf einem Klischee beruhen.

4. Findet anhand der Bilder [1]–[4] heraus,
a) welche gängigen Rollen-Klischees angesprochen werden,
b) welche Verhaltensweisen seltener sind.

Starke Jungs – nette Mädchen?

Die Professorin Renate Valtin hat 10-jährige Schülerinnen und Schüler Aufsätze schreiben lassen. Das Thema lautete: „Warum ich gern ein Mädchen/ein Junge bin".

[5] **Renate Valtin schreibt zu den Ergebnissen:**
„Ich bin gern ein Mädchen, weil ich lange Haare habe", „weil ich mich schminken kann", „weil ich schöne Sachen anziehen kann".

Praktische, auf Hausarbeit bezogene Tätigkeiten werden 2010 nicht mehr genannt. Dafür gibt es nun einen neuen Aspekt: „weil Mädchen besser als Jungen shoppen gehen" können.

Seltener geworden sind auch Äußerungen, die auf das angepasstere Verhalten von Mädchen zielen: „weil die Mädchen vernünftiger sind", „Mädchen haben ein besseres Benehmen", „Wir brechen uns nicht so viel wie Jungs, zum Beispiel beim Boxen oder Fußball".

Mädchen halten es also nicht mehr für so wichtig für ihre Rolle, angepasst zu sein und Fähigkeiten im Haushalt zu beherrschen. Attraktiv zu sein hat für sie hingegen deutlich gewonnen.

Die Jungen empfinden, dass sie zum bevorzugten Geschlecht gehören. Sie unterliegen weniger Zwängen: „immer schön aussehen müssen", „sich immer waschen müssen", „sich schminken und Röcke oder Kleider tragen müssen". Und sie haben größere Freiheiten: „weil Jungen wilder spielen und toben dürfen", „Jungen dürfen mehr Faulheit zeigen", „für Jungen gibt es coole Spiele, die es für Mädchen nicht gibt".

DER TAGESSPIEGEL (online), 2.11.2010

5. Fasst mit eigenen Worten zusammen, was die Mädchen bzw. Jungen gut finden,
6. Beurteilt das Ergebnis aus eurer Sicht.

Die Mischung macht's

Jeder Mensch hat Eigenschaften, die als eher weiblich oder männlich beschrieben werden. Jugendliche lernen nach und nach einzuschätzen, welche Art von Person sie sind. Sie entwickeln ihre Identität*.

> ✳
> **Identität:** Wenn jemand als Person mit sich selbst zufrieden ist, hat er seine Identität gefunden. („so bin ich!)

[6] Werbung für „Prinzessin Lillifee". *Foto, 2013.*

[7] Junger Boxer. *Foto, 2013.*

[8] Hausarbeit.   [9] Soldatin.
Foto, 2013.   *Foto, 2013.*

7. Betrachtet die Bilder [8] und [9] aus der Sicht (Perspektive) von Eltern und Freunden/Freundinnen. Notiert eure Eindrücke.

> **Wählt einen der folgenden Arbeitsaufträge aus:**
>
> ◼ Wertet die Bilder [6] und [7] aus. Schreibt auf, welche Rollen Jungen und Mädchen zugeschrieben werden.
>
> ◼ Notiert, wie die Spielzeugindustrie traditionelle Rollenmuster von Mädchen und Jungen nutzt (Bild [6]).

Haben Frauen und Männer gleiche Rechte?

1. Lest den Text [1] und notiert eure Meinung dazu. Welche Auswirkungen hatte die geschilderte Rechtslage auf die Ehepartner?

2. Vergleicht die beiden Werbebilder unten.

3. Beurteilt aus eurer Sicht die Absicht der Europaabgeordneten, durch das Werbeverbot mehr Gleichstellung der Geschlechter zu erreichen (Text [4]).

[1] **Der Kölner Jan Bielen schrieb 2002 in seinem Buch „Mein Leben":**

„Noch vor einigen Jahrzehnten konnte mein Vater fast alles allein bestimmen. Wo wir wohnten, in welche Schule wir gingen, wie die Erziehung der Kinder zu laufen hatte und wozu in der Familie Geld ausgegeben wurde. Ja, meine Mutter konnte nicht einmal selbständig einen Staubsauger kaufen. Dazu benötigte sie die Unterschrift des „Haushaltungsvorstandes", also ihres Ehemannes. Ohne seine Zustimmung durfte sie auch keine Arbeit annehmen. Sie hatte kein eigenes Konto. Als Lebensbereich der Frau wurden meist drei Bereiche genannt: Küche, Kinder, Kirche. Über Vieles haben sich die Eltern natürlich abgesprochen, aber wenn es Streit gab, galt nur das Wort des Ehemannes!"

Jan Bielen, Mein Leben. unveröff. Manusk. Köln 2002

[2] **Grundgesetz und Gleichberechtigung**
Im Grundgesetz der Bundesrepublik Deutschland steht im Artikel 3:
2 „(1) Alle Menschen sind vor dem Gesetz gleich. (2) Männer und Frauen sind gleichberechtigt. Der Staat fördert die tatsächliche Durchsetzung der Gleichberechtigung von Frauen und Männern und wirkt auf die Beseitigung bestehender Nachteile hin."

Grundgesetz, Fassung von 2012

[3] Seit Generationen spielt die Werbung mit den Geschlechterklischees. Das soll sich jetzt ändern. *Werbebilder von 1956 und 2012.*

[4] **Die Frankfurter Allgemeine Zeitung berichtete 2008:**
EU will Hausfrau aus Werbung verbannen
Mit überwältigender Mehrheit stimmten die Europaabgeordneten nun in Brüssel dafür, dass jedes sexistische Klischee in der Fernsehwerbung künftig tabu sein soll: Keine Hausfrau hinter dem Herd oder vor der Waschmaschine mehr also, aber auch kein starker Hausmann mehr, der den Rasen trimmt. Schließlich fordert das Europaparlament pauschal, dass „traditionelle Geschlechterrollen in Frage gestellt werden müssen, wenn die Gleichstellung der Geschlechter erreicht werden soll".

FAZ 4. 9. 2008, v. Hendrik Kapsack, Brüssel

Was ihr sonst noch tun könnt…
- Ausschnitte aus Illustrierten sammeln, in denen Frauen in ihrer Rolle als Hausfrauen angesprochen werden.
- Fernseh-Werbung beobachten und Beispiele notieren für die Festlegung von Männern und Frauen auf bestimmte herkömmliche Geschlechtsrollen.

Die Familie im Wandel

Neben den Familien, bei denen der Mann außerhalb des Hauses berufstätig ist und die Frau zu Hause arbeitet, gibt es zahlreiche andere Modelle: Paare, bei denen beide berufstätig sind, allein erziehende Mütter und Väter, Patchwork-Familien*, Väter oder Mütter im Babyjahr, Familien mit Pflegekindern, oder – seltener – gleichgeschlechtliche Eltern mit Kindern.

❋

> **Patchwork-Familie:** (von engl. patchwork = aus Stücken zusammengesetzt) bezeichnet eine Familie, in der ein Elternteil ein Kind aus einer früheren Beziehung mitgebracht hat. Das war 2013 bei 14 von 100 Familien der Fall.

4. Notiert Aufgaben, die in der Familie anfallen. Bei welchen spielt angeblich das Geschlecht eine Rolle, bei welchen ist das vermutlich gleichgültig, Vergleicht eure Einschätzungen!

> [5] **Zahlen zur Familie in Deutschland**
> Bei 80,2 Mio. Einwohnern gibt es:
> 18,2 Mio. Ehen und 34 000 eingetragene Partnerschaften zwischen homosexuellen Paaren mit 5 700 Kindern.

Ungleichheiten auf dem Arbeitsmarkt

Eine Frau als Polizeipräsidentin, als Chefin der Feuerwehr, als Bauleiterin, als Chefärztin einer Klinik? Das ist immer noch die Ausnahme! Einige erfolgreiche Frauen schaffen es zur Zeit in Spitzenpositionen bestimmter Berufe. Daran hat auch die Kanzlerschaft von Angela Merkel wenig geändert.

Dass die soziale Gleichberechtigung noch lange nicht erreicht ist, zeigt die Entlohnung von Frauen. Gleicher Lohn für gleiche Arbeit muss immer wieder neu eingefordert werden. Nach Berechnungen aus 2010 verdienten Frauen durchschnittlich zwischen 25 % und 30 % weniger als Männer.

[6] Gleicher Lohn für gleiche Arbeit. *Foto, 2013.*

5. Beurteilt die Ungleichheit der Entlohnung. Versucht Ursachen zu nennen und macht einen Vorschlag, wie diese Situation geändert werden könnte.

Jungen-Berufe – Mädchen-Berufe?

Noch immer nennen Schülerinnen und Schüler bei ihren Berufswünschen jeweils „typische" Männer- und Frauenberufe, z. B. Mechatroniker und Friseurin.

Durch Aktionen wie die „Jungen-Zukunftstage" und den „GirlsDay" sollen  Berufe bekannt gemacht werden, die sowohl für Mädchen als auch für Jungen in Frage kommen.

> **Wählt einen der folgenden Arbeitsaufträge aus:**
>
> ▪ Befragt eure Mitschüler nach ihren Wunschberufen. Haltet eure Ergebnisse schriftlich fest.
>
> ▪ Erklärt den Unterschied zwischen rechtlicher und sozialer Gleichberechtigung.

Ein Interview

Schüler und Schülerinnen der 8 a der Willy-Brandt-Schule befragten die Gleichstellungsbeauftragte der Stadt Köln, Christine Kronenberg.

Schülerin: Frau Kronenberg, vielen Dank, dass Sie sich Zeit für das Interview genommen haben. Hier sind unsere Fragen:

Was macht eine Gleichstellungsbeauftragte?
Die Gleichstellungsbeauftragte engagiert sich beispielweise dafür, dass mehr Frauen in Führungspositionen kommen, also Chefinnen werden, aber auch dafür, dass Männer sich mehr um die Betreuung und Erziehung der Kinder kümmern können. Sie berät Frauen und zeigt Ihnen auf, wie sie beruflich weiterkommen oder Karriere machen können; Männer ermutigt sie, in Teilzeit zu arbeiten. Gleichzeitig organisiert sie Girls-Days und BoysDays oder engagiert sich dafür, dass keine pornographische Werbung auf Plakaten im Straßenbild zu sehen ist.

Wieso kommt es überhaupt zu Ungleichheiten? Frauen sind doch nach dem Gesetz gleichberechtigt!
Was nützt es den Frauen, dass sie rechtlich gleich gestellt sind, aber sozial ungleich behandelt werden? Denn es ist ja leider immer noch so, dass Frauen oft ein Drittel weniger verdienen und geringere Aufstiegschancen haben als Männer. So bekommen übrigens Mädchen statistisch gesehen auch viel weniger Taschengeld als Jungen. Frauen sind zudem immer noch häufiger Opfer von körperlicher und seelischer Gewalt und in der Politik sind sie – abgesehen von Frau Merkel – ansonsten weniger vertreten.

Als wir das Interview vorbereitet haben, sind wir oft auf das Wort „Gender" gestoßen. Können Sie uns den Begriff erklären?
Man weiß ja, dass Mädchen und Jungen unterschiedliche Fähigkeiten und Interessen haben, andere Bücher lesen oder andere Sportarten mögen. Bei Gender (englischer Begriff für Geschlecht) geht es darum, diese Unterschiede positiv zu nutzen. Wenn Mädchen also auf dem Spielplatz lieber schaukeln und Jungen lieber verstecken spielen, muss man diese Interessen bei der Spielplatzplanung genau erfragen und den Spielplatz von Frauen und Männern gestalten lassen. Andernfalls hätte man auf Spielplätzen vielleicht nur Jungs.

Welche politischen Maßnahmen zur Gleichstellung finden Sie gut – welche fehlen noch?
Gut finde ich z. B., dass es Aktionspläne zur Bekämpfung der Gewalt gegen Frauen gibt.
Aber es fehlt die gesetzliche Frauenquote! Es muss ein Gesetz geschaffen werden, mit dem ein Mindestanteil an Frauen in den Führungsetagen von Unternehmen vorgeschrieben wird, zum Beispiel ein Drittel.
Die Ursache für dieses Gesetz resultiert daraus, dass so ein Gesetz nötig ist, weil die Karriereleiter für Frauen abrupt endet. Tatsache ist aber, dass Frauen genau so klug (siehe Schulnoten), so kompetent und engagiert sind wie Männer.
Die Frauenquote ist längst überfällig, weil der Frauenanteil in Vorständen großer Firmen nur 3,7 % und der Frauenanteil in Aufsichtsräten nur 15 % beträgt – und das, obwohl sie oft besser ausgebildet sind.

Sollte sich der Staat überhaupt in solche Fragen einmischen?
Ja, das sollte er unbedingt. Denn Chancengleichheit entsteht nicht von alleine!

Schüler: Frau Kronenberg, wir danken Ihnen für das Gespräch.

1. Wertet das Interview aus:
   a) Wofür setzen sich Gleichstellungsbeauftragte ein?
   b) Was bedeutet der Begriff „Gender"?
   c) Welche Aussage von Frau Kronenberg scheint euch besonders wichtig zu sein?
2. Notiert einen Punkt, wo ihr euch als Mädchen/ als Junge schlechter behandelt fühlt als das andere Geschlecht. Was sollte nach eurer Meinung geändert werden?

Methode — Ein Interview führen

Mit Interviews könnt ihr Informationen beschaffen und Meinungen erkunden. Deshalb eignet sich die Methode nicht nur zur Befragung von Fachleuten. Auch Passanten, Mitschülerinnen und Mitschüler können nach Meinungen, Einschätzungen oder Vorlieben gefragt werden. Ihr könnt in folgenden Schritten vorgehen:

1. Schritt: Planung/Vorbereitung

- inhaltlich
  - Worum geht es? Informiert euch vorab zum Themenkreis (z. B. Gleichberechtigung).
  - Zu befragende Person(en)? Wer wird Interviewpartner (z. B. Beruf, Zugehörigkeit zu einer Partei, Zufallsauswahl usw.).
  - Welche Fragen sollen gestellt werden? Tragt mögliche interessante Fragen zusammen, sortiert sie und haltet sie schriftlich fest.
- technisch
  - Durchführung wann? Wo? Sprecht Ort und Termin der Befragung ab; sind Erlaubnisse nötig (Nutzen v. Räumen, Verlassen der Schule).
  - Wer fragt? Wer notiert/nimmt Antworten auf?
  - Wie soll die spätere Präsentation der Ergebnisse aussehen?

2. Schritt: Durchführung

- Wie soll das Interview geführt werden?
  - Interviewpartner freundlich begrüßen,
  - sich vorstellen,
  - Sinn des Interviews erklären,
  - um Erlaubnis bitten, falls die Antworten auf Tonträger oder Video aufgenommen werden,
  - zum Schluss bedanken und verabschieden.

3. Schritt: Auswertung und Präsentation der Ergebnisse

- die inhaltliche Arbeit
  - Aspekte zusammentragen und ordnen,
  - Ergebnisse formulieren und bewerten.
- die Präsentation
  - mündlicher oder schriftlicher Bericht?
  - Einsatz von Video oder Power Point?

4. Schritt: Beurteilung des Ablaufs

- Wie war die Durchführung?
- Was ist gut gelungen, was kann verbessert werden?

Jugendschutz – Hilfe oder Gängelung?

Jugendliche haben Rechte – aber eingeschränkte!
Kinder und Jugendliche empfinden oft, dass sie nicht frei genug in ihren Entscheidungen sind. Da gibt es Fragen wie:

– Kann ich mir das Shirt kaufen ohne zu fragen, wenn ich dafür mein eigenes Taschengeld nehme?
– Wie lange darf ich abends wegbleiben?
– Wieso lassen die mich nicht ins Kino, wenn ich einen Film „ab 18" sehen will?
– Warum kann ich keinen Wodka kaufen, wenn ich den für eine Party haben will?

Gesetze und Bestimmungen regeln große Teile des Lebens in einer Gemeinschaft – nicht nur für Jugendliche. Dabei gibt es neben den Rechten auch Pflichten, denen man nicht ausweichen kann, zum Beispiel die Schulpflicht.

1. Geht die Liste durch und findet heraus, an welche Altersstufen bestimmte Rechte und Pflichten gebunden sind.

[1] **Rechte von Bürgerinnen und Bürgern in Deutschland**

Lebensalter	Rechtsstellung
Geburt	Rechtsfähigkeit
6 Jahre	Schulpflicht
7 Jahre	– beschränkte Deliktsfähigkeit – beschränkte Geschäftsfähigkeit
14 Jahre	– beschränkte Strafmündigkeit – Religionsmündigkeit
16 Jahre	– Ehefähigkeit – Eidesfähigkeit – Besuch von Gaststätten
18 Jahre	– Volljährigkeit – volle Deliktsfähigkeit – volle Geschäftsfähigkeit – Strafmündigkeit – Ehemündigkeit – aktives und passives Wahlrecht – Pkw-Führerschein
21 Jahre	volle Strafmündigkeit
25 Jahre	Befähigung zum Schöffen

[2] Ein Mountainbike führt zum Streit. *Foto, 2013.*

Felix wird ausgebremst
Felix (13 Jahre) hat sein Traum-Bike gefunden. Es ist sogar von 799,– € auf 719,– € herabgesetzt. Mit dem Händler ist er sich einig: Einen Teil zahlt er von seinem ersparten Taschengeld an. Den Rest soll er in Monatsraten bezahlen. Aber seine Mutter verbietet den Kauf: „Das kommt nicht in Frage. Du darfst dich nicht verschulden. Und der Händler hätte Dir das Rad gar nicht verkaufen dürfen!" Felix ist sauer …

Mona, Sven und der Religionsunterricht
Mona und Sven sind 14 Jahre alt. Mona hat seit einigen Jahren am Religionsunterricht teilgenommen, weil ihre Eltern das so wollten. Jetzt hat sie sich zum neuen Schuljahr abgemeldet. Das Fach Religion interessiert sie nicht mehr.
Ganz anders Sven. Seine Familie schüttelt den Kopf aber Sven lässt sich nicht beirren: „Ich bin alt genug, um das selbst entscheiden zu dürfen. Und ich will das so!"

2. Beurteilt die beiden Fälle, in dem ihr die Übersicht in [1] linke Spalte hinzuzieht. Welche Rechte werden angesprochen?

> **Delikt:** Verfehlung, für die man bestraft werden kann
>
> **Mündigkeit:** Reife, Selbstständigkeit
>
> **Schöffe/Schöffin:** ehrenamtlicher Richter/in

Saufen bis der Arzt kommt...

Davon habt ihr sicher gehört oder wart selbst schon einmal beteiligt: Bei einer Party ging die Flasche herum, und manche(r) stand hinterher nicht mehr so sicher auf den Beinen.

[3] Es fängt harmlos an...

Was bei privaten Feiern die Erziehungsberechtigten verantworten müssen, soll in der Öffentlichkeit von vornherein verhindert werden.

Zum Schutz der Jugend wurde ein eigenes Gesetz erlassen. Danach ist zum Beispiel der Verkauf von Alkohol und Zigaretten an Jugendliche eingeschränkt. Für die abendliche Ausgehzeit sind ebenfalls Bestimmungen erlassen.

3. Notiert in einer Tabelle
   a) was den Jugendlichen eurer Altersgruppe erlaubt ist,
   b) was nicht erlaubt ist,
   c) was durch die Anwesenheit einer „erziehungsbeauftragten Person" (über 18 Jahren) anders gehandhabt werden kann. (✳ ✳)
4. Diskutiert, welche Bestimmung für die meisten in der Klasse vermutlich am schwierigsten einzuhalten ist.

Wählt einen der folgenden Arbeitsaufträge aus:

▣ Nennt das Gesetz, nach dem jemand seine Religionszugehörigkeit selbst bestimmen kann. Ab welchem Alter ist das möglich?

▣ Beurteilt die Regelungen des Jugendschutzgesetzes. Was haltet ihr für sinnvoll, was für überflüssig?

Die Erziehungsberechtigten sind nicht verpflichtet, alles zu erlauben, was das Gesetz gestattet. Sie tragen bis zur Volljährigkeit die Verantwortung.	Kinder	Jugendliche unter 16 Jahren	unter 18 Jahren
Aufenthalt in Gaststätten	✳	✳	bis 24.00 ✳
Aufenthalt in Nachtbars, Nachtclubs...			
Anwesenheit in der Disco (Ausnahmegenehmigung möglich)	✳	✳	bis 24.00 ✳
Anwesenheit bei Tanzveranstaltungen von anerkannten Trägern	bis 22.00 ✳	bis 24.00 ✳	bis 24.00 ✳
Anwesenheit in öffentlichen Spielhallen			
Aufenthalt an jugendgefährdenden Orten			
Abgabe/Verzehr von branntweinhaltigen Getränken			
Abgabe/Verzehr alkoholischer Getränke z. B. Wein, Bier ...			
Rauchen in der Öffentlichkeit/Abgabe von Tabakwaren			
Besuch öffentlicher Filmveranstaltungen (bei passender Altersfreigabe, unter 6 Jahren nur mit Erziehungsberechtigten)	bis 20.00 ✳	bis 22.00 ✳	bis 24.00 ✳
Abgabe von Bildträgern (Video, DVD...)			
Spielen an Geräten ohne Gewinnmöglichkeit (Altersfreigabe)			

■ nicht erlaubt   ■ erlaubt   ✳ ✳ Beschränkungen werden durch Anwesenheit eines Erziehungsberechtigten aufgehoben

Wahlseite Jugendkriminalität

1. Informiert euch auf dieser Seite über das Thema „Jugendkriminalität".
2. Berichtet über eure Ergebnisse in der Klasse in angemessener Form.

Ein Graffitisprayer

[1] Graffiti. *Foto, 2013.*

Hannes ist vor vier Wochen vierzehn Jahre alt geworden. Zum Geburtstag hatte ihm sein Lieblingsonkel heimlich zusätzlich 30 Euro in die Hand gedrückt und gesagt: „Du hast sicher einen Extrawunsch, den nicht alle zu erfahren brauchen. Hier, kauf dir was!" Hannes hatte tatsächlich einen Extrawunsch. Seit drei Monaten ist er unter die Graffitisprayer gegangen. Ihm gefallen die herrlich bunten Bilder auf den öden Hauswänden und den einfallslosen Vorortzügen. Die

30 Euro kann er gut für neue Spraydosen gebrauchen. Heute will er seiner Freundin Gabi seine Kunst vorführen. Die allerdings scheint nicht sehr begeistert zu sein. „Das ist doch verboten. Und was passiert, wenn uns jemand erwischt?", fragt sie. „Keine Sorge", erwidert Hannes, „bis jetzt hat mich noch keiner gesehen. Außerdem, was kann schon groß passieren? Bestrafen kann mich keiner. Ich bin doch noch nicht volljährig. Ich bin erst vierzehn!"

BTM: Betäubungsmittel (Drogen)

Sachbeschädigung: dazu gehören auch Graffiti

Sonstige Delikte: Fahren ohne Fahrerlaubnis; Beleidigungen; unerlaubtes Kopieren von Musiktiteln und Filmen; Randalieren; Trunkenheit im Verkehr usw.

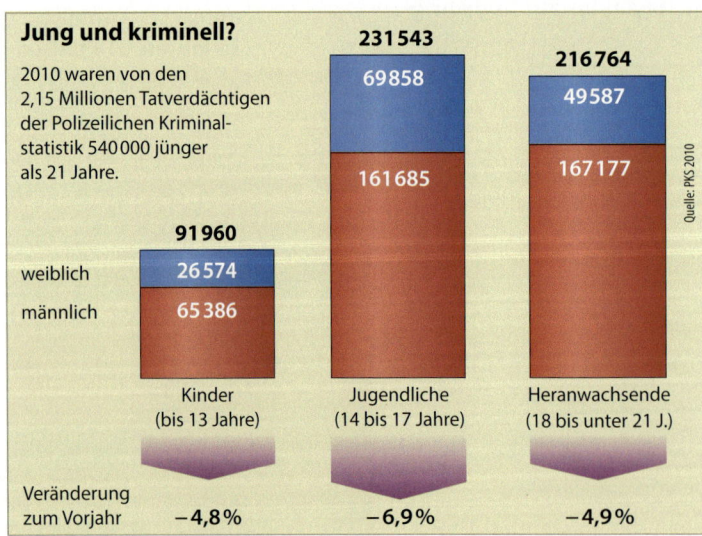

Jung und kriminell?

2010 waren von den 2,15 Millionen Tatverdächtigen der Polizeilichen Kriminalstatistik 540 000 jünger als 21 Jahre.

Quelle: PKS 2010

	Kinder (bis 13 Jahre)	Jugendliche (14 bis 17 Jahre)	Heranwachsende (18 bis unter 21 J.)
Gesamt	91 960	231 543	216 764
weiblich	26 574	69 858	49 587
männlich	65 386	161 685	167 177
Veränderung zum Vorjahr	−4,8 %	−6,9 %	−4,9 %

[2] Jugendkriminalität in Deutschland.

Tipps für die Erarbeitung
– Auf Seite 153 nachschlagen und prüfen, ob Hannes strafmündig ist.
– Nach Beispielen suchen, wo aus „Übermut" kriminelle Taten entstehen können.

Tipps für die Präsentation
– Die Grafik [2] auf großflächiges Papier malen.
– Die Delikte anhand von Beispielen erklären.

Junge Täter und Gesellschaft

1. Informiert euch auf dieser Seite über das Thema „Jugendkriminalität und Gesellschaft".
2. Berichtet eurer Klasse darüber in angemessener Form.

Warum werden Jugendliche kriminell?

[1] Ein Streit wird geschlichtet.

[2] **Interview mit Ninett Wickerath, Polizeikommissarin in Köln-Sülz:**

Frage: „Frau Wickerath. Warum werden ihrer Meinung nach Jugendliche kriminell?"

„Wenn wir uns mit Verstößen Jugendlicher befassen müssen, fragen wir immer auch nach den Ursachen des Fehlverhaltens. Warum verhält sich gerade dieser junge Mensch falsch?
Gründe sind zumeist:
– bei Gewalttätern: Gewalterfahrungen im eigenen Elternhaus
– fehlendes Interesse der Eltern für ihre Kinder (oder Unfähigkeit, Einfluss auf sie zu nehmen)
– Beeinflussung durch andere Jugendliche (Clique, Gang); auch „Mutproben" oder Lust auf Abenteuer gehören dazu
– Langeweile und Herumlungern, oft in Verbindung mit Schulschwänzen
– Beschaffungs-Kriminalität. Einfach ausgedrückt: Klauen, um Geld für Zigaretten, Drogen oder Luxusartikel zu bekommen
– echte Armut inmitten einer wohlhabenden Gesellschaft
– Gewaltvorbilder in Filmen und Videospielen
– fehlendes Unrechtsbewusstsein („Wir haben dem doch nur die Jacke abgezogen")

Wir erleben auch, dass Jugendliche ganz betroffen sind, wenn sie die Folgen ihrer Taten sehen... ja, dann ist es meist zu spät!"

Interview am 22.7.2013 © Karsten Schöne, Magazin Mitbestimmung 3/2013 Hans-Böckler-Stiftung

Konsequenzen für die Täter

Viele Jugendliche sind in Gefahr, sich durch kriminelles Verhalten die Zukunft zu verbauen. Wenn sie Freiheitsstrafen im Gefängnis absitzen müssen, lernen sie dort die „Profis" kennen. Das ist oft erst recht verhängnisvoll.
Deshalb wird versucht, Jugendlichen statt Freiheitsstrafen in leichten Fällen
– Sozialstunden aufzuerlegen. Auch der
– Täter-Opfer-Ausgleich
bietet gute Chancen für einen Neubeginn. Dabei muss der Täter seinem Opfer in die Augen schauen und seine Tat erklären. Gemeinsam wird überlegt, wie der Schaden wieder gutgemacht werden kann. Wenn der Versuch gelingt, gibt es kein Gerichtsverfahren (nach dem Prinzip: „Erziehen statt Strafen").

Maßnahmen der Gesellschaft

In der Gesellschaft gibt es Ängste (z.B. von Jugendlichen überfallen zu werden). Viele Menschen gehen deshalb nicht gern bei Dunkelheit vor die Tür. Oder sie meiden bestimmte Gegenden, wo sie Übergriffe vermuten.
Es entstehen aber auch hohe Kosten, weil Schäden bezahlt werden müssen und Polizeieinsätze, Gerichtsverfahren und Gefängnisunterbringung viel Geld kosten.
Daher versucht man, durch Vorbeuge-Maßnahmen (z.B. Anti-Aggressions-Training) der Jugendkriminalität entgegenzutreten. Ist jemand doch straffällig geworden, versucht man es mit Resozialisierung (Wiedereingliederung in die Gesellschaft).

Tipp für die Erarbeitung:
– Notiert für euch wichtige Punkte aus der Aussage der Polizeikommissarin.

Tipp für die Präsentation
– Versucht mit der Klasse eine Diskussion über den Ansatz „Erziehen statt Strafen" zu führen.

Wahlseite   Für den Beruf geboren?

1. Informiert euch auf dieser Seite über das Thema „Frauen-/Männerberufe".
2. Berichtet eurer Klasse darüber in angemessener Form.

Warum sich Mädchen und Jungen für bestimmte Berufe interessieren

Woher kommt das Interesse? Wissenschaftler erklären uns, dass die Berufswahl von Jugendlichen sich an Rollen orientiert, die in der Gesellschaft als üblich angesehen werden.

> [1] **Dazu Prof. Dr. Bettina Franzke**
> Männern werden Rollen in der Produktion, Frauen in der Reproduktion* zugeschrieben [...] Technik: gilt als männlich, Erziehung und Pflege: gelten als Bereich von Frauen ...

Prof. Dr. Bettina Franzke, Bad Wildbad 2010, S. 20, überarbeitet

> **Reproduktion:** Wiederherstellung und Aufrechterhaltung der Arbeitskraft (Pflege, Haus- und Familienarbeit, Kinderbetreuung).

Das würde bedeuten, das Mädchen immer noch so genannte „Frauenberufe" wählen. Sie kommen selten auf die Idee, sich auch für solche Berufe zu interessieren, die angeblich „Männerberufe" sind. Für Jungen gilt dasselbe – nur eben umgekehrt.

Ayse will Mechatronikerin werden – Anton möchte als Maskenbildner arbeiten

Ayse hat schon immer gern mit ihrem Bruder am Fahrzeug der Familie gebastelt. Sie interessiert sich für die Technik des Autos. Öfter füllte sie das Kühlwasser und die Scheibenwaschanlage auf. Ganz stolz war sie, als sie ohne Hilfe Winter-Reifen aufgezogen hat. Jetzt möchte sie gern Mechatronikerin werden. Ihre Freundinnen und ihre Familie raten ihr ab: Das ist nichts für Mädchen!

Als Anton in der Klasse davon spricht, dass er sich für Kosmetik interessiert, sind seine Freunde sprachlos. Sie machen sich über ihn lustig. „Was los mit Dir? Was willst du mit dem Weiberkram? Oder bist du schwul?" Anton ist geknickt. Er hatte im Fernsehen einen Maskenbildner bei der Arbeit gesehen. Das hatte er einen schönen Beruf gefunden. Aber jetzt ...?

Die beliebtesten Ausbildungsberufe 2012
Neu abgeschlossene Ausbildungsverträge in Deutschland

Frauen:

1. Kauffrau im Einzelhandel	17540
2. Verkäuferin	16000
3. Bürokauffrau	14410
4. Medizinische Fachangestellte	14020
5. Industriekauffrau	12010

Männer:

1. Kraftfahrzeugmechatroniker	19130
2. Kaufmann im Einzelhandel	14360
3. Industriemechaniker	13480
4. Elektroniker	11110
5. Anlagenmechaniker für Sanitär-, Heizungs- und Klimatechnik	10190

Quelle: Stat. Bundesamt

[2] Ausbildungsberufe von Jugendlichen.

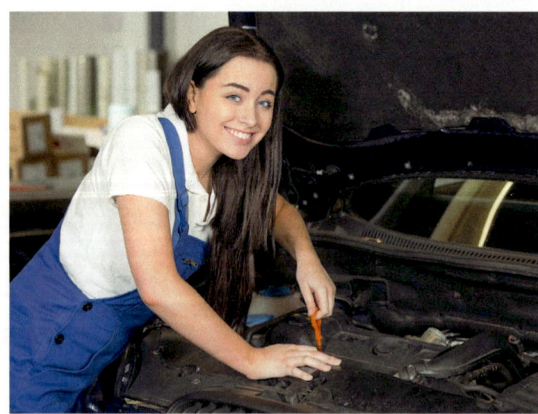

[3] Ayse beim Schrauben. *Foto, 2013.*

Tipps für die Erarbeitung
– Erklärt die beruflichen Interessen von Jungen und Mädchen.
– Notiert, womit das Interesse vermutlich zusammenhängt.

Tipp für die Präsentation
– Fordert die Klasse auf, über die Berufspläne von Ayse und Anton zu diskutieren.

Wahlseite   Das Briefgeheimnis

1. Informiert euch auf dieser Seite zum Thema Briefgeheimnis und Persönlichkeitsschutz im Internet.
2. Berichtet über eure Ergebnisse in der Klasse in angemessener Form.

[1] Ein Verstoß gegen das Briefgeheimnis. *Illustration.*

[2] **Aus dem Grundgesetz:**
(1) Das Briefgeheimnis sowie das Post- und Fernmeldegeheimnis sind unverletzlich.

Art. 10 GG

Ausnahme: Die Verfolgung schwerer Kriminalität: Nur wenn ein Richter es erlaubt, darf die Polizei Telefone abhören oder Briefe öffnen.

[3] **„Der Brief gehört mir!"**
Der Fall: Kurz vor Ende der Deutschstunde segelt ein Zettel durch die Klasse 8 a. Der Absender hofft, seine „Luftpost" komme unbemerkt von der Lehrerin an. Doch noch ehe jemand reagieren kann, setzt Frau Poschmann den Fuß auf den Zettel und nimmt ihn an sich. „Oh, das ist aber schön, eine Mitteilung für mich", wendet sie sich der Klasse zu. „Der ist nicht für Sie, ganz bestimmt nicht!", klingt es aus der Klasse zurück. Vanessa ist aufgestanden, sie ist den Tränen nahe. „Vorlesen, vorlesen!", fordern einige Jungen. Als Frau Poschmann den Zettel in die Hand nimmt und Luft holt, schreit Vanessa: „Das dürfen Sie nicht! Wenn Sie das tun, zeige ich Sie an!

Autorentext

Und was ist mit dem Internet?

[4] **In einer Broschüre des Bundesinnenministeriums steht zum Datenschutz im Internet:**

1 Das **Internet** mit seinen Abermillionen Anwende-
2 rinnen und Anwendern ist schwer zu überbli-
3 cken und noch schwerer zu überwachen. Und
4 dennoch kennt es **keine Geheimnisse**. Zumindest
5 fast keine. Denn wer **elektronische Post** sendet
6 und empfängt, der muss immer damit rechnen,
7 dass er Mitleserinnen oder Mitleser hat.
8 Ein **elektronischer Brief** passiert vom Absender
9 bis zum Empfänger einen oder mehrere Compu-
10 ter, die über Telefon-Standleitungen verbunden
11 sind. In den Leitungen und auf diesen Compu-
12 tern können technisch versierte Angreifer mittels
13 kleiner Programme E-Mails herausfischen und
14 lesen. (...)
15 Damit ist eine E-Mail nicht besser vor den Augen
16 Unbefugter geschützt als zum Beispiel eine Post-
17 karte.

Aus: Demokratie live! Hrsg. vom Bundesministerium des Inneren, Berlin o. J., S. 27

Tipp für die Erarbeitung
Ihr könnt beim Lesen die Schritte des Textknackers anwenden. Was habt ihr über das „Briefgeheimnis" erfahren?

Tipp für die Präsentation
– Ermuntert die Klasse, über eigene Erfahrungen zu sprechen (Briefgeheimnis, Tagebücher, Internet).

Politik aktiv

Im vorliegenden Kapitel sind viele Fragen aufgetaucht, die ganz direkt eure Wünsche, Hoffnungen und Ängste für die Gegenwart und die Zukunft berühren könnten.
Denkt auch daran, euer Portfolio zu führen:

– schöne Ergebnisse in Text und Bild sammeln,
– Lernerfahrungen zum Thema „Du und die anderen" aufschreiben.
Neben der üblichen Portfolio-Arbeit ist auch Raum für persönliche Texte und Bilder:

1. Texte

▶ „Wie ich mir meine Zukunft vorstelle"
▶ „Was mich als Jugendliche(r) freuen würde"
▶ „Was mir an meiner Rolle als Junge/ Mädchen nicht gefällt"

2. Bilder

▶ Bild-Collage „Meine Zukunft" (Bild-Ausschnitte aus Zeitschriften zusammengeklebt)
▶ gemaltes Bild
▶ Comicartige Geschichte mit Sprechblasen
▶ Umriss „Kopf" mit dickem Filzstift auf Zeichenblock zeichnen; füllen mit gemalten Ideen zu eigenen Träumen

3. Probleme von Jugendlichen – weltweit

Recherchen zu folgenden interessanten Themen starten:
▶ Bevorzugung von Jungen, Abtreibung von Mädchen. Länder: Indien, China und in andere Staaten.
▶ Damit direkt zusammenhängend: Männer finden keine Frauen als Partnerinnen.
▶ Das Leben von Kindern und Jugendlichen, die als Sklavenarbeiter leben müssen (z. B. in Westafrika und Indien).
▶ Kinder und Jugendliche in Kriegs- und Krisengebieten (z. B. in Afrika, Lateinamerika).
▶ Kinderarmut und ihre Auswirkungen (z. B. in Europa).

4. Eine Gerichtsverhandlung besuchen

Wenn ein Gericht in der Nähe ist, kann man versuchen einen Termin zum Besuch eines Prozesses als Zuschauer zu vereinbaren. Im Voraus sollten folgende Begriffe geklärt werden:
▶ Delikt (s. Seite 154), Gesetzesverstoß, Staatsanwalt, Urteil, Aufgaben von Richter, Schöffe, Verteidiger, Zeuge, Protokollant.

Das kann ich!

[1] Pyramide der Bedürfnisse.

[2] Barbie
und Ken.

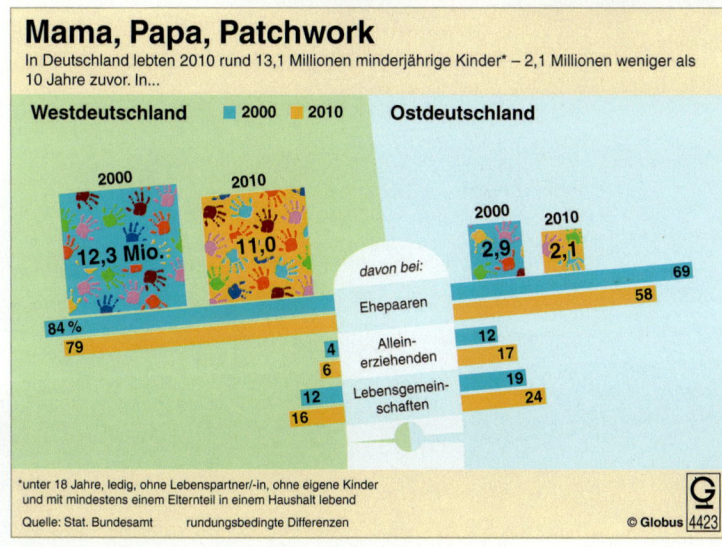

Mama, Papa, Patchwork

In Deutschland lebten 2010 rund 13,1 Millionen minderjährige Kinder* – 2,1 Millionen weniger als 10 Jahre zuvor. In...

Westdeutschland   ■ 2000 ■ 2010   **Ostdeutschland**

2000 — 12,3 Mio.   2010 — 11,0   2000 — 2,9   2010 — 2,1

davon bei:

Ehepaaren   84 % / 79   69 / 58

Allein-erziehenden   4 / 6   12 / 17

Lebensgemein-schaften   12 / 16   19 / 24

*unter 18 Jahre, ledig, ohne Lebenspartner/-in, ohne eigene Kinder
und mit mindestens einem Elternteil in einem Haushalt lebend

Quelle: Stat. Bundesamt   rundungsbedingte Differenzen

© Globus 4423

[3] Formen des Zusammenlebens in Deutschland.

Sachkompetenz

1. Skizziert die Grafik [1] auf einem großen Blatt und beschriftet sie mit passenden Begriffen für die verschiedenen Bedürfnisarten.
2. Beschreibt immer noch vorhandene Rollenbilder („Klischees") von Männern und Frauen.
3. Diskutiert, welche Rollen-Klischees in Bild [2] deutlich werden.
4. Was bedeutet der Begriff „Gender"? Notiert Aufgaben einer/eines Gleichstellungsbeauftragten.
5. Neben der Vater-Mutter-Kind-Familie haben sich weitere Formen des Zusammenlebens herausgebildet (Bild [3]).
6. Nennt das Alter, in dem man a) seine Religion frei wählen kann und b) volljährig und voll geschäftsfähig ist.
7. Nennt die Absicht des Jugendschutz-Gesetzes und mindestens drei Bestimmungen, die auf euch zutreffen.
8. Notiert Ursachen, die zu Jugendkriminalität führen können.

Methodenkompetenz

9. Nennt wichtige Schritte, die bei einem Interview beachtet werden müssen.

Urteilskompetenz

10. Nach Artikel 3 (Grundgesetz) soll gleiches Recht für alle gelten. Beurteilt, wie mitunter dagegen verstoßen wird.

Handlungskompetenz

11. Diskutiert über die Frage, wie ihr in eurem Umfeld (Schule, Freizeit) etwas für die Gleichbehandlung von Jungen und Mädchen tun könnt.

Europa wandelt sich

Der Sturm auf die Bastille

Am 14. Juli 1789 eroberte das Volk von Paris das königliche Staatsgefängnis, die Bastille. Mit diesem Ereignis begann die Französische Revolution. Die Menschen kämpften für Freiheit, Gleichheit und Brüderlichkeit. Bald erfasste die Revolution ganz Europa.

1. Beschreibt das Bild und klärt, welchen Eindruck der Maler beim Betrachter hervorrufen wollte.
2. Erläutert, was ihr unter den Begriffen Freiheit, Gleichheit und Brüderlichkeit versteht.

Schauplatz Der Sturm auf die Bastille

[1] Ein Redner ruft am 12. Juli 1789 im Garten des Palais Royal das Volk zu den Waffen. *Zeitgenössischer Stich.*

Die Bastille

Im Juli 1789 lag große Unruhe über der französischen Hauptstadt Paris. Seit Wochen war das Brot für die 500 000 Einwohner knapp geworden und kostete doppelt so viel wie in normalen Zeiten. Der König ließ Truppen zusammenziehen.

[2] **Der englische Arzt Dr. Rigby, der sich 1789 in Paris aufhielt, berichtet in einem Brief an seine Frau und seine Töchter:**

... als die ganze Masse von neuem aufgerührt wurde durch das Auftreten eines Mannes in einem grünen Rock, dessen Haltung und ganzes Benehmen von äußerster Bestürzung sprach. „Zu den Waffen, Bürger", rief er, „die Dragoner (Soldaten) haben auf das Volk in den Tuileriengärten gefeuert und ich bin selbst verwundet worden", wobei er auf sein Bein zeigte. Das wirkte wie ein elektrischer Schlag ... Von diesem Augenblick an konnte nichts die Wut des Volkes im Zaume halten; sie ergossen sich in die Straßen mit dem Ruf: Zu den Waffen! Zu den Waffen! Jedes Haus, das so aussah, als ob es irgendwelche liefern könnte, wurde sofort betreten, die Läden der Büchsenmacher* wurden geplündert, und in sehr kurzer Zeit füllten sich die Hauptstraßen mit lärmenden Menschen aus dem niederen Volk, die mannigfach mit Flinten, Schwertern, Piken ... bewaffnet waren. ... Das ganze Geschäftsleben kam sofort zum Stillstand, und alle Läden schlossen.

Zit. n. Die Französische Revolution. Ein Lesebuch, hrsg. von U. F. Müller, 2. Aufl., München (Piper) 1989, S. 40 ff.

1. Schildert nach dem Bericht [2] die Stimmung in Paris unmittelbar vor dem Sturm auf die Bastille. Nehmt auch die Abbildung [1] zuhilfe.

Am 14. Juli 1789 zogen mehrere tausend Menschen zur Bastille, dem verhassten Staatsgefängnis in Paris, das für viele Menschen als Symbol für die absolute Macht des Königs galt. Man vermutete, dass dort eine große Zahl von politischen Gegnern gefangen gehalten würde.

[3] **Über die Ereignisse am 14. Juli 1789 berichtet ein anderer Augenzeuge:**

... Kaum hat man Waffen, so geht's zur Bastille. Der Kommandant*, Graf de Launay, der gewiss überrascht war, hunderttausend Flinten mit Bajonetten zu sehen, muss sehr in Verwirrung gewesen sein. Man knallt ein oder zwei Stunden drauf los, man schießt von den Türmen herunter, was sich dort sehen lässt; Graf Launay ergibt sich; er lässt die Zugbrücke herunter, ... Es grenzt ans Wunderbare, um halb drei war die Bastille schon genommen. Die Bastille hätte sich sechs Monate halten können, aber sie wurde von Bürgersleuten und führerlosen Soldaten genommen, ohne einen einzigen Offizier! ... Herrn de Launay macht man zum Gefangenen, führt ihn zum Stadthaus und schlägt ihn unterwegs halbtot. Man gibt ihm den Rest auf dem Greveplatz und ein Schlächter schneidet ihm den Kopf ab.

Zit. n. Wolf Dietrich Behschnitt, Die Französische Revolution, Stuttgart (Klett) 1979, S. 44.

[4] Der Sturm auf die Bastille am 14. Juli 1789. *Zeitgenössischer kolorierter Kupferstich von J. P. Laminet.*

[5] **Was unmittelbar nach der Erstürmung der Bastille geschah, berichtet wiederum der englische Arzt Dr. Rigby:**

Die Bastille ist genommen und die Tore sind offen ... Auf einen Schlag brach der Jubel los; jede erdenkliche Art, in der sich die entzücktesten Freudengefühle äußern können, waren allenthalben zu sehen und zu hören. Rufe und Schreie, Springen und Umarmen, Lachen und Weinen, jeder Ton und jede Geste ... offenbaren in der bunt durcheinander gemischten Menge ein so augenblickliches und einstimmiges Aufwallen äußerster Freude, wie es, sollte ich meinen, nie zuvor von Menschenkindern erlebt worden ist. ...

Zit. nach: Die Französische Revolution. Ein Lesebuch, a. a. O., S. 49.

[6] Der Kopf des Kommandanten wird auf Lanzen gespießt durch Paris getragen. *Zeitgenössischer Stich.*

Der Sturm auf die Bastille gilt als Beginn der Französischen Revolution. Der 14. Juli ist heute noch der französische Nationalfeiertag.

2. Schildert die Erstürmung der Bastille mit eigenen Worten. Nehmt dazu [3] und [4] zuhilfe.
3. Beschreibt Abbildung [4]. Wie sind die Unterschiede zur Darstellung des Ereignisses auf den beiden Vorderseiten zu erklären?
4. Beurteilt die Reaktion der Menschen nach der Einnahme der Bastille [5].
5. Beschreibt die Szene in Abbildung [6]. Wie wirkt sie auf euch?

[7] Die Oper am Platz der Bastille, erbaut 1989, *Foto.*

6. Betrachtet Abbildung [7] genauer und begründet, warum die Oper ausgerechnet 1989 erbaut worden ist. Welchen Vorstellungen folgte der Architekt bei dem Entwurf?

Büchsenmacher: Gewehrmacher

Kommandant: Befehlshaber

Bajonett: Gewehraufsatz zum Zustechen

Gouverneur: Leiter eines militärischen Bereichs

Wählt einen der folgenden Arbeitsaufträge aus:

◼ Erstellt eine Stichwortliste der Ereignisse am 14. Juli 1789.

◼ Erfindet mithilfe der Materialien ein Interview mit einem Soldaten der Wachmannschaft der Bastille. So könnte das Interview beginnen: Wo befanden Sie sich, als die Massen auf die Bastille zukamen? – Ich stand oben auf dem ...

Was ihr noch tun könnt ...
◼ Weitere Bilder und Berichte aus dem Internet zum Thema „Sturm auf die Bastille" beschaffen und daraus eine Wandzeitung herstellen; zum Ereignis eine Hörspielszene oder eine Rundfunkreportage herstellen ...

Orientierung

[1] Europa um 1740. *Pol. Karte.*

1. Beschreibt die Karte [1]: Listet die größeren Staaten (Reiche bzw. Königreiche) in Mittel-, Ost- und Südosteuropa auf. Beschreibt das (rotumrandete) Heilige Römische Reich Deutscher Nation.

[2] Europa um 1914. *Pol. Karte.*

2. Beschreibt die Karte [2]: Welche Veränderungen haben sich ergeben? Beachtet vor allem das Deutsche Reich, Österreich, Italien, das Osmanische Reich und das Russische Reich.

▶ **1789**
Beginn der
Französischen Revolution

▶ **1793**
Fankreich wird Republik

▶ **1799**
Napoleon beendet die Revolution

▶ **1815**
Wiener Kongress

▶ **1832**
Hambacher Fest
(Demonstration für Freiheit
und Einheit)

▶ **1848**
Revolution in Europa,
erstes deutsches Parlament

▶ **1871**
Ausrufung des
Deutschen Kaiserreichs

Revolution (von lat. revolvere = um-
wälzen): Grundlegende Umgestaltung der bestehenden politischen,
technischen und gesellschaftlichen
Zustände.

▶ Europa wandelt sich

In diesem Kapitel geht es vor allem um folgende
Fragen:
**Wie wurde der Staat im Absolutismus regiert?
Was ist eine Revolution? Welche heute noch
geltenden Menschenrechte wurden erkämpft?
Warum wurde der König hingerichtet? Wer war
Napoleon? Was passierte in Deutschland zu
dieser Zeit? Was ist ein Nationalstaat?**

Wichtige Kompetenzen in diesem Kapitel

Sachkompetenz
▶ am Beispiel Frankreichs den Absolutismus als
Herrschaftsordnung vor der Revolution beschreiben
▶ die Leistungen und Ergebnisse der Französischen Revolution (1789) und der Revolution in
Deutschland (1848/49) erläutern
▶ das Deutsche Reich von 1871 als Verwirklichung
des Einheitsgedankens darstellen

Methodenkompetenz
▶ aus Karikaturen Informationen entnehmen und
Erkenntnisse gewinnen

Urteilskompetenz
▶ die Bedeutung der Erklärung der Menschen- und
Bürgerrechte von 1789 bewerten
▶ den Stellenwert des Nationalismus für die
Nationalstaatsbewegung im 19. Jahrhundert
diskutieren

Handlungskompetenz
▶ auf der Grundlage des geschichtlichen Wissens
Ereignisse und Entscheidungssituationen
nachgestalten; Problemlösungen entwickeln und
begründet Entscheidungen treffen

Der Absolutismus

Ist der König allmächtig?

[1] König Ludwig XIV. *Gemälde von Hyacinthe Rigaud, 1701.*

1. Beschreibt Abbildung [1]. Achtet besonders auf die Kleidung, auf Mimik (Gesichtsausdruck) und Gestik (Körperhaltung) des Königs. Begründet, warum das Bild der Darstellung königlicher Macht diente.

Der König

Vor der Französischen Revolution wurde Frankreich von einem König beherrscht. Der König fühlte sich von Gott berufen und hielt die gesamte Staatsmacht in seiner Hand. Er konnte Gesetze erlassen und sie durchführen lassen. Der König war gleichzeitig auch der oberste Richter. Alle anderen Menschen sah er als seine Untertanen an. Diese unbeschränkte Regierungsform wird Absolutismus genannt. Als Begründer und bedeutendster Vertreter dieser Regierungsform gilt Ludwig XIV. (1638–1715). Der Absolutismus diente als Vorbild für viele andere Staaten in Europa.

Beamte und Soldaten

Die Anordnungen des Herrschers wurden von treu ergebenen Staatsdienern, den Beamten, ausgeführt. Die Beamten sorgten z. B. dafür, dass die Untertanen Steuern bezahlten oder dass an den Grenzen Zölle auf Waren erhoben wurden. Um seine Macht zu stützen, unterhielt der König auch in Friedenszeiten ein stehendes Heer von ca. 400 000 Berufssoldaten.

Die ständische Gesellschaft

Seit Jahrhunderten war die Bevölkerung Frankreichs in Stände eingeteilt. Zum Ersten Stand gehörten die Geistlichen (Klerus). Der Adel bildete den Zweiten Stand. Alle übrigen Menschen wurden dem Dritten Stand zugerechnet. Die Angehörigen des Ersten und Zweiten Standes genossen besondere Rechte. Vor allem waren sie weitgehend von der Zahlung der Steuern befreit. Sie wurden bei der Vergabe hoher Staatsämter in der Kirche, Verwaltung oder Armee bevorzugt. Der Dritte Stand zahlte Steuern und schuldete dem Grundherrn Abgaben und Dienste.

2. Erklärt den Aufbau der Ständegesellschaft in Frankreich anhand des Schaubildes [2]. Findet heraus, zu welchem Stand die folgenden Titel oder Berufe gehörten: Bischof, Maurer, Graf, Seidenhändler, Pastor, Friseur, Weinbauer, Schauspieler, Prinz.

3. Erläutert die folgenden Begriffe: Absolutismus, Beamter, Untertan, stehendes Heer, Stand, Klerus.

[2] Schaubild: Die französischen Stände vor 1789.

[3] Barockschloss Nordkirchen (wird auch als „westfälisches Versailles" bezeichnet). *Foto.*

Absolutismus in Europa

Viele Fürsten in Europa ahmten das Vorbild Ludwigs XIV. von Frankreich nach. Auch sie unterhielten stehende Heere und ließen sich prächtige Schlösser bauen, die von großen Parks umgeben waren. An den Höfen der „kleinen Sonnenkönige" fanden häufig große Tanzveranstaltungen, Festessen, Theateraufführungen oder Feuerwerke statt. Oft führte die Prachtentfaltung an kleinen Höfen und die Ausgaben für das Militär zur Verarmung des Landes und der Untertanen. Der Kunststil des Absolutismus in Malerei, Architektur, Literatur und Musik wird als „Barock*" bezeichnet.

4. Erläutert, was mit der Bezeichnung „kleine Sonnenkönige" gemeint ist.

5. Findet an den Abbildungen [3] und [4] heraus, woran man erkennen kann, dass es sich um Bilder aus dem Barock handelt.
6. Beschreibt die Abbildungen [4] und [5]. Vergleicht die Personen (Kleidung, Mimik, Gestik), die Umgebung sowie die Speisen und Getränke. Beurteilt die Situation der abgebildeten Gruppen.

❋

Barock
Wort: Abgeleitet von „barocco" = unregelmäßig geformte Perle
Elemente: Starke Bewegung in den Formen, Betonung von Kraft und Spannung, reiches Schmuckwerk, oft verschnörkelt, überladen, Schlösser oft mit drei Flügeln und ausgedehnte Parkanlagen

Wählt einen der folgenden Arbeitsaufträge aus:

◼ Entwerft auf der Grundlage von [1] eine einfache Zeichnung und tragt folgende Bezeichnungen ein: Perücke, Zierschwert, Zepter, Brokatmantel, Krone, Ordenskette

◼ Schreibt zu den Abbildungen [4] oder [5] Gespräche zwischen den Personen auf oder erfindet Comics mit Sprechblasen.

[4] Das Austernessen. *Gemälde von Jean-Francois Troy, (1679–1752).*

[5] Die Bauernmahlzeit. *Gemälde von Louis Le Nain, 17. Jahrhundert.*

Kritik und Krise

Wie frei ist der Mensch?

[1] Ein hoher Würdenträger huldigt dem französischen König Ludwig XVI. *Gemälde von Gabriel Francois Doyen, etwa 1774.*

1. Beschreibt Abbildung [1]. Welchen Eindruck wollte der Maler beim Betrachter vermitteln?

Die Aufklärung

„Wir, Ludwig von Gottes Gnaden König von Frankreich" – so begannen die Gesetze und Briefe, des Königs. Kam die Herrschaft des Königs tatsächlich direkt von Gott? War es richtig, dass ein einziger Mensch alle Gewalt besaß? Solche und ähnliche Fragen wurden im 18. Jahrhundert von Philosophen gestellt, die davon ausgingen, dass alle Menschen mit Vernunft begabt sind und von Natur aus die gleichen Rechte besitzen. Sie wandten sich mit ihren Schriften gegen jede Form von Aberglauben und Ungerechtigkeit. Diese neue Denkrichtung wird als „Aufklärung" bezeichnet.

[2] **Der Philosoph Jean-Jacques Rousseau (1712–1778) schrieb 1762 in seinem Buch „Der Gesellschaftsvertrag" über die Naturrechte des Menschen:**
Der Mensch wird freigeboren und überall ist er in Ketten ... Auf seine Freiheit verzichten heißt auf seine Menschheit, die Menschenrechte ... zu verzichten ... Eine solche Entsagung ist mit der Natur des Menschen unvereinbar. Wenn es aber schon schwierig ist, einen großen Staat zu regieren, so ist es noch schwieriger, dass es von einem einzigen Mann gut regiert wird ...

Zit. nach: Jean-Jacques Rousseau, Der Gesellschaftsvertrag, Stuttgart (Klett) 1966, S. 30 ff.

[3] **Der Philosoph Charles de Montesquieu (1689–1755) schrieb 1748 in seinem Buch „Vom Geist der Gesetze":**
Wenn die gesetzgebende Gewalt mit der ausführenden in einer Person ... vereinigt ist, dann gibt es keine Freiheit, weil man fürchten kann, derselbe Herrscher ... werde tyrannische Gesetze geben, um sie tyrannisch auszuführen. Es gibt auch keine Freiheit, wenn die richterliche Gewalt nicht von der gesetzgebenden und ausführenden Gewalt getrennt ist ... alles wäre verloren, wenn ein und derselbe Mensch ... diese drei Gewalten ausübte, die gesetzgebende, die ausführende und die richterliche Gewalt.

Zit. nach: Irmgard und Paul Hartig, a. a. O., S. 13 ff.

Die Staatskrise

1788/89 stand Frankreich vor dem Ruin. Die Ausgaben für die teure Hofhaltung, das stehende Heer oder die zahlreichen Kriege hatten die Schuldenlast des Staates in 15 Jahren verdreifacht. Die meisten Bauern, Handwerker oder Tagelöhner waren völlig verarmt und konnten keine höheren Abgaben aufbringen. Aber die Adligen und Geistlichen weigerten sich, auf ihre Vorrechte zu verzichten. Was sollte nun werden?

2. Formuliert den Hauptgedanken Rousseaus [2] mit eigenen Worten.
3. Nennt die drei Gewalten, von denen Montesquieu [3] spricht. Begründet, warum die Gewalten getrennt sein sollen.
4. Fasst die Missstände in Frankreich in Stichworten zusammen.

[4] Hoffentlich ist bald Schluss". *Kolorierte Karikatur, anonym 1789.*

Karikaturen deuten

Was sind Karikaturen?

Die meisten Menschen im 18. Jahrhundert konnten weder lesen noch schreiben. Deshalb wurde die Kritik am Absolutismus nicht nur in Büchern geäußert, sondern auch in Zeichnungen zum Ausdruck gebracht. Solche Zeichnungen werden Karikaturen genannt.

Es gab sie schon seit dem 16. Jahrhundert, aber jetzt kamen sie richtig in Mode. Karikaturen zeigen Personen, Ereignisse oder Zustände häufig in übertriebener, verzerrter Darstellung, die oft komisch wirkt und den Betrachter zum Lachen bringt. Dabei geht es dem Zeichner darum, seine Meinung zu einer Sache darzustellen.

Eine Karikatur beschreibt nicht nur, sondern urteilt. Um verstanden zu werden, bedienen sich Karikaturisten bestimmter Stilmittel. Dazu gehört häufig die Übertreibung, z. B. von körperlichen Eigenschaften bestimmter Personen (übergroße Ohren, lange Nasen usw.).

Oft werden historische Personen (z. B. Könige), Figuren aus Märchen ("Hans im Glück") oder Tiere als Symbolfiguren* (z. B. "Berliner Bär") herangezogen, um eine Sache zu veranschaulichen. Die Arbeitsschritte helfen euch, eine Karikatur zu deuten.

1. Schritt: Beobachten

- Betrachtet die Karikatur so genau wie möglich und notiert euren ersten Eindruck

2. Schritt: Beschreibung

- Beschreibt so genau wie möglich, was abgebildet ist (Personen, Tiere, Gegenstände) und wie es abgebildet ist (z. B. Mimik, Gestik). Was geschieht? Wird eine Handlung deutlich? Welche Texte gehören zum Bild?

3. Schritt: Deutung

- Welche Bedeutung haben die abgebildeten Personen, Tiere oder Gegenstände? Welche Bedeutung hat die Handlung?

4. Schritt: Einordnung

- Auf welche Situation oder Ereignisse beziehen sich die Aussagen der Karikatur?

5. Schritt: Wertung

- Welche Position bezieht die Karikatur zum Thema? Wie seht ihr das Problem?

[1] „So kann es nicht weitergehen". *Karikatur, 1789.*

1. Beschreibt und deutet die Abbildung [1] mithilfe der Arbeitsschritte. Ihr könntet so beginnen:
Die Karikatur zeigt drei männliche Personen und mehrere Tiere in einer Landschaft, die mit einer offenen Säulenhalle dekoriert ist. Die aktive Person im Vordergrund links ist mit einer roten Jacke...

Symbol

Wort, Form, Gegenstand oder Vorgang, der nicht für sich allein steht, sondern eine verborgene Bedeutung hat. Beispiele: Das Kreuz ist Symbol des Christentums.

[2] Das Erwachen des dritten Standes. *Karikatur, 1789.*

2. Beschreibt und deutet die Abbildung [2].

Freiheit – Gleichheit – Brüderlichkeit

Wie begann die Französische Revolution?

Es war ein feierlicher Augenblick: Zum ersten Mal seit über 150 Jahren traten am 5. Mai 1789 in Versailles die Generalstände aus Geistlichen, Adel und Bürgertum zusammen. Der König hatte sie gerufen, um den drohenden Staatsbankrott abzuwenden.

1. Stellt die Ereignisse in einer Stichwortliste (Datum, Ereignis) mithilfe von [1] bis [4] zusammen.

[1] Die Eröffnung der Generalstände am 5. Mai 1789. *Gemälde von Auguste Couder, 1839.*

[2] Der Schwur im Ballhaus am 20. Juni 1789. *Gemälde von Jacques Louis David (1748–1825), um 1791.*

[3] Bauern stürmen das Schloss ihres Grundherrn. *Stich eines unbekannten Künstlers.*

[4] **Über die Ereignisse der Revolution hätte ein Abgeordneter so berichten können:**

Zuerst hielt der Finanzminister eine lange Rede über den Staatshaushalt und die Steuern. Ich hatte eigentlich gedacht, wir könnten dem König etwas aus den Beschwerdebriefen der Bauern vorlesen, die wir in der Tasche hatten. Das wollten die vornehmen Herren aber nicht hören. Alles sollte so bleiben wie es immer war. Aber dann trafen sich die Abgeordneten der drei Stände am 20. Juni 1789 in einer Turnhalle, dem Ballhaus. Dort haben wir den feierlichen Eid abgelegt, uns nicht mehr zu trennen, bis Frankreich eine freiheitliche Verfassung hat. Wir erklärten uns zur Nationalversammlung. Als der König später versuchte, die Nationalversammlung aufzulösen, schleuderte ihm ein Abgeordneter entgegen: „Die versammelte Nation empfängt keine Befehle und weicht nur den Bajonetten." Der König musste nachgeben. ...

Dann kam der 14. Juli 1789: Der Sturm auf die Bastille. Die Nachricht vom Sieg der Freiheit über die Unterdrückung verbreitete sich wie ein Lauffeuer über ganz Frankreich. Bauern zogen zu den Schlössern der Grundherren und forderten die Herausgabe der Urkunden, worin ihre Abgaben und Dienste verzeichnet waren und verbrannten sie. ... Unter diesem Druck hob die Nationalversammlung am 4. August 1789 die Leibeigenschaft auf. Die Grundherren waren jetzt nicht mehr die Richter auf dem Lande. ...

Verfassertext (nach Quellen zusammengestellt)

Die Menschen- und Bürgerrechte

[5] **Am 26. August 1789 beschloss die National-versammlung die „Erklärung der Menschen- und Bürgerrechte" (Auszug):**

Artikel 1: Die Menschen sind und bleiben von Geburt an frei und gleich an Rechten ...

Artikel 2: Das Ziel jeder politischen Vereinigung besteht in der Erhaltung der natürlichen und un-antastbaren Menschenrechte. Diese Rechte sind Freiheit, Sicherheit und Widerstand gegen Un-terdrückung.

Artikel 4: Die Freiheit besteht darin, alles tun zu können, was dem Anderen nicht schadet.

Artikel 11: Freie Gedanken- und Meinungsfrei-heit ist eines der kostbarsten Menschenrechte; jeder Bürger kann daher frei schreiben, reden und drucken ...

Zit. nach: Europäische Geschichte. Quellen und Materialien, hrsg. von H. Schulze und I. Paul. bsv, München 1994, S. 533 f. (übers. von W. Lautemann/ J. Cornelissen)

2. Klärt im Gespräch, was mit den Begriffen Freiheit, Gleichheit, Sicherheit gemeint ist.
3. Prüft nach, in welchen Punkten die Menschen- und Bürgerrechte im Gegensatz zur absolutisti-schen Herrschaftsauffassung stehen.

Die Verfassung* von 1791

Die Revolution hatte zwar die Menschenrechte erkämpft, aber es gab immer noch einen absolut regierenden König. Aber die Verfassung von 1791 schränkte die Macht des Königs ein. Er konnte nun selbst keine Gesetze mehr erlassen oder Gerichtsurteile fällen. Der König war aber noch das Staatsoberhaupt und stand an der Spit-ze der Exekutive, der ausführenden Gewalt. Da-mit wurde Frankreich eine konstitutionelle Mon-archie*.

> ✳
> **Verfassung:** Grundsätze eines Staates über die Regierungs-Form und die Rechte der Staats-bürger
>
> **Monarchie/Konstitutionelle Monarchie:** Staat mit einem Monarchen (König, Fürst) als Oberhaupt. In der konstitutionellen Monar-chie sind die Rechte des Königs durch die Verfassung eingeschränkt.

4. Übertragt das Verfassungsschaubild [4] ins Heft und erläutert es mit eigenen Worten. Ihr könntet so beginnen: *Die Staatsgewalt ist aufgeteilt in gesetzgebende Gewalt ...*

Wählt einen der folgenden Arbeitsaufträge aus:

▪ Beschreibt eines der dargestellten Ereignisse (z. B. Ballhausschwur) in der Form einer Reportage oder eines Erlebnisberichts.

▪ Recherchiert im Internet (z. B. auf der Seite von Amnesty International) über das Thema „Menschenrechte heute" und berichtet darüber.

[6] Die Fran-zösische Verfas-sung von 1791. *Schau-bild.*

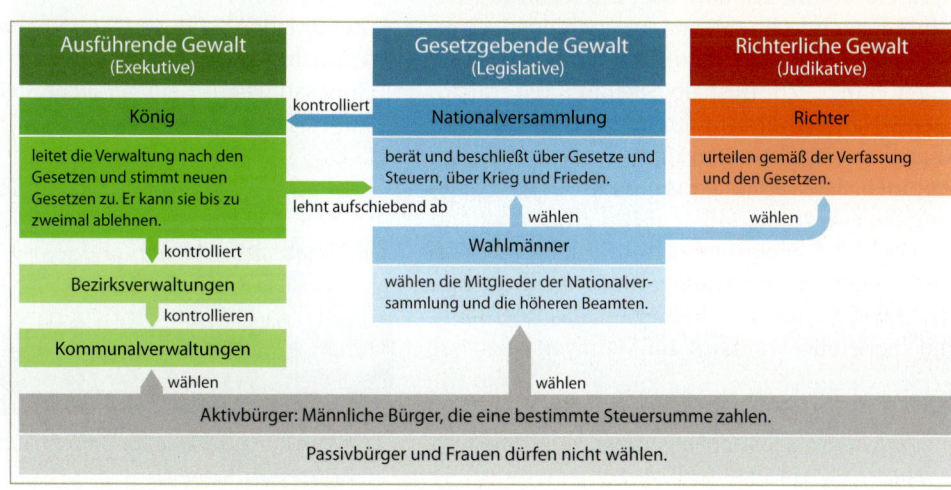

Von der Monarchie zur Republik

Darf man einen König hinrichten?

Auf, Söhne des Vaterlandes, der Tag des Ruhms ist gekommen! Die blutige Fahne der Tyrannei ist gegen uns erhoben. Zu den Waffen, Bürger! Reiht euch ein in die Bataillone! Lasst uns marschieren, marschieren, damit das feindliche Blut unsere Felder tränke!

[1] Die National-garde zieht in den Krieg. *Montage zum Gemälde von Leon Cogniet, 1836.*

1. Beschreibt Abbildung [1]. Welche Stimmung soll das Bild vermitteln?
2. Lest den einmontierten Text der „Marseillaise" (heute Nationalhymne Frankreichs) laut vor. Wozu sollte das Lied auffordern? Nehmt Stellung zum Inhalt.

Revolution und Krieg

Die europäischen Staaten außerhalb Frankreichs wurden von absoluten Königen und Fürsten regiert. Sie fürchteten, dass sich die Ideen der Revolution auch in ihren Ländern ausbreiten könnten und trafen Vorbereitungen für einen Krieg gegen Frankreich. Deshalb beschloss die französische Nationalversammlung, dem feindlichen Angriff zuvorzukommen und mit dem Krieg zu beginnen. Jetzt erfasste eine nationale Begeisterung die Franzosen. Mit dem Ruf „Das Vaterland ist in Gefahr" meldeten sich Zehntausende von Freiwilligen zu den Waffen. Nach anfänglichen Niederlagen eroberten sie Belgien, das Rheinland und stießen bis Frankfurt am Main vor.

3. Fasst zusammen, welche Haltung für den Erfolg der französischen Armeen verantwortlich war.

Anklage und Hinrichtung

Der König wurde verdächtigt, mit den Feinden gemeinsame Sache zu machen. Bei seinem Versuch, aus Frankreich zu fliehen, wurde er mit seiner Familie gefangen genommen. Bei dem Prozess gegen ihn stimmte eine knappe Mehrheit für die Todesstrafe. Am 21. Januar 1793 wurde Ludwig XVI. mit der Guillotine hingerichtet. Frankreich war nun eine Republik, ein Staat ohne König.

4. Beschreibt Abbildung [2] und nehmt zur Hinrichtung des Königs und zum Problem der Todesstrafe aus heutiger Sicht Stellung.

[2] Hinrichtung Ludwig XVI. am 21. Januar 1793. *Zeitgenössischer Stich.*

Die Herrschaft der Jakobiner

Nach der Hinrichtung des Königs riss die radikale Gruppe der Jakobiner die Macht an sich. Zu ihren Anhängern gehörten auch die radikalen Kleinbürger, die Sansculotten*. Die Jakobiner beriefen sich auf die Schriften der Aufklärung und setzten sich für eine Volksherrschaft ein. 1793 wurde ein „Gesetz gegen die Verdächtigen" erlassen. Danach galten alle Personen als verdächtig, die sich durch ihr Verhalten oder durch ihre Beziehungen, ihre mündlichen oder schriftlichen Äußerungen als Feinde der Freiheit zu erkennen gaben. Ein Angeklagter, der als Verdächtiger vor dem Revolutionsausschuss stand, hatte kaum eine Chance. Meistens lautete das Urteil: Tod durch die Guillotine. Die Terrorherrschaft der Jakobiner kostete etwa 35 000 Menschen das Leben.

5. Beschreibt [3] und beurteilt, welche Chance der Angeklagte nach eurer Meinung gehabt haben dürfte? Begründet eure Meinung.

[3] Angeklagter vor dem Revolutionsausschuss. *Zeitgenössischer französischer Stich.*

[4] **Der führende Jakobiner Maximilien Robespierre sagte in einer Rede am 5. Februar 1794 über die Grundsätze seiner Politik:**
Wir wollen eine Ordnung der Dinge, in der alle niederen und grausamen Leidenschaften unbekannt sind, wo aber zu allen wohltätigen und großherzigen Leidenschaften gesetzlich aufgefordert wird … Bezwingt die Feinde der Freiheit durch Terror und ihr habt Recht, denn ihr seid die Gründer der Republik …

Zit. nach Geschichte in Quellen, Bd. 4, hrsg. v. Wolfgang Lautenmann u. a., bsv, München, 1981, S. 392.

[5] **Der Revolutionär Camille Desmoulins hatte in einer Rede 1793 erklärt:**
Die Freiheit ist das Glück, ist die Vernunft, ist die Gleichheit, ist die Gerechtigkeit, die Erklärung der Rechte … Ihr wollt eure Feinde mit der Guillotine austilgen. Hat man je einen größeren Aberwitz gesehen? Könnt ihr einen Einzigen auf dem Schafott umbringen, ohne euch unter seinen Verwandten oder Freunden zehn Feinde zu machen?

Zit. nach: Die Französische Revolution 1789–1799. Ein Lesebuch, hg. v. U. F. Müller. München, 1988

Die französische Revolutionsarmee besiegte die äußeren Feinde. Nun konnten die Jakobiner ihren Terror nicht weiter aufrecht erhalten. Mit der Hinrichtung Robespierres am 27. Juli 1794 war die Schreckensherrschaft zu Ende.

[6] Zwei Sansculotten. *Zeitgenössische Zeichnung.*

✿
Sansculotte: „ohne (Knie)Hosen", revolutionäre Pariser Kleinbürger

6. Tragt die Texte [4] und [5] vor der Klasse vor.
7. Vergleicht die Ansichten der beiden Revolutionäre: Wem würdet ihr eher zustimmen? Begründet eure Meinung.

Wählt einen der folgenden Arbeitsaufträge aus:

◼ Schreibt eine kleine Szene zur Abbildung [3] und spielt sie in der Klasse vor.

◼ Sammelt Argumente für und gegen die Todesstrafe. Welche sind für euch überzeugender?

Napoleon – Herrscher Europas

Traum oder Albtraum?

[1] Napoleon im Krönungsornat. *Gemälde von Francois Gérard, 1805.*

1. Beschreibt Abbildung [1] vergleicht sie mit dem Bild Ludwig XIV. auf Seite 166.

Napoleon
Am 9. November 1799 vertrieb der junge General Napoleon Bonaparte (1769–1821) mithilfe seiner Soldaten die Regierung und ließ sich zum Konsul ernennen. Er war im Volk beliebt, denn er hatte 1795 einen Aufstand gegen die Revolution niedergeschlagen und in vielen Schlachten gegen die verbündeten ausländischen Fürstenheere gesiegt. Nach den Unruhen sehnten sich die Menschen nach einem neuen „starken Mann". Im Jahr 1804 krönte sich Napoleon in der Kathedrale von Notre Dame zu Paris selbst zum Kaiser. Frankreich war wieder eine Monarchie. War jetzt alles wieder so wie vor der Revolution?

Napoleon – Retter oder Zerstörer der Revolution?
Napoleon erklärte die Revolution für beendet. Die Staatsmacht stand unter seiner Kontrolle. Freie Wahlen und Pressefreiheit gab es nicht mehr. Aber die Freiheit der Person, die Gleichheit vor dem Gesetz und das Recht auf Eigentum blieben bestehen. 1804 erschien eine Gesetzessammlung, der „Code Civil", worin die Rechte der einzelnen Personen und Fragen des Eigentums geregelt waren.

2. Beurteilt die Frage, ob durch Napoleon alles wieder so wurde, wie es vor der Revolution war.

Europa unter der Herrschaft Napoleons
Schon als junger Mann war Napoleon zum General der Revolutionstruppen aufgestiegen. Die Soldaten verehrten den kleingewachsenen Heerführer, der ihnen das Gefühl gab, für eine große Sache zu kämpfen.

[2] **Über seine Ziele sagte Napoleon in einem Gespräch:**
… Europa wird nicht zur Ruhe kommen, bevor es nicht unter einem einzigen Oberhaupt steht, unter einem Kaiser, der Könige als seine Beamten hat und der seinen Generälen Königreiche gibt. Wir brauchen ein europäisches Gesetz, einen europäischen Gerichtshof, eine einheitliche Münze, die gleichen Gewichte und Maße. Aus allen Völkern Europas muss ich ein Volk machen und aus Paris die Hauptstadt der Welt.

Zit. nach: F. H. Kircheisen (Hrsg.), Gespräche Napoleons, Bd. 2, Stuttgart 1912, S. 63.

3. Erläutert die Ziele Napoleons nach [2] mit eigenen Worten. Was wirkt daran heute noch modern? Welche Aussagen lehnt ihr ab? Begründet eure Meinung.

Napoleon verändert die Landkarte Europas
In den Gebieten, die von Frankreich erobert und besetzt wurden, veränderte sich das Leben der Menschen: Sie waren jetzt persönlich frei und gleich vor dem Gesetz, die Leibeigenschaft der Bauern wurde abgeschafft. In Deutschland verschwanden 300 kleine Herrschaften von der Landkarte. Drei Millionen Menschen bekamen neue Herrscher. Als sich 1806 die 16 süd- und westdeutschen Staaten zum **Rheinbund** vereinigten und sich unter den Schutz Napoleons stellten, legte der deutsche Kaiser Franz II. die Kaiserkrone des 1000-jährigen „Heiligen Römischen Reichs Deutscher Nation" nieder.

Legende:
- Frankreich 1804
- Erwerbungen Napoleons bis 1812
- von Napoleon abhängige Staaten
- mit Napoleon 1812 verbündete Staaten
- x bedeutende Schlacht
- ᛘ Kontinentalsperre gegen britischen Handel

[3] Europa unter der Herrschaft Napoleons 1804–1812. *Karte.*

4. Wertet die Karte [3] aus. Welche Staaten waren von Napoleon abhängig? Mit welchen Staaten war er verbündet?

Das Ende der Herrschaft Napoleons über Europa

In den von den Truppen Napoleons eroberten Gebieten Europas wurden die Franzosen vielfach als Befreier begrüßt. Aber die Fremdherrschaft wurde auch als bedrückend empfunden, vor allem, weil Napoleon immer wieder Soldaten für seine Feldzüge benötigte. Die Niederlage Napoleons im Feldzug gegen Russland (1812) war das Signal zur Erhebung seiner Gegner (vor allem Preußen, Russland, England), die ihn in der Völkerschlacht von Leipzig (1813) und nochmals bei Waterloo (1815) besiegten. Napoleon musste in die Verbannung gehen.

5. Findet heraus, welche Königreiche (Kgr.) es 1812 in Deutschland gab. Zu welchen Ländern gehörten die Städte Köln, Münster, Bremen, Hamburg, Berlin, Leipzig, München?

6. Stellt gegenüber, was für die Menschen in den von Frankreich eroberten Gebieten positiv war und was sie als negativ empfanden.

Wählt einen der folgenden Arbeitsaufträge aus:

▣ Schreibt einen Aufruf zum Kampf gegen Napoleon. Ihr könntet so beginnen: *Napoleon hat unser Land besetzt. Er ist ein ...*

▣ Schreibt auf, was Napoleon in der Verbannung über sein Wirken gedacht haben könnte: Was war richtig? Was habe ich falsch gemacht?

Was ihr noch tun könnt...

- euch in einem Lexikon oder im Internet über den Lebenslauf Napoleons erkundigen und eure Ergebnisse in der Klasse vorstellen
- Jacques-Louis David – ein Künstlerporträt erstellen. Ihr könnt seine Werke recherchieren und in der Klasse präsentieren.

Preußen: Die Revolution von oben

Kann der Staat den Staat verbessern?

[1] Karl vom Stein im Kreis der preußischen Reformer. *Stich.*

> Wenn wir eine Revolution wie die in Frankreich verhindern wollen, dann müssen wir Reformen durchführen.

> Die Monarchie ist immer noch die beste Form der Regierung. Allerdings braucht man in der heutigen Zeit auch demokratische Grundsätze.

> Unsere Aufgabe ist es, alle durch Überzeugung, Teilnahme und Mitwirkung bei den Angelegenheiten der Nation an den Staat zu binden.

1. Lest die Sprechblasentexte aus [1] mit verteilten Rollen vor. Erläutert, worum es in der Diskussion geht.

Preußen

1806 wurden die preußischen Truppen in der Schlacht bei Jena und Auerstedt von Napoleon vernichtend geschlagen. Preußen verlor jetzt die Hälfte seines Staatsgebietes und musste hohe Kriegsentschädigungen an Frankreich bezahlen. Wie hatte es dazu kommen können? Wie war der Zustand des Landes zur Zeit Napoleons?

[2] **Einer der in [1] abgebildeten Reformer hätte die Zustände in Preußen zur Zeit Napoleons vielleicht so beschrieben:**

Bei uns in Preußen gibt es keine Freiheit und Gleichheit wie in Frankreich. Die Bauern sind Leibeigene eines adligen Gutsbesitzers, bei dem sie Hand- und Spanndienste leisten müssen. Sie dürfen nicht wegziehen, müssen den Gutsherrn um eine Heiratserlaubnis bitten, und die Bauernkinder sind verpflichtet, den Herrschaften als Gesinde im Haushalt zu dienen. Wer einen Laden oder einen Handwerksbetrieb eröffnen will, wird von der Zunft, einer Einrichtung aus dem Mittelalter, daran gehindert. Die Kinder auf dem Land gehen meist nur im Winter zur Schule, weil sie im Sommer in der Landwirtschaft arbeiten müssen. Unsere früher so siegreiche Armee hat versagt, weil niemand wirklich begeistert in den Kampf gegen die Franzosen gezogen ist. Die einfachen Soldaten müssen sich einer sehr strengen Disziplin unterwerfen und dürfen bei jeder Gelegenheit verprügelt werden.

Nach Quellen zusammengestellter Verfassertext.

Eine „Revolution von oben"

Nach der Niederlage gegen Napoleon beauftragte der König 1807 den Reichsfreiherrn Karl vom und zum Stein (1757–1831) mit der Leitung der Staatsgeschäfte. Stein leitete eine grundlegende Reform des preußischen Staates ein.

Die Ziele der Reformer waren:

– In Preußen sollen Freiheit und Gleichheit herrschen. Nur freie Staatsbürger sind bereit, sich für ihren Staat einzusetzen.
– Die Vorrechte des Adels sollen abgeschafft werden. Der Zugang zu Ämtern und Ansehen soll sich nach Verdienst und Fähigkeit, nicht nach der Geburt, richten.
– Der König soll nach demokratischen Grundsätzen herrschen.
– Die Reformen sollen ohne Gewalt und Blutvergießen durchgesetzt werden.

2. Stellt die in [2] genannten Missstände und die Ziele der Reformer gegenüber.

3. Erläutert den Begriff „Revolution von oben" mit eigenen Worten.

Die wichtigsten Reformen:

Agrarreformen (1807/1811)
– Die Bauern werden persönlich frei und dürfen vom Hof fortziehen.
– Bauern und adlige Gutsherren dürfen jetzt ein Gewerbe betreiben.
– Gegen eine Entschädigung in Land können sich die Bauern von den bisherigen Diensten und Abgaben freikaufen.

Städteordnung (1808)
– Jeder, der in einer Stadt ein Haus besitzt, erlangt das volle Bürgerrecht.
– Sämtliche Bürger bilden die Bürgerschaft und können die Stadtverordneten wählen.
– Die Stadtverordneten haben das Recht, über sämtliche Gemeindeangelegenheiten zu bestimmen.

Bildungsreform (1809/10)
– Das Bildungswesen ist gegliedert in Volksschule, Gymnasium und Universität.
– Die Ausbildung der Volksschullehrer wird verbessert.
– Die Reifeprüfung (Abitur) wird als Zugangsvoraussetzung für die Universität eingeführt.

Gewerbereform (1810/11)
– Wer einen Gewerbeschein erwirbt, kann ein Gewerbe (z. B. Handwerk, Handel) ausüben.
– Es gibt das Recht auf freie Berufswahl und freien Wettbewerb.
– Die Zünfte verlieren ihre Vorrechte. Die Mitgliedschaft ist freiwillig.

Judenemanzipation (1812)
– Die Juden werden freie, gleichberechtigte Staatsbürger und dürfen Haus- und Grundbesitz erwerben.
– Die freie Religionsausübung wird garantiert.
– Jüdische Bürger dürfen jedes Gewerbe ausüben.

Heeresreform (1813)
– Abschaffung der Prügelstrafe in der Armee.
– Auch Nichtadlige können Offizier werden.
– Einführung der Allgemeinen Wehrpflicht.
– Einführung der Landwehr (Ersatztruppe).

Verwaltungsgliederung (1816)
1816 wurden in den preußischen Provinzen Rheinland und Westfalen Regierungsbezirke eingerichtet.

[3] Die Regierungsbezirke in Nordrhein-Westfalen heute. *Karte.*

Die durch die Reformen angestrebten Veränderungen waren für ihre Zeit sehr fortschrittlich und ebneten den Weg zu einer modernen Wirtschafts- und Sozialordnung. Das Versprechen, eine demokratische Verfassung einzuführen, wurde jedoch nicht eingelöst.

4. Vergleicht die Reformen mit den Leitgedanken und Zielen der Reformer. Beurteilt, ob die Ziele erreicht wurden oder nicht.

Wählt einen der folgenden Arbeitsaufträge aus:

◼ Ordnet die dargestellten Reformen in eine Tabelle ein:

Jahr	Bezeichnung	Inhalt
1807	Agrarreform	Freiheit für Bauern, Freikauf von Abgaben und Dienste
...	...	...

◼ Legt zu einer ausgewählten Reform eine Vorher-Nachher-Beschreibung an. Beispiel: Vor den Agrarreformen waren die Bauern Leibeigene eines Gutsbesitzers. Sie konnten nicht ... Nach der Bauernbefreiung ...

Um Einheit und Freiheit

Nationalstaat für alle?

Grenze des Deutschen Bundes 1815

- neu- oder wiedererworbene Gebiete
- in hellerer Farbstufe

1 = Großhzm. Oldenburg	5 = Großhzm. Luxemburg
2 = Hzm. Braunschweig	6 = Hzm. Nassau
3 = Hzm. Anhalt	7 = Großhzm. Hessen
4 = Kurfsm. Hessen	8 = Thüringische Staaten
	9 = Großhzm. Baden

1815 neugeschaffene oder wiederhergestellte Staaten in roter Schrift

[1] Der Deutsche Bund. 1815. *Karte.*

Europa 1815
Nach dem Sieg über Napoleon trafen sich 1814/15 die Fürsten Europas zu einem Kongress in Wien. Unter dem Vorsitz des österreichischen Staatskanzlers Metternich beschlossen sie, die europäische Landkarte neu zu ordnen und die vorrevolutionären Verhältnisse wieder einzuführen. Die Hoffnung der Menschen auf mehr Freiheit und auf eine einheitliche Nation erfüllte sich in vielen Ländern – z. B. in Deutschland, Italien oder Griechenland – nicht.

Der Deutsche Bund
Die Herrscher wollten in der Mitte Europas kein mächtiges, einheitliches Deutschland haben. Deshalb wurde der Deutsche Bund, ein lockeres Staatenbündnis aus 39 Einzelstaaten unter der Führung Österreichs gegründet. An der Spitze der Einzelstaaten standen Könige und Fürsten mit absoluter Regierungsgewalt. Jeder dieser Staaten, ob Königreich oder kleine Grafschaft, hatte eigene Regierungen, Gesetze, Maße und Währungen. Zahlreiche Zollgrenzen behinderten den Reise- und Güterverkehr.

1. Wertet die Karte [1] aus und legt dazu eine Tabelle an:

Staat bzw. Staatenbund	Wichtige Einzelstaaten
Deutscher Bund	Bayern…
Kaisertum Österreich	Tirol…

Protest und Unterdrückung
In der Zeit nach 1815 kam es in Europa immer wieder zu Protesten und Demonstrationen von Bürgern für mehr Freiheit und Einheit. Die Herrscher antworteten auf den Bürgerprotest mit Unterdrückung: Im Deutschen Bund mussten Zeitungen und Bücher von der Regierung genehmigt werden (Zensur), die Burschenschaften (Studentenclubs) wurden verboten, und die Universitäten unterlagen der Überwachung durch die Polizei.

Revolution
Im Frühjahr 1848 kam es in ganz Europa zu revolutionären Unruhen. Von Paris und Wien aus sprang der Funke auch auf Deutschland über. Im März 1848 griffen die Bürger zu den Waffen und kämpften auf den Barrikaden gegen die Militäreinheiten der Fürsten.

Die Deutsche Nationalversammlung
Unter dem Druck der Revolution gaben die Fürsten nach und stimmten der Wahl zu einer Deutschen Nationalversammlung zu. Am 18. Mai 1848 versammelten sich zum ersten Mal in der deutschen Geschichte 573 frei gewählte Abgeordnete in der Frankfurter Paulskirche. Aber die Versammlung scheiterte an der doppelten Aufgabe, eine freiheitliche Verfassung und einen einheitlichen Staat zu schaffen. 1849 löste sich das Parlament auf; die Fürsten übernahmen erneut die Macht.

2. Fasst die unter den Überschriften „Europa 1815", „Der Deutsche Bund" usw. dargestellten Stationen in Stichworten zusammen.

[2] Ausrufung des deutschen Kaiserreichs im Spiegelsaal von Versailles am 18. Januar 1871. Kaiser Wilhelm I. ist auf dem Podest zu sehen. Bismarck steht ihm mit weißer Uniform gegenüber. *Gemälde von Anton von Werner, 1885.*

3. Beschreibt Abbildung [2]: Welche Stimmung vermittelt das Bild?

Otto von Bismarck

Der Wunsch nach einem Nationalstaat blieb ungebrochen. Der neu ernannte preußische Ministerpräsident Otto von Bismarck (1815–1898) war entschlossen, dieses Ziel mit seinen Mitteln zu erreichen.

[3] **In einer Rede vom 30. 9. 1862 erklärte Bismarck:**

Preußens Grenzen nach den Wiener Verträgen sind zu einem gesunden Staatsleben nicht günstig; nicht durch Reden und Majoritätsbeschlüsse (Mehrheitsbeschlüsse) werden die großen Fragen der Zeit entschieden – das ist der große Fehler von 1848 und 1849 gewesen –, sondern durch Eisen und Blut.

Zit. nach: Manfred Görtemaker, Deutschland im 19. Jahrhundert. Leske und Budrich, Opladen ²1986, S. 193.

4. Klärt, was in [3] mit den „Wiener Verträgen" gemeint sein könnte. Was bedeutete es, wenn Bismarck von „Eisen und Blut" sprach?

Deutsche Einheit

Beim Kampf um die politische Vorherrschaft in Deutschland suchte Bismarck schon bald die militärische Entscheidung. Durch drei Kriege gegen Dänemark (1864), Österreich (1866) und Frankreich (1870/71) erzwang Preußen die Einigung Deutschlands. Am 31. Januar 1871 wurde Wilhelm I. im Spiegelsaal des Schlosses von Versailles zum Deutschen Kaiser ausgerufen. Otto von Bismarck erhielt den Titel Reichskanzler. Berlin wurde zur Hauptstadt Deutschlands.

Die Reichsverfassung

In der Reichsverfassung von 1871 waren die Menschenrechte nicht festgelegt. Nur die männlichen Bürger waren zur Wahl der Abgeordneten des Reichstages berechtigt. Die vom Reichstag beschlossenen Gesetze musste der Bundesrat, eine Vertretung der Fürsten der einzelnen Bundesländer, bestätigen. Der Kaiser war höchster Repräsentant des Staates und Oberbefehlshaber der Armee. Er konnte den Reichstag einberufen und auflösen. Der Kaiser ernannte den Reichskanzler, der die Regierungsgeschäfte führte.

[4] **Der Vorsitzende der Sozialdemokraten (SPD) August Bebel kommentierte 1874 die Reichsgründung und den neuen Staat:**

Das durch „Eisen und Blut" mühsam zusammengeschweißte Reich ist kein Boden für bürgerliche Freiheit, geschweige für die soziale Gleichheit. Staaten werden mit den Mitteln erhalten, durch die sie gegründet wurden. Der Säbel stand als Geburtshelfer dem „Reich" zur Seite, der Säbel wird es ins Grab begleiten.

Zit. nach: August Bebel, Die Sozialdemokratie im deutschen Reichstag, Band 1, Berlin (Vorwärts) 1909, S. 3 f.

5. Klärt, wer nach der Reichsverfassung die Macht im Staat ausübte. Fasst die Kritik Bebels [4] mit eigenen Worten zusammen.

Wählt einen der folgenden Arbeitsaufträge aus:

◼ Stellt in einer Tabelle (Jahr, Ereignis) oder Zeitleiste die Ereignisse von 1815 bis 1871 dar.

◼ Schreibt einen kritischen Kommentar zur Reichseinigung von 1871. Ihr könntet so beginnen: *Jetzt haben wir endlich die Einheit …*

Freiheit für Griechenland

[1] Griechenland im Osmanischen Reich um 1800, *Karte.*

1. Informiert euch auf dieser Seite über die Befreiung Griechenlands im 19. Jahrhundert.
2. Präsentiert eure Ergebnisse in geeigneter Form in der Klasse.

Griechenland im osmanischen Reich

Griechenland gehörte seit 1453 zum Osmanischen (türkischen) Reich. Seit Beginn des 19. Jahrhunderts planten griechische Geheimbünde eine Revolution und Befreiung von der Fremdherrschaft. Viele Griechen konnten aber mit der Idee eines Nationalstaates wenig anfangen oder es fiel ihnen schwer, an den Erfolg einer Revolution zu glauben.

1820 übernahm Alexander Ypsilantis (1792–1828) die Führung der griechischen „Freundschaftsgesellschaft". Sein aus wenigen Freiwilligen bestehende griechische Heer erwies sich aber als zu schwach und wurde von den türkischen Streitkräften geschlagen. Aber auf der Halbinsel Peleponnes (Morea) hatten die Griechen Erfolg: Türkische Städte wurden eingenommen und die muslimische Bevölkerung gewaltsam vertrieben. Aber noch immer war

Zentral-Griechenland mit Athen in der Hand des Osmanischen Reiches. Jetzt mischten sich fremde Mächte ein. 1825 eilte Ägypten unter der Führung von Mehmet Ali den Türken zuhilfe und eroberte den Hafen von Navarino. Aber die Großmächte Großbritannien, Frankreich und Russland wollten eine Vorherrschaft der Ägypter in Griechenland nicht dulden. In der Seeschlacht von Navarino versenkte die europäische Drei-Mächte-Flotte die türkischen und ägyptischen Schiffe. Der anschließende russisch-türkische Krieg (1828–1830) endete mit der Kapitulation des türkischen Sultans und der Errichtung eines unabhängigen griechischen Königreiches. Zum ersten König wurde Prinz Otto I. von Bayern ernannt.

[2] Die Seeschlacht von Navarino. *Gemälde, um 1850.*

[3] König Otto von Griechenland wird am 12. Januar 1835 in Athen empfangen. *Gemälde, 1839.*

Tipps für die Erarbeitung
– Klärt die Situation Griechenlands anhand der Karte [1]; schreibt die Ereignisse in einer Tabelle oder Zeitleiste auf; klärt die Bedeutung der Ereignisse für Europa.

Tipps für die Präsentation
– Erläutert die Situation Griechenlands um 1800 mithilfe einer Wandkarte; schildert die Ereignisse und zeigt sie an der Karte; erläutert den Einfluss der Großmächte.

Wahlseite   Belgien – ein neuer Staat

Kartenlegende:
- Königreich der Vereinigten Niederlande 1815 – 1830 (in Personalunion mit Großhzm. Luxemburg)
- Kgr. der Niederlande um 1830
- Kgr. Belgien um 1830
- heutige Grenze Belgiens

[1] Das Vereinigte Königreich der Niederlande 1815–1830. *Karte.*

1. Informiert euch auf dieser Seite über die Gründung Belgiens im 19. Jahrhundert.
2. Präsentiert eure Ergebnisse in geeigneter Form in der Klasse.

Als Belgien noch nicht Belgien war

Die Geschichte der belgischen Nation beginnt erst im Jahr 1830. Vorher gehörten die Regionen Flandern und Wallonien, aus denen das heutige Belgien besteht, unter anderem zu Frankreich, Österreich, Spanien und den Niederlanden.
1792 marschierten die Franzosen ins Land ein, aber 1812 wurde ihr Herrscher Napoleon bei Waterloo südlich von Brüssel vernichtend geschlagen. Auf dem Wiener Kongress wurden Flandern und Wallonien dem Vereinigten Königreich der Niederlande zugesprochen.

[2] Kämpfe im Schlosspark von Brüssel im September 1830. *Gemälde von Constantine Fiodele Coene, 1830.*

Revolution 1830

1830 kam es zu einer Erhebung des überwiegend katholischen belgischen Südens der Niederlande gegen den evangelischen Norden. Nach einer Aufführung der Freiheitsoper „Die Stumme von Portici" am 25. August 1830 kam es zu Demonstrationen für die Freiheit. Die Menschen griffen zu den Waffen. Einen Monat später waren die Niederländer besiegt und Belgien erklärte seine Unabhängigkeit. Am 4. Nov. 1830 erkannten die europäischen Großmächte auf einer Konferenz in London den neuen Nationalstaat an.

Königreich Belgien

Belgien wurde eine konstitutionelle Monarchie. In der freiheitlichen Verfassung war festgelegt:
- Die Macht des Königs ist eingeschränkt.
- Die Gesetze werden von einem gewählten Parlament verabschiedet.
- Die Verfassung garantiert die Grundrechte.
- Die alleinige Verwaltungs- und Unterrichtssprache ist Französisch.

Bis heute gibt es Streitigkeiten zwischen den Wallonen im Süden und dem flämisch sprechenden Landesteil Flandern im Norden Belgiens.

Tipps für die Erarbeitung:
- Wertet die Karte aus und klärt: Aus welchen Provinzen besteht das heutige Belgien? Welche Phasen der belgischen Unabhängigkeit gab es? aufschreiben.

Tipps für die Präsentation
- Verdeutlicht die geschichtlichen Abläufe an einer Wandkarte; erstellt eine Wandzeitung; sucht Bilder von der heutigen Stadt Brüssel und präsentiert sie.

Polens vergeblicher Kampf

[1] Polen nach 1815. *Karte.*

1. Informiert euch auf dieser Seite über den Freiheitskampf Polens im 19. Jahrhundert.
2. Präsentiert eure Ergebnisse in geeigneter Form in der Klasse.

Polen im 18. Jahrhundert

Im 18. Jahrhundert wurde Polen dreimal (1772, 1793 und 1795) von den Nachbarstaaten Preußen, Österreich und Russland geteilt. Aber die Polen gaben ihr Land nicht verloren, sondern kämpften um ihre Unabhängigkeit.

Polen zur Zeit Napoleons

Unter der Herrschaft Napoleons wurde 1807 das Großherzogtum Warschau gegründet. Die polnischen Truppen standen unter dem Kommando des Generals Dabrowski auf der Seite Napoleons. Nach der Niederlage Napoleons wurde auf dem Wiener Kongress das Königreich Polen gegründet. Das Land blieb aber von Russland abhängig, denn der russische Zar (Kaiser) war zugleich König von Polen.

Der Kampf um die Unabhängigkeit

Die Polen gaben den Kampf um ihre Unabhängigkeit nicht auf. Im Jahr 1830 brach ein bewaffneter Aufstand aus. Der russische Zar wurde für abgesetzt erklärt und eine Nationalregierung gebildet. Die militärischen Auseinandersetzungen liefen zunächst für die Polen günstig. Aber dann scheiterte der Aufstand an der Übermacht der russischen Armee.

[2] Polen liegt am Boden in den Fängen des Adlers, dem Wappentier Russlands. *Gemälde von Horace Vernet, 1831.*

Nach der Niederschlagung des polnischen Aufstandes gingen viele Tausend Offiziere und Soldaten in die Emigration. Auf ihrem Weg nach Frankreich wurden sie von vielen freiheitlich eingestellten Bürgern in Deutschland begeistert empfangen. Es bildeten sich zahlreiche Vereine, die die Polen mit Geldspenden, Verpflegung oder Medikamenten unterstützten.

Polen erlangte erst im Ersten Weltkrieg (1914–1918) seine nationale Selbstständigkeit.

[3] **Die erste Strophe der heutigen polnischen Nationalhymne (geschrieben 1798) lautet:**
Noch ist Polen nicht verloren,
Solange wir leben.
Was uns fremde Übermacht nahm,
werden wir uns mit dem Säbel zurückholen.

Tipps für die Erarbeitung:
– Ihr könnt beim Lesen die Schritte des Textknackers anwenden.
– Was habt ihr über den polnischen Freiheitskampf erfahren?

Tipps für die Präsentation:
– Erstellt eine Wandzeitung mit zusätzlichem Bildmaterial; spielt ein Tondokument der polnischen Nationalhymne ab; lest die Textübersetzung vor...

Die Einigung Italiens

[1] Italien 1815. Karte.

1. Informiert euch auf dieser Seite über die Einigung Italiens im 19. Jahrhundert.
2. Präsentiert eure Ergebnisse in geeigneter Form in der Klasse.

Italien 1815

Nach dem Wiener Kongress war Italien – ähnlich wie Deutschland – ein Land, das aus einzelnen Königreichen bestand. Ein Großteil des Landes wurden von fremden Staaten (Österreich und Frankreich) beherrscht. In der Mitte Italiens herrschte der Papst in seinem Kirchenstaat.

Der Kampf um Freiheit und Einheit wurde zunächst von dem Geheimbündnis „Carbonari" und dem Verschwörer Guiseppe Mazzini entfacht und später unter dem Begriff „Risorgimento" (Wiedererstehung) zusammengefasst. Bereits 1820 und nochmals 1830/31 kam es zu revolutionären Unruhen. In der Revolution von 1848 wurden die Österreicher aus Mailand und Venedig vertrieben. In Rom wurde die Republik ausgerufen. Aber im Jahr 1849 eroberten die Österreicher und der Papst ihre verlorenen Gebiete zurück.

Jetzt gewann der Adlige Camillo Cavour (1810–1861) die Unterstützung Frankreichs für den Krieg gegen die österreichische Fremdherrschaft. Nach den verlorenen Schlachten von Magenta und Solferino im Jahr 1859 musste Österreich die Lombardei abtreten. Das Erlebnis der Schlacht von Solferino mit seinen vielen Schwerverwundeten veranlasste den Schweizer Henri Dunant (1828–1910) zur Gründung des heute in aller Welt verbreiteten Roten Kreuzes.

[2] Die Schlacht von Solferino am 24. 6. 1859. *Gemälde, um 1860.*

Zum volkstümlichsten Helden der italienischen Einheitsbewegung wurde nun Guiseppe Garibaldi (1807–1882). Mit Unterstützung von Cavour führte er 1860 eine kleine Truppe („Zug der Tausend") nach Sizilien und stürzte die französischen Herrscher in Süditalien. 1861 nahm König Viktor Emanuel II. aus Piemont den Titel eines Königs von Italien an. Frankreich verteidigte jedoch weiterhin den Papst, der sich weigerte, den Kirchenstaat an das neue Italien abzutreten. Erst 1870 gab der Krieg zwischen Deutschland und Frankreich die Gelegenheit, Rom zu besetzen. Rom wurde nun mit dem Rest des Kirchenstaates in Italien eingegliedert und zur Hauptstadt des neuen Königreiches Italien erhoben.

Tipps für die Erarbeitung

– Bringt die dargestellten Ereignisse in eine stichwortartige Reihenfolge. Informiert euch über die genannten Ereignisse, Personen und über die Gründung des Roten Kreuzes genauer.

Tipps für die Präsentation

– Erstellt eine Wandzeitung mit Karten von Italien 1815 und 1870; spielt den „Gefangenenchor" aus Verdis Oper „Nabucco" ab und klärt ihre Bedeutung für die Menschen damals.

Geschichte aktiv

Diese Seite richtet sich an alle, die sich gern genauer mit dem Thema „Europa wandelt sich" beschäftigen möchten, die gern lesen, schreiben, recherchieren, zeichnen, mit Medien umgehen...

Denkt auch daran, euer Portfolio zu führen:

- schöne Ergebnisse in Text und Bild sammeln,
- Lernerfahrungen zum Thema „Europa wandelt sich" aufschreiben.

Jugendbücher lesen und vorlesen

Viele spannende Jugendbücher beschäftigen sich mit der Zeit der Französischen Revolution. Hier ist eine kleine Auswahl:

► Klas Ewert Ewerwyn, Für fremde Kaiser und kein Vaterland, Oettinger-Verlag, Hamburg 1994.
► Inge Ott, Freiheit! Sechs Freunde in den Wirren der Französischen Revolution, Verlag Freies Geistesleben, Stuttgart 1997.
► Dieselbe, Im Schatten des goldenen Adlers. Ein Junge auf Napoleons Spuren, Verlag Freies Geistesleben, Stuttgart 1997.
► Veit Veltzke, An der Seite Napoleons. Die Abenteuer eines rheinischen Jungen, Böhlau Verlag, Köln, Weimar, Wien 2007.
► Simone van der Vlugt, Paris 1789. Das zweite Leben der Baronesse Sandrine, Bertelsmann Verlag, München 2000.

Musik der Zeit anhören

Musik aus der Zeit der Französichen Revolution und Napoleons kann man als CD oder im Internet abspielen. Berühmte Beispiele:

► Ludwig van Beethoven: 3. Sinfonie: Eroica,
► Ders., Wellington's Sieg oder die Schlacht von Vittoria
► Peter Tschaikowski: Ouvertüre 1812

Spielfilme anschauen oder Theaterstücke auf Video anschauen

Mit den Ereignissen der Revolution oder den Schlachten Napoleons befassen sich aufwändige Spielfilme oder Theaterstücke, die oft als DVDs erhältlich sind. Beispiele:

► Die Französische Revolution (mit Klaus-Maria Brandauer und Jane Seymour)
► Waterloo (mit Rod Steiger als Napoleon)
► Krieg und Frieden (mehrere Fassungen, die bekannteste ist die Hollywood-Verfilmung von 1956)

Symbole der Revolution und des Nationalstaates recherchieren, zeichnen, malen, basteln

Im Zeitalter der Revolution spielten nationale Symbole (Flaggen, Kokarden, Mützen), Lieder oder Nationalhymnen eine bedeutende Rolle für das Zusammengehörigkeitsgefühl der Menschen. Vielleicht macht es euch Spaß, Fahnen, Texte und anderes zu recherchieren, aufzuschreiben, zu zeichnen oder zu basteln.

Das kann ich!

[1] Begriffe und ihre Bedeutung

Bastille	Staat ohne König
Revolution	Schreckensherrschaft
Absolutismus	Umgestaltung, Erneuerung
Republik	Umwälzung aller Verhältnisse
Terror	Staatsgefängnis in Paris
Reform	Grundgesetz eines Staates
Nationalstaat	Staats- und Regierungsform vor der Revolution
Verfassung	Ein Staatswesen, in dem sich die Angehörigen als einheitliche Nation ansehen.

[2] Reichsgründung im Spiegelsaal von Versailles.

[3] **J. J. Rousseau:**
„Der Gesellschaftsvertrag:
Der Mensch wird frei geboren und überall ist er in Ketten… Auf seine Freiheit verzichten heißt auf seine Menschheit, die Menschenrechte … zu verzichten … Eine solche Entsagung ist mit der Natur des Menschen unvereinbar. Wenn es aber schon schwierig ist, einen großen Staat zu regieren, so ist es noch schwieriger, dass es von einem einzigen Mann gut regiert wird…

[4] „Frankreich auf dem Gipfel seines Ruhms", *Karikatur von James Gillray, 1793.*

Sachkompetenz

1. Ordnet den Begriffen aus Übersicht [1] die jeweils passende Erklärung zu.
2. Ordnet die unten angegebenen Ereignisse in der richtigen Reihenfolge. Wenn möglich, setzt noch die Jahreszahl hinzu.
   - Verkündung der Menschen- und Bürgerrechte
   - Sturm auf die Bastille
   - Gründung des Deutschen Kaiserreiches
   - Wiener Kongress
   - Napoleon wird Kaiser
   - Revolution in ganz Europa
   - Ludwig XVI. wird hingerichtet
3. Beschreibt und deutet das in Abbildung [2] dargestellte Ereignis.
4. Berichtet über die nationale Bewegung des 19. Jahrhunderts in einer der folgenden Länder: Deutschland, Italien, Belgien, Griechenland, Polen.

Methodenkompetenz

5. Beschreibt und deutet die Karikatur [4] mithilfe der Methode „Karikaturen deuten" (siehe S. 169).

Urteilskompetenz

6. Beurteilt die Bedeutung des Textes [3] für die Revolution und den Wandel in Europa.

Handlungskompetenz

7. Entwerft ein Protestplakat, worin Aktionen zum Schutz der Menschenrechte vorgeschlagen werden oder schreibt einen Kommentar zu einem der in diesem Kapitel dargestellten Ereignisse (z. B. Sturm auf die Bastille, Reichsgründung).

Wirtschaft und Arbeit

Die Fabrik

Seit Mitte des 19. Jahrhunderts haben Fabriken das Leben der Menschen verändert. Neue Arbeitsplätze entstanden, Maschinen bestimmten das Arbeitstempo und Güter wurden in großen Mengen preisgünstig hergestellt. Auch die Städte veränderten ihr Gesicht oder entstanden neu.

1. Beschreibt das Bild.

2. Was wisst ihr schon über die Industriegebiete in Deutschland? Worüber möchtet ihr noch mehr erfahren? Tragt eure Fragen zusammen.

Die Fabrik

[1] Walzwerk. *Gemälde von A. von Menzel, 1875.*

> Wir haben im Betrieb strenge Regeln.
> Unsere Arbeitszeit dauert von morgens
> 6.00 Uhr bis abends 6 Uhr als Tagesschicht
> und von abends 6 Uhr bis morgens 6 Uhr als
> Nachtschicht. Wer zu spät zur Arbeit kommt
> oder zu früh weggeht oder wer ungehorsam
> gegen seine Vorgesetzten ist, muss mit einer
> Geldstrafe rechnen.
> Aber wir verdienen ja sowieso zu wenig!
> Unser Lohn reicht kaum zum Leben.
> Und bei Krankheit oder im Alter sind wir
> kaum abgesichert.

[2] Arbeiter im Schienenwalzwerk von Krupp.
Foto, um 1900.

Arbeit im Takt der Maschinen

Zu Beginn des Industriezeitalters im 19. Jahrhundert kamen viele junge Leute zum Arbeiten vom Land in die neuen Industriegebiete. Hier erwarteten sie streng geregelte Arbeitszeiten, ungewohnt lange Anmarschwege von der Wohnung zur Fabrik und eine Tätigkeit, die vom Tempo der Maschinen bestimmt wurde.

Für viele war das eine große Umstellung im Vergleich zu ihren bisherigen Beschäftigungen auf dem Hof oder in einer kleinen Werkstatt.

Durch die Fabriken entstanden neue Bevölkerungsgruppen: Arbeiter, Angestellte und Unternehmer.

1. Beschreibt Abbildung [1]. Achtet genau auf die einzelnen Personen und ihre Tätigkeiten.
2. Schildert die Lage der Arbeiter, nehmt Bezug zur Abbildung [2] und zum Bericht.

Was ihr noch tun könnt...

- Euch über heutige Arbeitszeiten und Löhne informieren.
- Berufstätige nach ihren Rechten und Pflichten im Betrieb befragen.

[3] Moderne Walzstraße und Steuerungszentrale in einem heutigen Stahlwerk. *Fotos, 2010*

Seit einem Jahr arbeite ich im Betrieb in der Produktion mit. Ich bin froh, dass man mich gleich nach der Ausbildung übernommen hat. Ich verdiene gut, es gibt Wochenend- und Feiertagszulagen und mit der Arbeitszeit kann man zufrieden sein. Uns stehen 30 Tage Urlaub im Jahr zu und wir sind kranken- und rentenversichert.

[4] Metallfacharbeiter. *Foto, 2012.*

Arbeit in einem modernen Industriebetrieb

So sieht es im modernen Walzwerk aus. Die Arbeit war früher gefährlicher und körperlich viel anstrengender. Heute wird die Produktion aus der Steuerungszentrale überwacht. Damit eine Fabrik mit ihren oftmals Hunderten von Arbeitskräften reibungslos funktioniert, muss sie straff organisiert sein. Die Arbeit wird in verschiedenen Abteilungen ausgeführt, die alle ihre spezielle Aufgabe haben. Grob unterteilt wird in Produktion und Verwaltung.

3. Vergleicht Abbildung [3] mit dem Gemälde „Walzwerk" auf S. 188. Was könnt ihr feststellen?

Wählt einen der folgenden Arbeitsaufträge aus:

☑ Listet die Unterschiede zwischen den Arbeitsbedingungen im 19. Jh. und heute auf. Ordnet eure Ergebnisse in eine Tabelle ein.

☑ Die heutigen Kollegen (Abb. [3] und [4]) geben einen Kommentar zu den Aussagen ihrer Vorgänger aus dem 19. Jh. ab. Was könnten sie sagen? Verfasst dazu Sprechblasentexte.

Was ihr noch tun könnt ...

■ Euch über die Gewerkschaften in Deutschland informieren (Was sind ihre Aufgaben? Was tun sie und warum?).
■ Einen Betrieb in eurer Nähe besuchen und eine Betriebserkundung durchführen.
■ Euch über die Arbeit in einem heutigen modernen Stahlwerk informieren.

Orientierung

[1] Industriegebiete in Europa. *1800–1900.*

1. Stellt fest, wo sich in Europa Industriegebiete befanden.
2. Listet deutsche Industriegebiete auf, getrennt nach Schwerindustrie (mit Eisenerz- und Kohlevorkommen) und Textilindustrie.

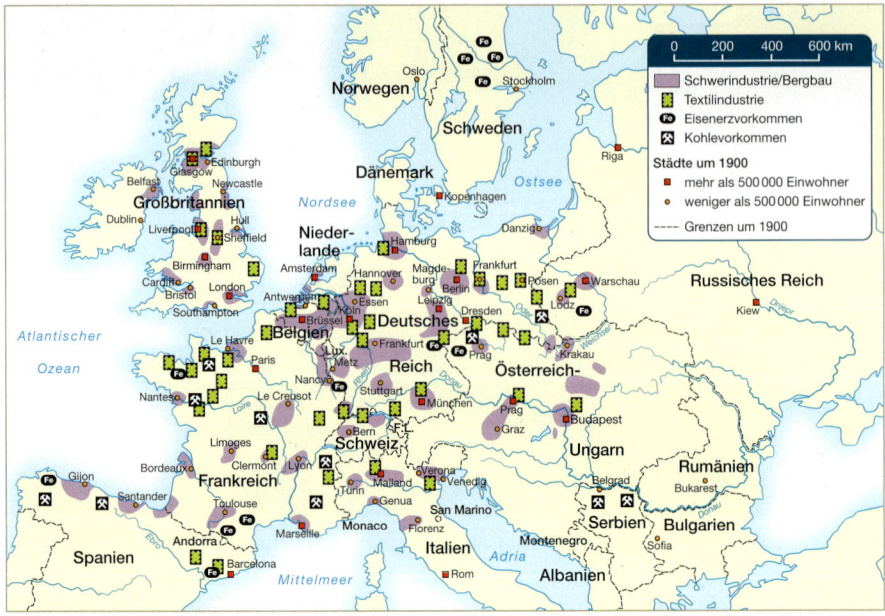

Industrielle Revolution

Dem Engländer James Watt gelang es 1769, eine leistungsfähige Dampfmaschine zu konstruieren. Damit konnte eine Reihe anderer Geräte angetrieben werden. Man setzte sie im Bergwerk ebenso ein wie in der Landwirtschaft. So bildete sie die technische Grundlage für Fabriken. In Europa entstanden schnell wachsende Industriegebiete da, wo Rohstoffe wie Kohle und Erze, Transportwege und geeignete Arbeitskräfte vorhanden waren.

Diese Bedingungen nennen wir auch Standortfaktoren.

Einwohner	1800	1900
Essen (D)	4 000	11 900
Manchester (GB)	77 000	544 000
Liverpool (GB)	82 000	685 000
Arbeiter in:	1780	1970
Landwirtschaft	65 %	5 %
Industrie	19 %	48 %

[2] Wohnen und arbeiten.

3. Erklärt den Bevölkerungsanstieg in den Städten und die Verschiebung der Arbeitsplätze mithilfe der Karte [1].

Mit vollem Dampf voraus!

Im Jahr 1809 hatte der Amerikaner Robert Fulton das erste Dampfschiff gebaut. Einige Jahre später fuhr erstmals ein Dampfer auf dem Rhein. 1814 schaffte es der Engländer George Stephenson, die Dampfmaschine auf Räder zu setzen und sie so in eine kraftvolle Zugmaschine zu verwandeln.

Die Eisenbahn wurde zum Wegbereiter der Industrialisierung. In Deutschland entstanden die ersten großen Industriebetriebe in Gebieten mit reichen Kohlevorkommen z. B. an Ruhr und Saar. Kohle war nicht nur zum Betreiben der Dampfmaschinen wichtig, sondern auch für die Hochöfen, in denen das Eisenerz für die Schwerindustrie geschmolzen wurde.

[2] Eine fabrikneue Lokomotive aus Esslingen. *Foto, 1864.*

1769
Dampf-
maschine

1785
Mechanischer
Webstuhl

1789
Französische Revolution

1814
Eisenbahn in England

1834
Deutscher Zollverein

1835
Eisenbahn in Deutschland

1838
Fotografie

1863
Erste deutsche Arbeiterpartei

1881
Erste Straßenbahn

ab 1883
Sozialversicherungen

1885
Automobil

1893
Dieselmotor

1894
Flugapparat

[3] Zeittafel der Industrialisierung.

▶ Wirtschaft und Arbeit

In diesem Kapitel geht es vor allem um folgende Fragen:
Wo finden sich heute noch Spuren der Industrialisierung?
Welche Veränderungen brachte der technische Fortschritt den Menschen?
Wie hat sich das Industriegebiet an der Ruhr verändert?
Welchen Schutz gibt es für Arbeitnehmer?
Wie funktionieren Löhne und Preise in der Marktwirtschaft?

Wichtige Kompetenzen in diesem Kapitel

Sachkompetenz
▶ am Beispiel Ruhrgebiet die Auswirkungen von technischen Neuerungen auf die Arbeitswelt zur Zeit der industriellen Revolution erklären
▶ das Zusammenspiel von Angebot und Nachfrage im Marktmodell beschreiben
▶ Funktionen des Wettbewerbs in der sozialen Marktwirtschaft benennen
▶ die Funktion des Geldes im Wirtschaftskreislauf beschreiben

Methodenkompetenz
▶ Bildquellenanalyse an Industriefotos durchführen

Urteilskompetenz
▶ die Bedeutung der technischen Entwicklungen in der industriellen Revolution für die Arbeit der Menschen und die Situation der Arbeiterschaft erörtern
▶ die Preisbildung auf realen Märkten im Vergleich zum vollkommenen Markt beurteilen
▶ die Möglichkeiten des Staates bewerten, den Wettbewerb zu sichern

Handlungskompetenz
▶ fachbezogene Erkundungen planen und durchführen
▶ eigene Recherchen angemessen präsentieren

Industrielle Revolution

Was bewirkte die Erfindung der Dampfmaschine?

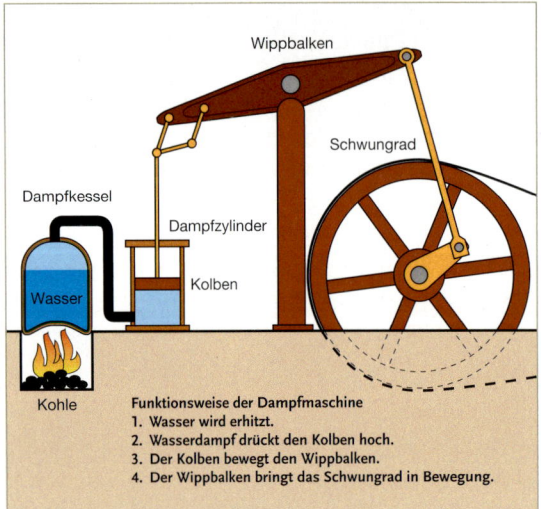

Wippbalken

Schwungrad

Dampfkessel

Dampfzylinder

Kolben

Wasser

Kohle

Funktionsweise der Dampfmaschine
1. Wasser wird erhitzt.
2. Wasserdampf drückt den Kolben hoch.
3. Der Kolben bewegt den Wippbalken.
4. Der Wippbalken bringt das Schwungrad in Bewegung.

[1] Funktionszeichnung der Dampfmaschine.

Eine Erfindung verändert die Welt

Im Jahr 1769 entwickelte der Engländer James Watt die erste hochleistungsfähige Dampfmaschine. Auch schon zuvor gab es in England Dampfmaschinen, aber Watts Erfindung war die erste, die die zehnfache Leistung eines Pferdes erbrachte (10 Pferdestärken = 10 PS).

Im Jahr 1810 gab es in England bereits 5 000 Dampfmaschinen. Sie wurden bald überall eingesetzt: im Bergbau, in der Landwirtschaft und im Verkehr.

1. Beschreibt die Funktionsweise der Dampfmaschine (Abbildung [1]).

2. Erklärt, welche Folgen diese Erfindung hatte.

Was ihr noch tun könnt...

- Euch über weitere technische Erfindungen informieren, diese in der Klasse vorstellen.

Erfinder und Entdecker:
Benz • Edison • Fulton • Daimler • Otto • Siemens • Daguerre

Erfindungen:
Glühbirne • erstes Automobil • Dynamo • Vier-Takt-Motor • Dampfschiff • Fotografie • Benzinmotor

[2] James Watt (1736–1819). *Gemälde, 1792.*

Dampfmaschinen im Einsatz

[3] Dampfpflug. *Holzstich, koloriert, 1890.*

[4] Dampfschiff. *Historische Postkarte, um 1900.*

Industrialisierung in Deutschland

Wie begann die Industrialisierung in Deutschland?

[1] Die Strecke von Nürnberg nach Fürth war die erste Eisenbahnlinie Deutschlands. *Lithografie von C. Trummer, 1836.*

Mit Verspätung ins Industriezeitalter

Deutschland bestand noch zu Beginn des 19. Jh. aus einem lockeren Nebeneinander von 39 Einzelstaaten. Es gab Zollgrenzen, schlechte Verkehrsanbindungen sowie unterschiedliche Währungen, Maße und Gewichte.

Das alles erschwerte eine fruchtbare wirtschaftliche Zusammenarbeit und bildete ein Hindernis auf dem Weg zu einer Industrienation. So zog auch erst rund ein Jahrhundert nach den Anfängen der Industrialisierung in England die moderne Technik auch in die deutschen Betriebe ein.

– Mit der Dampfmaschine war die grundlegende Erfindung bereits gemacht. In Deutschland gab es dann aber eigenständige Entwicklungen. Besonders auf dem Gebiet der Elektrotechnik, des Motorenbaus und der Chemie wurden hier bahnbrechende Erfindungen gemacht.

– In Preußen, dem damals wichtigsten Staat, kam es zwischen 1807 und 1816 zu Veränderungen, die Arbeitskräfte freisetzten und Einfluss auf die Wirtschaft hatten (Gewerbefreiheit, Bauernbefreiung, Schulreform). Zudem sorgte ein allgemeiner Bevölkerungsanstieg für ein großes Angebot an Arbeitskräften.

– 1834 wurde der Deutsche Zollverein gegründet. Damit wurde eine wichtige Voraussetzung für den Weg Deutschlands zu einem Industriestaat geschaffen.

– Ein Netz von Straßen und Kanälen wurde angelegt und verband Industriegebiete, Rohstoffvorkommen und Abnehmer miteinander. Insbesondere wurde der rasante Ausbau der Eisenbahn zum eigentlichen Motor der Industrialisierung in Deutschland.

Die erste deutsche „Eisenbahn mit Dampf" fuhr nur knapp zwei Jahre, nachdem der Deutsche Zollverein gegründet war.

In den folgenden Jahren wurde in vielen deutschen Staaten das Schienennetz ausgebaut, von etwa 550 Kilometern (1840) auf ca. 34 000 Kilometer (1880).

3. Findet für jeden der aufgeführten Punkte eine Überschrift.

Aufschwung der Industrie

Viele Stahlwerke wurden für den Lokomotiven- und Wagenbau sowie den Bau von Gleisanlagen errichtet. Eine wichtige Rolle spielte die Eisenbahn auch im Güterverkehr. Kohle und Eisenerze aus Oberschlesien, dem Ruhrgebiet oder dem Saarland konnten jetzt schnell und preiswert zu den Industriebetrieben geliefert werden. So wurde erst möglich, dass neue **industrielle Standorte** in der Eisen- und Stahlindustrie entstehen und ausgebaut werden konnten.

4. Beschreibt die notwendigen Voraussetzungen für die industrielle Entwicklung.

5. Begründet die Bedeutung der Eisenbahn für die Industrialisierung in Deutschland.

Kohle und Eisen aus dem Ruhrgebiet

Schwarzes Gold

Südlich der Ruhr wurde im ursprünglich landwirtschaftlichen Gebiet seit dem Mittelalter Kohle abgebaut. Dort reichten die Vorkommen bis an die Oberfläche und konnten im Tagebau abgetragen werden. Von hier aus ziehen sich die Kohleschichten (= Flöze) in nördlicher Richtung immer tiefer schräg in die Erde, bis sie nördlich der Lippe eine Tiefe von mehr als 1 000 Meter erreichen. Erst mithilfe der Dampfmaschinen konnten die tiefen Schächte durch den Einsatz von Pumpen entwässert werden. Der technische Fortschritt machte den Abbau auch in diesen extrem tiefen Schichten möglich. 1835 hatten einige bereits eine Tiefe von über 200 Metern.

	Deutschland	davon: Ruhrgebiet
1860	12,3	4,4
1880	42,2	22,5
1900	109,3	60,1
1910	151,1	89,1

[2] Steinkohlenförderung 1860–1910 in Deutschland und der jeweilige Anteil des Ruhrgebietes (in Mio. Tonnen).

1. Erklärt mithilfe der Tabelle die Bedeutung des Bergbaus für die wirtschaftliche Entwicklung in Deutschland.

Eisen und Stahl

1811 gründete Friedrich Krupp (1787–1826) in Essen eine Gussstahlfabrik. Nachdem es ihm 1816 gelungen war, hochwertigen Gussstahl herzustellen, verarbeitete er ihn zu Gerberwerkzeugen, Münzstempeln und Walzenrohlingen. 1818 lieferte Krupp erstmalig Münzstempel an das preußische Hauptmünzamt in Berlin.

Seit 1850 gelang es seinem Sohn Alfred Krupp, den Betrieb zu einem bedeutenden Unternehmen der Stahlindustrie auszubauen. Die Eisenbahnen eröffneten Krupp neue Anwendungsmöglichkeiten für den strapazierfähigen Gussstahl. Neben Achsen und Federn waren es vor allem die von A. Krupp entwickelten nahtlosen und bruchsicheren Eisenbahnradreifen.

Seit 1875 kennzeichnen drei Ringe weltweit die Erzeugnisse der Firma Krupp und erinnern zugleich an Alfred Krupps Erfindung des nahtlos geschmiedeten und gewalzten Eisenbahnradreifens, die 1853 in Preußen patentiert wurde.

2. Zeigt am Beispiel der Firma Krupp auf, wie sich die Stahlindustrie und die Entwicklung der Eisenbahn gegenseitig beeinflussten.

Fotografie – eine neue Erfindung

Die frühe Fotografie ist selber ein „Kind" der Industrialisierung. Um 1835 gelang es dem Maler Louis Daguerre auf lichtempfindlichen Kupferplatten aufgenommene Bilder dauerhaft zu fixieren. Auf dieser Basis wurde die Fotografie weiterentwickelt.

Wie objektiv ist das Objektiv?

Mithilfe der folgenden Arbeitsschritte könnt ihr Fotos untersuchen. Zumeist stehen nicht alle Informationen zum einzelnen Bild zur Verfügung. Dennoch werden euch wenige Angaben – zusammen mit der Prüfung des Motivs und der Bildaussage – reichen, um festzustellen, wie „objektiv" das Objektiv ist.

1. Schritt: Bedingungen klären

- Wer hat fotografiert (Fotograf/Fotokünstler, Amateur/Privatperson; in wessen Auftrag)?
- Wann wurde die Fotografie gemacht (Datum, Tages-/Jahreszeit, Anlass)?
- Wo wurde fotografiert (Innenraum: Atelier oder „normales" Umfeld; Außenaufnahme)?
- Wie wurde fotografiert (Blickwinkel: Augenhöhe, von unten/oben; oder Weitwinkelaufnahme)?
- Sind Bearbeitungen erkennbar oder zu vermuten (Fotomontage, Retusche, Kolorierung)?

2. Schritt: Motiv beschreiben

- Was ist dargestellt (Personen, Gegenstände/ Gebäude, Landschaft)?
- Ist ein Thema erkennbar?
- Welche Bildteile sind vorhanden und wie sind sie aufeinander bezogen (z. B. Personengruppen, Personen und Gegenstände/im Vorder-/ Hintergrund, im Mittelfeld ...)?
- Welche Einzelheiten sind für meine Fragestellung wichtig?

3. Schritt: Bildaussage deuten

- Welche Gesamtaussage macht das Bild?
- Wie genau informiert es über die eigene Fragestellung?

- Wird die Aussage durch Vergleich mit anderen Abbildungen bestätigt, ergänzt oder widerlegt?
- Welche Zusatzinformationen sind nötig?
- Welche Absicht ist erkennbar?
- Was soll gezeigt, was verborgen werden?

[1] Arbeiter in einem Schienenwalzwerk. *Foto, um 1900.*

[2] Einweihung einer neuen Dampfmaschine. *Foto, um 1900.*

1. Wertet die Beispielfotos mithilfe der Methodenschritte aus.
2. Erprobt die Auswertungstechnik an weiteren Fotos aus diesem Buch.

Was ihr noch tun könnt ...

- Euch über die Erfindung und die Geschichte der Fotografie näher informieren.

1. Informiert euch auf dieser Seite über die Unternehmer in der Zeit der Industrialisierung.
2. Präsentiert eure Ergebnisse in der Klasse.

[1] Die Villa Hügel: Ehemaliges Wohnhaus der Familie Krupp in Essen. *Postkarte, um 1900.*

Eine neue gesellschaftliche Schicht entsteht

In der Zeit vor der Industrialisierung spielte der **Adel** eine führende Rolle in der Gesellschaft. Sie verfügten über **Eigentum an Grund und Boden**. Seit dem Beginn der Industrialisierung wurde das **Geldvermögen** (Kapital) immer wichtiger. So entstand eine neue gesellschaftliche Schicht: das **Wirtschaftsbürgertum**.

Fabrikbesitzer, erfolgreiche Unternehmer gewannen immer größere Bedeutung in der Gesellschaft. Man bezeichnete sie oft auch als **„Industriefürsten"**.

Zu diesem Kreis gehörte auch die Familie Krupp. Alfred Krupp, dem Sohn des Firmengründers, gelang es, die Gusseisenfabrik des Vaters zu einem bedeutenden **Unternehmen der Stahlindustrie** auszubauen. In den Werkhallen der Firma Krupp arbeiteten Tausende von Menschen.

Im Jahre 1877 ließ Alfred Krupp an seine Arbeiter und Arbeiterinnen eine Schrift verteilen mit dem Titel „Ein Wort an meine Angehörigen". Darin steht:

„...Ihr wisst, was ihr an eurem Herrn habt, und wenn derselbe sich mit warnenden und mahnenden Worten an euch wendet, dann fühlt ihr alle, dass nicht ein stolzer Besitzer zu euch spricht. Wie ein Vater zu seinen Kindern, so klingen euch meine Worte, und weil sie von Herzen kommen, finden sie bei euch offene Ohren."

1 Was habt ihr über die neue gesellschaftliche Schicht erfahren?
2. Beschreibt, wie Alfred Krupp seine Arbeiter anredet und wie er sich selbst sieht. Stellt Vermutungen an, warum er das tut.

Tipps für die Erarbeitung
– Bild beschreiben und mit dem Text in Verbindung bringen,
– Fachbegriffe aus dem Text klären.

Tipps für die Präsentation
– Zitat von A. Krupp vorlesen und erklären,
– weitere Bespiele für Unternehmer suchen und vorstellen.

1. Informiert euch auf dieser Seite über die Umweltprobleme in der Zeit der Industrialisierung.
2. Präsentiert eure Ergebnisse in der Klasse.

Welche Folgen hatte die Industrialisierung für Mensch und Natur?

[1] Bahntrassenbau. *Gemälde.*

„Umweltsünden"

Nicht immer sieht oder riecht man „Umweltsünden". Vielfach rächt sich die Natur erst nach Jahren. Auch war die anfängliche Begeisterung über viele Neuerungen größer als die Wahrnehmung negativer Folgen. Massive Eingriffe in die Landschaft brachte der Bau von Fernstraßen und Bahntrassen mit sich. Insbesondere die Eisenbahn benötigte eigene Verkehrswege, wobei außer den Trassen im Gelände auch noch eine Vielzahl von Brücken und Tunneln gebaut werden mussten.

Der erhöhte Bedarf an Energie einerseits, andererseits aber auch die Weiterentwicklung der Abbaugeräte sorgten um 1900 für eine enorme Ausdehnung des Tagebaus (z. B. Braunkohle, Sand, Kies, Bims). Erst in unserer Zeit versucht man, die zerklüftete Landschaft durch aufwändige Maßnahmen in den alten Zustand zurückzuversetzen (= Renaturierung).

Aber auch Flussbegradigungen und Kanalbauten zerstörten Lebensräume für Tiere und Pflanzen. Sie sind, beispielsweise an Rhein, Saar und Mosel, bis heute verantwortlich für Überschwemmungen.

[2] Philipp Witkop (1880–1942) beschrieb in einem Gedicht „Meine Heimat" die Stadt Gelsenkirchen 1901:

... Aus tausend Schloten steigt ein dicker Rauch,
Der wälzt sich langsam durch die Lüfte her,
Dann sinkt er nieder dicht und schwarz und
        schwer
Und brütet dumpf auf Haus und Baum und
        Strauch.
Es lauert rings ein großes, schwarzes Sterben,
Und alle Blätter sind so welk und grau,
Als funkelte hier nie ein Tropfen Tau.
Kein Frühling will die Straßen bunter färben (...)

In: Blotevogel, Hans H.: Industrielle Kulturlandschaften im Ruhrgebiet. http://www.indukult-vereine.de

Schwarze Hauswände

Große Mengen an Ruß, Rauch und Abgasen stiegen Tag und Nacht aus den hohen Schornsteinen der Fabriken. Sie schwärzten die Hauswände und verdreckten die Fenster. Helle Wäsche konnte nicht mehr im Freien getrocknet werden, da sie sofort verschmutzte. Die Augen brannten und Lungenerkrankungen nahmen in hohem Ausmaß zu.

[3] Luftverschmutzung. *Gemälde, um 1900.*

Tipps für die Erarbeitung
– Bilder beschreiben und mit dem Text in Verbindung bringen.
– Gedicht lesen und deuten, die Umweltprobleme auflisten.

Tipps für die Präsentation
– Beispiele für Renaturierung suchen „Früher – heute": Bilder und Dokumente sammeln und in der Klasse vorstellen.

Wahlseite — Das Ruhrgebiet im Wandel

1. Stellt der Klasse den Strukturwandel im Ruhrgebiet vor.

Kohle – ein Ladenhüter

Schon Ende der 1950er Jahre stellten immer mehr Haushalte und Betriebe ihre Heizungen von Kohle auf Öl um. Auch die Bahn ersetzte die Dampflok durch Diesel- oder Elektrolokomotiven. Die Nachfrage nach dem „schwarzen Gold" ging stark zurück und die ersten Zechen wurden geschlossen. Ab 1968 geriet auch die Stahlindustrie in Schwierigkeiten. Kohle und Stahl kamen viel billiger aus dem Ausland.

Was bedeutet Strukturwandel?

Das kann ich euch erklären:
Die Wirtschaft wird in drei große Bereiche eingeteilt:
– in die **Urproduktion** (Bergbau, Forst- und Landwirtschaft)
– in die **Produktion** (Industrie und Handwerk) und
– in die **Dienstleistungen** (z. B. Handel, Banken und Versicherungen).

Das Ruhrgebiet war bis in die 1960er Jahre einseitig auf den Bergbau und auf die Stahlindustrie ausgerichtet. Als es dort Probleme gab, sprach man von einer Strukturkrise. Warum? Weil die alte Struktur nicht mehr gewinnbringend war. Viele Bergwerke und Stahlbetriebe mussten schließen. Die Folge waren Entlassungen und weitere Schließungen. Andere Bereiche mussten als Ersatz her. Viele arbeitslose Menschen mussten eine Umschulung machen und sich neu orientieren. Der Bereich der Dienstleistungen wurde stark ausgebaut, dadurch entstanden neue Arbeitsplätze.

Rollenwechsel

Am Beispiel des Raums Duisburg wird der Strukturwandel deutlich:
– Im ehemaligen Fabrikgelände bei Oberhausen entstand ein bekanntes Einkaufszentrum,
– aus dem alten Duisburger Innenhafen mit seinen verfallenen Speicherhäusern wurde ein moderner Wohn- und Gewerbepark mit Büros, Cafés, Restaurants und einem Yachthafen
– und am Rhein entstand ein neuer leistungsfähiger Containerhafen für See- und Flussschiffe.

[1] Gewerbepark Innenhafen – CentrO Oberhausen – Containerhafen.

Tipps für Auswertung und Präsentation
– Begriffe an Beispielen verdeutlichen.
– Diskussion über die Auswirkungen: Der wichtigste Arbeitgeber der Stadt schließt.
– Gespräch eines Bergbauvertreters mit Stadtplanern vorführen.

Das neue Ruhrgebiet

1. Stellt der Klasse das „neue" Ruhrgebiet vor.

Ausflugsziel Ruhrgebiet

1 Stillgelegte **Zechen**, ehemalige Fabrikgelände
2 oder alte **Gasometer** wurden als **Industriedenk-**
3 **mäler** erhalten. Sie sind Zeugen der wirtschaft-
4 lichen Vergangenheit des **Reviers**. Viele davon
5 wurden zu Kunststätten, wo zum Beispiel Kon-
6 zerte, Theateraufführungen und Ausstellungen
7 stattfinden.
8 Weltweite Anerkennung kam im Jahre 2010
9 durch die Wahl des Ruhrgebietes zur **Kultur-**
10 **hauptstadt** Europas. Essen stand damals stellver-
11 tretend für die gesamte Region.
12 Doch nicht nur die Kultur zieht die Menschen
13 ins Tal der Ruhr. Über den rauchenden Schorn-
14 steinen der Vergangenheit wurden die land-
15 schaftlichen Schönheiten dieser Gegend früher
16 oft vergessen. Heute ziehen familienfreundliche
17 Angebote wie **Freizeitparks** oder der **Ruhrtal-Rad-**

18 **weg** viele Besucher an. Gut ausgebaute Strecken
19 führen an den Industriedenkmälern mit ihren
20 lehrreichen Angeboten vorbei. Man findet aber
21 auch erholsame Abschnitte für Naturliebhaber.

[3] Bergbaumuseum Bochum.

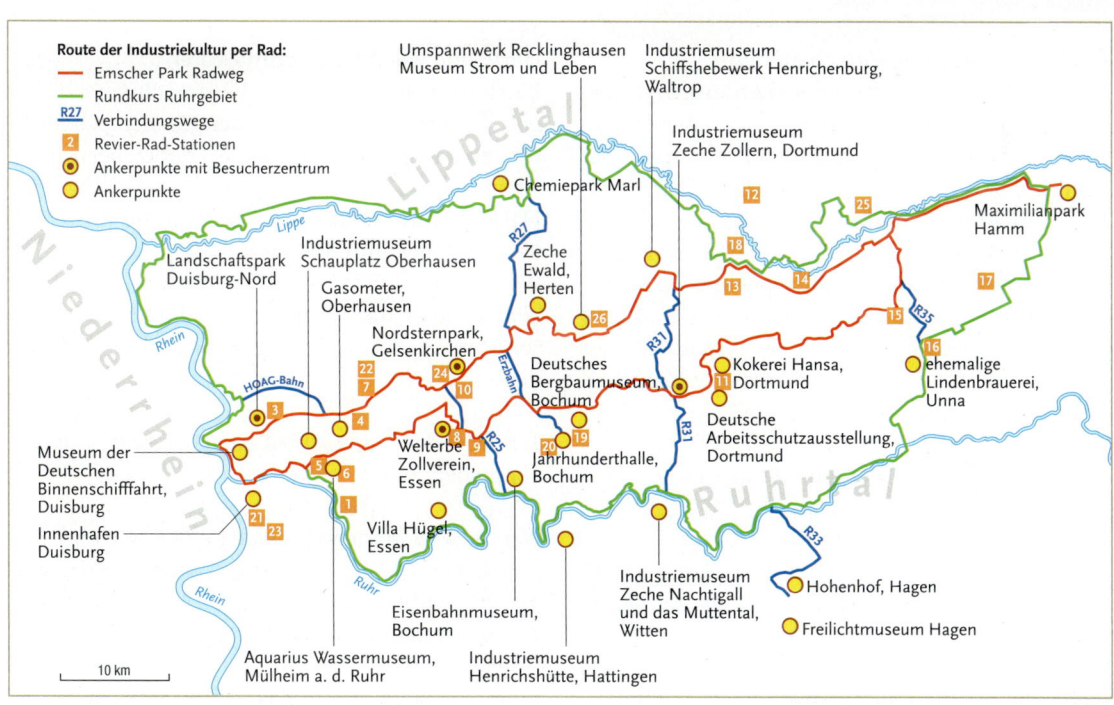

[2] Route der Industriekultur

Tipps für die Erarbeitung

Ihr könnt beim Lesen die Schritte des
Textknackers anwenden.
Was habt ihr über die Ausflugsziele im
Ruhrgebiet erfahren?

Tipps für die Präsentation

– Die Route der Industriekultur beschreiben,
– ein ausgewähltes Industriedenkmal in der
Klasse vorstellen.

Betriebe und Wirtschaftsraum

Was ist für die Ansiedlung eines Betriebes wichtig?

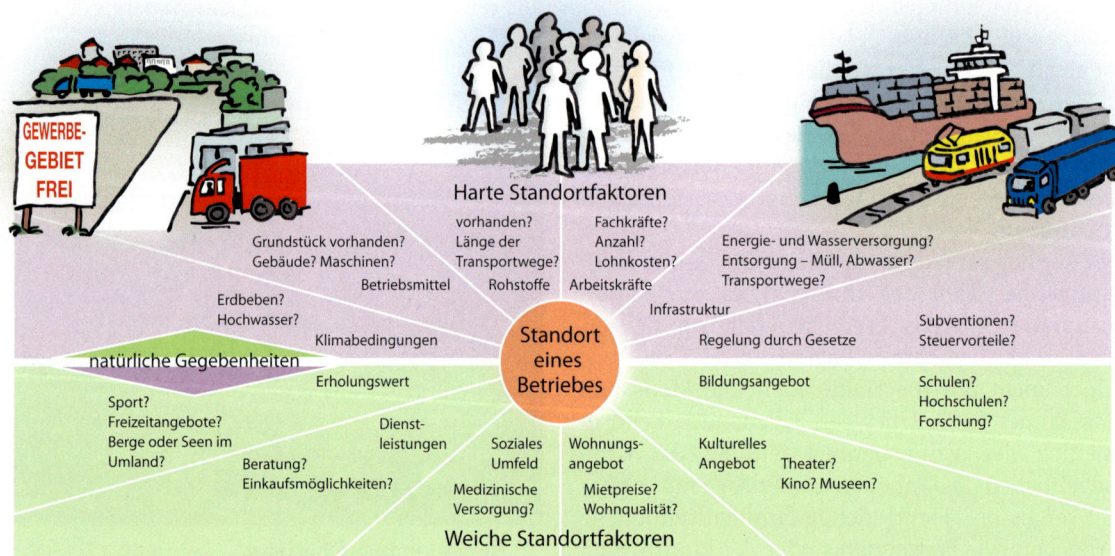

Harte Standortfaktoren

Grundstück vorhanden?
Gebäude? Maschinen?

vorhanden?
Länge der
Transportwege?

Fachkräfte?
Anzahl?
Lohnkosten?

Energie- und Wasserversorgung?
Entsorgung – Müll, Abwasser?
Transportwege?

Betriebsmittel   Rohstoffe   Arbeitskräfte

Erdbeben?
Hochwasser?

Infrastruktur

Subventionen?
Steuervorteile?

Klimabedingungen

Regelung durch Gesetze

natürliche Gegebenheiten

Erholungswert

Standort eines Betriebes

Bildungsangebot

Schulen?
Hochschulen?
Forschung?

Sport?
Freizeitangebote?
Berge oder Seen im
Umland?

Dienst-
leistungen

Soziales
Umfeld

Wohnungs-
angebot

Kulturelles
Angebot

Beratung?
Einkaufsmöglichkeiten?

Medizinische
Versorgung?

Mietpreise?
Wohnqualität?

Theater?
Kino? Museen?

Weiche Standortfaktoren

[1] Standortfaktoren, *Grafik.*

Betriebe in unserem Wirtschaftsraum

Fast jede Region hat ein oder mehrere Gewerbegebiete. Hier siedeln sich die verschiedenen Unternehmen an und bauen ihre Betriebe aus. Aber warum gibt es den Betrieb an diesem Ort? Dafür gibt es mehrere Gründe.

Ein Betrieb braucht viel Platz. Die Produktions- und Lagerhallen und die Bürogebäude nehmen viel Fläche in Anspruch und es ist wichtig, dass die Versorgung mit Strom, Energie und Wasser gelöst ist. Betriebe brauchen Rohstoffe, die angeliefert werden müssen.

Sie stellen Produkte her, die nach der Fertigstellung abtransportiert werden. Dafür sind gut ausgebaute Verkehrswege wichtig.

Das alles nennen wir auch Infrastruktur.

Ein Betrieb braucht Menschen, die dort arbeiten. Für den Betrieb ist wichtig, dass er genügend und gut ausgebildete Arbeitskräfte hat.

Für die Ansiedlung eines Betriebes sind also verschiedene Bedingungen notwendig. Diese Bedingungen nennen wir Standortfaktoren.

1. Erkläre mit eigenen Worten, was Infrastruktur bedeutet.

2. Begründet, warum die Ansiedlung der Betriebe für eine Region wichtig ist.

Harte und weiche Standortfaktoren

Betriebe wählen ihre Standorte nach verschiedenen Kriterien aus. Um kostengünstig produzieren zu können, muss der Standort bestimmte Ansprüche erfüllen.

Harte Standortfaktoren wirken auf die Kosten eines Betriebes unmittelbar ein.

Weiche Standortfaktoren lösen keine Kosten aus, können aber die Wahl des Standortes beeinflussen. Sie bestimmen die Lebensqualität in einer Region.

3. Erklärt den Unterschied zwischen harten und weichen Standortfaktoren.

Warum sind Betriebe für eine Region wichtig?

Der Betrieb sichert Arbeitsplätze und Einkommen für die Bewohner. Er stellt Ausbildungsplätze zur Verfügung für junge Menschen, bietet also eine Perspektive für die Zukunft. Und Betriebe zahlen Steuern in die Kasse des Ortes. Wenn es also viele Betriebe in einer Region gibt, dann ist es vorteilhaft für die Lebensqualität. Auch das Freizeit- Kultur und Sportangebot einer Region wird von den Betrieben mitgestaltet.

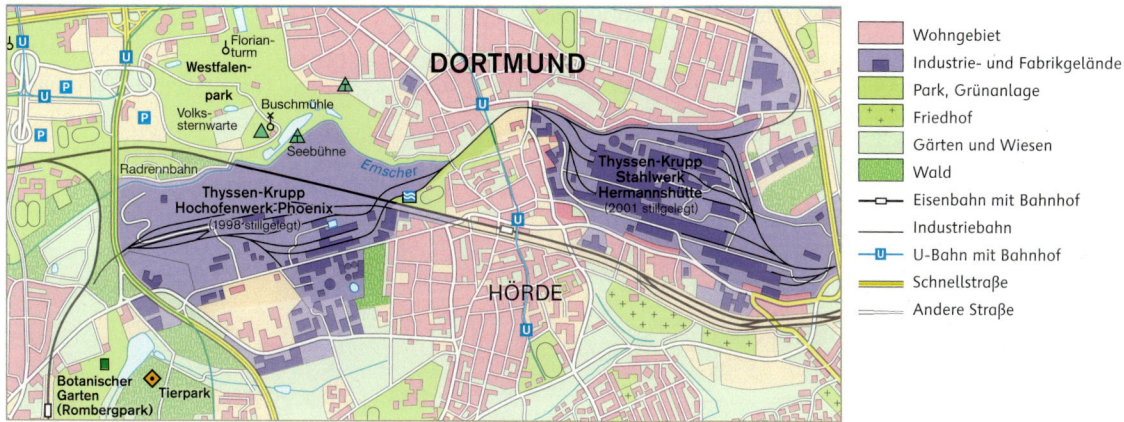

Legende zu [2]:
- Wohngebiet
- Industrie- und Fabrikgelände
- Park, Grünanlage
- Friedhof
- Gärten und Wiesen
- Wald
- Eisenbahn mit Bahnhof
- Industriebahn
- U-Bahn mit Bahnhof
- Schnellstraße
- Andere Straße

[2] Das ehemalige Industriegebiet in Dortmund, *Grafik*.

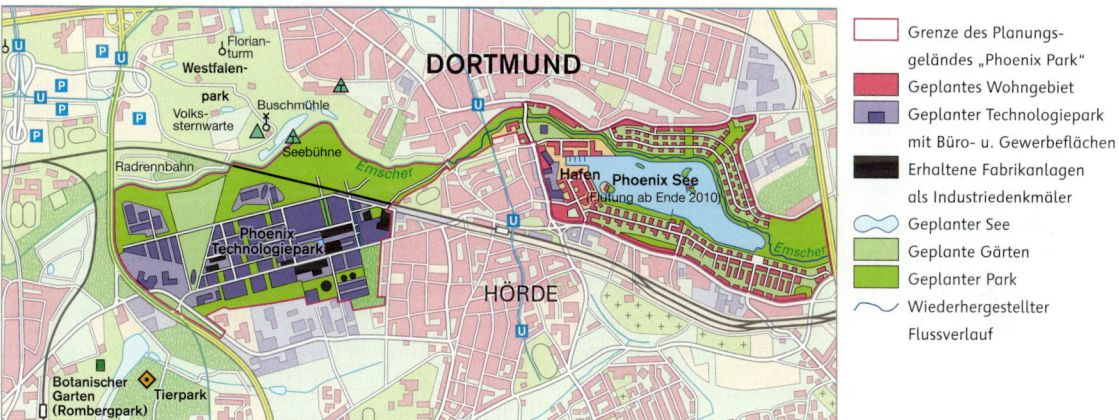

Legende zu [3]:
- Grenze des Planungsgeländes „Phoenix Park"
- Geplantes Wohngebiet
- Geplanter Technologiepark mit Büro- u. Gewerbeflächen
- Erhaltene Fabrikanlagen als Industriedenkmäler
- Geplanter See
- Geplante Gärten
- Geplanter Park
- Wiederhergestellter Flussverlauf

[3] Der Plan für das neue Projekt, *Grafik*.

[4] **In Dortmund sprechen schon viele von einem „deutschen Silicon Valley".**

„Software, Logistik und Mikrotechnik heißen die neuen Ideen, die das Wirtschaftsprofil der Stadt schärfen und Arbeitsplätze schaffen sollen.
Ein sehr ehrgeiziges Projekt (…) trägt den Namen Phoenix. So heißt die 50 Hektar große, längst aufgegebene Hüttenwerkfläche von Thyssen-Krupp. (…) Die nahe dem Zentrum verkehrsgünstig gelegene Industriebrache soll in den kommenden zehn Jahren schrittweise entwickelt werden. Die Ansiedlung von Firmen und New Economy und das Erschließen eines Wohngebietes mit einem See und Grünflächen als nahtloser Übergang zum benachbarten Westfalenpark ist das Ziel."

Zitat nach FAZ vom 19.6.2000

4. Erläutert den Plan von „Phoenix West" und „Phoenix See" in Dortmund.

Wählt einen der folgenden Arbeitsaufträge aus:

◩ Vergleicht die beiden Abbildungen [2] und [3]. Was hat sich geändert?

◪ Stellt in einer Tabelle die Standortfaktoren am Beispiel von Abbildung [3] zusammen.

Was ihr noch tun könnt…

- Erkundet gemeinsam ein Gewerbegebiet in eurer Nähe. Welche Standortfaktoren spielten bei der Ansiedlung der Betriebe eine Rolle?

Die soziale Frage

Wie konnte die Not der Arbeiterfamilien gelöst werden?

Die Nähmaschine ist unser wertvollster Besitz. Sie ist schon alt und klapprig. Wenn sie kaputtgeht, sind wir verloren!

[1] Arbeiterwohnung in Berlin. *Foto, 1915.*

Wohnungsnot

Die Städte änderten im 19. Jahrhundert ihr altes Aussehen. Weil die Fabriken Verdienstmöglichkeiten boten, zogen viele Menschen vom Land in die Städte. Diese Industriearbeiter bildeten eine völlig neue Bevölkerungsgruppe. Obwohl fleißig gebaut wurde und neue Stadtviertel entstanden, herrschte Wohnungsnot. Grundstücks- und Baupreise stiegen.

Die Arbeiterfamilien mussten in sehr engen Räumen leben. Zur Wohnung gehörten meist eine beheizbare Küche und ein Schlafraum. Die Toiletten waren auf dem Hof oder im Treppenhaus. Ein Badezimmer gab es noch nicht. In einer Wohnung lebten Familien mit fünf bis zehn Personen.

Kinderarbeit

Die Einkommen der Arbeiterfamilien waren oft so gering, dass auch die Kinder zum Lebensunterhalt beitragen mussten. Besonders im Bergbau und in der Textilindustrie wurden ihre kleinen Hände oder die geringe Körpergröße gebraucht. Vor allem waren sie von den Unternehmern als billige Arbeitskräfte geschätzt. Erst allmählich wurde Kinderarbeit durch Gesetze eingeschränkt. So durften in Preußen seit 1839 keine Kinder unter 10 Jahren mehr in Fabriken beschäftigt werden.

Frauen und Beruf

In der frühen Zeit der Industrialisierung konnten Arbeiter häufig kaum für den Unterhalt einer ganzen Familie aufkommen. Notgedrungen machten ihre Frauen Heimarbeit oder gingen selber in die Fabrik. Die Arbeit dort war körperlich anstrengend und an vielen Maschinen auch gefährlich. Es gab weder Mutterschutz noch bezahlten Urlaub.

Vor und nach der Lohnarbeit hatte die Frau ihren Haushalt zu versorgen. So dauerte ihr Arbeitstag oftmals 17 oder 18 Stunden. Die Kinder waren tagsüber alleine, so dass oft schon die Sechsjährigen auf die noch kleineren aufpassen mussten.

[2] **Aussage einer Heimarbeiterin:**
Kaum ist früh der Mann auf Arbeit, da wachen die Kinder auf und wollen angezogen sein, eine Flasche und zu essen haben. Dann setzt man sich hin und näht, denn es ist eilig zu liefern. Zwischendrin muss man wieder die Kinder baden usw. und wieder nähen, Geld verdienen, das Essen muss besorgt werden. Schnell wird etwas bereitet, das nicht viel Arbeit macht, denn man muss nähen...

Zit. nach: Else Sander, Lebenskunde, Leipzig 1922, S. 185

Lösungsversuche

Christliche Fürsorge

Das Elend der Arbeiter und deren Familien spitzte sich zu. Es stellte sich immer dringender die Frage: Was muss getan werden, um die Lebensverhältnisse der Arbeiter sowie ihrer Frauen und Kinder zu bessern? Diese Frage bezeichnete man als „Arbeiterfrage" oder auch als „soziale Frage". Die christlichen Kirchen setzten sich mit diesem Problem auseinander.

Der evangelische Theologe Johann Heinrich Wichern gründete in Hamburg das „Rauhe Haus", in dem er verwaiste und obdachlose Kinder aufnahm.

[1] Werkstatt „Rauhes Haus", Hamburg. *Illustration, 1845.*

Der Mainzer Bischof Ketteler forderte von den Unternehmern, die Arbeiter am Gewinn zu beteiligen sowie Frauen- und Kinderarbeit einzuschränken. Den Arbeitern riet er, Vereine zu gründen und gegenseitige Hilfe zu organisieren. Besonders bekannt sind die „Kolpinghäuser".

Ihr Initiator Adolph Kolping hat sie als katholische Gesellenvereinshäuser gegründet. Hier konnten Handwerksgesellen wohnen und essen.

1. Beschreibt die Wohnverhältnisse der Arbeiterfamilien. Welche gesundheitlichen Probleme ergaben sich daraus?
2. Stellt die Situation der berufstätigen Frauen dar. Wie sah ihr Alltag aus?
3. Schildert die Lage der Arbeiterkinder. Erklärt, aus welchen Gründen sie arbeiten mussten.
4. Nennt Beispiele für die Lösungsversuche von der Seite der christlichen Kirche.

Fürsorge von Unternehmern

[2] Die Bergarbeitersiedlung in Duisburg-Hamborn. *Foto, 1961.*

Es gab auch einige Fabrikbesitzer und Unternehmer, die versucht haben, das Elend ihrer Arbeiter zu mildern. Dazu gehörten unter anderem August Borsig in Berlin, Robert Bosch in Stuttgart oder die Familie Krupp in Essen.

Als eine der Ersten im Rheinland richtete die Siegburger Kattunfabrik Rolffs im Jahr 1843 eine Kranken- und Invalidenversicherung ein.

1854 richtete die Kattunfabrik eine „Speiseanstalt" und einen Konsumladen mit verbilligten Waren ein. 1865 gründete man für ledige Arbeiterinnen eine Näh- und Strickschule. Arbeitern mit weitem Heimweg baute man auf dem Fabrikgelände Schlafsäle mit Badestuben. Solange aber soziale Leistungen der Firmen noch freiwillig waren, bedeutete der Verlust des Arbeitsplatzes gleichzeitig den totalen Absturz in Armut und Elend.

5. Listet auf, welche Ziele die Kattunfabrik Rolffs mit ihren sozialen Einrichtungen verfolgte.

Wählt einen der folgenden Arbeitsaufträge aus:

☑ Versetzt euch in die Lage eines Arbeiterkindes. Verfasst einen Tagebucheintrag, indem ihr einen Arbeitstag des Kindes schildert.

☑ Macht eine Umfrage in der Klasse: Wer hat von euch schon einen Schülerjob ausgeübt? Sprecht über die Gründe und die Unterschiede zur Kinderarbeit im 19. Jahrhundert.

Kampf um Verbesserungen

[1] „Ein Streik bricht aus" *Gemälde von Robert Köhler, 1886.*

1. Schildert die Situation in Bild [1] und lest die Sprechblasen; erstellt daraus eine Liste mit den Forderungen der Menschen.

Arbeitnehmer organisieren sich

Wegen der Kosten sperrten sich viele Unternehmer gegen Verbesserungen der Arbeitsbedingungen. Die Industriearbeiter erkannten, dass sie nur gemeinsam etwas erreichen konnten. In zahlreichen Streiks zeigten sie, wie ernst sie ihre Forderungen meinten. Streik jedoch bedeutet Lohnausfall. Die Arbeiter vereinigten sich daher zur gegenseitigen Unterstützung und Bekräftigung ihrer Forderungen zu Gewerkschaften. In England entstanden sie gegen große Widerstände seit 1824. In Deutschland gab es seit 1848 Gewerkschaften. Anfangs hatten sie mit vielen Schwierigkeiten zu kämpfen. Offiziell waren sie erst ab 1872 erlaubt. Um die Chancen der Arbeiterinnen und Arbeiter zu erhöhen, sorgten Gewerkschaften und Arbeitervereine für eine bessere Bildung ihrer Mitglieder.

2. Erläutert, welche Anliegen die Gewerkschaften hatten und vermutet, gegen welche Schwierigkeiten sie kämpfen mussten.

Was ihr noch tun könnt ...

■ Euch genauer über Karl Marx und Friedrich Engels sowie ihre Ideen informieren.

Vorkämpfer für Gerechtigkeit

Marx und Engels prangerten die Missstände in der Arbeitswelt des frühen Industriezeitalters an. Ihr Anliegen war eine radikale Umwälzung der politischen und gesellschaftlichen Ordnung. Ihre revolutionären Schriften – z. B. das „Kommunistische Manifest" – hatten großen Einfluss auf die gerade entstehenden Arbeiterparteien und auf die politische Entwicklung Europas im 20. Jahrhundert.

[2] Karl Marx (links 1818–1883) aus Trier und Friedrich Engels (rechts 1820–1895), dessen Vater eine Fabrik in Engelskirchen besaß.

Eine Partei für die Arbeiter

Im Jahre 1863 gründete der Journalist Ferdinand Lassalle den Allgemeinen Deutschen Arbeiterverein. 1869 riefen August Bebel und Wilhelm Liebknecht ebenfalls eine Arbeiterpartei ins Leben.

Beide Parteien wollten einen demokratischen Staat verwirklichen und eine gerechtere Verteilung des Eigentums erreichen. 1875 schlossen sie sich zur Sozialistischen Arbeiterpartei Deutschlands zusammen.

Ab 1891 nannte sie sich Sozialdemokratische Partei Deutschlands (SPD). Nach der Vereinigung stieg die Mitgliederzahl rasch an.

Die SPD trat auch für das Frauenwahlrecht ein.

[3] SPD-Parteifahne.

3. Erklärt die Inschrift der Parteifahne. Kommen euch die ersten drei Begriffe bekannt vor? In welchem Zusammenhang habt ihr diese Begriffe kennen gelernt?

[4] **Forderungen aus dem „Erfurter Programm" der SPD von 1891:**

4. Abschaffung aller Gesetze, welche die freie Meinungsäußerung und das Recht der Vereinigung und Versammlung einschränken oder unterdrücken.

5. Abschaffung aller Gesetze, welche die Frau in öffentlicher und privatrechtlicher Beziehung gegenüber dem Manne benachteiligt.

6. Erklärung der Religion zur Privatsache.

7. Weltlichkeit der Schule. Obligatorischer Besuch der öffentlichen Volksschulen. Unentgeltlichkeit des Unterrichts, der Lehrmittel und der Verpflegung ...

Zit. nach: Dieter Dowe/Kurt Klotzbach (Hg.), Programmatische Dokumente der deutschen Sozialdemokratie. J. H. W Dietz Nachf., Bonn 1990, S. 186 ff.

4. Listet die Forderungen der SPD auf. Diskutiert in der Klasse, ob diese Forderungen heute umgesetzt sind.

Die Sozialgesetzgebung

Die deutsche Reichsregierung entwickelte als Gegengewicht zur Arbeiterbewegung unter ihrem Kanzler Otto von Bismarck ein neues Gesetzeswerk. Die Arbeiter sollten eine Absicherung gegen Krankheit, Unfälle und Arbeitsunfähigkeit durch Alter oder Invalidität erhalten. Ein weltweit einzigartiges Sozialversicherungssystem trat Schritt für Schritt in Kraft. Hierdurch wollte der Staat beweisen, dass auch er sich um die Arbeiterschaft bemüht. Somit wäre eine besondere Arbeiterpartei im Grunde überflüssig. Die Reichsregierung führte eine „Reform von oben" durch und wollte damit die Arbeiterbewegung einschränken.

Entwicklung der Sozialversicherung	
1883	Kranken- und Unfallversicherung für Arbeiter
1889	Rentenversicherung für Arbeiter
1892	Krankenversicherung für Angestellte
1911	Rentenversicherung für Angestellte
1927	Arbeitslosenversicherung
1957	Lohnfortzahlung bei Krankheit
1995	Pflegeversicherung

5. Begründet, warum die Sozialgesetzgebung von Bismarck eine „Reform von oben" war. Welche Auswirkungen hatte das neue Gesetzeswerk?

Wählt einen der folgenden Arbeitsaufträge aus:

▣ Entwerft ein Plakat mit den Forderungen der SPD (siehe dazu den Text in [4]).

▣ Schreibt Rollenkarten und spielt folgende Szene: Bismarck macht seinem Kaiser die Notwendigkeit der Sozialgesetzgebung klar.

Was ihr noch tun könnt ...

■ Berufstätige Erwachsene befragen und euch über die heutige Sozialversicherung informieren.

Der Staat im Wirtschaftsgeschehen

Welche Rolle spielt der Staat in der Wirtschaft?

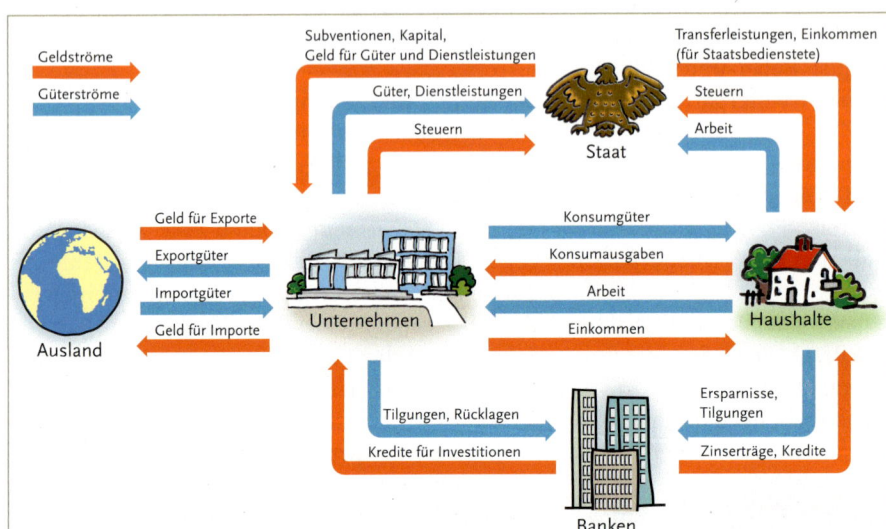

[1] Der erweiterte Wirtschaftskreislauf.

Mitspieler im Wirtschaftskreislauf

Ihr kennt bereits den einfachen Wirtschaftskreislauf, wobei Geld und Güter zwischen Unternehmen und privaten Haushalten ausgetauscht werden. Doch gibt es im Marktgeschehen noch weitere Mitspieler wie den Staat und die Banken. Nicht vergessen dürfen wir dabei auch die übrige Welt, mit der unsere Wirtschaft in ständigem Austausch steht.

1. Erläutert zur Wiederholung den einfachen Wirtschaftskreislauf. Verwendet dabei folgende Begriffe: *Unternehmen, Waren, Arbeitskräfte, Löhne, Haushalte.*

Marktwirtschaft

Das freie Kräftespiel von Angebot und Nachfrage nennt man Marktwirtschaft. Die Marktwirtschaft zeichnet sich aus durch freien **Wettbewerb**, freie Konsumwahl und wirtschaftliche Betätigung. Preise bilden sich in dieser Wirtschaftsordnung nicht durch staatliche Festlegung, sondern aus dem Zusammenspiel von Angebot und Nachfrage.

Die Aufgaben des Staates

Der Staat legt für das Handeln der Unternehmen und privaten Haushalte bestimmte Rahmenbedingungen fest. So erlässt der Staat zum Beispiel Arbeitsschutzgesetze (u. a. das Verbot der Kinderarbeit).

Daneben produziert der Staat Güter, bei denen es sich um so genannte **öffentliche Güter** handelt. Einfache Beispiele für öffentliche Güter sind das staatliche Schulwesen oder die Sicherheit, für die der Staat gegenüber seinen Bürgern sorgt. Dafür werden beispielsweise Polizisten und Soldaten benötigt, die natürlich bezahlt werden müssen. Der Staat verwendet dafür **Einnahmen** aus **Steuergeldern**.

Zusätzlich bietet der Staat Vergünstigungen in Form von **Subventionen**, z. B. zur Stärkung und Förderung wirtschaftlich schwächerer Regionen. Um diese und weitere Aufgaben erfüllen zu können, braucht der Staat Einnahmen. Diese erhält er, indem er bei den Unternehmen und den privaten Haushalten Abgaben in Form von Beiträgen und Steuern erhebt. Manche der Aufgaben erledigt der Staat auch nicht selbst, sondern vergibt sie in Form von Staatsaufträgen an Unternehmen, z. B. wenn er neue Schulen oder Straßen bauen lässt.

2. Stellt die Aufgaben des Staates im Wirtschaftskreislauf dar.
3. Nennt Beispiele aus eurem Umfeld für weitere öffentliche Güter.

Was ihr noch tun könnt …

- Besucht eine kommunale Einrichtung in eurer Gemeinde. Informiert euch über wirtschaftsfördernde Maßnahmen des Staates.

Der Staat setzt Regeln

[2] Wirtschaftspolitische Ziele des Staates.

Der Staat tritt nicht nur als einer der Mitspieler im Wirtschaftskreislauf auf, er überwacht auch das Wirtschaftsgeschehen. Außerdem hat er eine soziale Verantwortung und muss mit entsprechenden Gesetzen dafür sorgen, dass niemand zu Schaden kommt, übervorteilt wird oder ohne das Nötigste zum Leben dasteht. Was vor mehr als 100 Jahren mit der Sozialgesetzgebung begann, wurde durch neue Gesetze und Verordnungen immer weiter verbessert. Heute können sich die Bürger darauf verlassen, dass sie bei Krankheit, Pflegebedürftigkeit, Arbeitslosigkeit oder im Alter finanziell unterstützt werden. Allerdings sind sie durch eben diese Gesetze auch gezwungen, selber zu handeln. Andere Gesetze verhindern, dass sich große Unternehmen zu **Kartellen** zusammenschließen. Kartelle könnten in der Lage sein, Absprachen für die Preise ihrer Produkte zu treffen und dadurch den Wettbewerb auf den Märkten einzuschränken. Um diesen Missbrauch zu verhindern, gibt es das **Bundeskartellamt**.

Die soziale Marktwirtschaft

[3] Modell der sozialen Marktwirtschaft.

4. Erläutert die Ziele der sozialen Marktwirtschaft mit eigenen Worten.

Das Besondere an diesem Modell der sozialen Marktwirtschaft ist, dass einerseits alle Bürger und Unternehmen die gemeinsame Verantwortung für das Wohl der Gesellschaft tragen. Zum anderen ist es die Rolle des Staates, überall dort ordnend in das Wirtschaftsleben einzugreifen, wo das freie Spiel der Kräfte in der Marktwirtschaft zu Problemen und Ungerechtigkeiten führt. So soll der Staat seine Bürger vor möglichen Härten (z. B. bei einer Arbeitslosigkeit) schützen. In der Bundesrepublik gelten neben den Prinzipien der Marktwirtschaft auch Prinzipien wie **Solidarität** und **soziale Gerechtigkeit**.

5. Begründet, warum Arbeitnehmer Sozialversicherungsbeiträge zahlen müssen.

Wählt einen der folgenden Arbeitsaufträge aus:

◧ Listet alle neuen Fachbegriffe dieser Doppelseite auf und formuliert dazu kurze Lexikonartikel.

◧ Erörtert die Möglichkeiten des Staates, in das Wirtschaftsgeschehen einzugreifen. Geht dabei auch auf konkrete Beispiele aus eurem persönlichen Umfeld ein.

Politik aktiv

Denkt auch daran, euer Portfolio zu führen:

– schöne Ergebnisse in Text und Bild sammeln,
– Lernerfahrungen zum Thema „Industrialisierung" notieren

1. Erkunden

▶ Industriedenkmäler (z. B. Route der Industriekultur entlang der Ruhr), Arbeiter-siedlungen, ältere Betriebe am Wohn- oder Schulort besuchen und deren Geschichte recherchieren.

▶ Industriemuseen besuchen, z. B. das Rheinische Landesmuseum für Industrie und Sozialgeschichte mit sechs Schauplätzen in NRW. Einen guten Überblick gibt die Internetseite www.museen.de.

2. Lesen

▶ Apel, R. et al.: Die Ilseder Hütte: Arbeitswelten – 100 Jahre Industriegeschichte. Sutton Verlag, 2004

▶ Bösch, Delia: Ruhrgebiet – Entdeckungsreise – Industriekultur. Klartext Verlag, 2007

▶ GEO Epoche: Deutschland um 1900. Gruner und Jahr, 2004

▶ GEO Epoche: Die Industrielle Revolution. Gruner und Jahr, 2008

▶ Weber-Kellermann, J.: Frauenleben im 19. Jahrhundert. C. H. Beck, 1998

▶ Wischermann, U.: Frauenbewegungen und Öffentlichkeiten um 1900. Ulrike Helmer Verlag, 2003

3. Filme ansehen

Ihr könnt euch bei den Bildstellen die folgenden Filme der FWU (Institut für Film und Bild) auf Video oder DVD besorgen:

▶ Bismarcks Sozialistengesetz und die Soziale Frage

▶ Industrialisierung im 19. Jahrhundert (Deutschland)

▶ Das Deutsche Kaiserreich – Staat und Gesellschaft

▶ Die industrielle Revolution in England

▶ Industrialisierung und Soziale Frage: Auftakt an der Ruhr

WEBCODE: MZ643769-208

Das kann ich!

[1] Begriffe und ihre Bedeutung

Kartellamt	Voraussetzungen zur Ansiedlung von Gewerben
Sozialgesetz-gebung	Arbeitskampf für bessere Bedingungen
Kinderarmut	Gesetze zugunsten der Arbeitnehmer
Standort-faktoren	Behörde zur Verhinderung schädlicher Machtkonzentration
Streik	Benachteiligung der Kinder aus Familien mit geringem Einkommen

[2] Das Ehepaar Benz. *Foto, 1893.*

[3] Belegschaft. *Foto, um 1900.*

[4] Arbeiter und Unternehmer. *Gemälde von Stanislaw Lentz, 1895.*

Sachkompetenz

1. Beschreibt kurz, wie aus einer ländlichen Gegend an der Ruhr eines der größten Industriege-biete Europas wurde.
2. Erklärt den Wandel vom „Kohlen-pott" zum Technologie- und Dienstleistungszentrum.
3. Zählt Veränderungen im Leben der Menschen durch die Indus-trialisierung auf.
4. Nennt Beispiele für die Absiche-rung der Arbeitnehmer bei Arbeitsunfähigkeit.
5. Beschreibt den Alltag einer Industriearbeiterin im 19. Jh. und vergleicht mit heute.
6. Stellt den Wirtschaftskreislauf mithilfe von Beispielen vor.
7. Ordnet die Begriffe in [1] richtig zu.

Urteilskompetenz

8. Beurteilt die Arbeitsbedingungen in den Fabriken der Frühindustri-alisierung.
9. Bewertet die Einrichtungen zur Arbeitserleichterung durch die Unternehmer.
10. Beurteilt die Arbeit des Bundes-kartellamtes.

Methodenkompetenz

11. Wertet Abb. [3] aus (vgl. S. 195).

Handlungskompetenz

12. Notiert Präsentationsformen, die sich für einen Aktionstag in der Schule eignen; Thema: Wirt-schaft und Arbeit früher und heute.
13. Entwickelt ein Rollenspiel zu Abb. [4].
14. Entwerft den Text zu einem Werbeprospekt für das Fahrzeug in Abb. [2].

Europa versorgt uns

Der Airbus A380

2006 präsentierte Airbus das größte Passagierflugzeug der Welt.
Der A380 hat eine Länge von 73 m und eine Spannweite von 80 m.
Er kann bis zu 853 Passagiere transportieren.

1. Nennt Besonderheiten des A380.

2. Sammelt Ideen, was der Airbus A380 mit Europa zu tun haben könnte.

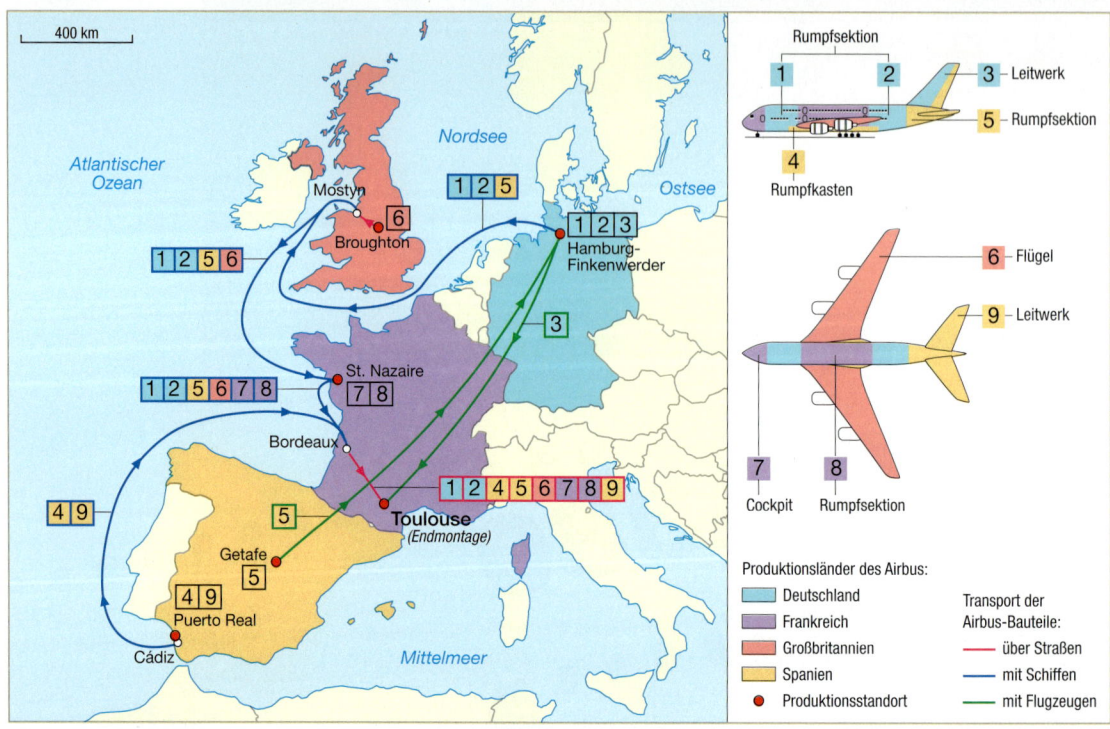

[1] Produktionsstandorte und Transportwege für den Bau des A380.

Ein europäisches Flugzeug

Die Teile des A380 werden in verschiedenen Airbuswerken in Europa gebaut und zusammengefügt. Dabei legen sie große Strecken innerhalb Europas zurück. Diese räumliche Arbeitsteilung ist auf die Firmengeschichte zurückzuführen, aber auch auf politische Entscheidungen. Airbus steht für eine eigenständige Flugzeugindustrie in Europa. Der Konzern erhielt etwa vier Milliarden Euro aus Steuergeldern für den Bau des A380.

Flügel aus Großbritannien

Die Tragflächen des A380 werden in Broughton in Großbritannien hergestellt. Sie bestehen vor allem aus faserverstärktem Kunststoff und Aluminium. Die Tragflächen sind so konstruiert, dass der Luftwiderstand möglichst gering ist. Der A380 verbraucht etwa 15 % weniger Treibstoff als Konkurrenzflugzeuge: Ein wichtiges Argument für den Verkauf. Im Vergleich zu Konkurrenzflugzeugen ist er relativ leise.

Leitwerke aus Spanien

Das Seitenleitwerk und das Höhenleitwerk werden in Cádiz in Spanien hergestellt. Sie bestehen aus kohlefaserverstärktem Kunststoff und sorgen dafür, dass das Flugzeug Kurven fliegen bzw. steigen oder sinken kann.

Endmontage in Frankreich

Einzelteile und auch bereits größere, zusammengesetzte Teile (Sektionen) aus den Airbuswerken werden mit Spezialflugzeugen, Schiffen und Schwertransporten nach Toulouse gebracht. Dort erfolgt die Endmontage und der Einbau der Triebwerke. Danach werden noch Testflüge durchgeführt.

In Toulouse liegt der Hauptsitz von Airbus.

Cockpit und Kabine aus Deutschland

Der A380 hat zwei durchgängige Passagierdecks und ein Unterdeck, in dem Fracht transportiert werden kann. Im Cockpit wird alles digital angezeigt und eingegeben. Papier wird nicht mehr verwendet. Nach der Endmontage in Toulouse wird der A380 in Hamburg lackiert und die Kabine ausgestattet.

Die Übergabe an die Kunden (Fluggesellschaften) erfolgt in Toulouse und Hamburg.

1. Listet anhand des Textes und der Grafik in einer Tabelle auf, was die verschiedenen Airbuswerke für den A380 liefern:

Airbuswerk	Teil bzw. Sektion
Broughton	
...	...

2. Beachtet die Lage der Standorte. Nennt Gemeinsamkeiten und Unterschiede.

Airbus – Zusammenwachsen in Europa

Airbus ist heute der zweitgrößte Flugzeughersteller der Welt. Das war nicht immer so. Bis in die 1960er-Jahre wurden große Flugzeuge in den USA und in Russland gebaut. In Europa gab es einige kleine Flugzeughersteller. Diese schlossen sich 1970 zu „Airbus Industries" zusammen. Heute bieten die Airbuswerke in ihren Regionen vielen Mitarbeitern Arbeitsplätze.

3. Diskutiert in der Gruppe, welche Vorteile sich durch den Zusammenschluss ergaben. Welche Probleme könnten anfangs aufgetaucht sein?

Werk Hamburg-Finkenwerder

Das Airbuswerk im Stadtteil Finkenwerder in Hamburg liegt auf dem Gelände einer 1936 gegründeten Flugzeugbaufirma. Es hat einen eigenen Werksflughafen. Für den Bau des A380 musste dieser vergrößert werden. Nach Protesten vor allem von Umweltschützern wurden Ausgleichsmaßnahmen vereinbart. In Hamburg sind 15 000 Mitarbeiter bei Airbus beschäftigt.

Wählt einen der folgenden Arbeitsaufträge aus:

◼ Stellt Argumente für und gegen eine europäische Flugzeugproduktion gegenüber.

◼ Sammelt Argumente für bzw. gegen eine Werksvergrößerung aus der Sicht von Airbus, der Stadt Hamburg, Naturschützern und Anwohnern. Führt eine Pro-und-Contra-Diskussion durch.

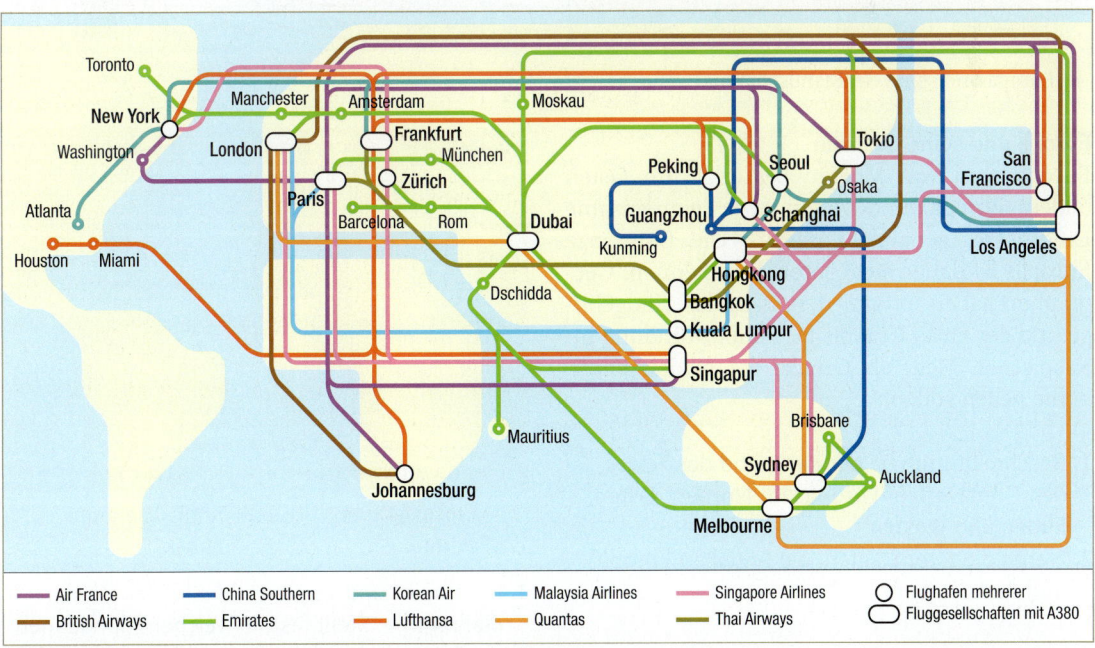

[2] Liniennetz des A380. *Stand 2013.*

Orientierung

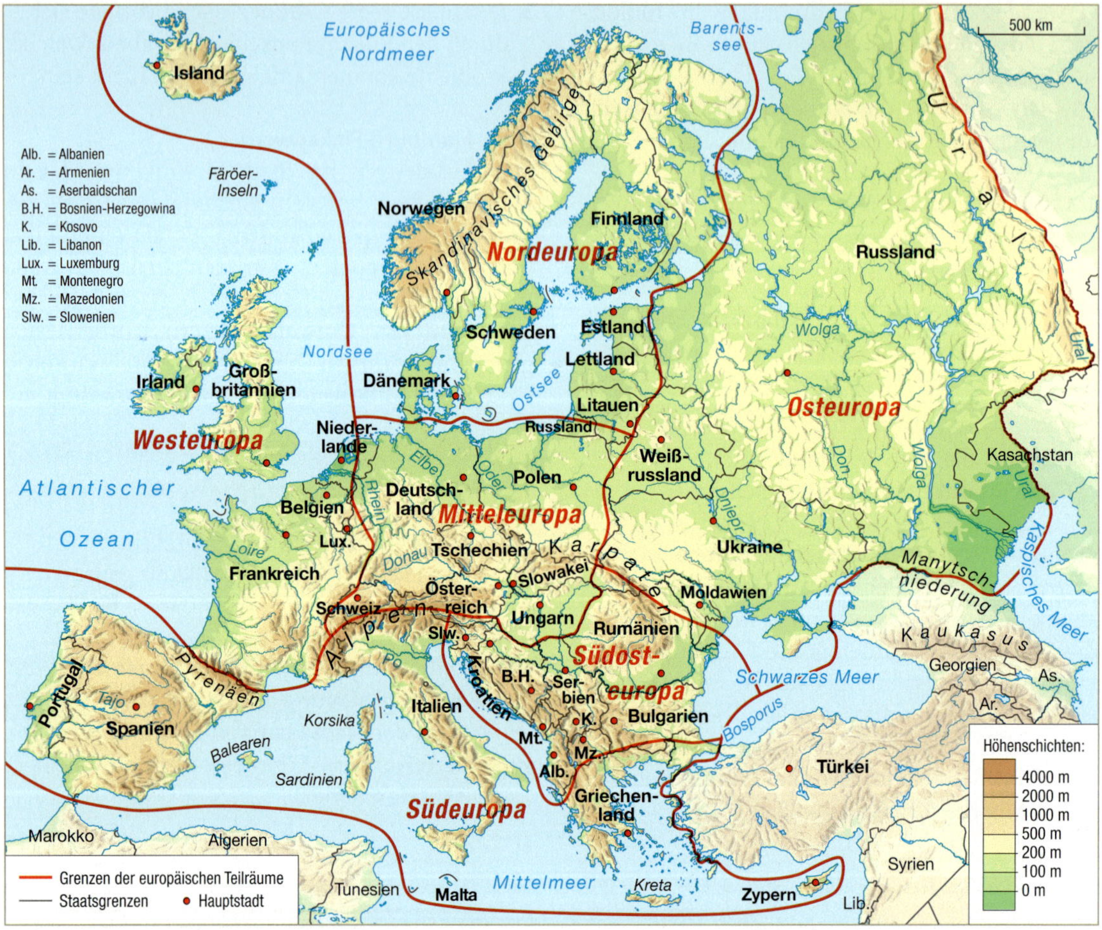

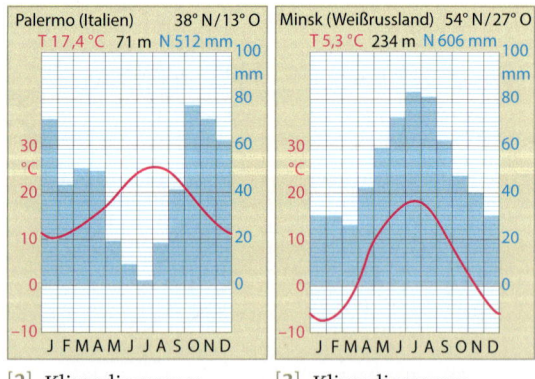

Europäisches Nordmeer
Barentssee
500 km
Island
Alb. = Albanien
Ar. = Armenien
As. = Aserbaidschan
B.H. = Bosnien-Herzegowina
K. = Kosovo
Lib. = Libanon
Lux. = Luxemburg
Mt. = Montenegro
Mz. = Mazedonien
Slw. = Slowenien
Färöer-Inseln
Norwegen
Skandinavisches Gebirge
Nordeuropa
Finnland
Russland
Ural
Schweden
Estland
Wolga
Nordsee
Lettland
Irland
Groß-britannien
Dänemark
Ostsee
Litauen
Osteuropa
Westeuropa
Nieder-lande
Russland
Weiß-russland
Kasachstan
Atlantischer Ozean
Elbe
Oder
Polen
Don
Belgien
Rhein
Deutsch-land
Mitteleuropa
Dnjepr
Lux.
Loire
Tschechien
Karpaten
Ukraine
Donau
Frankreich
Slowakei
Manytsch-niederung
Kaspisches Meer
Schweiz
Öster-reich
Moldawien
Alpen
Ungarn
Slw.
Rumänien
Kaukasus
Südost-europa
Georgien
Pyrenäen
Po
B.H.
Ser-bien
Schwarzes Meer
As.
Portugal
Tajo
Spanien
Kroatien
Italien
K.
Bulgarien
Ar.
Korsika
Mt.
Bosporus
Balearen
Mz.
Türkei
Sardinien
Alb.
Griechen-land
Südeuropa
Marokko
Algerien
Syrien
Tunesien
Malta
Mittelmeer
Kreta
Zypern
Lib.
Grenzen der europäischen Teilräume
Staatsgrenzen
Hauptstadt
Höhenschichten:
4000 m
2000 m
1000 m
500 m
200 m
100 m
0 m

[1] Europa und seine Großlandschaften.

Europa und seine Grenzen

Europa wird von Meeren begrenzt. Im Osten bilden Europa und Asien eine gemeinsame Landmasse, genannt Eurasien. Die Ostgrenze Europas ist daher nicht sofort zu erkennen. Geographen haben entschieden, dass das Uralgebirge und der Fluss Ural bis zu seiner Mündung im Kaspischen Meer als Grenze der beiden Kontinente gelten sollen.

1. Beschreibt mithilfe der Karte und des Textes den Grenzverlauf Europas im Norden, Osten, Süden und Westen.
2. Nennt die zwei Staaten, die Anteil an Europa und Asien haben.

Palermo (Italien) 38° N/13° O
T 17,4 °C 71 m N 512 mm
100 mm
80
60
40
20
0
30 °C
20
10
0
–10
J F M A M J J A S O N D

[2] Klimadiagramm Palermo.

Minsk (Weißrussland) 54° N/27° O
T 5,3 °C 234 m N 606 mm
100 mm
80
60
40
20
0
30 °C
20
10
0
–10
J F M A M J J A S O N D

[3] Klimadiagramm Minsk.

3. Beschreibt und vergleicht die beiden Klimadiagramme. Stellt fest, in welchen Klimazonen die Städte liegen.
4. Sucht die beiden Städte auf der Karte zu Europa vorne im Einband.

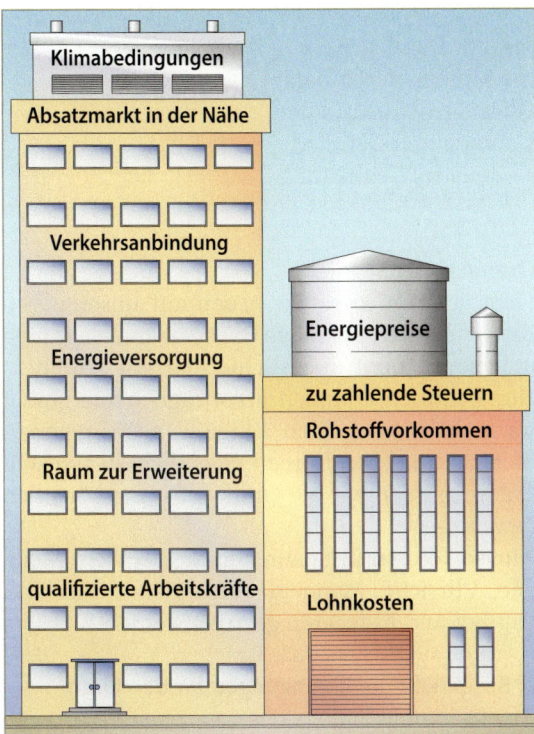

[4] Standortfaktoren.

Standortfaktoren in Europa

Europa bietet Unternehmen in den meisten Fällen gute Voraussetzungen für wirtschaftlichen Erfolg. Diese Rahmenbedingungen nennt man Standortfaktoren.

Unternehmen entscheiden nach den vorliegenden Standortfaktoren, ob sie an einem bestimmten Ort zum Beispiel ein Zweigwerk errichten. Standortfaktoren sind unter anderem:

– Verkehrsanbindung,
– qualifizierte Arbeitskräfte,
– Absatzmarkt in der Nähe,
– Raum zur Erweiterung,
– zu zahlende Steuern,
– Klimabedingungen,
– Rohstoffvorkommen usw.

5. Begründet, welche Standortfaktoren für die Airbuswerke wichtig sind.

Was ihr noch tun könnt...
■ einen Betrieb in eurer Nähe aufsuchen und Gründe auflisten, warum die Firma sich dort niedergelassen hat.

▶ Europa versorgt uns

In diesem Kapitel geht es vor allem um folgende Fragen:
Wo liegen die Grenzen Europas?
Welche Klimazonen beeinflussen die Landwirtschaft in Europa?
Was und wie wird in Europa produziert?
Wie beeinflussen Standortfaktoren unsere Wirtschaft?
Wie wird über die Grenzen einzelner Länder hinaus miteinander gelebt und gearbeitet?

Wichtige Kompetenzen in diesem Kapitel

Sachkompetenz
▶ Grenzen Europas beschreiben und Schwierigkeiten der Abgrenzung nennen
▶ Europa in klimatische und topographische Teilräume gliedern
▶ Lebensbedingungen in europäischen Regionen und Staaten an Beispielen beschreiben
▶ Entwicklung und strukturellen Wandel von Altindustriegebieten beschreiben

Methodenkompetenz
▶ eine Standortanalyse durchführen

Urteilskompetenz
▶ den derzeitigen Stand des Strukturwandels und darauf bezogene Maßnahmen unter ökonomischer, sozialer und ökologischer Perspektive beurteilen

Handlungskompetenz
▶ wichtige Standortfaktoren der eigenen Region erkennen und deren wirtschaftlichen Einfluss nennen

Klimavielfalt in Europa nutzen

Was wächst wo in Europa?

In Europa gibt es verschiedene Klimazonen (siehe Seite 30). Diese werden von der Landwirtschaft unterschiedlich genutzt. Warme Mittelmeertemperaturen lassen im Süden Europas Orangen, Wein und Oliven gedeihen. In der gemäßigten Zone wachsen auf ertragreichen Böden Getreide und Gemüse. Wo höhere Niederschläge Ackerbau erschweren, wird intensive Viehhaltung betrieben.

Fisch aus Norwegen

Hei, ich bin Mette (links im Bild [1]), Mein Vater und ich betreiben hier in den nährstoffreichen Küstengewässern von Norwegen eine Fischfarm. Das ruhige Meerwasser in den Fjorden hat durch den Golfstrom die ideale Temperatur von 4° bis maximal 20 °Celsius. Unsere Lachse werden durch die leichte Strömung immer ausreichend mit frischem Wasser versorgt und bleiben dadurch auch gesund.

1. Nennt die für Fischfarmen günstigen Standortbedingungen an der Küste Norwegens.

Orangen aus Spanien

Holá, ich bin Jose. Wir bauen auf unseren Feldern im Süden Spaniens Orangen an. Die Mittelmeersonne lässt die Früchte hier gut gedeihen. Nur kommen Orangen ursprünglich aus einem warmen und feuchten Klima. Unsere regenarmen Sommer sind ihnen eigentlich zu trocken. Daher müssen wir die Orangenbäume künstlich bewässern.

Nur so können in Spanien auch Zitronen, Melonen, Pfirsiche, Mandeln, Auberginen, Zucchini, Paprika und Erdbeeren geerntet werden.

2. Beschreibt die Bedingungen für den Orangenanbau in Südspanien.

[1] Ein Fisch aus einer norwegischen Fischfarm wird kontrolliert. *Foto, 2013.*

[2] Orangenernte in Südspanien. *Foto, 2013.*

Oliven aus Griechenland

Kalimera, ich bin Kosta, meine Familie lebt seit Generationen in Griechenland vom Ertrag der Olivenbäume. Ein Olivenbaum (Ölbaum) ist perfekt an das warme und trockene Mittelmeerklima angepasst. Die schmalen Blätter sind wie Leder, um eine hohe Verdunstung durch die starke Mittelmeersonne zu vermeiden. Die langen Wurzeln können Wasser aus bis zu fünf Metern Tiefe holen. Wir müssen nicht zusätzlich bewässern.

Bei der Ernte im Oktober sammeln wir die Früchte von Hand ab, um eine besonders gute Qualität zu erhalten. Oder wir breiten Netze aus und fangen die Oliven damit auf. In ganz Europa werden sie als ganze Früchte oder als Olivenöl verzehrt.

3. Zählt die Eigenschaften der Olivenbäume auf, die ihren Anbau im Mittelmeergebiet ermöglichen.

[3] Olivenernte in Griechenland. *Foto, 2013.*

Käse aus Frankreich

Bonjour, mein Name ist Geraldine. Meine Familie betreibt in der Auvergne, einer Region in Zentralfrankreich, einen Milchbetrieb. Im Sommer treiben wir unsere Kühe auf die Alm, das ist eine Bergweide. Dort leben sie vom saftigen Gras. Im Winter ist es aber zu kalt und die Kühe müssen in den Stall. Die Milch wird zu Käse weiterverarbeitet und überall in Europa verkauft. Frankreich ist für seinen guten und vielfältigen Käse berühmt. Nach den USA und Deutschland ist Frankreich der drittgrößte Exporteur von Käse weltweit und produziert mehr als 300 Sorten.

4. Sucht die Käseabteilung in einem Lebensmittelmarkt und notiert verschiedene französische Käsesorten.

[4] Eine Käserei in Frankreich. *Foto, 2013.*

> **Wählt einen der folgenden Arbeitsaufträge aus:**
>
> ▣ Präsentiert die hier beschriebenen Lebensmittel auf einem Plakat.
>
> ▣ Legt mithilfe der Karte auf Seite 30 eine Skizze der Klimaregionen in Europa an. Notiert, welche Nahrungsmittel in diesen Gebieten hergestellt werden.

Was ihr noch tun könnt ...

■ Sucht im Supermarkt weitere Lebensmittel aus dem Ausland. Notiert deren Herkunftsland und die entsprechende Klimazone.

Energie für Europa

Woher bezieht Europa seine Energie?

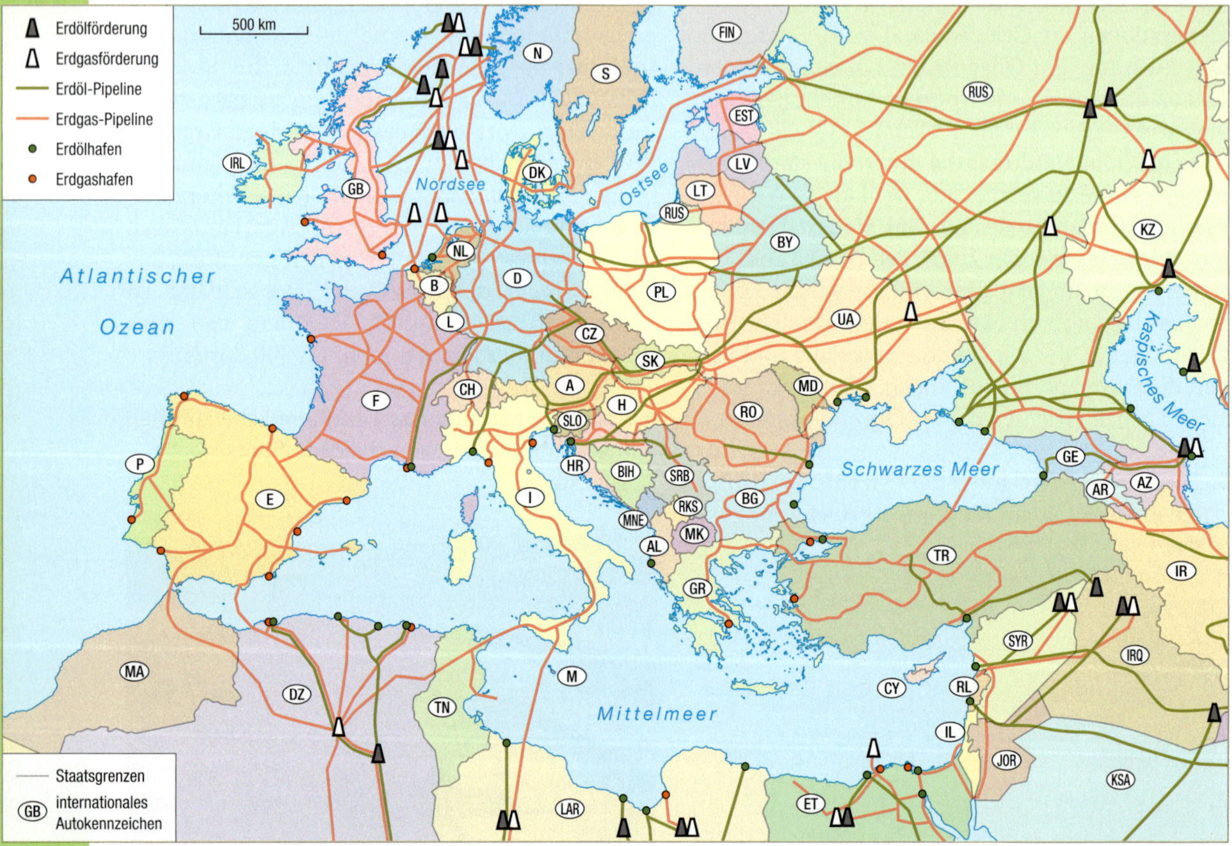

Erdölförderung
Erdgasförderung
Erdöl-Pipeline
Erdgas-Pipeline
Erdölhafen
Erdgashafen
500 km
Staatsgrenzen
GB internationales Autokennzeichen
Atlantischer Ozean
Nordsee
Ostsee
Schwarzes Meer
Kaspisches Meer
Mittelmeer
IRL
GB
N
S
FIN
RUS
EST
LV
LT
DK
NL
B
L
D
PL
BY
UA
KZ
CZ
SK
A
H
CH
F
SLO
HR
BIH
SRB
RO
MD
BG
RKS
MNE
MK
AL
GR
I
P
E
GE
AR
AZ
TR
IR
SYR
IRQ
CY
RL
IL
JOR
KSA
ET
LAR
TN
DZ
MA
M

[1] Erdgas- und Erdölversorgungsnetz in Europa.

Energieversorgung in Deutschland

Deutschlands eigene Energiereserven beschränken sich im Wesentlichen auf Kohle. Mehr als 60 % des Energieverbrauchs in Deutschland musste 2010 importiert werden. Wichtigster Energielieferant ist mit großem Abstand Russland. Auf den nächsten Plätzen folgen Norwegen, die Niederlande, Großbritannien, Kasachstan und Libyen. Aus den Niederlanden bezieht Deutschland Erdgas, aus Kasachstan und Libyen Öl, aus Norwegen und Großbritannien Erdöl und Erdgas, das in der Nordsee gefördert wird.

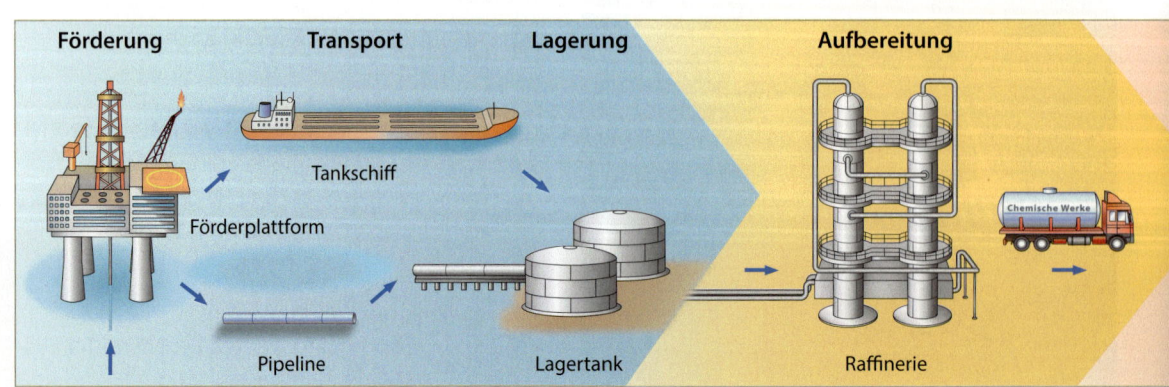

Förderung
Transport
Lagerung
Aufbereitung
Tankschiff
Förderplattform
Pipeline
Lagertank
Raffinerie
Chemische Werke

[2] Vom Erdöl zum Endprodukt.

Importabhängigkeit Europas

Die Angaben für die Energieversorgung Europas ähneln den Werten für Deutschland. Über 50 % der Energie muss in Europa eingeführt werden. Fast 90 % des Erdölverbrauchs muss durch Importe gedeckt werden. Dadurch ergeben sich zwangsläufig wirtschaftliche und politische Abhängigkeiten.

Russland ist einer der größten Erdöl- und Erdgasproduzenten weltweit. 50 % der Erdöleinfuhren und 25 % der Erdgasimporte nach Europa kommen aus Russland. Erdgas und Erdöl werden hauptsächlich aus den Gebieten östlich des Urals, vor allem aus Westsibirien nach Westen zu den Verbrauchszentren transportiert.

1. Nennt die Länder aus denen Erdöl und Erdgas nach Europa geliefert werden (Karte, Text).
2. Beschreibt die Transportwege (Karte, Text).
3. Erläutert den Weg vom Erdöl zum Endprodukt anhand der Grafik [2].
4. Notiert, welche Produkte aus Erdöl ihr jeden Tag benutzt.

Der Weg des Erdöls nach Deutschland

Erdöl wird mit Rohrleitungen (Pipelines) von den Ölfeldern der Nordsee bzw. den Verladestationen der großen Ölhäfen (Rotterdam, Wilhelmshaven) nach Deutschland befördert. Das Erdöl wird in Raffinerien aufbereitet und weiter verarbeitet.

Ein wichtiger Standort der Petrochemie in Deutschland ist die Rheinland Raffinerie in Wesseling bei Köln. Dorthin kann das Erdöl auch mit Tankschiffen transportiert werden. Zudem kann das Wasser des Rheins als Kühlmittel bei der Weiterverarbeitung benutzt werden.

Erdgas in Europa

Europa bezieht sein Erdgas vorwiegend vom weltweit größten Erdgaslieferanten Gazprom. Vom Fördergebiet wird das Erdgas über die 2011 fertig gestellte Ostsee-Pipeline (North Stream) nach Deutschland gepumpt. Russland kann auf diese Weise schnell und günstig liefern. Dadurch kann Russland seine starke Stellung auf dem Gasmarkt festigen. Bisherige Transitländer bestehender Pipelines, wie Weißrussland und die Ukraine, sind bei der Ostseepipeline nicht beteiligt und müssen so nicht bezahlt werden. Eine Pipeline im südlichen Europa befindet sich seit 2012 im Bau (South Stream). Die EU plante für die eigene Versorgungssicherheit und Unabhängigkeit von Russland eine Pipeline durch die Türkei (Nabucco Projekt). Dieses Vorhaben scheiterte 2013.

5. Beschreibt die Vorteile, die sich durch die Ostseepipeline für Gazprom ergeben.
6. Nennt mögliche Nachteile für Weißrussland und die Ukraine.

Wählt einen der folgenden Arbeitsaufträge aus:

- ▣ Übertragt Bild [2] auf ein Plakat und hängt es in der Klasse auf.

- ▣ Erstellt eine Kartenskizze, wo ihr den Weg des Erdöls aus Venezuela, Nigeria und Saudi-Arabien nach Deutschland eintragt.

Was ihr noch tun könnt…

- ▪ Informiert euch im Internet, welche Alternativen zum Erdöl und Erdgas vorhanden sind.

Gase (zum Heizen, Kochen, zur Kunststoffherstellung)

Benzin (als Kraftstoff, Chemierohstoff)

Petroleum, Kerosin, Dieselöl, leichtes Heizöl (als Kraftstoff für Heizzwecke)

schweres Heizöl (zur Stromerzeugung), Schmieröle

Bitumen (zum Straßenbau)

Chemische Industrie und weiterverarbeitende Industrie

Dämmstoffe — Waschmittel — Kosmetikartikel — Kunststoffe — Kunstfasern für Textilien — Künstlicher Kautschuk (für Reifen) — Arzneimittel — Farben — Düngemittel — Pflanzschutzmittel — Kraftstoffe

Verkehrsnetze in Europa

Wie sind die Menschen in Europa miteinander verbunden?

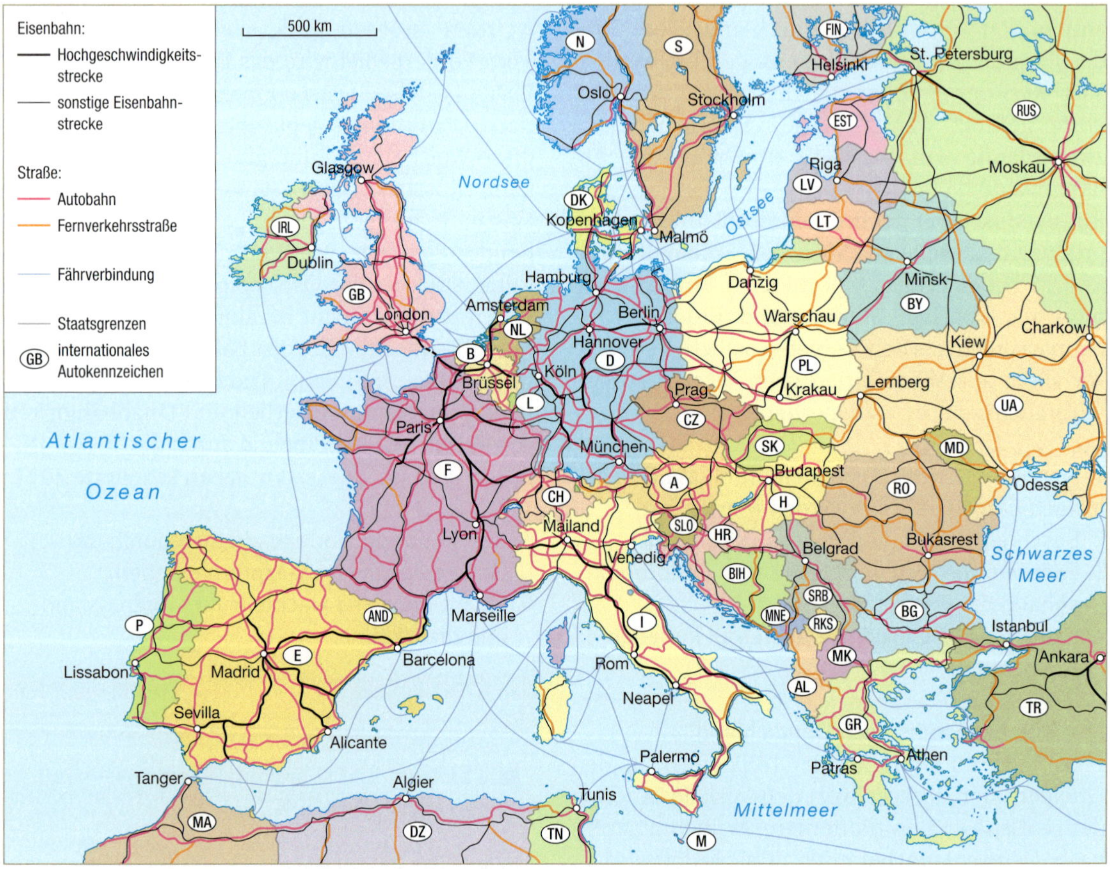

Legende:

Eisenbahn:
— Hochgeschwindigkeitsstrecke
— sonstige Eisenbahnstrecke

Straße:
— Autobahn
— Fernverkehrsstraße

— Fährverbindung

— Staatsgrenzen
GB internationales Autokennzeichen

500 km

[1] Wichtige Verkehrsverbindungen in Europa.

Europa ist durchzogen von einem dichten Netz aus Verkehrswegen wie Straßen, Schienen und Wasserstraßen. Sie ermöglichen den schnellen Transport von Gütern und leichtes Reisen.

Über Brücken...

Die skandinavischen Länder (Norwegen, Schweden und Finnland) waren früher nur mit Fähren von Mitteleuropa aus zu erreichen. Heute gibt es verschiedene Brücken, die z. B. Dänemark und Schweden verbinden. Über die Öresundbrücke fahren sowohl Autos als auch Züge vom dänischen Kopenhagen ins schwedische Malmö.

1. Nennt Verkehrsmittel, die Mitteleuropa und die skandinavischen Länder verbinden.

[2] Öresundbrücke. *Foto, 2013.*

... und durch Tunnel

Die Alpen sind ein gewaltiges Hindernis für den Transport von Menschen, Nachrichten und Gütern. Schon die Römer nutzen die niedrigste Stelle des Alpengebirges, den 1372 m hohen Brennerpass. Bald soll der Brenner-Basistunnel, ein 60 km langer Tunnel, die Reisezeit halbieren und mehr Zugverkehr durch die Alpen ermöglichen. Dadurch könnte die stark vom Reise- und Güterverkehr beanspruchte Brennerautobahn entlastet werden.

2. Erläutert die Notwendigkeit einer schnellen Nord-Süd-Verbindung in Europa.

Transitland Deutschland

Deutschland liegt in der Mitte von Europa. Viele Menschen und Güter durchqueren Deutschland lediglich auf ihrem Weg in andere Länder (Transitverkehr). An den Verkehrsknotenpunkten in Deutschland besteht die Möglichkeit, das Verkehrsmittel zu wechseln. So kann man z. B. in Frankfurt vom Zug ins Flugzeug umsteigen. Diese Verkehrsknotenpunkte ermöglichen auch einen schnellen Weiterversand von Gütern.

3. Erklärt mit eigenen Worten, was ein Verkehrsknotenpunkt ist.

4. Nennt Gründe warum es wichtig ist, Güter schnell von A nach B zu schicken.

5. Nennt Kosten, die Deutschland durch den Transitverkehr entstehen.

Wählt einen der folgenden Arbeitsaufträge aus:

◘ Skizziert den möglichen Weg von Orangen aus Valencia nach Oslo auf einem Plakat.

◘ Plant fiktive Zugreisen zwischen Städten, die auf der Karte 220 eingetragen sind. Wer schafft die kürzeste Reisezeit? Wer schafft es in einer bestimmten Zeit, die weiteste Strecke zu fahren?

Was ihr noch tun könnt ...

■ Erkundet eure Umgebung und notiert Verkehrsknotenpunkte auf eurem Heimweg.

[3] Bau des Brenner-Basistunnels. *Foto, 2013.*

Grenzen überwinden

Wie funktioniert das Zusammenleben in Europa?

[1] Euroregionen mit deutscher Beteiligung.

Euregio

Unter einer Euregio (auch Euroregion) versteht man einen grenzüberschreitenden Zusammenschluss von Gemeinden und Landkreisen. In der EU gibt es bislang 52 Euroregionen. Die EU fördert die Zusammenarbeit finanziell, damit diese Regionen wirtschaftlich und auch kulturell attraktiv sind. Deutschland hat durch seine zentrale Lage in der EU Anteil an fast 30 Euroregionen.

1. Notiert, was eine Euregio/Euroregion ist.

Euroregionen in Nordrhein-Westfalen

Im Norden Nordrhein-Westfalens befindet sich die EUREGIO, die älteste Euroregion. Dazu gehören seit 1958 Teile von Münsterland, Niedersachsen und der Niederlande. Die Euregio Rhein-Maas-Nord wurde 1978 gegründet.

2. Legt eine Tabelle an und tragt die Euroregionen mit ihren jeweiligen Gebieten ein. Benutzt dazu die Karte oben und den Atlas.

Euregio/Euroregion	Raum
Maas-Rhein	Aachen, Gebiete der Niederlande
...	...

Partnerschaft über Grenzen hinweg

Ländergrenzen trennten früher auch Wirtschaftsräume und stellten sprachliche, soziale und kulturelle Barrieren dar. Über Grenzen hinweg bestanden nur wenige Kontakte. Viele Grenzregionen waren wirtschaftlich nur schwach entwickelt. Durch die Bildung und Erweiterung der EU haben die Binnengrenzen eine immer geringere Bedeutung. Heute sichern die Euroregionen in Europa eine grenzüberschreitende Zusammenarbeit im Nahraum. Zugleich sind sie ein wichtiges Element der europäischen Integration.

Eine besonders enge Zusammenarbeit besteht in der Regel bei Doppelstädten zu beiden Seiten einer Grenze, so zum Beispiel an der deutsch-polnischen Grenze Guben-Gubin oder bei Frankfurt an der Oder/Slubice. Mit der Öffnung der Grenzen im Verlauf der EU-Erweiterung verstärkten sich dort Verkehrsströme, Handelsbeziehungen, Einkaufsverflechtungen, Arbeitspendeln und Produktionszusammenarbeit.

3. Erläutert die Vorteile einer grenzüberschreitenden Zusammenarbeit.

[2] Tomas bei der Spargelernte. *Foto, 2013.*

[3] An der deutsch-niederländischen Grenze. *Foto, 2013.*

[4] Görlitz/Zgorzelec an der deutsch-polnischen Grenze. *Foto, 2013.*

„Jobtourismus"

Tomas kommt aus der Nähe von Warschau, ist 23 Jahre alt und verheiratet. Eigentlich ist Tomas Schreiner, aber in Polen findet er momentan keinen Job. Also hilft er Bauer Schulze-Westermann in der Nähe von Brochterbeck bei der Spargelernte. Die Familie Schulze-Westermann kann kein Polnisch und Tomas versteht nur wenig Deutsch. Dennoch freuen sich alle auf Tomas. Tomas wird mit dem polnischen Erntehelfer-Bus nach Westfalen fahren. Das kostet ihn 75 Euro. Die Sache rentiert sich. Er kann bei seinem Arbeitgeber 6,50 Euro in der Stunde verdienen. Bei sieben Stunden Arbeit am Tag an sechs Tagen in der Woche verdient Tomas auf dem Spargelfeld etwa so viel wie ein Facharbeiter monatlich in Polen. Tomas schläft und isst gratis bei der Familie Schulze-Westermann.

4. Stellt in einer Liste die Vorteile der Saisonarbeit von Tomas für ihn und die Familie Schulze-Westermann zusammen.

5. Informiert euch im Internet über Menschen, die wegen schlechter Berufsaussichten das Heimatland verlassen. Stellt ihre Beweggründe auf einem Plakat dar.

> **Wählt einen der folgenden Arbeitsaufträge aus:**
>
> ☑ Fertigt eine kurze Infobroschüre an, in der ihr über eine der Euroregionen mit deutscher Beteiligung berichtet.
>
> ☑ Entwerft eine Rede zu den Vorteilen der Euroregionen.

Deutschlands Nachbarn in Europa

Wie sieht die Wirtschaft in den Niederlanden und in Polen aus?

Industrie:

⛰ Eisen- und Stahlerzeugung	⚙ Schiffbau	🔲 Textilien
⛰ Leichtmetallverhüttung	⬮ Elektronik, Elektrotechnik	🔲 Bekleidung
⚙ Maschinenbau	⬤ Chemie, Kunststoffe	🔲 Nahrungsmittel
⚙ Kraftfahrzeugbau	⬤ Erdölraffinerie	🐟 Fischverarbeitung

Bergbau:

	Energieversorgung:	Verkehrsnetz:
△ Erdgas	⋯⋯ Erdgasleitung	── Eisenbahn
▲ Erdöl	⋯⋯ Erdölleitung	── Autobahn, Fernverkehrsstraße

[1] Die Wirtschaft der Niederlande.

Leistungsfähige Wirtschaft auf kleinem Raum

Die Niederlande sind eine der größten Exportnationen der Welt. Eine zentrale Rolle spielen dabei der Hafen Rotterdam (größter Hafen Europas) und der Flughafen Schiphol. Der Hafen Rotterdam boomt seit mehreren Jahren und wurde 2013 um ein rund 20 Quadratkilometer großes neues Hafengelände erweitert. Der Flughafen Schiphol ist mit 50 Mio. Passagieren der viertgrößte in Europa. Die Niederlande besitzen eine sehr wettbewerbsfähige Landwirtschaft und sind zweitgrößter landwirtschaftlicher Exporteur der Welt nach den USA.

Die großen Blumenauktionen wie zum Beispiel in Aalsmeer (bei Schiphol) gelten als Beispiel für die Leistungsfähigkeit in den Bereichen Handel, Logistik und Agrarproduktion. Ins Ausland verkauft werden vor allem Maschinen, Fahrzeuge und Nahrungsmittel. Die Niederlande sind nach Norwegen das wichtigste Erdgasförderland Westeuropas.

Deutschland ist mit Abstand vor Belgien und Frankreich der größte Handelspartner.

1. Lest die Legende der Wirtschaftskarte zu den Niederlanden. Wendet dabei den Kartenprofi (Umschlagklappe vorne) an.
2. Beschreibt die Karte [1]. Geht dabei von Norden nach Süden vor.
3. Notiert die verschiedenen Arten der landwirtschaftlichen Nutzung.

[2] Fischverkauf auf der Grenze. *Foto, 2013.*

Wählt einen der folgenden Arbeitsaufträge aus:

◨ Nennt wichtige Standorte von Industrie in den Niederlanden. Notiert Industriezweige in diesen Industrieräumen.

◨ Erarbeitet in Gruppen mithilfe der Karte und des Textes ein Kurzreferat zum Thema „Die Niederlande versorgt Europa".

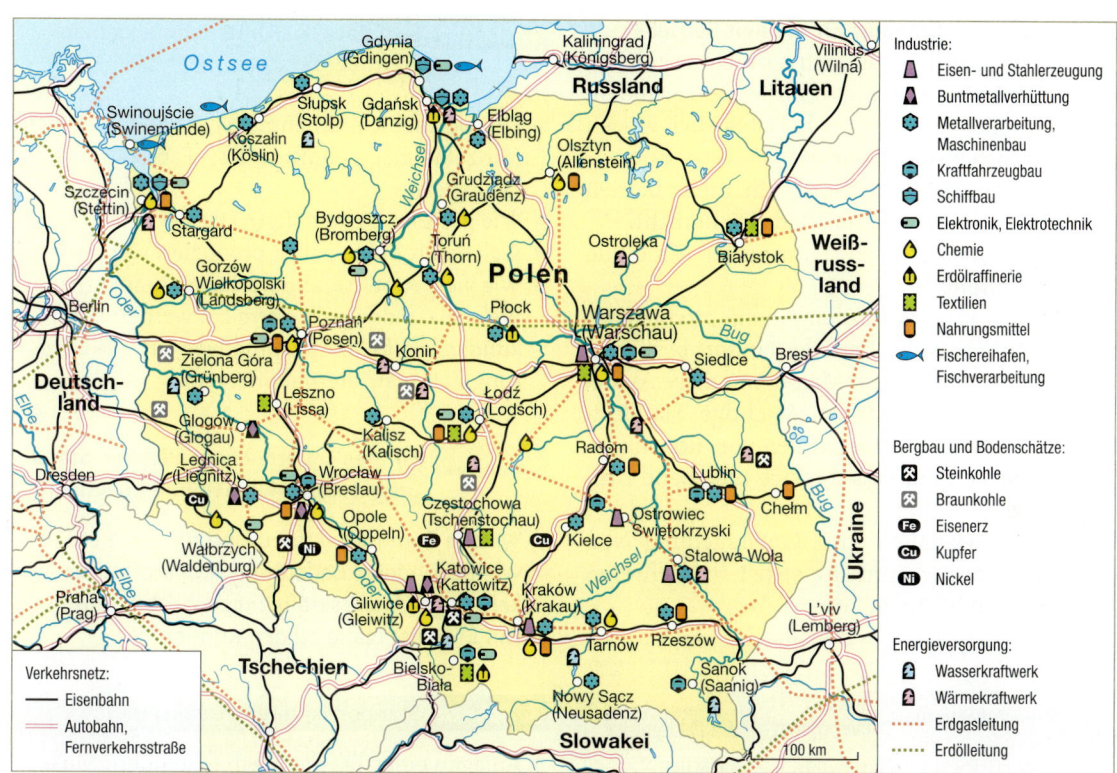

[3] Die Wirtschaft Polens.

Disparitäten

Polen ist ein Land der Gegensätze. Warschau, Danzig oder Krakau sind kaum von westeuropäischen Metropolen zu unterscheiden. Die Wirtschaft Polens wächst seit mehreren Jahren überdurchschnittlich. Es bestehen jedoch große Unterschiede (Disparitäten) innerhalb Polens. Strukturschwache Regionen wie Masuren im Nordosten Polens verarmen immer mehr. Es fehlen die Perspektiven für die dort lebenden Menschen. Die Kluft zwischen Stadt und Land wird immer größer. 12 % der Erwerbstätigen arbeiten in der Landwirtschaft (Niederlande 2,6 %) vorwiegend auf kleineren Höfen. Bekannte Produkte sind polnisches Geflügel und Fleischprodukte. Exportiert werden vor allem Fahrzeuge, Nahrungsmittel und Maschinen. Importiert werden vorwiegend Erdöl, Maschinen und Nahrungsmittel.

Deutschland ist mit weitem Abstand der wichtigste Handelspartner. Polen verfügt über große Vorkommen an Kohle, die auch die Basis der Energieversorgung liefert. Die Gruben sind technisch jedoch vielfach veraltet und entsprechen vor allem hinsichtlich ihrer Umwelttechnik (z. B. Schadstoff-Filterung) nicht dem internationalen Standard.

4. Lest die Legende der Wirtschaftskarte zu Polen. Wendet dabei den Kartenprofi (Umschlagklappe vorne) an.
5. Beschreibt die Karte [3]. Geht dabei von Norden nach Süden vor.
6. Notiert die verschiedenen Arten der landwirtschaftlichen Nutzung.

Wählt einen der folgenden Arbeitsaufträge aus:

🎦 Nennt wichtige Standorte von Industrie und Bergbau in Polen. Notiert Industriezweige in diesen Industrieräumen.

🎦 Erarbeitet in Gruppen mithilfe der Karte und des Textes ein Kurzreferat zum Thema „Polen versorgt Europa".

Standortanalyse

Wo ist der beste Standort für meinen Betrieb?

Diesem Problem muss sich ein Unternehmer stellen, der einen Produktionsbetrieb gründen, verlagern oder verändern will. Dabei stellt er sich grundsätzlich zwei Fragen:

a) Wo ist der beste Standort, den mein Betrieb zur Herstellung unserer Produkte braucht?

b) Wo ist der beste Standort, um unsere Produkte zu verkaufen?

Um Waren möglichst kostengünstig produzieren zu können, muss der Betriebsstandort bestimmte Bedingungen erfüllen. Man nennt diese Anforderungen Standortfaktoren. Wichtige Standortfaktoren sind z. B. Verfügbarkeit von Rohstoffen und Arbeitskräften, Verkehrslage und Nähe zum Absatzmarkt.

Eine Standortanalyse zur Untersuchung von Standortfaktoren könnt ihr selbst in mehreren Schritten durchführen.

1. Schritt: Sich über das Unternehmen genau informieren.

- Um welchen Unternehmenstyp handelt es sich (Einzelhandel – Großhandel – Fabrikation – Dienstleister ...)?
- Wie groß ist die benötigte Fläche?
- Welche Produkte sollen produziert werden?
- Wie viele Arbeitskräfte werden gebraucht? Welche Kunden sollen erreicht werden (Laufkundschaft/feste Abnehmer vor Ort – Belieferung national/international ...)?

2. Schritt: Für das Unternehmen wichtige Standortfaktoren erkunden und benennen.

- Welche Standortfaktoren sind für den Betrieb von besonderer Bedeutung (Rohstoffe, Verkehrslage, Arbeitskräfteangebot, Versorgung mit Energie, Nähe zu den Kunden)?

3. Schritt: Standortfaktoren visualisieren

- Anlegen einer Tabelle (nach folgendem Muster):

Standortfaktoren des Betriebes „Meyer – Kfz-Werkstatt"		
Standortfaktor	Bedeutung	Begründung für die Einschätzung
Verkehrslage	+++	Kunden bringen/ holen ihr Auto

(„Bedeutung" in der Tabelle: keine Bedeutung (0), geringe Bedeutung (+), mittlere Bedeutung (++), große Bedeutung (+++))

4. Schritt: Beurteilung der Standortwahl

- Begründet die Standortwahl des Betriebes. Beurteilt aus eurer Sicht, ob die Standortwahl erfolgreich war. Haben sich die Standortfaktoren seit der Standortwahl in ihrer Bedeutung für den Betrieb geändert (z.B. durch den Anstieg der Energiekosten, die Verbreitung des Internets usw.)?

1. Erläutert mit eigenen Worten die Standortfaktoren (Bild [1]).
2. Verdeutlicht die unterschiedliche Bedeutung der Standortfaktoren für verschiedene Betriebe.

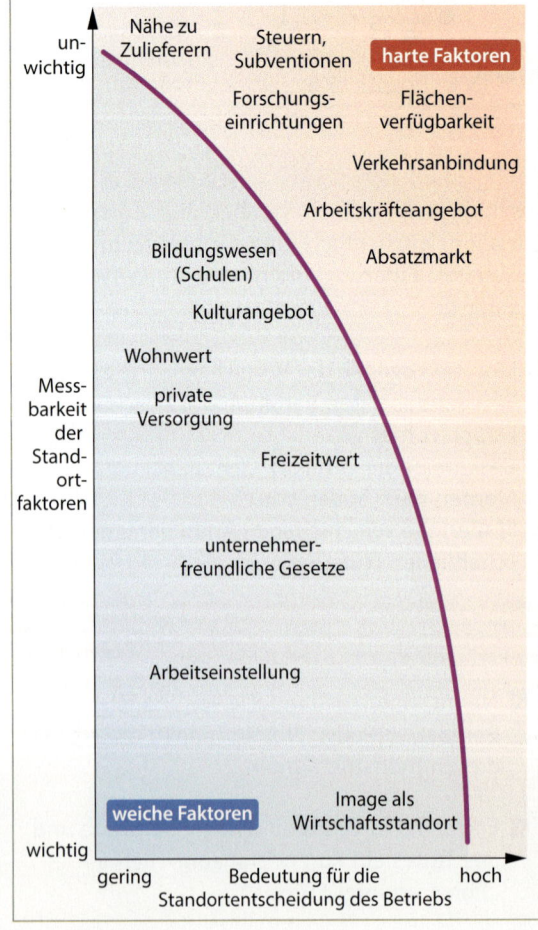

[1] Standortfaktoren.

Beispiel: Ein Bäckermeister bei der Standortwahl

Es sind nicht nur große Unternehmen, die sich über den richtigen Standort ihres Betriebs Gedanken machen sollten. Bäckermeister Arno F. möchte eine eigene Bäckerei aufmachen. Seine Bank gibt ihm zwar einen Kredit. Er muss der Bank für den Kredit allerdings das eigene Haus als Sicherheit übertragen.

Wo eröffne ich meine Bäckerei?

Im Dorf oder in der Stadt? Beide Standorte haben eine gute Verkehrsanbindung durch eine Bundesstraße. Dadurch können meine neuen Kunden die Bäckerei gut erreichen. Als Zulieferer konnte ich einen Müller aus der Region gewinnen, der mir Mehl liefert. Den Teig möchte ich selbst herstellen. Die Miete und die Konkurrenz sind in der Stadt höher als im Dorf. Im Dorf reicht es aus, wenn ich Brot, Brötchen und Kuchen verkaufe. Für den Verkauf würde ich eine Bäckereifachverkäuferin einstellen. In meiner Ausbildung habe ich gelernt: Je weiter ein Bäcker von der Stadt entfernt ist, desto wichtiger ist für den Kunden der günstige Preis und die Qualität. Wenn sich das herumspricht, bekomme ich viele Kunden. Ich muss ständig die Angebote der Konkurrenz im Auge behalten. Besonders wichtig ist, dass ich die Erwartungen meiner Kunden kenne und sie möglichst erfülle. Falls meine Bäckerei erfolgreich ist, könnte ich vielleicht sogar ein kleines Café eröffnen.

In der Stadt muss ich mir wegen der harten Konkurrenz etwas Besonderes einfallen lassen. Ich würde einen Konditor einstellen, denn die Erlöse aus Brot-, Brötchen- und Kuchenverkauf reichen wegen der hohen Mieten nicht aus. Die U-Bahn-Station in der Nähe bedeutet Laufkundschaft. Sie schauen auf die Qualität meines Angebotes, aber nicht so sehr auf den Preis. Dafür erwarten sie immer ein großes und abwechslungsreiches Angebot. Mit einem Frühstücksmenü, Snacks zur Mittagspause, heißen und kalten Getränken, Kuchen und Torten kann ich zu jeder Tageszeit etwas anbieten. Ein Café mit zwei Servicekräften und einem kostenlosen Internetzugang müsste ich zusätzlich einplanen. Es hängt sehr viel davon ab, ob es mir anfangs gelingt, die Kunden auf meine neue Bäckerei aufmerksam zu machen und sie dann zu halten.

3. Vergleicht die beiden möglichen Standorte, um Arno F. Tipps bei seiner Entscheidung zu geben. Wendet dazu die Methode an.
4. Spielt Möglichkeiten durch, wo Arno F. seine Bäckerei gründet und ob sich seine Pläne erfüllen.

Logistikzentrum in Leipzig

1. Informiert euch auf dieser Seite über ein Logistikzentrum in Leipzig.
2. Nutzt dabei den Textknacker und den Kartenprofi.
3. Präsentiert eure Ergebnisse in geeigneter Form der Klasse.

[1] Verkehrsknotenpunkt Leipzig.

Standort Leipzig

Leipzig ist eine Stadt **mitten in Europa** und liegt an wichtigen Verkehrsknotenpunkten. Hier kreuzen sich **Autobahnen** aus Nord-Süd-Richtung mit Autobahnen aus Ost-West. Der **Flughafen** Leipzig/Halle wurde seit der Wiedervereinigung 1990 ausgebaut und wird seit 2008 von der Deutschen Post als europäisches **Drehkreuz** für Paket- und Briefexpressdienst genutzt. Auch die **Eisenbahn** ist mit dem Leipziger Hauptbahnhof ein wichtiges Verkehrsmittel. Insgesamt ist Leipzig ein bedeutender Standort für Logistikunternehmen.

Amazon

Der weltgrößte Internet-Einzelhändler unterhält seit 2006 ein **Logistikzentrum in Leipzig**. Das 1995 gegründete US-Unternehmen verkauft Bücher, Spielwaren, Artikel für Haus und Garten, Unterhaltungselektronik und sogar Diamanten. Ein **gut ausgebautes Netz** aus Logistik- und Servicezentren ermöglicht dem Unternehmen den schnellen und günstigen Versand der Produkte. In vielen Ländern ist es mit Websites vertreten. So gibt es seit 1998 einen Webshop für den deutschsprachigen Raum.

Das Logistikzentrum bei Leipzig ist eines von weltweit 69 Zentren. Es ist mit einer Fläche von 75 000 qm so groß wie elf Fußballfelder. Entscheidend für die Wahl des Standortes Leipzig waren die günstige Verkehrslage und staatliche Beihilfen für die Erschließung und den Bau des Logistikzentrums.

[2] In einem Großlager eines Webshops. *Foto, 2013.*

Tipps für die Erarbeitung
Ihr könnt beim Lesen die Schritte des Textknackers anwenden.
Erzählt: Was habt ihr über das Logistikzentrum in Leipzig erfahren?

Tipps für die Präsentation
– Erklärt euren Mitschülern, warum sich das Internet-Unternehmen in Leipzig niedergelassen hat.
– Benennt die Vorteile des Standortes Leipzig.

Autos und Mode aus Italien

1. Informiert euch auf dieser Seite über die Wirtschaftsstandorte Turin und Mailand.
2. Präsentiert eure Ergebnisse in geeigneter Form eurer Klasse.

Norditalien

Der Norden Italiens ist das wirtschaftliche Herz Italiens. Das Verkehrsnetz und die Handelsbeziehungen zu West- und Mitteleuropa bieten den Unternehmen gute Absatzchancen. Die großen Städte im Norden Italiens bilden kaufkräftige Absatzmärkte. An den Stadträndern haben sich leistungsfähige Industriegebiete gebildet.

Modestadt Mailand

Neben Paris, New York und London gehört Mailand zu den wichtigsten Modemetropolen der Welt. Neben Banken, Versicherungen und exquisiten Einkaufszentren prägen bekannte Modegeschäfte das Bild der City von Mailand.

Im Umland haben sich Betriebe auf die Produktion von hochwertigen Stoffen spezialisiert. Aber auch Strickwaren und Seidenstoffe werden hergestellt und ins Ausland verkauft.

Zweimal im Jahr präsentieren bekannte Designer auf der Mailänder Modewoche ihre Kollektionen. 15 000 Einkäufer und Journalisten aus aller Welt kommen dann nach Mailand und sorgen in der Stadt für einen Ausnahmezustand.

Fiat in Turin

1899 wurde Fiat in Turin gegründet. Der größte Autohersteller Italiens unterhielt zeitweise in Turin die größte Automobilfabrik der Welt. Die Arbeitskräfte kommen zum großen Teil aus dem wirtschaftlich schwächeren Süditalien. Neben dem Arbeitsplatz bietet der Fiat-Konzern seinen Arbeitnehmern aber auch die Möglichkeit, eigene Einrichtungen zu nutzen. Kindergärten, Sportplätze und Ferienlager stehen den Mitarbeitern zur Verfügung. Auch solche Einrichtungen werden zu den Standortfaktoren gezählt.

Heute gehören zu Fiat auch die Automarken Alfa Romeo, Lancia und Ferrari. Daneben baut Fiat aber auch LKWs und Busse.

Regionen mit hoher Wirtschaftskraft und geringer Arbeitslosigkeit
Regionen mit mäßiger Wirtschaftskraft und mäßiger Arbeitslosigkeit
Regionen mit schwacher Wirtschaftskraft und hoher Arbeitslosigkeit
○ Städte mit über 300 000 Einwohnern

[2] Wirtschaftskraft der Regionen Italiens.

[1] Modenschau anlässlich der Mailänder Modewoche. *Foto, 2013.*

Tipp zur Erarbeitung
– Im Text erwähnte Gebiete auf der Karte suchen.

Tipp zur Präsentation
– Verdeutlichen, warum Arbeitskräfte aus Süditalien nach Norditalien ziehen.

Dr. Oetker aus Ostwestfalen

1. Sammelt mit den Materialien der Seite Informationen zum Thema.
2. Präsentiert eure Ergebnisse in geeigneter Form der Klasse.

[1] Firmensitz der Dr.-Oetker-Gruppe in Bielefeld.
Foto, 2013.

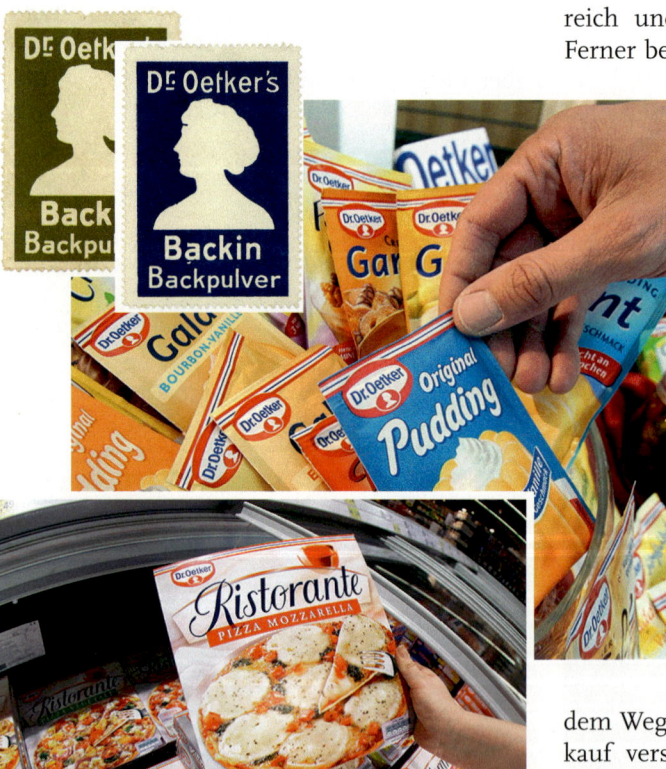

[2] Produkte aus dem Unternehmen Dr. Oetker.

Eine Erfindung als Grundlage des Aufstiegs

Ein weltweit bedeutendes Nahrungsmittelunternehmen hat seinen Hauptsitz in Bielefeld – Dr. Oetker. Grundlegend für den Erfolg war die Erfindung des „Backpulvers" im Jahr 1891 durch den Apotheker Dr. August Oetker. Nach kurzer Zeit konnte eine Fabrik in Bielefeld gebaut werden. Weitere Fabriken folgten zunächst in Deutschlands Nachbarländern, in Deutschland selbst und seit 1981 auch verstärkt in Osteuropa. Neben dem Nahrungsmittelbereich ist das Unternehmen heute mit seinen weltweit 400 Firmen in der Getränkeherstellung, im Finanzbereich und in der chemischen Industrie tätig. Ferner besitzt das Unternehmen die größte Reederei Deutschlands und einige Luxushotels.

Standort Bielefeld

Das Wachstum des Unternehmens Dr. Oetker ist auf mehrere Faktoren zurückzuführen. Es standen in und um Bielefeld viele gut ausgebildete Arbeitskräfte zur Verfügung. Eine klug angelegte Werbung gab Produkten von Dr. Oetker ein Image der Qualität und schuf Vertrauen der Käufer. Der Unternehmensführung gelang es, Trends und Wünsche der Käufer frühzeitig zu erkennen und entsprechend zu reagieren. So wurde in Deutschland die erste Tiefkühlpizza von Dr. Oetker verkauft.

Ein weiterer wichtiger Schritt auf dem Weg zum Unternehmenserfolg war der Ankauf verschiedener, ertragreicher Firmen auch außerhalb der Lebensmittelindustrie. So wurde das Gesamtunternehmen auf mehrere Standbeine gestellt (Diversifizierung).

Tipps für die Erarbeitung
– Standortfaktoren auflisten,
– Gründe für den Erfolg angeben.

Tipps für die Präsentation
– Produkte des Unternehmens vorstellen,
– erklären, warum Dr. Oetker immer noch in Bielefeld seinen Firmensitz hat.

Wahlseite — London als Weltfinanzplatz

1. Informiert euch auf dieser Seite über den Finanzplatz London.
2. Präsentiert eure Ergebnisse in geeigneter Form eurer Klasse.

[1] Londoner Börse (rechts) in der City of London. *Foto, 2013.*

London als Hauptstadt eines Weltreiches

Die Industrielle Revolution und die Entstehung des Kolonialreiches machten Englisch zur Weltsprache. In der Kolonialzeit führten die Briten Rohstoffe aus den Kolonien in die Stadt an der Themse ein und verschifften Industrieprodukte. Viele verschiedene Betriebe ließen sich in London nieder. London entwickelte sich zur Hauptstadt eines Weltreiches, zur größten Stadt weltweit und damit um 1900 zum geografischen und verkehrstechnischen Knotenpunkt der Welt. Die Londoner Flughäfen boten schon 1935 Direktverbindungen zu allen wichtigen Wirtschaftszentren der Erde an.

London als Finanzplatz

London wurde so auch zur Schnittstelle der internationalen Finanzgeschäfte. Die City of London ist der kleinste, älteste und wirtschaftlich aktivste Teil von London. Dort befinden sich viele Banken, die Börse, Anwaltskanzleien und große Firmen des Finanz- und Dienstleistungssektors.
London war bis zum zweiten Weltkrieg ein wichtiges Industrie- und Handelszentrum und die Welthauptstadt des Handels- und Finanzwesens.

Londons faszinierender Wandel

Ab 1950 verlagerten viele Betriebe ihre Produktion in Billiglohnländer. Dadurch geriet die Entwicklung der Stadt ins Stocken. Zahlreiche Industriebetriebe besonders in den Hafengebieten (Docklands) mussten schließen, ganze Stadtviertel verödeten.
Seit den 1990er-Jahren wurde das Verkehrsnetz zwischen dem Hafen (Docklands) und der City zur Wiederbelebung der verfallenen Stadtteile unter großem finanziellen Aufwand weiter ausgebaut. Gleichzeitig wurden viele Gebäude aufwändig saniert und der Hafen modernisiert. Dies brachte neue internationale und moderne Unternehmen in die Hauptstadt. London wurde wiederum zu einem boomenden Dienstleistungszentrum, in dem internationale Unternehmen ihre Niederlassungen oder ihren Hauptsitz haben. Dort arbeiten Finanzmakler, Anwälte, Unternehmensberater, Wirtschaftsprüfer, Werbe- und Marketingfachleute und natürlich die „Banker“.
Selbst die Finanz- und Wirtschaftskrise ab 2007 änderte nur wenig an Londons Spitzenposition in Europa.

Tipps für die Erarbeitung:
– Gründe für den Aufstieg Londons erarbeiten,
– das Bild erläutern,
– sich über die Lage Londons im Atlas informieren.

Tipp für die Präsentation
– Den Wandel Londons vom Produktionsstandort zum Dienstleistungszentrum verdeutlichen.

Erdkunde aktiv

Auf dieser Seite findet ihr Anregungen, was ihr zum Thema „Europa versorgt uns" noch tun, ausprobieren und organisieren könnt.

Denkt auch daran, euer Portfolio zu führen:

– schöne Ergebnisse in Text und Bild sammeln,
– Lernerfahrungen zum Thema „Europa wandelt sich" notieren.

1. Einen Europatag organisieren

- Sammelt Ideen zu einem Europatag.
- Prüft die Machbarkeit eurer Ideen und wählt dann aus.
- Legt fest, welches Produkt am Ende als Ergebnis präsentiert werden soll.
- Verteilt die Aufgaben und setzt die Arbeitszeiten fest.
- Sichtet Zwischenergebnisse.
- Präsentiert die Ergebnisse.
- Bewertet aus eurer Sicht den Ablauf des Projektes und euren Lernertrag.

2. Einen Wandfries mit den Staaten Europas anlegen

Ein Fries ist ein dekoratives Band an einer Wand. Legt für die Staaten, die in diesem Kapitel besprochen wurden, einen Wandfries für eure Klasse an.

Denkt daran: Er sollte euren Klassenraum schöner machen.

- Staaten auswählen
  - ☐ Welche Staaten sollen im Wandfries vorgestellt werden?
- Informationen sammeln und auswählen
  - ☐ Welche Informationen habt ihr schon (z.B. aus diesem Buch oder aus dem Internet)? Welche braucht ihr noch?
  - ☐ Was ist wichtig, was kann weggelassen werden?
  - ☐ Was kann als Bild, Text oder Schaubild dargestellt werden?
  - ☐ Welche Darstellungsform sieht auch gut aus?
- Gestaltung
  - ☐ Wie soll die Schrift aussehen? Soll eine einheitliche Schrift verwendet werden?
  - ☐ Wie sollen Bilder, Texte und Schaubilder angeordnet werden?
  - ☐ Welche Materialien werden benötigt? Wer besorgt sie?
- Arbeit verteilen und durchführen
  - ☐ Wer macht was?
  - ☐ Bis wann sollen die einzelnen Arbeiten vorliegen?
- Präsentation
  - ☐ Hängt die einzelnen Ergebnisse und Beiträge als Fries nebeneinander an die Wand und stellt sie den anderen vor.

3. Kosmetikstadt Paris?

- In Paris haben sich zahlreiche bedeutende Kosmetikunternehmen niedergelassen. Erforscht diese Standortwahl (u. a. mit dem Internet) und präsentiert eure Ergebnisse.

Das kann ich!

[1] **Großlandschaften von Europa. Stumme Karte.**

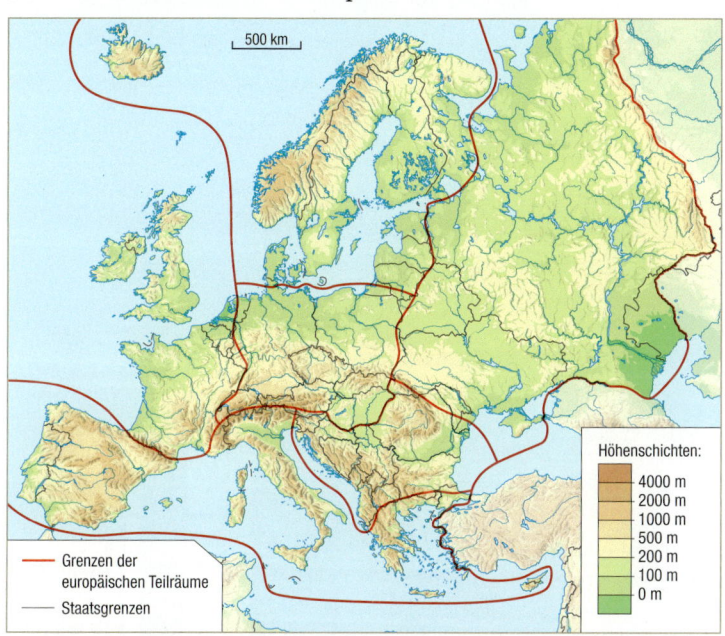

500 km

Höhenschichten:
4000 m
2000 m
1000 m
500 m
200 m
100 m
0 m

— Grenzen der europäischen Teilräume
— Staatsgrenzen

[2] **Klimadiagramme**

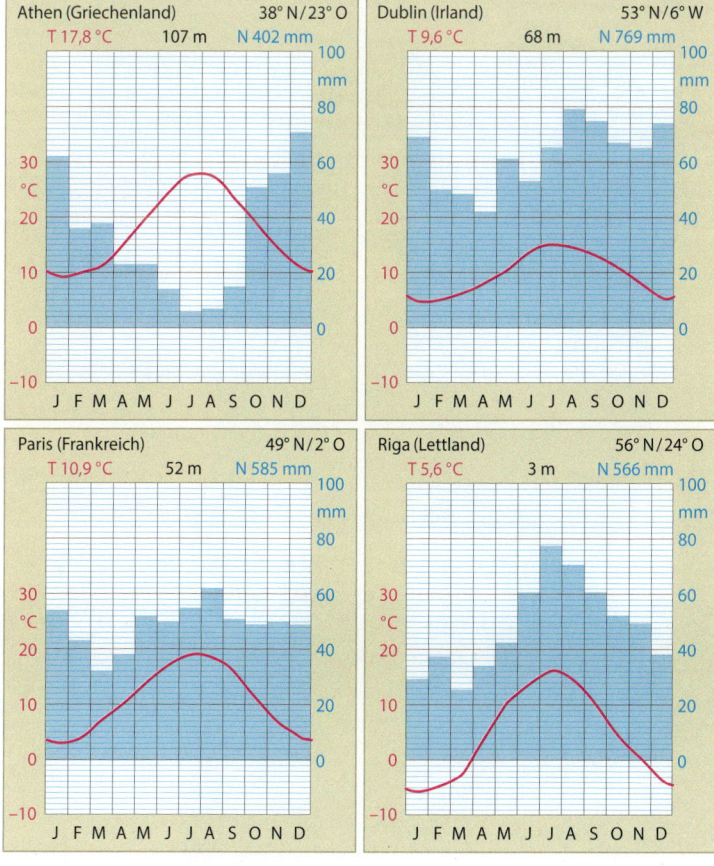

Sachkompetenz

1. Beschreibt die Grenzen Europas.
2. Nennt die Großlandschaften von Europa. Legt eine Tabelle an und tragt für jede Großlandschaft drei Länder mit ihren Hauptstädten ein (siehe Beispiel).

Groß-land-schaft	Länder	Haupt-städte
Nord-europa	Schwe-den	Stock-holm
	Norwe-gen	Oslo
	Finnland	Helsinki

3. Ordnet die Klimadiagramme in [2] den Klimazonen in Europa zu. Nehmt dazu die Klimakarte auf Seite 30 zur Hilfe. Schreibt eure Ergebnisse auf.

Methodenkompetenz

4. Verdeutlicht die europäische Arbeitsteilung beim Bau von A380 und wendet dabei die Schritte einer Standortanalyse (S. 226) an.

Urteilkompetenz

5. Stellt euch vor, ein europaweites Unternehmen wie Airbus müsste schließen.
   – Welche Folgen hätte das für die Menschen, die in den Werken arbeiten?
   – Welche finanziellen Folgen für die Regionen, in denen die Werke liegen?
6. Begründet eure Meinung zu staatlichen Hilfen für Airbus.

Handlungskompetenz

7. Legt eine Übersicht zu den Standortfaktoren eines Unternehmens in eurer Region an.
8. Nennt Möglichkeiten zur Anwerbung von neuen Betrieben in eurer Region. Erläutert, wie ihr dieses Ziel als Bürgermeister unterstützen würdet.

Demokratie leben

Im Bundestag

Schulklassen aus allen Bundesländern können den Deutschen Bundestag in Berlin besuchen. Das Parlamentsgebäude ist ein offenes Haus. Jeder kann durch die gläserne Kuppel in den darunter liegenden Sitzungssaal des Deutschen Bundestages sehen.

1. Tragt zusammen, was ihr schon über unsere Demokratie wisst.

2. Formuliert Fragen, die ihr bei einer Führung durch den Bundestag stellen würdet.

Schauplatz   Im Bundestag

[1] Der Deutsche Bundestag. *Foto, 2009.*

1. Beschreibt [1] bis [4]. Tragt zusammen, was ihr über den Deutschen Bundestag wisst.

Hier sehen wir den **Bundestag**. Alle vier Jahre finden in der Regel in Deutschland Bundestagswahlen statt. Im Bundestag sitzen über 600 vom Volk gewählte Vertreter. In Deutschland wird das Parlament Deutscher Bundestag genannt. Die wichtigsten Aufgaben der Abgeordneten des Bundestags sind:

Thomas Rachel, Bundestagsabgeordneter der CDU. *Foto, 2009.*

– Wahl des Bundeskanzlers oder der Bundeskanzlerin,
– Diskussion über politische Themen,
– Abstimmung über neue Gesetze,
– Abstimmung über den Staatshaushalt (Ausgaben),
– Kontrolle der Regierung.
Eine Partei ist nur dann im Bundestag vertreten, wenn sie mindestens 5 Prozent (5 von 100 Wählern) der abgegebenen Stimmen erhalten hat.
Die Abgeordneten einer Partei bilden im Parlament eine Fraktion*.

Die Abgeordneten des Deutschen Bundestages wählen die Bundeskanzlerin oder den Bundeskanzler.
Die Bundeskanzlerin oder der Bundeskanzler bildet die **Regierung** (Kabinett), ernennt die Minister und bestimmt die Politik der Regierung. Wichtige Minister sind Außenminister, Innenminister, Verteidigungsminister, Finanzminister oder Familienminister. Die Minister machen Vorschläge für die Politik in ihrem Bereich (Ressort). Über alle wichtigen Fragen wird im Bundestag abgestimmt. Da die Regierung über eine Mehrheit im Bundestag verfügt, kann sie meistens ihre Vorschläge durchsetzen.

2. Nennt die wichtigsten Aufgaben des Bundestages.
3. Sucht Argumente für und gegen die Regelung, dass nur Parteien mit mindestens 5 Prozent Wählerstimmen im Bundestag vertreten sind.

Fraktion: Zusammenschluss der gewählten Abgeordneten einer Partei oder auch mehrerer Parteien im Parlament.

Die Parteien, die in den Bundestag gewählt worden sind, aber nicht zur Regierung gehören, nennt man auch **Opposition***.
Die Abgeordneten der Oppositionsparteien kritisieren meistens die Politik der Regierung. Sie machen Gegenvorschläge, wie bestimmte Probleme besser zu lösen sind. Weil die Opposition jedoch keine Mehrheit im Bundestag hat, können sich diese Vorschläge in der Regel nicht durchsetzen.

Opposition: In der Politik besteht die Opposition aus den Parteien, die im Parlament sitzen, jedoch nicht an der Regierung beteiligt sind. Die Opposition kritisiert und kontrolliert die Arbeit der Regierung.

[2] Ein Abgeordneter spricht vor dem Bundestag

[3] Abgeordnete bei einer Abstimmung

Dennoch kann so eine Partei aus der Opposition zeigen, dass sie vielleicht bessere Lösungen kennt als die Regierung. Auf diese Weise kann sie weitere Wählerstimmen für die nächste Wahl sammeln.
Denn was im Bundestag geschieht, ist grundsätzlich für die **Öffentlichkeit** zugänglich. Man kann als Zuschauer bei einer Bundestagsdebatte „life" zusehen.
Journalisten verfolgen das Geschehen im Bundestag und berichten in der Zeitung oder im Fernsehen darüber.

[4] Reporter verfolgen das Geschehen. *Foto, 2010.*

4. Nennt die wichtigsten Aufgaben von Regierung, Opposition, Bundeskanzler oder Bundeskanzlerin und Ministern.

Wählt einen der folgenden Arbeitsaufträge aus:

- Erstellt eine Liste für den Staatshaushalt: Was haltet ihr für wichtig? Für was soll der Staat die eingenommenen Steuern ausgegeben? Für was soll weniger oder gar nichts ausgegeben werden?
- Fertigt mithilfe von [1] eine Schemazeichnung des Deutschen Bundestags an und beschriftet es mit den Begriffen aus [1].

Was ihr noch tun könnt ...

- euch über die aktuelle Zusammensetzung des Deutschen Bundestages informieren: Welche Parteien sind in der Regierung? Welche in der Opposition?
- nach aktuellen politischen Themen recherchieren, über die im Bundestag debattiert wird.

Orientierung

[1] Deutschland 1949 bis 1989.

[2] Deutschland seit 1989/1990.

1. Erklärt die Karte (1) mithilfe der Methodenschritte von Seite 109.

Zwei deutsche Staaten

Nach dem Zweiten Weltkrieg wurde Deutschland zunächst von den vier Siegermächten (Großbritannien, USA, Sowjetunion und Frankreich) verwaltet.

1949 wurden zwei deutsche Staaten gegründet: In den drei „Westzonen", von Großbritannien, USA und Frankreich verwaltet, entstand die Bundesrepublik Deutschland. In der von der Sowjetunion verwalteten „Ostzone" wurde die DDR (Deutsche Demokratische Republik) gegründet.

In der Bundesrepublik Deutschland gab es eine Demokratie mit freien Wahlen, die Bürger besaßen Grundrechte. Wirtschaftlich gab es einen raschen Aufschwung.

In der DDR herrschte eine Diktatur. Die Regierung ließ keine freien Wahlen zu. Die Wirtschaft wuchs erheblich langsamer als im Westen. Viele DDR-Bürger waren unzufrieden mit ihrem Staat. Sie durften das Land aber nicht verlassen.

2. Vergleicht die Karten [1] und [2]. Was hat sich verändert?

3. Erstellt eine Tabelle:

Bundesrepublik Deutschland	DDR
Demokratie	Diktatur
freie Wahlen	...
...	...

Deutschland seit der Wiedervereinigung

Obwohl es in der DDR kein freies Demonstrationsrecht gab, versammelten sich im Jahr 1989 immer wieder viele Bürger, um für Freiheit und Demokratie zu demonstrieren. Am 9. November passierten Tausende von DDR-Bürgern die Grenze zur Bundesrepublik. Das Ende der DDR war nicht aufzuhalten. Nachdem zum ersten Mal freie Wahlen stattgefunden hatten, wurden beide deutsche Staaten vereinigt. Die DDR übernahm das politische und wirtschaftliche System der Bundesrepublik Deutschland.

Ganz Deutschland war nun eine Demokratie.

1848
Deutsche Revolution: Bürger fordern einen einheitlichen Staat und mehr Demokratie

1871
Gründung des Deutschen Kaiserreichs durch Bismarck

1914–1918
Erster Weltkrieg

1918/19–1933
Weimarer Republik: Deutschland ist eine Demokratie

1933–1945
Nationalsozialistische Herrschaft

1939–1945
Zweiter Weltkrieg

1945–1949
Besatzungszeit: Die vier Siegermächte des Zweiten Weltkriegs verwalten Deutschland

1949–1989
Zwei deutsche Staaten: DDR (= Deutsche Demokratische Republik) und Bundesrepublik Deutschland)

1989/1990
Wiedervereinigung beider deutscher Staaten

▶ Demokratie leben

In diesem Kapitel geht es vor allem um folgende Fragen:
Was sind Grundrechte?
Was bedeutet Gewaltenteilung?
Wie funktioniert die Demokratie in der Bundesrepublik Deutschland?
Ist noch mehr Demokratie möglich und sinnvoll?
Wer sind die Feinde unserer Demokratie?
Was ist eine „parlamentarische Demokratie"?

Wichtige Kompetenzen in diesem Kapitel

Sachkompetenz
▶ Grundrechte nennen
▶ den Begriff „Gewaltenteilung" am Beispiel der Bundesrepublik Deutschland erklären
▶ wichtige Ämter und Institutionen der Demokratie beschreiben
▶ Feinde der Demokratie benennen

Methodenkompetenz
▶ ein Verfassungsschema analysieren

Urteilskompetenz
▶ beurteilen, ob in bestimmten Alltagssituationen die Grundrechte eingehalten werden
▶ die Verfassung der Bundesrepublik Deutschland als demokratisch bzw. weniger demokratisch beurteilen
▶ die Einflussmöglichkeiten der Bürger in unserer Demokratie bewerten

Handlungskompetenz
▶ Arbeitsergebnisse anschaulich aufbereiten und verständlich präsentieren.
▶ unterschiedliche Positionen zu der Frage, ob mehr Demokratie möglich ist, einnehmen und argumentativ vertreten

Die Würde des Menschen

Was sind Menschenrechte?

[1] Menschenrechtsverletzungen. *Fotos.*

1. Beschreibt die Abbildungen. Erörtert, was hier nach eurer Einschätzung nicht in Ordnung ist.
2. Schreibt auf, was die Menschen auf den Abbildungen denken könnten.

Menschenrechte

Jeder Mensch auf der Erde besitzt von Natur aus bestimmte Rechte. Diese Rechte nennt man Menschenrechte.

So sind z. B. die Freiheit jedes Menschen, das Recht auf körperliche Unversehrtheit oder das Recht auf freie Meinungsäußerung wichtige Menschenrechte.

Das heißt aber nicht, dass diese Rechte auch überall auf der Welt beachtet werden. Fast täglich ist in der Zeitung oder in den Nachrichten zu erfahren, dass irgendwo Menschenrechte verletzt werden: Menschen werden getötet, geschlagen, ohne Gerichtsverfahren eingesperrt. Sie müssen Hunger und Durst leiden, werden vertrieben oder leben unter unmenschlichen Bedingungen.

Die Grundrechte in Deutschland

In der Bundesrepublik Deutschland sind die Menschenrechte im Grundgesetz festgeschrieben. Dort werden sie Grundrechte genannt. Das Grundgesetz garantiert den Menschen, die in Deutschland leben, dass für sie diese Grundrechte gelten.

Jeder Mensch genießt also das Recht auf Freiheit, also tun und lassen zu können, was er will. Diese Freiheit kann aber nur so weit gehen, wie sie die Freiheit anderer Menschen nicht verletzt. Die Freiheit des einen endet also immer dort, wo die Freiheit eines anderen anfängt.

Auch in Deutschland werden nicht immer alle Grundrechte eingehalten. Die internationale Organisation „Amnesty International" veröffentlicht in jedem Jahr eine Liste, auf der Menschenrechtsverletzungen in vielen Staaten der Erde angeprangert werden.

[2] Die Grundrechte im Grundgesetz der Bundesrepublik Deutschland

Artikel 1

(1) Die Würde des Menschen ist unantastbar. Sie ist zu achten und zu schützen, ist Verpflichtung aller staatlichen Gewalt.

(2) Das deutsche Volk bekennt sich darum zu unverletzlichen und unveräußerlichen Menschenrechten als Grundlage jeder menschlichen Gemeinschaft des Friedens und der Gerechtigkeit in der Welt.

(3) Die nachfolgenden Grundrechte binden Gesetzgebung, vollziehende Gewalt und Rechtsprechung als unmittelbar geltendes Recht.

Artikel 2 (Persönliche Freiheitsrechte)

(1) Jeder hat das Recht auf die freie Entfaltung seiner Persönlichkeit, soweit er nicht die Rechte anderer verletzt...

(2) Jeder hat das Recht auf Leben und körperliche Unversehrtheit. Die Freiheit der Person ist unverletzlich. ...

Artikel 3 (Gleichheit vor dem Gesetz)

(1) Alle Menschen sind vor dem Gesetz gleich.

(2) Männer und Frauen sind gleichberechtigt...

(3) Niemand darf wegen seines Geschlechtes, seiner Abstammung, seiner Rasse, seiner Sprache, seiner Heimat und Herkunft, seines Glaubens, seiner religiösen oder politischen Anschauungen benachteiligt oder bevorzugt werden. Niemand darf wegen seiner Behinderung benachteiligt werden.

Artikel 4 (Glaubens- und Gewissensfreiheit)

(1) Die Freiheit des Glaubens, des Gewissens und die Freiheit des religiösen und weltanschaulichen Bekenntnisses sind unverletzlich.

Artikel 5 (Freiheit der Meinung, Kunst und Wissenschaft)

(1) Jeder hat das Recht, seine Meinung in Wort, Schrift und Bild frei zu äußern...

Artikel 13 (Unverletzlichkeit der Wohnung)

(1) Die Wohnung in unverletzlich.

3. Formuliert die Grundrechte in [2] mit eigenen Worten.

4. Klärt, welche Grundrechte [2] auf den Fotos in [1] nicht eingehalten werden.

5. Lest die folgenden Situationen und benennt die Grundrechte, gegen die verstoßen wird. Erfindet selbst solche Situationen und klärt, gegen welche Grundrechte verstoßen wird.

Situation 1: Eine Bürgerinitiative versucht den Ausbau einer Straße durch die Innenstadt zu verhindern. Die Bürgerinitiative informiert in der Fußgängerstraße darüber, was sie von dem Ausbau der Straße hält und sammelt Unterschriften dagegen. Der Bürgermeister beauftragt die Polizei, die Aktion zu beenden.

Situation 2: In der Nachbarschaft ist wiederholt eingebrochen worden. Einer der Nachbarn wird schon lange von den anderen verdächtigt. Nachdem die Polizei davon erfahren hat, macht Wachtmeister Müller eigenmächtig eine Hausdurchsuchung, um Diebesgut sicherzustellen.

Situation 3: „Musik ist mein Leben. Sie gehört zu mir", sagt Marc immer. Da müssen die Nachbarn es schon mal hinnehmen, dass er die ganze Nacht laut Musik hört.

Situation 4: Herr Meier ist entschieden der Meinung: Wer nicht hören will, muss fühlen. Er hat seinem Sohn immer wieder gesagt, dass er mindestens eine 3 unter der nächsten Mathe-Arbeit sehen will. Die Arbeit war 5. Jetzt gibt es erst mal eine entsprechende Tracht Prügel.

Wählt einen der folgenden Arbeitsaufträge aus:

▫ Gestaltet ein Plakat mit den Menschenrechten für euer Klassenzimmer.
Fertigt passende Zeichnungen dazu an.

▫ Schreibt einen Tagebucheintrag für eine der Personen aus [1].

Was ihr noch tun könnt...

■ in Zeitschriften oder im Internet nach Beispielen von Menschenrechtsverletzungen (Fotos, Berichte) suchen und eine Kollage „Menschenrechtsverletzungen" anfertigen. (entsprechende Grundrechte, die jeweils missachtet werden, dazu schreiben).

Bund und Länder

[1] Bundesländer und Stadtstaaten.

Bundesländer und Stadtstaaten

Die Bundesrepublik Deutschland besteht aus 13 Bundesländern und 3 Stadtstaaten.
Jedes Bundesland und jeder Stadtstaat hat ein eigenes Parlament und eine eigene Regierung.
Die Parlamente der Länder heißen Landtage, die Regierungschefs Ministerpräsidenten. In den Stadtstaaten werden die Parlamente Senat genannt, die Regierungschefs heißen „regierende Bürgermeister".

1. Zählt die 13 Bundesländer und 3 Stadtstaaten auf.
2. Nennt die Landeshauptstädte der Bundesländer.

Aufgaben der Bundesländer und Stadtstaaten

Im Bundestag werden Gesetze erlassen und es wird über den Staatshaushalt abgestimmt. Diese Gesetze gelten im gesamten Gebiet der Bundesrepublik Deutschland. Bei der Abstimmung über den Staatshaushalt wird entschieden, für was wieviel Geld ausgegeben wird.

Die Landtage und Senate erlassen ebenfalls Gesetze. Diese Gesetze gelten nur in dem jeweiligen Bundesland oder Stadtstaat. So ist zum Beispiel das Nichtraucherschutzgesetz in den einzelnen Bundesländern unterschiedlich geregelt:

In Bayern (seit 2008) und Nordrhein-Westfalen (seit 2013) gilt in allen öffentlichen Räumen ein allgemeines Rauchverbot. Baden-Württemberg dagegen erlaubt das Rauchen weiterhin in abgetrennten Räumen in Gaststätten und in Festzelten.

Außerdem verfügen die Bundesländer und Stadtstaaten über eigene Haushalte. Sie entscheiden selbst, wofür sie eingenommene Steuergelder ausgeben.

Die Bundesländer und Stadtstaaten haben jeweils eine eigene Polizei. Das kann man gut an den unterschiedlichen Polizeiuniformen und Abzeichen erkennen.

Auch bei Entscheidungen über Bildung und Schule betreiben die Bundesländer und Stadtstaaten jeweils ihre eigene Politik. Schüler in Nordrhein-Westfalen lernen nicht in allen Fächern dasselbe wie Schüler in anderen Bundesländern.

Solch ein System, in dem sowohl der Bund als auch die einzelnen Bundesländer bzw. Stadtstaaten politische Entscheidungen fällen, nennt man auch Föderalismus.

3. Schreibt die Tabellen ab und füllt die leeren Felder aus.

Bundesrepublik Deutschland	
Regierungsparteien	
Bundeskanzler(in)	

Nordrhein-Westfalen	
Regierungsparteien	
Ministerpräsident(in)	

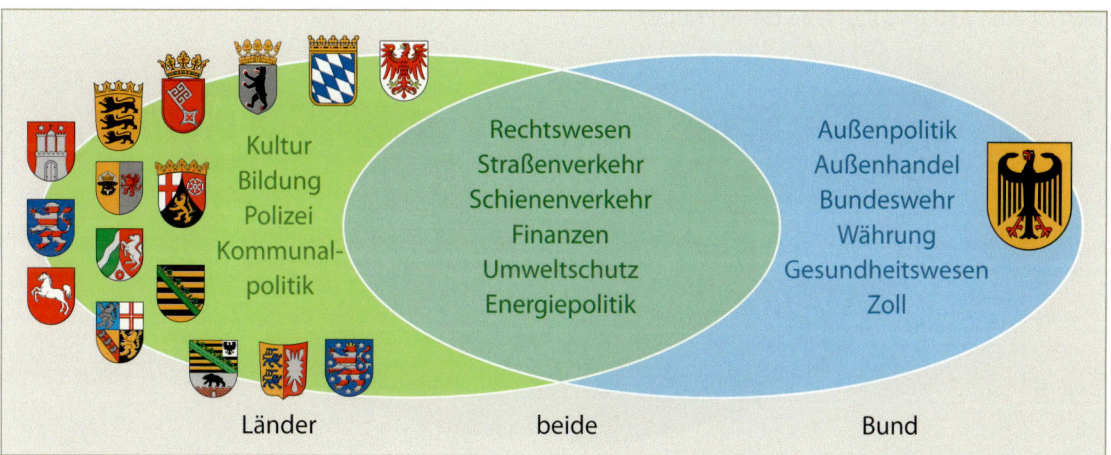

Länder   beide   Bund

Länder: Kultur, Bildung, Polizei, Kommunalpolitik

beide: Rechtswesen, Straßenverkehr, Schienenverkehr, Finanzen, Umweltschutz, Energiepolitik

Bund: Außenpolitik, Außenhandel, Bundeswehr, Währung, Gesundheitswesen, Zoll

[2] Aufgaben von Bund und Ländern.

4. Folgende Aussagen könnten von Politikern stammen. Ordnet sie zu: Kompetenzbereich des Bundes, eines Landes bzw. Stadtstaates oder beide.

a) „Der Sold (Bezahlung) der Soldaten der Bundeswehr muss dringend angehoben werden."

b) „Jede Schulklasse sollte die Möglichkeit haben, einmal im Jahr ein Theater zu besuchen. Die Schulen müssen dabei von der Politik auch finanziell unterstützt werden."

c) „Die Beiträge der Arbeitnehmer für die Krankenkassen dürfen nicht weiter steigen."

d) „Wir müssen den Export fördern. Das kommt allen zugute."

e) „Das gesamte Schienennetz der Bundesbahn muss geprüft und überholt werden."

Der Bundesrat

Die Bundesländer und Stadtstaaten haben ein Mitspracherecht bei der Verabschiedung von Bundesgesetzen. Sie entsenden Vertreter in den Bundesrat. Viele Gesetze, die der Bundestag verabschiedet hat, müssen zusätzlich vom Bundesrat verabschiedet werden.

Bundesrat und Bundestag wählen alle fünf Jahre gemeinsam den Bundespräsidenten.

Die Bundesrepublik wird also nicht allein von der Bundesregierung in Berlin regiert. Viele Entscheidungen treffen die Bundesländer und Stadtstaaten selbst. Außerdem nehmen sie über den Bundesrat Einfluss auf die Entscheidungen des Bundes.

Bundesrat — Gesetzgebung — Bundestag

Vertreter   Abgeordnete

Landtage der 13 Bundesländer und Senate der 3 Stadtstaaten

Wähler

[3] Gesetzgebung von Bundestag und Bundesrat

5. Erklärt das Schaubild [3] mithilfe des Textes „Der Bundesrat":

Wählt einen der folgenden Arbeitsaufträge aus:

▨ Gestaltet mit Hilfe von Schaubild (4) ein Lernplakat für euren Klassenraum.

▨ Schreibt einen Lexikonartikel, der den Begriff „Föderalismus" erklärt.

So wird Deutschland regiert

Was ist eine parlamentarische Demokratie?

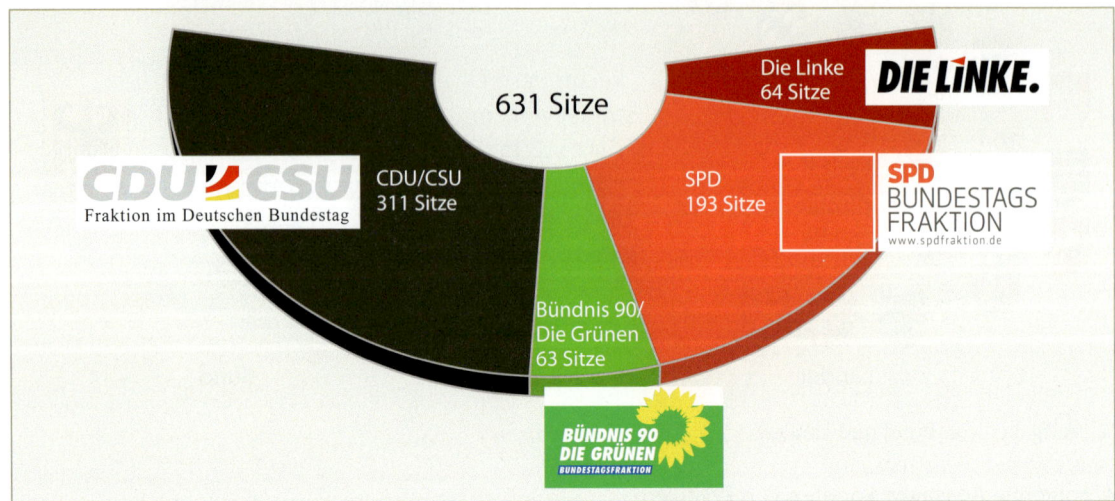

631 Sitze

Die Linke
64 Sitze

CDU/CSU
311 Sitze

SPD
193 Sitze

Bündnis 90/
Die Grünen
63 Sitze

[1] Sitzverteilung im Deutschen Bundestag nach der Bundestagswahl 2013.

1. Erklärt, was in [1] dargestellt ist.

Die Mehrheit entscheidet

Unsere Staatsform heißt parlamentarische Demokratie, weil die wichtigsten Entscheidungen nur mit einer Mehrheit im Parlament (Bundestag) durchgesetzt werden können. Im Parlament sitzen die von den Wahlberechtigten gewählten Volksvertreter.

In unserem Parlament hat eine Partei allein selten über die Hälfte der Sitze. Deshalb müssen sich oft zwei Parteien zusammenschließen, um zusammen regieren zu können. Solch einen Zusammenschluss nennt man Koalition.

Eine Koalition kann mit ihrer Mehrheit den Kanzler oder die Kanzlerin wählen und politische Entscheidungen (Gesetze und Staatshaushalt) durch Abstimmungen durchsetzen.

In ähnlicher Weise wird in den Länderparlamenten verfahren.

2. Rechnet anhand der Darstellung [1] aus, welche Koalitionen im Bundestag möglich wären, um eine Regierung zu bilden.

Gewaltenteilung

Auch wenn über die wichtigsten Entscheidungen im Bundestag abgestimmt wird, ist das Parlament nicht die einzige wichtige Einrichtung der parlamentarischen Demokratie.

In der parlamentarischen Demokratie herrscht Gewaltenteilung. Das Parlament fällt wichtige Entscheidungen, wird aber vom Bundesverfassungsgericht kontrolliert: Wenn beispielsweise ein Gesetz erlassen wird, kann das Bundesverfassungsgericht kontrollieren, ob das Gesetz mit der Verfassung übereinstimmt. Wenn das nicht der Fall ist, darf das Gesetz keine Gültigkeit erlangen. Man spricht von den drei Gewalten:

– **Legislative** (Gesetzgebende Gewalt): Bundestag und Bundesrat stimmen über Gesetze und den Staatshaushalt ab.
– **Exekutive** (Ausführende Gewalt): Der Bundeskanzler oder die Bundeskanzlerin und die Regierung schlagen Gesetze vor und führen Gesetze aus.
– **Judikative** (Richterliche Gewalt): Die Bundesgerichte (z. B. das Bundesverfassungsgericht) prüfen, ob Gesetzesvorschläge und Gesetze der Verfassung entsprechen.

Wählt einen der folgenden Arbeitsaufträge aus:

☑ Erstellt ein Lernplakat für eure Klasse: Was ist Gewaltenteilung?

☑ Verfasst einen zusammenfassenden Text: Was ist eine parlamentarische Demokratie und wie funktioniert sie?

Ein Verfassungsschema deuten

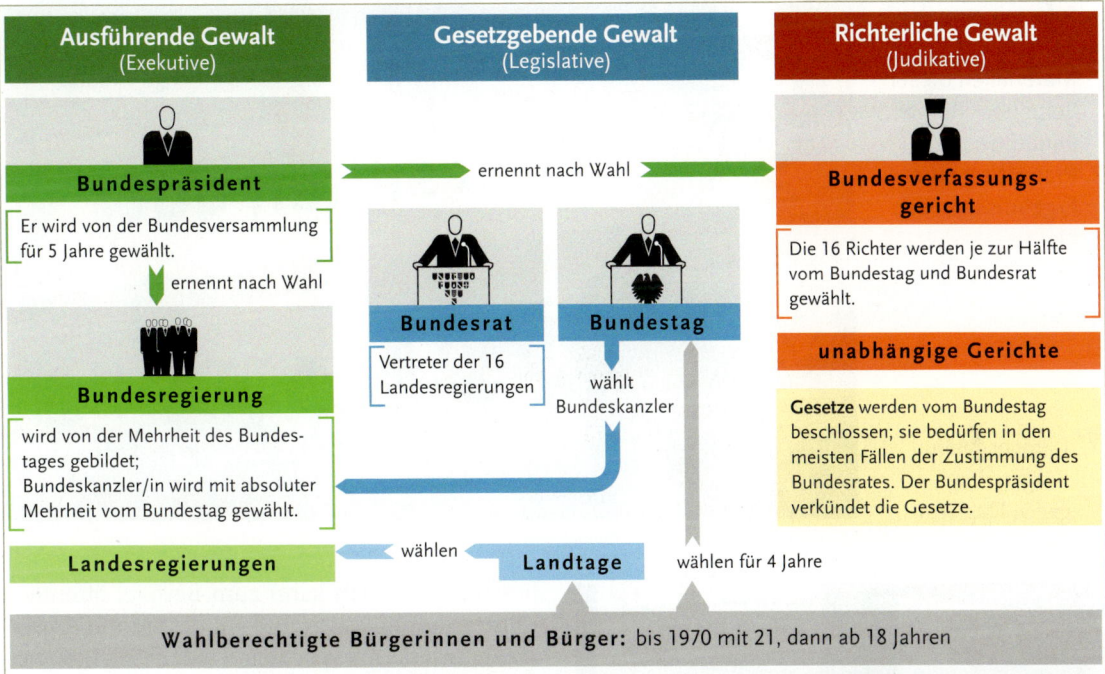

Ausführende Gewalt (Exekutive)	Gesetzgebende Gewalt (Legislative)	Richterliche Gewalt (Judikative)

Bundespräsident

Er wird von der Bundesversammlung für 5 Jahre gewählt.

ernennt nach Wahl

Bundesrat

Vertreter der 16 Landesregierungen

Bundestag

wählt Bundeskanzler

ernennt nach Wahl

Bundesregierung

wird von der Mehrheit des Bundestages gebildet; Bundeskanzler/in wird mit absoluter Mehrheit vom Bundestag gewählt.

Landesregierungen   *wählen*   **Landtage**   *wählen für 4 Jahre*

Bundesverfassungsgericht

Die 16 Richter werden je zur Hälfte vom Bundestag und Bundesrat gewählt.

unabhängige Gerichte

Gesetze werden vom Bundestag beschlossen; sie bedürfen in den meisten Fällen der Zustimmung des Bundesrates. Der Bundespräsident verkündet die Gesetze.

Wahlberechtigte Bürgerinnen und Bürger: bis 1970 mit 21, dann ab 18 Jahren

[2] Die Verfassung der Bundesrepublik Deutschland.

Ein Verfassungsschema zeigt, wie die Macht in einem Staat verteilt ist. Man kann erkennen, wie ein Land regiert wird. An einem Verfassungsschema ist zu sehen, wie der Staat aufgebaut ist und was die wichtigsten Ämter und Einrichtungen sind (z. B. Kanzler/Kanzlerin, Parlament). Außerdem sieht man, wer wählen darf und wer die Gesetze beschließt.

Folgende Schritte helfen euch, ein Verfassungsschema besser zu verstehen:

1. Schritt: Den Aufbau untersuchen

- Wie kann man das Verfassungsschema lesen?
  - Von unten nach oben bzw. oben nach unten?
  - Von links nach rechts bzw. rechts nach links?
- Welche Teile des Schemas scheinen besonders wichtig zu sein?
- Welche Ämter und Einrichtungen gibt es?

2. Schritt: Aussagen erschließen

- Welche Aufgaben haben die Ämter und Einrichtungen?
- Wer stimmt über Gesetze ab?
- Wer darf wählen?

3. Schritt: Zusammenhänge herstellen

- Wie ist die Macht verteilt?
- Wer kontrolliert wen?
- Welches Amt hat viel Macht?
- Welche Macht geht vom Volk aus?

4. Schritt: Die Verfassung beurteilen

- Geht viel Macht vom Volk aus?
- Ist die Gewalt im Staat geteilt?
- Gibt es eine Ausführende Gewalt, eine Gesetzgebende Gewalt und eine Richterliche Gewalt?
- Sind die drei Gewalten auf drei unterschiedliche Ämter oder Einrichtungen verteilt?
- Gibt es eine Kontrolle der Gewalten untereinander?
- Ist das Wahlrecht demokratisch?
- Wer darf wählen, wer nicht?

3. Analysiert das Verfassungsschema [2] mithilfe der Methode.

Wahlseite — Eine Bürgerinitiative

1. Informiert euch anhand der Materialien dieser Seite über Bürgerinitiativen.
2. Präsentiert eure Ergebnisse in der Klasse.

[1] Demonstration. Bürgerinitiative gegen Fluglärm.

[2] Bürgerinitiative für Erhaltung eines Naherholungsgebietes. *Plakat.*

Was können die Bürger tun?

Die meisten politischen Entscheidungen werden von den Abgeordneten im Bundestag, im Landtag oder in den Rathäusern der Städte getroffen. Doch für die Bürger bestehen viele Möglichkeiten, politisch Einfluss zu nehmen. Man muss nicht gleich Mitglied einer politischen Partei werden oder sich auf die Abgabe seiner Wahlstimme beschränken. Man kann zum Beispiel öffentlich seine Meinung sagen und auf bestimmte Probleme aufmerksam machen. Und das kann vollkommen unabhängig von politischen Parteien geschehen.

Möglichkeiten

– Bürger können **auf der Straße demonstrieren** und so öffentlich zeigen, dass sie für oder gegen etwas sind.
– Sie können **Unterschriften sammeln** und diese einem Abgeordneten oder dem Bürgermeister übergeben.
– Man kann auf ein Problem hinweisen, indem man **Plakate in der Öffentlichkeit** aufhängt.

Druck auf Politiker ausüben

Bürgerinitiativen machen auf unterschiedliche Weise auf Probleme aufmerksam. Sie versuchen, Bürger für ein bestimmtes Problem zu interessieren.
Wenn sich viele Bürger an einer **Bürgerinitiative** beteiligen, üben sie Druck auf verantwortliche Politiker aus. Ein Politiker, der den Willen der Bürger nicht beachtet, muss damit rechnen, nicht wieder gewählt zu werden.

Tipps für die Erarbeitung
Ihr könnt beim Lesen die Schritte des Textknackers anwenden.
– Was habt ihr über Bürgerinitiativen erfahren?

Tipps für die Präsentation
– Nennt die verschiedenen Möglichkeiten, wie Bürger Einfluss nehmen können. Erklärt diese Möglichkeiten anhand von weiteren Beispielen.

Wahlseite — Mehr direkte Demokratie?

1. Informiert euch anhand der Materialien dieser Seite zu der Frage nach „Mehr direkter Demokratie?".
2. Präsentiert eure Ergebnisse in eurer Klasse.

[1] Menschen fordern mehr direkte Demokratie.

Nur alle vier Jahre wählen – reicht das?

In Deutschland gehen die Bürger alle vier Jahre zur Bundestagswahl und geben ihre Stimme ab. Viele Menschen sind der Meinung, dass das nicht viel Bürgerbeteiligung für eine Demokratie ist.

In der Schweiz funktioniert die Demokratie anders. Über wichtige Fragen wird in **Volksabstimmungen** direkt von den Bürgern abgestimmt.

Auch in Deutschland ist es möglich, dass das Volk direkt an Entscheidungen beteiligt ist:

– In einem **Volksbegehren** sammeln Bürger in einer bestimmten Zeit eine bestimmte Anzahl von Unterschriften. Gelingt ihnen dies, wird ihr Anliegen dem Parlament zur Abstimmung vorgelegt.

– Stimmen die Abgeordneten gegen den Vorschlag, kann es zu einem **Volksentscheid** kommen: Die Bürger stimmen über das Anliegen selbst ab. Das Ergebnis eines solchen Volksentscheids ist verbindlich.

Tatsächlich kommt es in Deutschland selten zu Volksbegehren und Volksentscheid.

Welche Form der Demokratie die bessere ist, darüber kann man unterschiedlicher Meinung sein.

Ein Streitgespräch

Für mehr direkte Demokratie (pro)	Gegen mehr direkte Demokratie (contra)
„Einmal in vier Jahren zur Wahl gehen? Wir machen unser Kreuz und die Politiker vier Jahre, was sie wollen! Für mich ist das keine Demokratie."	„Die Politiker machen nicht einfach, was sie wollen. Vor der Wahl machen sie ihr Programm bekannt. Und die Bürger entscheiden danach."
„Trotzdem fände ich es besser, wenn die Bürger öfter direkt gefragt werden, vor allem, wenn es um wichtige Entscheidungen geht. Demokratie heißt Volksherrschaft. Also für mich ist klar: Je mehr Bürgerbeteiligung, desto mehr Demokratie."	„Ist das wirklich so? Bei der letzten Bundestagswahl haben nicht einmal 3/4 der Wahlberechtigten teilgenommen. Würden die Bürger überhaupt an den Volksentscheiden teilnehmen?"
„Die Bürger müssen ja auch nicht über alles Mögliche abstimmen. Aber zu den wichtigsten Entscheidungen sollten sie schon gefragt werden."	„Was ist denn wichtig und was nicht? Politiker haben sich mit den Problemen intensiv beschäftigt und verfügen über viel bessere Informationen. Wenn das Volk direkt abstimmt, wird vielleicht aus einer Stimmung heraus entschieden und das kann üble Folgen haben."
...	...

Tipps für die Erarbeitung

– Texte erschließen und mit dem Bild in Beziehung setzen
– Argumente in der Tabelle lesen und deuten

Tipp für die Präsentation

– Argumente oben sowie weitere Argumente, die ihr findet, als Streitgespräch in der Klasse vortragen.

Die politischen Parteien

1. Informiert euch anhand der Materialien dieser Seite darüber, wie die politischen Parteien sich selbst und ihre Ziele darstellen.
2. Präsentiert eure Ergebnisse in eurer Klasse.

Vor der letzten Bundestagswahl 2013 haben die politischen Parteien ihre Programme vorgestellt.

Name der Partei	Soziales und Steuern	Europa
CDU Christlich Demokratische Union Deutschlands	– Es soll keinen gesetzlichen Mindestlohn geben. – Steuererhöhungen werden abgelehnt. – Wer Kinder hat, bezahlt weniger Steuern. – Das Kindergeld wird erhöht.	– Ein starker Euro und stabile Preise ohne Inflation (=Verteuerung von Waren) sind wichtig. – Wirtschaftlich schwache Euro-Länder müssen sparen. – Die Türkei soll kein Vollmitglied der EU werden.
SPD Sozialdemokratische Partei Deutschlands	– Es soll einen gesetzlichen Mindestlohn von 8,50 Euro geben. – Steuererhöhungen soll es geben: Wer viel verdient, soll auch noch mehr Steuern zahlen als bisher. – Das Geld aus den Steuererhöhungen soll in die Bildung fließen.	– Die Wirtschaft innerhalb der EU muss kontrolliert werden, damit Preise stabil bleiben. – Die EU wird offen bleiben für weitere neue Mitgliedsländer. – Ziel bleibt die EU-Mitgliedschaft der Türkei.
FDP Freie Demokratische Partei	– Einen allgemeinen Mindestlohn soll es nicht geben. – Steuererhöhungen sollen auf jeden Fall ausgeschlossen werden. (Es soll im Grundgesetz festgehalten werden).	– Die Wirtschaftspolitik soll stärker koordiniert werden. – Die Türkei soll Mitglied der EU werden, allerdings muss noch einiges bezüglich der Menschenrechte geklärt werden.
BÜNDNIS 90 DIE GRÜNEN Bündnis 90 Die Grünen	– Es soll einen gesetzlichen Mindestlohn von mindestens 8,50 Euro geben. – Die Hartz-IV-Sätze sollen erhöht werden. – Gutverdiener sollen mehr Steuern zahlen als bisher. – Die Erbschaftssteuer soll erhöht werden, eine Vermögenssteuer soll eingeführt werden.	– Europäische Staaten, die der EU beitreten wollen, sollen diesen Schritt zügig vollziehen können. – Auch mit der Türkei soll schnell über einen Beitritt verhandelt werden. – Verletzungen von Menschenrechten bzw. deren Einhaltung sollen dabei Gegenstand einer Beitrittsdiskussion sein.
DIE LINKE. Die Linke	– Es soll einen gesetzlichen Mindestlohn von 10 Euro geben, der später auf mindestens 12 Euro steigt. – Hartz-IV-Sätze, Unterstützung für Kinder sowie Renten sollen erheblich steigen.	– In der EU sollen Firmengewinne einheitlich und höher besteuert werden. – Reichtum soll umverteilt werden: Reichere Staaten sollen ärmere Staaten unterstützen.

Tipp für die Erarbeitung
– Ziele der Parteien vergleichen, die unterschiedlichen Positionen erörtern (Rollenkarten für eine „Pressekonferenz" vorbereiten)

Tipp für die Präsentation
– Zu einem ausgewählten Thema (z. B. Europa) „eine Pressekonferenz" in der Klasse veranstalten, das Rollenspiel durchführen

1. Informiert euch anhand der Materialien dieser Seite über die Feinde der Demokratie.
2. Präsentiert eure Ergebnisse in eurer Klasse.

[1] Neonazis während einer Demonstration.

Von Neonazis verwendete Zeichen:

[2] Reichskriegsflagge

[3] Eisernes Kreuz

[4] „Autonome"

Von „Autonomen" verwendete Zeichen:

[5] Anarchie-Zeichen

[6] Flagge der „Autonomen"

Neonazis

Nicht alle Menschen in der Bundesrepublik Deutschland befürworten unsere Demokratie. Neonazis, auch „Rechtsradikale" genannt, verherrlichen den Nationalsozialismus (Diktatur unter Hitler). Sie sind gegen unsere Verfassung und auch dagegen, dass die Menschenrechte für alle gelten sollen.

Weil in Deutschland grundsätzlich ein Demonstrationsrecht gilt, haben auch solche Gruppierungen das Recht, ihre Meinung öffentlich zu zeigen. Sie dürfen das, solange sie sich nicht offen rassistisch äußern oder gegen andere Menschen oder Gruppen hetzen. Auch dürfen sie sich nicht offen zu der Verherrlichung des Nationalsozialismus bekennen.

Es ist z. B. verboten, eine Hakenkreuzfahne zu zeigen. Stattdessen zeigen Neonazis die Reichskriegsflagge [3] oder das Eiserne Kreuz [4], was nicht verboten ist.

Wenn Neonazis in unseren Städten demonstrieren, treten sie oft mit Bomberjacken und Springerstiefeln gekleidet auf. Wenn solche Demonstrationen angemeldet und genehmigt sind, werden sie von der Polizei geschützt.

„Autonome"

Angehörige einer anderen Gruppierung müssen ebenfalls als Feinde der Demokratie betrachtet werden. Sie nennen sich selbst „Autonome".

„Autonome" sehen sich als Feinde der Neonazis und wollen sie mit Gewalt bekämpfen. Oft zeigen sie auch Gewaltbereitschaft gegenüber Polizisten.

Die „Autonomen" verfolgen das Ziel, die Ordnung der Bundesrepublik Deutschland zu erschüttern. Oft nehmen sie friedliche Demonstrationen von demokratischen Bürgern zum Anlass, Polizisten anzugreifen, Geschäfte zu plündern oder wahllos Autos anzuzünden.

Tipp für die Erarbeitung
– Bilder auf dieser Seite beschreiben, Texte erschließen und mit den Bildern in Beziehung setzen

Tipps für die Präsentation
– Weitere Informationen über die Feinde der Demokratie sammeln
– Über eine ausgewählte Gruppierung oder einen Fall einen Kurzvortrag halten

Politik aktiv

Auf dieser Seite findet ihr Anregungen, was ihr zum Thema „Demokratie leben" noch tun könnt.
Denkt auch daran, euer Portfolio zu führen:

- – schöne Ergebnisse in Text und Bild sammeln,
- – Lernerfahrungen zum Thema „Europa wandelt sich" notieren.

1. Ein Plakat für eine Bürgerinitiative selbst gestalten

Überlegt, ob es in eurer Nähe Dinge gibt, die euch stören.
Hier einige mögliche Beispiele:

▶ Es soll eine neue Häusersiedlung entstehen. Der Fußballplatz
muss verschwinden.

▶ Durch die Mitte des Ortes oder der Stadt fahren jeden Tag viele
Lkw. Sie verursachen Lärm und stellen eine Gefahr dar. Außerdem
verpesten sie die Luft.

▶ Eine Schule soll geschlossen werden. Die Busfahrt zur nächsten
Schule dauert für viele Schüler fast eine Stunde, weil sie umsteigen müssen.

▶ ...

2. Politische Parteien vorstellen

Beispiel:

▶ Sucht in Zeitschriften, Tageszeitungen oder im Internet nach den wichtigsten Vertretern einer
politischen Partei.

▶ Informiert euch mittels Internet über die wichtigsten Ziele der Partei.

▶ Sucht nach Kontaktadressen und fordert Informationsmaterial an.

Das kann ich!

[1] Begriffe und Erklärungen

Opposition	Regierungschef eines Stadtstaates
Landtag	Parteien im Parlament, die nicht der Regierung angehören
Senat	Regierungschef eines Bundeslandes
Bundeskanzler	Parlament eines Bundeslandes
Ministerpräsident	Regierungschef der Bundesregierung
Abgeordnete	Parlament eines Stadtstaates
Bundespräsident	von der Bundesversammlung gewählt
regierender Bürgermeister	Parlament der Bundesrepublik Deutschland
Bundestag	ins Parlament gewählte Vertreter des Volkes

[2] Gewaltenteilung

Begriffe, die eingetragen werden sollen:
Bundesverfassungsgericht, Bundesgerichte, Bundestag, Bundesrat, Bundeskanzler, Bundesregierung, Bundesverwaltung

[3] Die Verfassung des Landes Nordrhein-Westfalen

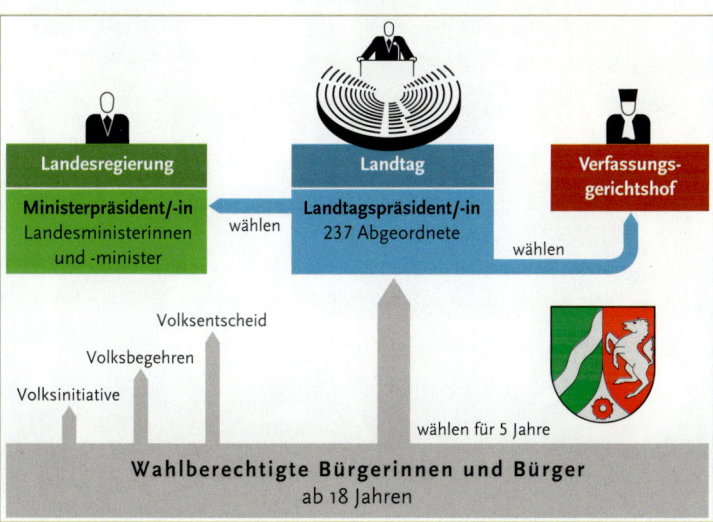

Sachkompetenz

1. Ordnet die Begriffe den Erklärungen in [1] zu.
2. Nennt mindestens drei politische Parteien, die im Bundestag vertreten sind.
3. Zeichnet [2] ab und ergänzt die leeren Felder mit den Begriffen.
4. Zählt Möglichkeiten auf, wie Bürger außer durch Wahlen politisch Einfluss nehmen können.
5. Erklärt den Begriff Menschenrechte. Nennt Beispiele für Verletzungen von Menschenrechten.
6. Nennt Bereiche, in denen die einzelnen Bundesländer und Stadtstaaten politisch entscheiden.

Methodenkompetenz

7. Erörtert die Verfassung des Landes Nordrhein-Westfalen anhand von [3] mithilfe der Methodenschritte (S. 245).

Urteilskompetenz

8. Beurteilt, welche Rolle die Gewaltenteilung für unsere Demokratie spielt.
9. In den Bundestag und die Landtage kommen nur Parteien, die mindestens fünf Prozent der Wählerstimmen bekommen haben. Nennt Vorteile und Nachteile dieser Regelung.
10. Beurteilt jeweils die Vorteile und Nachteile
    – einer direkten Demokratie
    – einer parlamentarischen Demokratie.

Vom Imperialismus zum Ersten Weltkrieg

Der Aufstand der Herero

1904 kam es zu Aufständen der afrikanischen Volksstämme der Herero und Nama.
Die deutschen Kolonialherren schlugen mit militärischer Gewalt zurück.

1. Beschreibt, was ihr auf dem Bild seht. Geht dabei näher auf die erkennbaren
Machtverhältnisse ein.

2. Stellt Vermutungen an:
Wie könnten sich die besiegten Herero fühlen?
Wie schätzen sie ihre Zukunft ein?
Wie fühlen sich die Sieger in ihrer Position?

[1] Kampf am Waterberg zwischen den Hereros und deutschen Truppen. *Gemälde.*

1. Beschreibt das Gemälde [1] und arbeitet dabei die unterschiedliche Bewaffnung der Männer heraus.

Aufstand der Herero und Nama

Die Lage der Herero und Nama war immer aussichtsloser geworden und hatte dazu geführt, dass die Stämme sich gegen die Deutschen mit Waffen zur Wehr setzten. Männer, Frauen und Kinder zogen von Kriegsschauplatz zu Kriegsschauplatz. Die Männer kämpften sehr entschlossen, doch die deutschen Truppen schlugen unbarmherzig zurück.

Der Anführer der Herero, Samuel Maharero, gab den Befehl: „Tötet keine Frauen, Kinder oder Missionare, keine Buren und Engländer".

Als der Aufstand 1904 ausbrach, entsandte die deutsche Reichsregierung den preußischen General Lothar von Trotha nach Deutsch-Südwestafrika, um die Herero zu bekämpfen

[2] **Über die Kriegsführung von Trothas heißt es in einem zeitgenössischen Bericht:**

Ich war dabei, als die Herero bei Hamakiri, in der Nähe des Waterbergs, in einer Schlacht besiegt wurden. Nach der Schlacht wurden alle Männer, Frauen und Kinder ohne Gnade getötet, die den Deutschen in die Hände fielen. Dann verfolgten die Deutschen die übrigen Herero, und alle Nachzügler am Wegesrand und im Sandfeld wurden niedergeschossen oder mit mit dem Bajonett (Stichwaffe) niedergemacht. Die große Masse der Hereromänner war unbewaffnet und konnte sich nicht wehren. Sie versuchten nur, mit ihrem Vieh davon zu kommen.

Drechsler, Horst: Südwestafrika unter deutscher Kolonialherrschaft. Berlin (Akademie) 1986, S. 160

2. Bewertet die Vorgehensweise der deutschen Schutztruppen im Krieg gegen die Herero mithilfe von [1] bis [3].

[3] **Hauptmann von Estroff berichtete:**

„Ich folgte ihren Spuren und erreichte hinter ihnen mehrere Brunnen, die einen schrecklichen Anblick boten. Haufenweise lagen die verdursteten Rinder um sie herum, nachdem sie diese mit letzter Kraft erreicht hatten, aber nicht mehr rechtzeitig hatten tränken können. Die Herero flohen nun weiter vor uns in das Sandfeld. (...) Sie flohen von einer zur anderen (Wasserstelle) und verloren fast alles Vieh und sehr viele Menschen."

Estroff, L. von: Wanderungen und Kämpfe in Südwestafrika, Ostafrika und Südafrika 1894–1910. Hg. von Ch.-F. Kutscher. Windhoek 1979. S. 117

Es war die erklärte Absicht der Kolonialtruppen, die aufständischen Hereros aus dem Land zu drängen und zu vernichten. Dieser Plan schien aufzugehen. Zehntausende starben in der Wüste an Durst und Erschöpfung.

[4] Die Siedlungsgebiete der Herero und Nama.

Karte-Legende:
- Grenze von Deutsch-Südwestafrika
- extensive Rinder- und Schafweide (Dornstrauchsavanne)
- Kupfer- und Bleivorkommen
- Eisenbahn
- Salzpfanne, Salzsee
- Wasserloch der Herero
- Fluss
- Fluss, nur zeitweilig wasserführend

Wie kam es zum Hereroaufstand?

Der Bremer Tabak- und Waffenhändler Adolf Lüderitz erwarb 1883 Gebiete des späteren Deutsch-Südwestafrikas, dem heutigen Namibia. 1884 wurde auf Antrag von Lüderitz dieses Gebiet als Schutzzone des Deutschen Reiches erklärt. Die Volksstämme der Herero mit ihren 80000 und die Nama mit 20000 Angehörigen zählten zu den größeren Stämmen in diesem Gebiet. Sie lebten vor allem von der Viehzucht und waren auf das fruchtbare Weideland angewiesen.

Ihr Leben veränderte sich, als deutsche Händler sie um Land und Vieh betrogen. Großflächige Enteignungen engten den Lebensraum der Hereros immer mehr ein. Das Weideland der Viehherden wurde durch den Bau der Eisenbahnlinie zerteilt, um vom Hafen Swakopmund zu den Kupfererzminen im Norden des Landes zu gelangen. Dadurch waren die lebenswichtigen Wasserlöcher nicht mehr zugänglich.

Im Gegensatz dazu galten andere Regeln für die deutschen Besatzer. Gewalt, Diebstahl, Betrug und Vergewaltigungen waren an der Tagesordnung und wurden kaum geahndet.

3. Erklärt, warum das fruchtbare Gebiet für die Herero und Nama so wichtig ist.

4. Beschreibt mithilfe der Karte, warum die Eisenbahnlinie die Existenz der Herero und Nama bedrohte.

Das Leben der Herero nach dem Krieg

In den wenigen Kriegsmonaten wurden etwa 65000 Hereros ermordet. Die Überlebenden des Krieges mussten in Reservaten (= zugewiesenes Gebiet als Lebensraum) unter katastrophalen und erbärmlichen Bedingungen ihr Leben verbringen. Im Jahre 2004 bat die Bundesregierung zum 100. Jahrestag des Hereroaufstandes die Nachkommen der Überlebenden für den Völkermord um Vergebung.

[5] Hereros, die vor den deutschen Truppen geflüchtet sind. *Foto, 1907.*

5. Beschreibt das Bild [5]. Erläutert zusammenfassend, wie sich das Leben der beiden Volksstämme durch die deutschen Kolonialherrscher gewandelt hat.

Wählt einen der folgenden Arbeitsaufträge aus:

☐ Wertet die Zahlen über die ursprüngliche Stämmesgröße und Menschenverluste aus. Was bedeutet das für die Volksstämme?

☐ Schreibt einen Entschuldigungsbrief an die Herero für die Taten der Deutschen während der Kolonialzeit.

Was ihr noch tun könnt...

- euch informieren, wie der Volksstamm der Herero heute lebt,
- Informationen zum heutigen Namibia, dem früheren Deutsch-Südwestafrika, recherchieren.

Orientierung

Ab der Mitte des 19. Jh. wollten die europäischen Industrieländer, als Folge der europäischen Industrialisierung, ihre Einflussbereiche in Afrika und Asien vergrößern. Hierzu errichteten sie Kolonien*. Besonders die Erwartung von Gewinnen für den Handel und die Ausbeutung von Rohstoffen und Bodenschätzen war dafür entscheidend. Doch mit den Machtbestrebungen und dem Wettrüsten der imperialistischen* Mächte spitze sich die militärische Bedrohung zu. Im Jahre 1914 kam es zur „Urkatastrophe" des 20. Jahrhunderts. Der Erste Weltkrieg brach aus.

Kolonie
Eine Kolonie ist ein auswärtiger Besitz eines Staates, der politisch und wirtschaftlich von ihm abhängig ist.

Imperialismus
Imperialismus bezeichnet das Streben eines Landes nach größtmöglicher Macht über andere Länder, meist mit dem Ziel, das eigene Herrschaftsgebiet zu erweitern.

[1] Die Aufteilung der Welt.

1. Erklärt, warum die europäischen Staaten Kolonien in Afrika errichteten.
2. Welche Staaten besaßen die meisten Kolonien und wo lagen diese? Fertigt hierzu eine Tabelle mithilfe der Karte an:

Staat	Kolonie

3. Tauscht Informationen über Afrika und Asien aus. Was wisst ihr schon von den dort lebenden Völkern und ihrer Geschichte?

Was ihr noch tun könnt ...
- ein Land in Afrika (z.B. Angola, Marokko oder Sudan) und ein Land in Asien (z.B. Indien, Korea oder Vietnam) auswählen und euch ausführlich über die Geschichte, Bevölkerung und Kultur des Landes informieren.

Koloniale Überreste im heutigen Namibia

Wenn man die ehemalige Kolonie Deutsch-Süd-westafrika, heute Namibia, besucht, findet man zahlreiche Spuren der Kolonialvergangenheit. Deutsche Geschäfte, deutsche Straßennamen und deutsche Häuser fallen ins Auge. In Lüderitz wurde der Grundstein für die deutsche Kolonialisierung Deutsch-Südwestafrikas gelegt. Zur Festigung der Kolonie förderte das Deutsche Reich mit finanzieller Unterstützung Ansiedlungen in Deutsch-Südwestafrika. 1914 lebten etwa 12500 Deutsche in dieser Region. Mit Beginn des Ersten Weltkrieges kam es in Deutsch-Südwestafrika zu Kämpfen, woraufhin 1915 die deutschen Truppen kapitulierten und die deutsche Kolonialherrschaft endete. Zahlreiche Deutsche blieben jedoch vor Ort.

Um die Erinnerung an die Kolonialzeit zu erhalten und die Stadt vor dem Verfall zu schützen, wurde eine Bürgerinitiative gegründet. Eine Sofortmaßnahme war die Ankurbelung des Tourismus. Ausländische Investoren sorgten durch die Fischverarbeitungsindustrie für den wirtschaftlichen Aufschwung.

[4] 1912 eingeweihte evangelische Kirche und Jugendstil-Villa in Lüderitz. *Foto, 2013.*

[5] Kapps-Konzert und Ball-Saal, Lüderitz. *Foto, 2012.*

Koloniale Spuren in Deutschland

Heute gibt es in Deutschland noch immer zahlreiche Straßen, Institutionen und Plätze, welche den Namen ehemaliger deutscher Kolonialherren oder Kolonialgebiete tragen. Da die deutsche Kolonialzeit auch von Gewalt und Ausbeutung geprägt war, denken Städte und Gemeinden denken zunehmend über Namensänderungen nach.

[6] Straßenschilder in Deutschland *Foto, 2012.*

3. Notiert Gründe, warum sich die Menschen in Namibia mit den Spuren der Kolonialzeit abfinden (also die ehemals deutschen Häuser und Namensschilder nicht entfernen).

Wählt einen der folgenden Arbeitsaufträge aus:

■ Versetzt euch in die Lage der deutschen Siedler, die 1915 – am Ende der deutschen Kolonialherrschaft – enteignet und von ihren Farmen vertrieben wurden. Notiert, welche Gefühle sie bewegt haben könnten.

◪ Sammelt Pro- und Kontra-Argumente zur Frage, ob Straßen mit Namen aus der Kolonialzeit umbenannt werden sollten – oder nicht.

Was ihr sonst noch tun könnt...

■ im eigenen Ort nach Straßennamen suchen, die Bezeichnungen aus der Kolonialzeit tragen. (Ihr könnt auch die Begriffe wie Togostraße, Kamerunstraße, Samoastraße, Lüderitzstraße, in Internet-Suchmaschinen eingeben, und Städte finden, wo diese Straßen liegen.)

Spannungen in Europa führen zum Krieg...

Welche Ursachen führten zum Ersten Weltkrieg?

[1] Karikatur „The Boiling Point" („Der Siedepunkt")
(engl. Zeitschrift Punch 1912)
Auf dem Kessel sitzen von links nach rechts: Der
Russe, der typische Engländer (John Bull), der
Deutsche (mit Pickelhaube) und der Österreicher.
Rechts hinten erscheint Zar Ferdinand von
Bulgarien.

1. Beschreibt die Karikatur, die 2 Jahre vor dem
Ausbruch des Ersten Weltkrieges entstand.
Womit wird die politische Situation in Europa
verglichen?

Am Vorabend des Krieges

Schon in der Kolonialfrage war deutlich zu spüren gewesen, dass die Konkurrenz der europäischen Mächte zu gefährlichen Verstimmungen
geführt hatte.
Die unterschiedlichen Interessen der Großmächte waren auch bei Konflikten auf dem Balkan*

> **Balkan:** Bezeichnung für Südosteuropa, wo
> viele Völker verschiedener Religionen und
> Kulturen zusammen leben.

deutlich. Die Gefahr von Auseinandersetzungen
lag in der Luft...
Insgesamt war die Atmosphäre in Europa durch
drei Hauptprobleme vergiftet – von denen ihr einige schon kennengelernt habt:

1. Überschätzung der eigenen Nation (Nationalismus)

„Unser Volk ist das beste und
stolzeste überhaupt. Wir haben hervorragende Leistungen in Kunst und Technik
vollbracht. Unser Charakter
ist vorbildlich. Ich glaube, wir
sind ausgewählt, Europa und
der Welt unsere Kultur zu
bringen."

2. Wunsch nach Ausbreitung des eigenen Machtbereiches (Imperialismus)

„Da bin ich mir mit allen Unternehmern einig: wir brauchen billige Rohstoffe und
Verkaufschancen für unsere
Produkte. Das geht nur, wenn
wir anderen zuvorkommen
und eigene Kolonien haben.
Weg mit Engländern und
Franzosen!"

3. Vorrang von gewaltsamen Lösungen durch den Einsatz von Militär (Militärismus)

„Die Politiker reden immer
nur. Verhandlungen bringen
doch eh' nichts! Wir müssen
uns auf die Stärke unserer
Waffen verlassen. Nur der
Starke setzt sich durch.
Gegner müssen nicht über-
zeugt, sondern besiegt werden! Dann ist Ruhe! Am bes-
ten, wir schlagen als Erste los – dann sind die
anderen überrascht und wir haben den Vorteil..."

2. Beurteilt die Einstellungen der drei Sprecher.
3. Notiert Gründe, warum die Verbindung der drei
Denkmuster gefährlich für friedliche Einigun-
gen zwischen verschiedenen Nationen sein
wird.

Flottenbau und Aufrüstung

Das Deutsche Reich war seit 1871 schon die stärkste Landmacht Europas. Um Weltmachtpolitik betreiben zu können, wollte Deutschland auch als Seemacht mitreden können. Deshalb machte man große Anstrengungen, neue und größere Kriegsschiffe zu bauen.

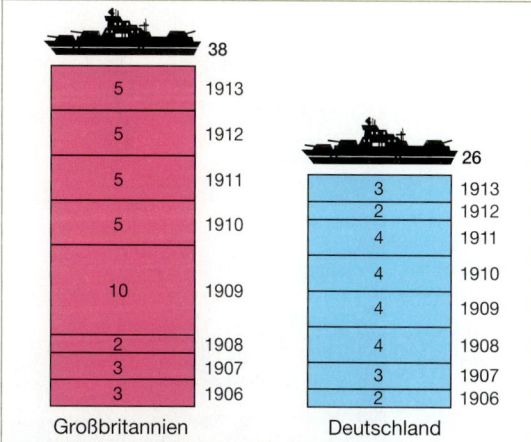

[2] Bau von Kriegsschiffen.

[3] „Wie sollen wir uns da die Hand geben?" *Karikatur aus dem Simplizissimus von 1912.*

[4] **Der Chef des Marineamtes, Admiral von Tirpitz, begründete den Flottenaufbau im Jahre 1900 so:**
(...) Unter den gegebenen Umständen gibt es nur ein Mittel, um Deutschlands Handel und Kolonien zu schützen: Deutschland muss eine Flotte

von solcher Stärke haben, dass selbst für die größte Flotte ein Krieg mit ihm ein solches Risiko in sich schließen würde, dass ihre eigene Überlegenheit gefährdet wäre (...)

Besonders Großbritannien fühlte sich durch die Flottenpolitik des Deutschen Reiches bedroht. Wollte doch Großbritannien eine Kriegsflotte besitzen, die so groß war, wie die beiden größten Flotten zusammen. Deswegen lieferten sich beide Länder ein kostspieliges Wettrüsten von immer größeren Kriegsschiffen.

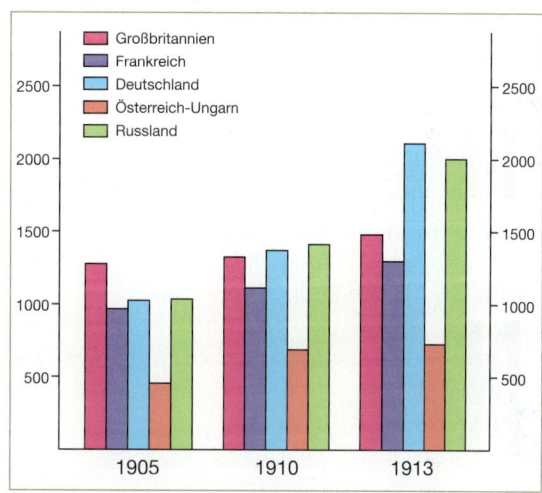

[5] Rüstungsausgaben zwischen 1905 und 1913 (in Mio. Mark).

4. Beschreibt anhand von [5] die Entwicklung der Rüstungsausgaben.

Wählt einen der folgenden Arbeitsaufträge aus:

- ☑ Wertet die Karikatur „Wie sollen wir uns da die Hand geben?" aus.

- ☑ Schreibt einen Brief an Admiral von Tirpitz aus der Sicht eines Briten, indem ihr auf die Gefahren der deutschen Flottenpolitik hinweist.

Was ihr noch tun könnt...

- Auf www.marine.de, die heutigen Aufgaben der deutschen Marine recherchieren.

Das Attentat von Sarajewo

Wie kam es zum Ersten Weltkrieg?

Extrablatt der „Kronen Zeitung" 28.6.1914

Die Katastrophe von Sarajewo. Attentat auf Franz Ferdinand und Herzogin von Hohenberg. Der Thronfolger und seine Gemahlin wurden ermordet.

Am 28. Juni trafen der Österreichisch-Ungarische Thronfolger Franz Ferdinand und seine Gemahlin zu einem Besuch in Sarajewo ein. Während einer Stadtrundfahrt wurden der Thronfolger und seine Gemahlin vom bosnischen Studenten Gavrillo Princip mit mehreren Schüssen getötet. Princip wurde noch am Tatort überwältigt und festgenommen.

Nach Recherchen stellte sich heraus, dass hinter dem Attentat eine serbische Geheimorganisation stand. Insiderberichten zufolge wollen Serben und Bosnier nach dem Untergang des Osmanischen Reiches auf der Balkanhalbinsel nicht von den Österreichern beherrscht werden. Ihr Ziel ist, stattdessen die Errichtung eines Großserbischen Reiches durchzusetzen. Die Regierung von Österreich-Ungarn ist nach dem Attentat entschlossen, gegen Serbien vorzugehen.

[1] Attentat auf den österreichischen Thronfolger Franz Ferdinand. Lithographie vom Juni 1914 mit Zeitungsartikel. *Collage.*

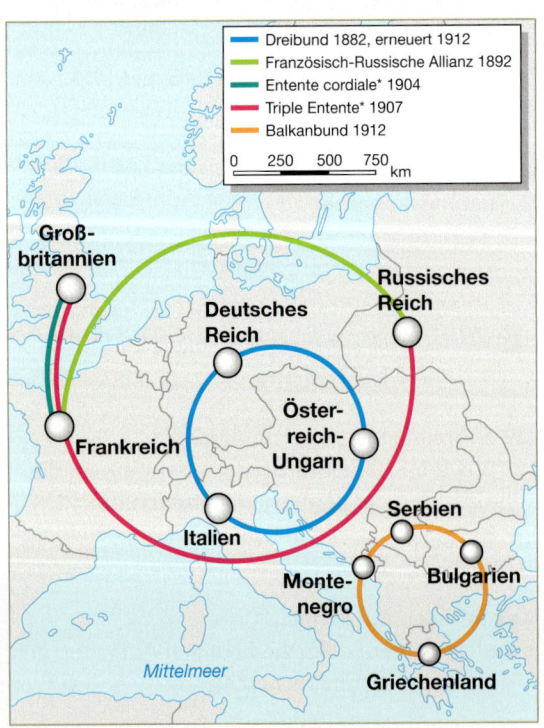

Legende:
- Dreibund 1882, erneuert 1912
- Französisch-Russische Allianz 1892
- Entente cordiale* 1904
- Triple Entente* 1907
- Balkanbund 1912

0 250 500 750 km

[2] Bündnisse vor dem Ersten Weltkrieg.

Eine Kette von Kriegserklärungen

28.7. Kriegserklärung Österreich-Ungarns an Serbien

30.7. Generalmobilmachung in Russland (unterstützt Serbien)

1.8. Kriegserklärung Deutschlands an Russland

3.8. Kriegserklärung Deutschlands an Frankreich

4.8. Kriegserklärung Englands an Deutschland

1. Beschreibt die Collage und schildert dabei als Zuschauer in der Menge das Attentat.
2. Fertigt eine Tabelle mit den jeweiligen Bündnissen und ihren Teilnehmern an.
3. Erläutert die bündnispolitische Lage Deutschlands vor 1914 mithilfe von [2].
4. Erläutert die Kette von Kriegserklärungen. Nehmt dabei die Karte mit den Bündnissen zuhilfe.

[3] Deutsche Kriegsfreiwillige vor der Abfahrt. *Foto, 1914.*

[4] Englische Kriegsfreiwillige nach ihrer Einkleidung. *Foto, 1914.*

5. Vergleicht die beiden Bilder der Kriegsbegeisterung [3] und [4].

Freude über den Kriegsausbruch

Überall in Europa jubelten bei Kriegsausbruch viele Menschen. Junge Männer meldeten sich freiwillig zum Kriegsdienst, die meisten waren davon überzeugt, für eine gerechte Sache zu kämpfen.

[5] **Andreas Wilmer schrieb am 1. August 1914 an seine Mutter:**

„Liebe Mutter, nie werde ich diesen Tag vergessen. (...) Als ein Feldwebel die Kriegserklärung an Rußland und Frankreich verlas, jubelten alle; Strohhüte flogen in die Luft. (...) Überall Militärmusik, wildfremde Menschen fielen sich in die Arme. Es hat wohl sein müssen, und unsere Sache ist gerecht. Viel zu lang haben Kaiser und Kanzler gezögert, das Schwert zu ziehen. Aber wie sagt das Dichterwort: ‚Es kann der Beste nicht in Frieden leben, wenn es dem bösen Nachbarn nicht gefällt!' (...) Ade, schöne Ludwig-Maximilian Universität, die ich eben erst betreten habe! Wie alle meine Kommilitonen habe ich mich sofort freiwillig gemeldet!"

Peschke, Hans-Peter: Von der Schulbank in den Tod. In: Journal Geschichte. 1, 1993. S.6–7

[6] **„Augusterlebnis"**

Besonders bei den unteren Schichten und bei der ländlichen Bevölkerung herrschte keineswegs Kriegsbegeisterung, sondern vielmehr Unsicherheit, Furcht und Entsetzen.

Vom siegessicheren nationalen Taumel waren vor allem Großstädter und Studenten ergriffen. (...) Die weit verbreitete Unsicherheit und Angst äußerte sich während der Juli-Krise auch in Anti-Kriegs-Aktionen. In einem Aufruf der SPD-Führung vom 25. Juli hieß es: „Die herrschenden Klassen, die euch im Frieden knebeln, verachten, ausnutzen, wollen euch als Kanonenfutter missbrauchen. Überall muss Gewalthabern in den Ohren klingen: Wir wollen keinen Krieg! Nieder mit dem Kriege! Hoch die internationale Völkerverbrüderung!"

Bauer, Philipp: Augusterlebnis. Bayrische Landeszentrale für politische Bildungsarbeit. (www.blz.bayern.de/blz/web/erster_weltkrieg/7.html)

6. Beschreibt, wie Andreas Wilmer [5] den Kriegsausbruch empfunden hat.

7. Beurteilt, wie die Kriegsbegeisterung in anderen Bevölkerungsschichten und Parteien wie der SPD empfunden wird [6] und vergleicht diese mit den Aussagen Wilmers.

Wählt einen der folgenden Arbeitsaufträge aus:

■ Verfasst als Reporter eine SMS (160 Zeichen), die über den Kriegsausbruch berichtet.

■ Woran kann es gelegen haben, dass 1914 auch viele Jugendliche den Krieg begrüßten? Überlegt, wie ihr reagieren würdet, wenn es Krieg geben würde.

Stellungskrieg und Materialschlacht

Wie endete der Erste Weltkrieg?

[1] Deutscher Schützengraben in Flandern.
Soldaten mit Gasmasken in Verteidigungsstellung.
Ende 1915.

Vom Bewegungs- zum Stellungskrieg

Zu Kriegsbeginn marschierten die deutschen Armeen im Westen durch das neutrale Belgien. Die französischen Truppen sollten überrascht, umgangen oder frontal angegriffen werden. Häufiger Stellungswechsel mit schwerem Gepäck forderte die Soldaten bis an ihre Leistungsgrenze. Dieser **Bewegungskrieg** kam bald zum Stillstand, denn die sich gegenüber liegenden Truppen gruben sich in Schützengräben ein.

Die feindlichen Truppen lagen nun einander im **Stellungskrieg** gegenüber. Durch den Einsatz von ungeheurem Waffenmaterial und stundenlangem Granatfeuer wollte man die gegnerische Stellung aufbrechen und die Soldaten zermürben. „Siege" sahen oftmals so aus, dass nur kurzzeitig Boden gewonnen werden konnte und dieser kurz danach durch den Gegner wieder zurück erobert wurde.

Neue Kriegswaffen

Beide Seiten versuchten, im Krieg mit neuen Waffen entscheidende Vorteile zu erlangen. Die Nutzung von Maschinengewehren, Unterstützung für die Bodentruppen durch Flugzeuge und der Einsatz von U-Booten wurde Bestandteil der neuen Kriegsführung. Es war ein Krieg, bei dem erbittert und blutig gekämpft wurde. Ab 1916 kämpften die Engländer zudem mit Tanks, Vorläufern der Panzer. Der Einsatz von Giftgas war besonders brutal. Er führte beim Gegner zu Erblindung und zum qualvollen Tod.

Zunehmend wurde es kriegsentscheidend, wessen Industrie das meiste Material (Waffen, Munition usw.) für die Kriegsführung bereitstellen konnte.

[2] **Der einfache Soldat Andreas Wilmer schrieb am 28. Oktober 1914 in Flandern:**
Mit welchen überschwenglichen Gefühlen bin ich in diesen Kampf gezogen, liebe Mutter. Und jetzt sitze ich hier, von Grauen geschüttelt, und genieße jeden Atemzug an Leben! Eigentlich wollte ich Dir von der großen Schlacht schreiben, von der großen Flandernoffensive (...) Aber mir stehen nur wenige, grauenvolle Einzelheiten vor Augen, die ich ganz schnell wieder vergessen möchte: der Kamerad mit dem blutenden Armstumpf, das zerschossene Gesicht eines Freundes, die nichtendenwollenden Salven englischer Maschinengewehre (...) Es war furchtbar, so habe ich mir den Kampf nicht vorgestellt! Nicht das vergossene Blut, nicht der Schmerz um die gefallenen Kameraden stößt mich ab, es ist die ganze Kampfesweise."

Peschke, Hans-Peter: Von der Schulbank in den Tod.
In: Journal Geschichte. 1, 1993. S. 6–7

[3] Kriegsalltag an der Front. *Foto, 1916.*

1. Erklärt die Unterschiede zwischen Bewegungs- und Stellungskrieg.
2. Vergleicht die Gefühlslage von A. Wilmer in [2] mit der Quelle [5] auf S. 267.

Der deutsche U-Boot-Krieg

Im Verlauf des Krieges stellte sich heraus, dass die mit großem Aufwand aus dem Boden gestampfte deutsche Kriegsflotte ohne größere strategische Bedeutung blieb. Die britische Marine hatte zuvor eine Seeblockade verhängt, die Deutschland von der Einfuhr von Lebensmitteln abschnitt. Nun erklärte Deutschland den uneingeschränkten U-Boot-Krieg.

Eintritt der USA in den Krieg

Durch den uneingeschränkten U-Boot-Krieg griffen die deutschen U-Boote ohne Vorwarnung neben den Kriegsschiffen auch Passagier- und Handelsschiffe an. Damit verstieß die deutsche Marine gegen das geltende Völkerrecht und rief durch ihr Vorgehen scharfen Protest bei den neutralen Staaten, insbesondere den der USA, hervor.

Als am 7. Mai 1915 ein deutsches U-Boot das britische Passagierschiff „Lusitania" versenkte, unter dessen Opfern sich auch 139 US-Staatsbürger befanden, führte dies schließlich zur amerikanischen Kriegserklärung im April 1917.

3. Erklärt, wodurch der uneingeschränkte U-Boot-Krieg ausgelöst wurde und warum er gegen das Völkerrecht verstieß.

Die Niederlage

Im Laufe des Krieges nahm die Zahl der Gegner Deutschlands ständig zu. Insgesamt standen 31 Staaten mit Deutschland im Krieg, und allein die USA schickte bis zu 1,8 Millionen Soldaten in den Krieg nach Europa.

Im Spätsommer 1918 versuchte die Heeresleitung an der der Westfront in Frankreich, die Offensive der Alliierten zu durchbrechen. Doch die erschöpften deutschen Soldaten konnten den ausgeruhten und besser ausgerüsteten alliierten Soldaten nicht mehr standhalten. Nochmals starben Hunderttausende von Soldaten. Der anfänglichen Kriegseuphorie war verzweifelte Kriegsmüdigkeit gewichen. Die Stimmung unter den deutschen Soldaten war gedrückt, da sich immer mehr abzeichnete, dass der Krieg nicht mehr zu gewinnen war.

[4] Deutsche Truppen beim Rückmarsch Anfang Dezember 1918. *Foto, 1918.*

4. Beschreibt die Endphase des Krieges.
5. Erläutert, wie die heimkehrenden Soldaten von der Bevölkerung empfangen wurden [4].

[5] **Eine Nachricht von der Front**

Luxemburg, 16. November 1914

Sehr geehrte Frau Wilmer!

Leider muß ich Ihnen die traurige Mitteilung machen, daß ihr Sohn Andreas Wilmer den Folgen eines Lungensteckschusses, den er in der glorreichen Schlacht von Langemarck erhielt, erlegen ist. Es mag Ihnen ein Trost sein, daß er sanft und ohne Schmerzen entschlafen ist.

Er starb für Gott und Vaterland!

gez.: Kübler, Oberstabsarzt

Peschke, Hans-Peter: Von der Schulbank in den Tod. In: Journal Geschichte. 1, 1993. S. 6–7

6. Beschreibt die Gefühle von Frau Wilmer nach dem Erhalt des Briefes.

Wählt einen der folgenden Arbeitsaufträge aus:

☑ Berichtet in kurzer Zusammenfassung vom Schicksal des jungen Soldaten Wilmer. Berücksichtigt dabei die Quellen auf den Seiten 267–269.

☑ Stellt den Kriegsverlauf in einem Flussdiagramm dar.

Was ihr noch tun könnt…

- recherchieren, wie viele Soldaten im Ersten Weltkrieg in eurem Ort gefallen sind,
- Feldpostbriefe sammeln und in einer Mappe zusammenstellen.

Wahlseite   Kriegsinvaliden

1. Informiert euch auf dieser Seite über die Kriegsinvaliden im und nach dem Ersten Weltkrieg.
2. Präsentiert anschließend eure Ergebnisse in der Klasse.

[1] Kriegsversehrter. *Foto, um 1920.*

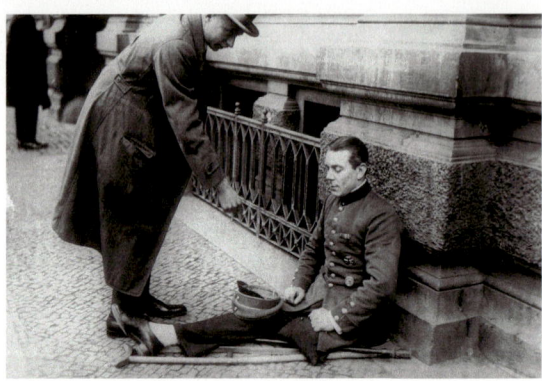

[3] Betteln, um zu überleben. *Foto, um 1920*

Als der Krieg 1918 endete, gab es in Deutschland rund 2,7 Millionen körperlich und psychisch versehrte Kriegsteilnehmer. Die Nachkriegszeit war geprägt vom Anblick von Entstellten und Verstümmelten mit Prothesen.

Dass überhaupt so viele Soldaten in die Heimat zurückkehrten, lag am durchorganisierten Sanitätswesen zur Versorgung der Verwundeten. Schon unmittelbar hinter der Front waren Verbandsplätze aufgebaut, in denen Ärzte und Krankenpfleger die Erstversorgung übernahmen. Im dahinter gelegenen Feldlazarett wurden die Wunden desinfiziert und verbunden, bevor die Verwundeten dann in Kriegslazarette verlegt wurden. Hier wurden die Schwerstverletzten gepflegt und es wurde versucht, mit Operationen die schweren Verletzungen zu korrigieren.

In keinem Krieg zuvor wurden so viele Menschen verletzt oder getötet. Nach dem Krieg konnte man in den Straßen der Städte Kriegsinvaliden sehen. Sie waren blind oder hatten Arme oder Beine verloren. Viele mussten betteln, um zu überleben.

Wer kümmerte sich um die Kriegsversehrten?

Die Kriegsbeschädigtenfürsorge wurde in Deutschland ab 1920 gesetzlich geregelt.

Der Grundgedanke dabei war, den Versehrten eine Geldentschädigung durch Renten zu gewähren und ihnen die Rückkehr in das Arbeitsleben zu ermöglichen. Der Anspruch der Beschädigten auf Heilbehandlung stand im Vordergrund des Gesetzes. Den Kriegsversehrten als Arbeitnehmer und nicht als „Almosenempfänger" zu betrachten, diese Ansicht hatte insbesondere der Berliner Orthopäde **Konrad Biesalski** propagiert. Er charakterisierte seinen Ansatz mit dem Ausspruch: *„Nicht ein einzelner Fuß soll behandelt werden, sondern ein ganzer Mensch!"*

[2] **Biesalski sagte in diesem Zusammenhang: in einer Rede:**

„Der Krüppel* soll erwerbsfähig, kurz gesagt, aus einem Almosenempfänger ein Steuerzahler, (...) aus einem unsozialen ein soziales Mitglied der menschlichen Gesellschaft werden.

Biesalski, 1909

Krüppel: Der Begriff wird heute nicht mehr benutzt; wir würden dazu heute „körperlich beeinträchtigt" oder „Versehrter" sagen.

Tipp für die Erarbeitung und Präsentation
– Beschreibt anhand der Bilder und der Texte, wie es vielen Soldaten mit ihren Kriegsverletzungen erging.

Frauen im Ersten Weltkrieg

1. Informiert euch auf dieser Seite über die Rolle der Frau im Ersten Weltkrieg.
2. Präsentiert anschließend eure Ergebnisse in der Klasse.

Frauen erhalten die Familie

Ungefähr 800 000 Männer wurden allein als Soldaten für die Kriegsführung gebraucht (die im zivilen Bereich mit dem Krieg Beschäftigten nicht mitgerechnet). Ihre Arbeitsplätze in Industrie, Landwirtschaft und im Staatsdienst blieben zunächst unbesetzt. Die Frauen blieben zurück und waren nun allein für den Haushalt, den Hof und die Kinder verantwortlich. Der Staat half diesen Frauen, indem er den Sold der Männer an sie auszahlte. Dieser reichte aber oftmals nicht zum Leben aus.

Die durch den Einzug der Männer in den Krieg frei gewordenen Arbeitsplätze wurden teilweise durch Dienstverpflichtung der Frauen neu besetzt. Die Frauen sahen die Chance auf ein eigenes Einkommen, Gleichberechtigung und Unabhängigkeit.

Frauen ersetzten nun die Männer in Berufen, die ihnen zuvor nicht zugetraut wurden. Jedoch erhielten die Frauen für die gleiche Arbeit der Männer bis zu 40 % weniger Lohn; Überstunden wurden nicht bezahlt, obwohl Arbeiterinnen in der Rüstungs-, Munitions- und Stahlindustrie bis zu 13 Stunden täglich unter Lebensgefahr arbeiteten. Unfälle und Krankheiten waren die Folge.

Einsatz an der Front

Frauen arbeiteten zunehmend auch in der Krankenpflege und im Sanitätsdienst. Die ausgebildete Krankenschwestern reichten bald nicht mehr aus, weshalb das Rote Kreuz interessierte Frauen in Kursen für die Pflegearbeit in Lazaretten und Feldkrankenhäusern an der Front ausbildete. Der Einsatz an der Front erfolgte auf freiwilliger Basis.

Die Frauen wurden zum Teil auch dafür eingesetzt, Informationen über die Gegner zu sammeln, die Truppen mit Lebensmitteln und Wasser zu versorgen oder die Männer in den Schreibstuben zu unterstützen.

[1] Frauen in einem deutschen Rüstungsbetrieb. *Foto, 1917.*

Und nach dem Krieg?

Die Frauen hatten in den Kriegsjahren von 1914 bis 1918 harte Arbeit bei schlechter Bezahlung zu leisten. Auch die Lebensmittelversorgung war schlecht. Essen und Brennmaterial zu beschaffen, machte zusätzlich Arbeit. Mit ihrem Einsatz traten die Frauen aber den Beweis an, dass der Ausschluss von bestimmten Berufen und ihre Benachteiligung im öffentlichen Leben – etwa beim Wahlrecht – völlig zu Unrecht bestanden. Es blieb auch nicht aus, dass die Frauen ein neues Selbstbewusstsein entwickelten. Mancher Kriegsheimkehrer hatte Schwierigkeiten, sich auf die neue Situation in der Familie einzustellen.

[2] **Auf einer Frauentagsversammlung im März 1918 sagte die Frauenrechtlerin Adelheid Popp:**

Zum Wählen zu dumm – aber zur Arbeitspflicht für das Kriegsführen gescheit genug. (...) Als Männerersatz haben die Frauen überall Verwendung gefunden, wo menschliche Arbeit gebraucht wird. Schweres und Unmenschliches haben die arbeitenden Frauen im Krieg erduldet. Die hergebrachten Redensarten aber von der Frau, die ins Haus gehöre, könnte man endlich aufgeben.

Popp, Adelheid: Die Arbeiter, München (Beck) 1986

Tipps für die Erarbeitung und Präsentation

– Erklärt den Einsatz der Frauen während des Krieges.
– Entwerft ein Protestplakat, indem ihr darauf aufmerksam macht, was die Frauen während des Krieges geleistet haben und wie dafür ihre Situation nach dem Krieg wieder ist.

Wahlseite Lebensmittelversorgung

1. Informiert euch auf dieser Seite über die Lebensmittelversorgung im Ersten Weltkrieg.
2. Präsentiert anschließend eure Ergebnisse in der Klasse.

[1] Lebensmittelversorgung im Ersten Weltkrieg, 1914/1918; Deutsches Reich. *Postkarte.*

[2] Esst Kartoffeln!

Es ist bekannt, dass wir glücklicherweise noch reichlich Kartoffeln haben. Es ist aber jetzt die Zeit, wo sie durch Auskeimen schwinden und durch Fäulnis verderben. Zwar werden mit allen verfügbaren Vorrichtungen Dauervorräte hergestellt, aber das genügt nicht; um nicht kostbare Nährmittel vergehen zu lassen, müssen jetzt viele Kartoffeln frisch verzehrt werden. Wenn wir zum Abendessen Kartoffeln kochen, sparen wir an Brot, also an Getreide, dieses aber ist haltbar und wird eine wertvolle Reserve für den Winter. Kocht viel Kartoffeln und ein wenig fettes Fleisch mit jungen Gemüsen (z. B. Spinat, Kohlrabi, Wirsingkohl, Möhren, Gurken) zusammen, die dadurch großen Nährwert erlangen, kocht Kartoffeln mit frischem Seefisch, Klippfisch oder Salzhering, esst Kartoffelklöße mit Fruchtbeiguß (Pflaumenmus, Rhabarber, Stachelbeeren) oder kalt in Buttermilch…

Hannoverscher Kurier, 15. Juli 1915. In: Praxis Geschichte 3/1995, S. 15

Lebensmittelknappheit

Kein kriegsführendes Land hatte Vorbereitungen für einen langen Krieg getroffen. Somit wurden die Lebensmittel schon in den ersten Kriegsmonaten knapp. Extrem schlechte Ernten führten zu Höchstpreisen und somit zur staatlichen Kürzung von Lebensmittelrationen. Hierzu gab der Staat Lebensmittelkarten aus, mit denen jeder Haushalt zusätzliche Grundnahrungsmittel erhielt.

[3] Lebensmittelkarten aus dem Ersten Weltkrieg. *Foto, 1916.*

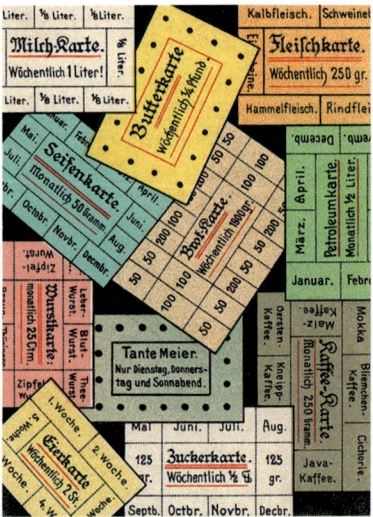

Im Winter 1916/17 erreichte die miserable Lebensmittelversorgung ihren Höhepunkt. Als Ersatz für das Grundnahrungsmittel „Kartoffel" wurden rationierte Kohl- und Steckrüben verteilt, weshalb dieser Winter auch als Kohlrübenwinter bekannt ist. Im Frühjahr 1917 sank auch noch die Getreideernte auf die Hälfte ihres Ertrages aufgrund fehlender Arbeitskräfte, Mangel an Dünger und Zugtieren. Die zugeteilten Lebensmittel hatten daraufhin bloß 1 000 Kalorien. Der tägliche Bedarf sollte aber bei 2 800 Kalorien liegen.
Zwischen den Jahren 1914–1918 starben in Deutschland 750 000 Menschen an Hunger und Unterversorgung.

Tipps für die Erarbeitung und Präsentation
- Gestaltet eine Wandzeitung zum Thema Lebensmittelknappheit.
- Sucht zur Gestaltung weitere Lebensmittelmarken und Kriegsrezepte.

Kinderalltag um 1915

1. Informiert euch auf dieser Seite über den Alltag der Kinder während des Ersten Weltkriegs.
2. Präsentiert anschließend eure Ergebnisse in der Klasse.

Kriegserziehung

Erstmals während eines Krieges wurden nicht nur die Soldaten für den Krieg mobilisiert, sondern auch die daheim gebliebenen Frauen, Jugendlichen und insbesondere Kinder. Die Mobilisierung erfolgte in den Schulen, in Jugendbüchern und sogar bei Kinderspielen.

[1] Mein erster Schulgang. *Foto, 1915.*

[2] **Mathematikaufgaben aus einem Kriegs-Rechenbuch, F. Göhrs und G. Lücke 1915**

– Ein Schützengraben ist oben 1 m, unten 0,6 m breit, 1,10 m tief. Wieviel Fuder Erde zu $1^{1}/_{2}\,m^3$ muß eine Kompagnie ausheben, um sich einen Schützengraben von 150 m Länge zu machen?

– Angenommen jeder Deutsche isst dreimal am Tag Brot und spart nun jedes Mal 6 g, die er sonst verkrümelte oder abschnitt. Wieviel Ersparnis brächte das jährlich im Deutschen Reich?

Göhrs/Lücke: Kriegs-Rechenbuch. Leipzig, 1917. In: Zit. nach Knoch. Menschen, S. 104 ff.

[3] **Auszug aus einem Schullesebuch einer Berliner Gemeinschaftsschule:**
Mein Baukasten.
Ich spiele jeden Tag mit meinem Baukasten. Da stelle ich die Hölzer in Reihen auf. Das sind dann die Soldaten. Nun wird Krieg gemacht. Ich hole meine Kanone herzu und schieße – bum! bum! die Soldaten alle über den Haufen.

Friedrich, Ernst: Krieg dem Kriege. 2004, S. 44

[5] Geschwister als Soldat und Feldkrankenschwester verkleidet. *Foto, 1915.*

Schulbücher als Propagandamittel

Damit die Lehrer den Krieg auch mithilfe von Schulbüchern behandeln konnten, wurden ab 1915 Schulbücher mit Kriegsinhalten in der Schule eingeführt.

Tipp für die Erarbeitung
Ihr könnt beim Lesen die Schritte des Textknackers anwenden. Was habt ihr über die Kriegspropaganda für Kinder erfahren?

Tipp für die Präsentation
– Erstellt ein Plakat, auf dem ihr euren Mitschülern den Alltag der Kinder um 1915 darstellt. Nutzt die Quellen aus dem Schulbuch.

1. Betrachtet [1] und überlegt, was Auftraggeber und ausführender Künstler möglicherweise ausdrücken wollten (Haltung der Figur, blockartiger Aufbau).
2. Überlegt und notiert, welche Unterschiede zwischen einem privaten Grabmal und einem offiziellen Kriegerdenkmal bestehen.

Steinerne Zeugen des Krieges

An vielen Orten in Nordrhein-Westfalen wurden nach den Weltkriegen offizielle Denkmäler für die getöteten Soldaten oder Zivilisten errichtet. Sicher gibt es Beispiele in eurem Ort oder in der Nachbargemeinde.

3. Erarbeitet aus dem Text [2], welche Bedeutung Kriegerdenkmäler heute für uns haben können.
4. Untersucht mithilfe von [3] und den methodischen Schritten auf der folgenden Seite
   – Kriegerdenkmäler in eurer Nachbarschaft,
   – die abgebildeten Beispiele dieser Doppelseite.

[1] Kriegerdenkmal Leverkusen-Rheindorf. *Foto.*

[2] Die staatliche Denkmalpflege erklärt die Bedeutung von Kriegerehrenmalen:

„Kriegerehrenmale sind Zeugnisse im Sinne von Mahn- und Verehrungsstätten. Sie geben Kunde von Zeiten kriegerischer Auseinandersetzung in Verbindung mit der Trauer für die Gefallenen. Häufig sind Ehrenmale mit Sinn- und Losungssprüchen versehen, die Ausdruck der jeweiligen Zeit sind und Rückschlüsse auf Nationalbewusstsein, politisches Verhalten oder Geschichtsbewusstsein allgemein zulassen. So können die Losungen der kaiserlichen Zeit für uns heute mahnende Hinweise sein, weil daraus klar wird, welchen zum Teil falschen Idealen junge Menschen zum Opfer gefallen sind."

Westfälisches Amt für Denkmalpflege, 1987. Zit. in: Potente, Kriegerdenkmal Buldern, Dülmen 1992, S. 8.

Stichworte zum besseren Verständnis von Kriegerdenkmälern

Grund der Errichtung:
– Grabmäler auf Schlachtfeldern
– Orte der Erinnerung und Ehrentafeln in den Heimatorten der getöteten Soldaten (und Zivilisten)
– Andenken an Tote und Trost für Hinterbliebene

[3] Kriegerdenkmal. *Foto.*

– dem Soldatentod nachträglich Sinn verleihen („Helden", „Opfermut", „gestorben, damit wir leben …" usw., d. h. aus Soldaten Helden machen)
– Botschaft für die nachfolgende Generation („Vorbild", „Mahnung", „Lehre" usw.)

Gestaltungselemente:
– Materialien (schwere Werkstoffe sollen kraftvoll kriegerisch und dauerhaft [„ewig"] wirken)
– Skulpturen (Menschen in verschiedenen Haltungen: trotzig, aufrecht, sterbend, tot, trauernd)
– kriegerische Symbole (Adler, Stahlhelme, Waffen)
– Inschriften (Texte, Sprüche)
– Umgebung (Blumen, Mauern, Leuchter usw.)

Bei der Untersuchung eines bestimmten Denkmals helfen euch folgende Schritte:

Bestandsaufnahme

- Beschreibung des Denkmals mithilfe von [2] und des Textes?
- „Botschaften" an die Nachwelt
- Wann und von wem wurde es errichtet? (Anmerkung: an eine Dokumentation denken, z. B. Fotos, Zeichnungen usw.)
- Gestaltungselemente

2. Schritt: **Auskünfte einholen**

- Warum wurde das Denkmal errichtet?
- Wer ist heute verantwortlich? Wer pflegt es?
- Wer organisiert Gedenkfeiern?
- Meinungen anderer erkunden: Schützen- oder Kriegerverein

3. Schritt: **Bewertung**

- Was habt ihr über die bei der Errichtung oder heute wichtigen Motive und Gefühle erfahren?
- Hat sich etwas in der Einstellung geändert?
- Was denkt ihr über die Aussage des Denkmals?

[4] Kriegerdenkmal. *Foto.*

Was ihr noch tun könnt…
- Eigene Entwürfe für ein Kriegerdenkmal zeichnen oder modellieren.
- Überlegt, ob es nicht ein „Friedensdenkmal"sein könnte.
- Eine Umfrage zu einem aktuelle Thema durchführen, wobei es um ein Denkmal in eurem Heimatort geht.

[5] Kriegerdenkmal. *Foto.*

Das Ende der Monarchie

Was geschieht mit Deutschland nach dem Krieg?

[1] Demonstranten auf dem Weg zum Berliner Schloss. *Foto, 1918.*

1. Beschreibt das Bild [1]. Achtet dabei besonders auf Haltung, Kleidung und Gesichtsausdruck der Menschen.

Die Novemberrevolution

Nach der Niederlage in Frankreich 1918 glaubte die Oberste Heeresleitung nicht mehr an einen Sieg und drängte auf schnelle Waffenstillstands-verhandlungen. Die Verhandlungen sollten von einer neuen Regierung übernommen werden, da die Alliierten nicht mit der kaiserlichen Regie-rung verhandeln wollten.

Zur selben Zeit wollte die Marine ihre Flotte noch zu einem letzten großen Angriff auf Eng-land ansetzen. Doch als am 28. Oktober der Be-fehl zum Auslaufen dieses aussichtslosen Unter-fangens kam, verweigerten die Matrosen in Wilhelmshaven den Gehorsam. Schnell schwapp-te die Befehlsverweigerung auf die Matrosen in Kiel über. Arbeiter, Soldaten und Matrosen ver-bündeten sich in den ersten Novembertagen in ganz Deutschland und riefen Generalstreiks aus. Sie bildeten Arbeiter- und Soldatenräte, die in vielen Städten die politische Macht übernahmen. So auch in Berlin. Dort forderte der Arbeiter- und Soldatenrat die Abdankung des Kaisers sowie die Schaffung einer sozialen Republik. Am 9. No-vember demonstrierten tausende Menschen vor dem Regierungsviertel in Berlin für ihre Forde-rungen. Der Kaiser weigerte sich bis zuletzt ab-zutreten und so verkündete Reichskanzler Max von Baden am Mittag des 9. November eigen-mächtig dessen Abdankung. Die Sozialdemokra-ten Philipp Scheidemann und Friedrich Ebert bekamen die politische Macht übertragen.

Gegen 14 Uhr rief Scheidemann die „Deutsche Republik" mit den Worten aus: „Der Kaiser hat abgedankt. Er und seine Freunde sind ver-schwunden. Über sie hat das Volk auf der ganzen Linie gesiegt!"

2. Erläutert, wie es zum Aufstand der Matrosen kam und welche Folgen dieser hatte.

Bildung der Regierung

Am nächsten Tag, dem 10.11.1918, bildete die SPD eine provisorische Regierung: der Rat der Volksbeauftragten. Zwischen der SPD und den Kommunisten gab es nach wie vor Streit über die Form der Regierung. Auf dem Allgemeinen Kon-gress der Arbeiter- und Soldatenräte wurde über-wiegend der Kurs der SPD gefordert.

Durch die Nationalversammlung, welche in Wei-mar stattfand, sollte die Verfassung für die junge parlamentarisch-demokratische Republik erar-beitet werden.

3. Verdeutlicht, wie es zur parlamentarisch-demo-kratischen Republik kam.

Der Vertrag von Versailles

Im Spiegelsaal des Pariser Vororts Ver-sailles verhandelten die Siegermächte über die Friedensbedingungen für Deutschland. Am 28. Juni 1919 musste Deutschland die besonders harten Bedingungen unter-schreiben. Deutschland musste Gebiete abge-ben, und die Sieger forderten Reparationen* in Form von Geld, Kohle und Maschinen für die entstandenen Kriegs-schäden. Außerdem wurde das Heer und die Marine verkleinert und der Besitz von schweren Waffen, U-Booten und

Reichswehr:
max. 100 000 Mann, Auslieferung des Kriegsmaterials

Reparationen:
226 Milliarden Goldmark in 42 Jahresraten

Sachlieferungen:
Vieh, Kohle, Lokomotiven, Maschinen, Unterseekabel, Handelsschiffe u.Ä.

Verlust der Kolonien

Flugzeugen verboten. Deutschland verlor auch seine Kolonien.

Reparationen: Zahlungen, die Deutschland an die Siegermächte leisten musste, um so für Zerstörung und Kosten des Ersten Weltkrieges aufzukommen.

4. Erläutert die Bestimmungen des Versailler Vertrages.

5. Fertigt eine Tabelle über die deutschen Gebietsabtretungen an.

Empörung in Deutschland

In der deutschen Bevölkerung herrschte Empörung und Wut über die harten Bestimmungen des Versailler Vertrages. Dies resultierte aus dem Artikel 231, in dem Deutschland die alleinige Kriegsschuld zugesprochen wurde und für alle Kriegsschäden aufkommen musste. Dies nutzen die rechten Parteien in Deutschland aus, die neue, junge Demokratie mit Hassparolen zu vergiften.

Die Dolchstoßlegende

[2] Wahlplakat der republikfeindlichen Volkspartei (DNVP) 1924. Hilfe: Der Mann ganz in Rot ist ein Sozialdemokrat. *Karikatur.*

6. Analysiert die Karikatur [2]. Was bedeutet „Das Heer wurde von hinten erdolcht", wer wird als Täter vorgeführt, und warum war dies eine Belastung für die junge Demokratie?

[3] Deutschlands Gebietsverluste in Europa durch den Versailler Vertrtag.

[4] **Gutachten des Sachverständigen Herz vor dem Ausschuß zur Untersuchung der Ursachen des deutschen Zusammenbruchs 1926:**

„(...) Es ist richtig, dass in der Heimat und im Heere agitiert (gehetzt) wurde (...) Sicher ist, dass es ohne die Missstände im Heere und in der Heimat einer Handvoll Revolutionären niemals gelungen wäre, auch nach dem Verlust des Krieges Einfluss zu nehmen (...), es ist nichts dafür erbracht, dass ein Versagen von Truppen aus diesem Grunde den Verlust einer Schlacht oder eines Feldzuges oder des Krieges entschied. Die Erzählung, dass die Front von hinten erdolcht worden sei, ist eine Fabel."

Longerich, Peter: Die Erste Republik. Dokumente zur Geschichte des Weimarer Staates. München, 1992, S. 135 ff.

Wählt einen der folgenden Arbeitsaufträge aus:

🎲 Wertet die Quelle [4] aus. Welche Ursachen werden für die Niederlage aufgeführt?

🎲 Setzt die Aussage des Bildes [2] mit der Quelle [4] in Beziehung. Was stellt ihr fest?

Geschichte aktiv

Denkt auch daran, euer Portfolio zu führen:

– schöne Ergebnisse in Text und Bild sammeln,
– Lernerfahrungen zum Thema „Erster Weltkrieg" notieren.

1. Projektvorschlag „denkmal aktiv"

Seit einigen Jahren gibt es das Projekt „denkmal aktiv – Kulturerbe macht Schule", ein Schulförderprogramm der Deutschen Stiftung Denkmalschutz.

► Informiert euch auf der Seite www.denkmal-aktiv.de über dieses Projekt.

► Achtet besonders auf Projekte, die sich auf die Kaiserzeit und den Ersten Weltkrieg beziehen (Gebäude, Museen, Waffensammlungen usw.).

► Forscht nach, ob in eurem Ort Spuren aus der Zeit zwischen 1871 und 1918 zu finden sind. Erstellt eventuell eine Foto-Dokumentation.

2. Kochrezept aus dem Ersten Weltkrieg zum Nachkochen

Haferflockenauflauf

Zutaten:
3/4 Liter Milch
150 g Haferflocken
Salz und Zucker
1 Ei
Apfelmus
Gewürze: entweder Zitronenschale oder Vanille

Zubereitung:
Die Milch zusammen mit den Haferflocken und etwas Salz und Zucker gar kochen. Wenn der Haferflockenbrei abgekühlt ist, gibt man das Ei und das Gewürz hinzu. Anschließend wird alles in eine Form gegeben und das Apfelmus über den Haferflockenbrei verteilt. Nun kommt die Form für 45 Minuten bei 180 °C in den Backofen.
Guten Appetit.

3. Buch lesen, Film anschauen

► der Roman „Im Westen nichts Neues" von Erich Maria Remarque schildert die Ereignisse des Ersten Weltkrieges aus der Sicht des jungen Soldaten Paul Bäumer.
Der Roman wurde auch verfilmt. Die erste Verfilmung, eine US-Produktion aus dem Jahr 1930, wurde mit dem Oscar-Preis ausgezeichnet.

Das kann ich!

[1] **Wichtige Begriffe**

> Imperialismus   Kolonie   Herero-Aufstand
> Wettrüsten   Erster Weltkrieg   Waffenstillstand
> Versailler Vertrag   Dolchstoßlegende

[2] Arbeiten an einer Eisenbahnlinie in Deutsch-Ostafrika unter deutscher Aufsicht. *Foto, 1910.*

[3] Der britische Kolonist Cecil Rhodes als „Koloss von Afrika". *Karikatur, 1892.*

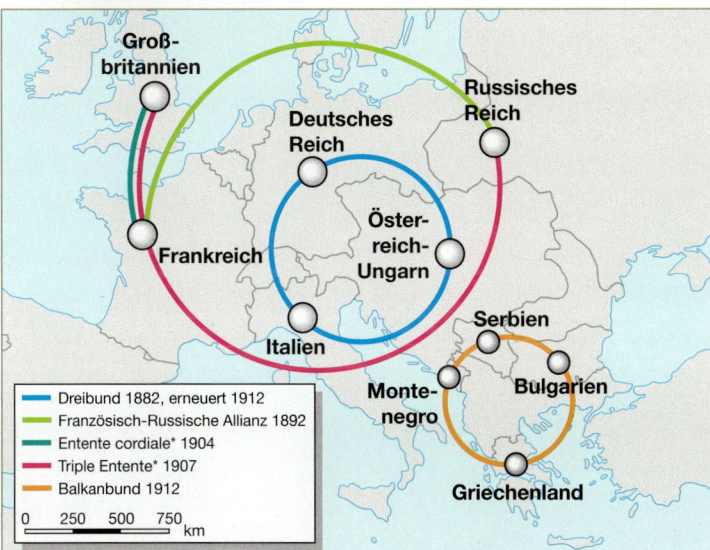

Legende:
- Dreibund 1882, erneuert 1912
- Französisch-Russische Allianz 1892
- Entente cordiale* 1904
- Triple Entente* 1907
- Balkanbund 1912

0   250   500   750 km

[4] Das europäische Bündnissystem vor dem Ersten Weltkrieg.

Sachkompetenz

1. Erklärt euch gegenseitig die wichtigen Begriffe und schreibt die Bedeutung der Begriffe auf.
2. Erklärt mit eigenen Worten, warum es um 1900 zu einem Konkurrenzverhältnis unter den großen europäischen Staaten kam.
3. Analysiert die Karikatur [3] und nennt einige Motive und Rechtfertigungen für Kolonialpolitik in Afrika.
4. Erläutert anhand des Bildes [2] die Auswirkungen des Imperialismus für die einheimische Bevölkerung und den Umgang der Kolonialherren mit den Afrikanern.
5. Erläutert das europäische Bündnissystem [4] und stellt die Situation Deutschlands heraus.
6. Stellt die Ursachen und den Verlauf des Ersten Weltkrieges dar.
7. Erläutert in Stichworten, wie der Krieg endete und wie es mit Deutschland weiter ging.

Urteilskompetenz

8. Begründet die Verbindung zwischen Nationalismus, imperialistischer Politik und Erstem Weltkrieg. Worin liegen die besonderen Gefahren?
9. Beurteilt, warum der Erste Weltkrieg als „Urkatastrophe" des 20. Jahrhunderts angesehen werden kann.

Handlungskompetenz

10. Erstellt eine Wandzeitung über das Ende des 19. und den Anfang des 20. Jahrhunderts.

Eine Welt – viele Welten

Dubai

Wir sind alle Bewohner dieser Erde. Doch wir werden nicht mit gleichen Startbedingungen geboren. Unterschiede und Gegensätze prägen unser Leben von Anfang an. Welche Folgen hat das? Was kann man daran ändern?

1. Vergleicht die beiden Bilder.
2. Sammelt Fragen zu den Bildern.

Dubai 2013

Schauplatz Dubai

[1] Der Herrscher von Dubai, Scheich Muhammad bin Raschid Al Maktoum vor dem Modell des Burj Khalifa. Es ist mit 828 m das höchste Gebäude der Welt und wurde 2010 fertiggestellt. *Foto, 2006.*

1. Beschreibt die beiden Bilder.

Dubai – vom Fischerdorf zur Weltstadt

Dubai ist ein Teil der Vereinigten Arabischen Emirate (VAE). Heute ist Dubai weltweit eine der wichtigsten Drehscheiben für Menschen und für Waren. In weniger als 50 Jahren ist Dubai zu einer Metropole aufgestiegen. Dubai steht mit mehreren Einträgen im Guinessbuch der Rekorde: Mit dem höchsten Gebäude der Welt, der größten künstlichen Insel, dem größten Shoppingcenter, dem größten künstlich angelegten Seehafen. Überall bekannt ist das Burj al-Arab, ein Luxushotel in der Form eines Segelschiffes. Dubais Trumpf ist seine Lage. Innerhalb von vier Flugstunden leben um Dubai zwei Milliarden Menschen. Der neue Flughafen soll der größte Airport der Welt werden.

[2] Scheich Muhammad bin Raschid blickt aus dem 124. Stockwerk des Burj Khalifa. *Foto, 2012.*

Geplante Entwicklung: „Vision 2030"

Grundlage des Reichtums Dubais, die diese Entwicklung ermöglicht, sind Öl und Gas. Schon Anfang der 1970er-Jahre erkannten die Herrscher aber die Abhängigkeit vom Rohstoffexport. Sie entwickelten einen Plan für die Entwicklung der Wirtschaft bis 2030. Oberstes Ziel ist, die Abhängigkeit von den Erlösen aus Erdöl und Erdgas abzubauen. Der Flughafen und die Fluggesellschaft Emirates Airlines tragen in zunehmendem Maße zu den Staatseinnahmen bei. Der Tourismus wird als wichtiger Wirtschaftszweig gezielt gefördert. Flughafen, Seehafen und ein neues Eisenbahnnetz sollen Dubai zum wichtigsten Logistikzentrum* der Region machen. Hohe Investitionen in die Telekommunikation und die Umwelttechnik sollen dazu beitragen, den Lebensstandard in Zukunft halten zu können. Die Einhaltung der „Vision 2030" wird vom Herrscher Dubais persönlich überwacht.

Wählt einen der folgenden Arbeitsaufträge aus:

☑ Zeichnet eine Kartenskizze zur geographischen Lage Dubais.

☑ Notiert in Stichworten für ein Kurzreferat Gründe, warum das Projekt „Vision 2030" entwickelt wurde.

✻

Logistikzentrum
wichtiger Handelsort, Umschlagplatz

[3] Arbeiter aus Pakistan nach 12 Stunden Arbeit auf einer Baustelle. *Foto, 2010.*

[4] Hinter der Fassade des glitzernden Dubai: In einem Camp für Fremdarbeiter am Stadtrand von Dubai. *Foto, 2012.*

Schattenseiten

[5] **Der Journalist Rainer Hermann schrieb 2011 in seinem Buch „Die Golfstaaten":**
... Von den etwa 1,5 Millionen Einwohnern Dubais sind fast 90 Prozent der Bevölkerung ausländischer Herkunft. ... Die Bauarbeiter stammen meist vom indischen Subkontinent*, die weiblichen Hausangestellten („Maids") sind überwiegend Philippinas. Sie verdienen häufig weniger als fünf US-Dollar pro Arbeitstag. Nicht ausgezahlte Löhne, sehr schlechte Wohn- und Arbeitsbedingungen sowie Misshandlungen sind an der Tagesordnung. Die Arbeiter sind in Camps außerhalb der Stadt untergebracht. Für die Hausangestellten und Bauarbeiter ist die Arbeit in den Golfstaaten oft die einzige Möglichkeit, ihre Familien zuhause zu unterstützen. Für viele Staaten sind die Überweisungen der Gastarbeiter in den Ölstaaten die wichtigste Kapitalquelle ...

Rainer Hermann: Die Golfstaaten, dtv, München 2011, S. 146 ff. bearbeitet

❋
indischer Subkontinent
Gebiet der Staaten Pakistan, Indien, Nepal Bhutan, Sri Lanka, Bangladesch und der Malediven

Verschwendung trotz Knappheit

[6] **Rainer Hermann berichtet weiter:**
... An Erdöl ist die Arabische Halbinsel nicht arm, arm ist sie an Wasser. Dubai bezieht 98 Prozent seines Wassers aus Meerwasserentsalzungsanlagen. Die Entsalzung ist energieaufwändig und extrem teuer. Das kostbare Gut wird aber meist kostenlos an die einheimische Bevölkerung abgegeben. Der Wasserverbrauch in Dubai ist der höchste weltweit. 80 Prozent des Wassers werden von der Landwirtschaft verbraucht. ... Klimaanlagen, energiehungrige Industriezweige wie z. B. die Aluminiumerzeugung und eine 400 m lange Kunstschneepiste sorgen auch beim Stromverbrauch für Spitzenwerte weltweit ...

Ebenda, S. 256 ff., bearbeitet

2. Beschreibt die Arbeits- und Lebensverhältnisse in Dubai aus der Sicht einer Hausangestellten oder eines Bauarbeiters.
3. Bewertet die Umsetzung der „Vision 2030" aus eurer Sicht.

Was ihr noch tun könnt ...
■ Im Reisebüro nach Angeboten für Urlaubsreisen nach Dubai fragen. In der Klasse berichten, wie Dubai darin angepriesen wird.

Orientierung

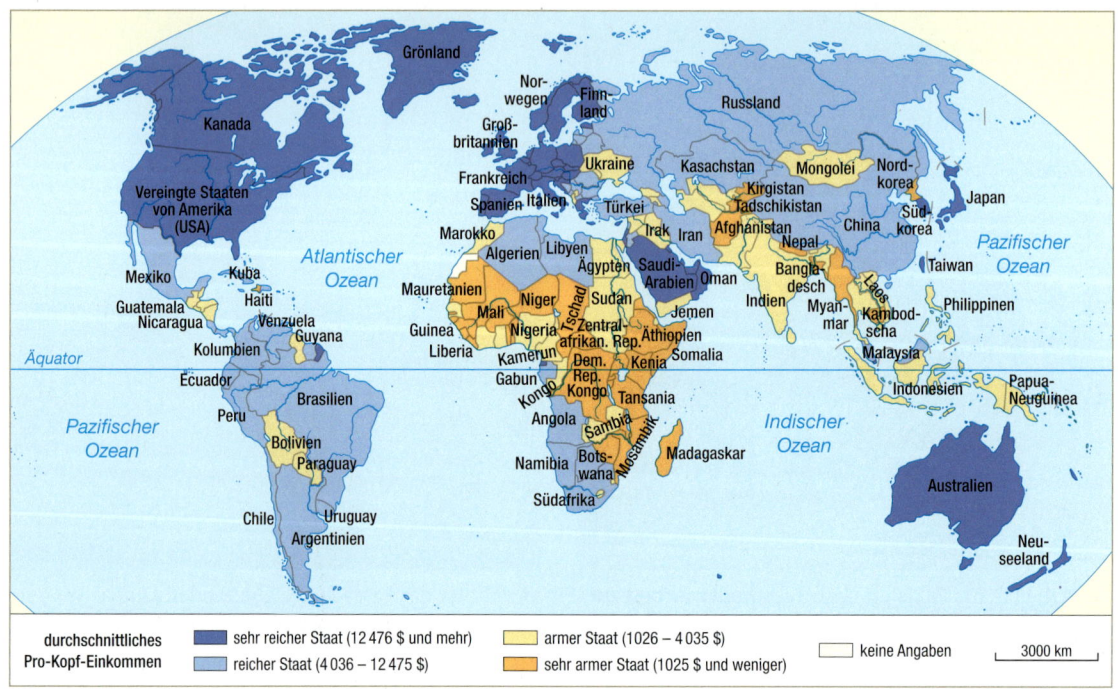

[1] Die Welt nach der Einteilung der Weltbank. *Stand 2012.*

Die Gliederung der Welt

Die Staaten der Erde unterscheiden sich im Hinblick auf Größe, Einwohnerzahlen, Klima und Rohstoffvorkommen. Es gibt beträchtliche Unterschiede in der so genannten räumlichen Ausstattung. Geographen sprechen in diesem Zusammenhang von „Disparitäten" (Ungleichheiten).

Zur Gliederung der Staaten der Erde nach ihrem Entwicklungsstand werden verschiedene Merkmale (Indikatoren) verwandt. Die Weltbank teilt die Staaten der Erde nach einem Indikator, dem Pro-Kopf-Einkommen in drei Gruppen ein.

Sehr reiche Länder verfügen über ein hohes durchschnittliches Pro-Kopf-Einkommen (2012 mehr als 12 476 Dollar), eine gut ausgebaute Infrastruktur und einen hohen Entwicklungsstand. Dem stehen arme und sehr arme Länder mit geringem Pro-Kopf-Einkommen (2012 weniger als 4 035 bzw. 1 025 Dollar), großem Anteil von Beschäftigten in der Landwirtschaft und unzureichender Versorgung und Infrastruktur gegenüber. Reiche Staaten befinden sich an der Schwelle zu stärkerer wirtschaftlicher Entwicklung. Hohe wirtschaftliche Wachstumsraten, der Export von Fertigwaren und eine konkurrenzfähige Wirtschaft kennzeichnen diese Staaten.

HDI

Von den Vereinten Nationen (UN) wird hingegen der Human Development Index (HDI) zur Einteilung der Länder (Ranking) nach ihrem Entwicklungsstand eingesetzt. Der HDI berücksichtigt mehrere Indikatoren: Unter Anderem die Lebenserwartung, den Bildungsstand der Bevölkerung (Anzahl besuchter Schuljahre) und den Lebensstandard (Ernährung, gesundheitliche Versorgung, Zugang zu sauberem Trinkwasser).

1. Nennt die Merkmale der Ländergruppen nach der Einteilung der Weltbank.

2. Beschreibt anhand der Karte die Verteilung von sehr armen und sehr reichen Staaten.

Entwicklungsland: Gering „entwickeltes", armes Land.

Industrieland: Reicher Staat mit hohem Entwicklungsstand, leistungsfähiger Wirtschaft.

Schwellenland: Entwicklungsland, dass auf dem Weg zum Industrieland ist.

Entwicklung und Unterentwicklung

Wird der Begriff „Entwicklung" auf Länder bezogen, so liegt es nahe, entwickelte von weniger entwickelten Ländern zu unterscheiden. Dieser Sprachgebrauch kann von den betroffenen Menschen aber als Herabsetzung verstanden werden. Deshalb ist die übliche Bezeichnung „Entwicklungsland*" problematisch. Entwicklung bedeutet die Überwindung von Armut, Ungerechtigkeit und die Mitwirkung des Volkes an politischen Entscheidungen. Entwicklung beeinhaltet auch den Abbau von Disparitäten.

Für die im Vergleich zu den Industrieländern* „armen" Staaten werden auch die Begriffe „Dritte Welt" oder „Süden" benutzt.

Wählt einen der folgenden Arbeitsaufträge aus:

◼ Schreibt zu jeder der drei Grafiken in Bild [2] eine passende Aussage.

◼ Notiert Beispiele für die Behauptung: Disparitäten bewirken unterschiedliche Entwicklungschancen für Menschen.

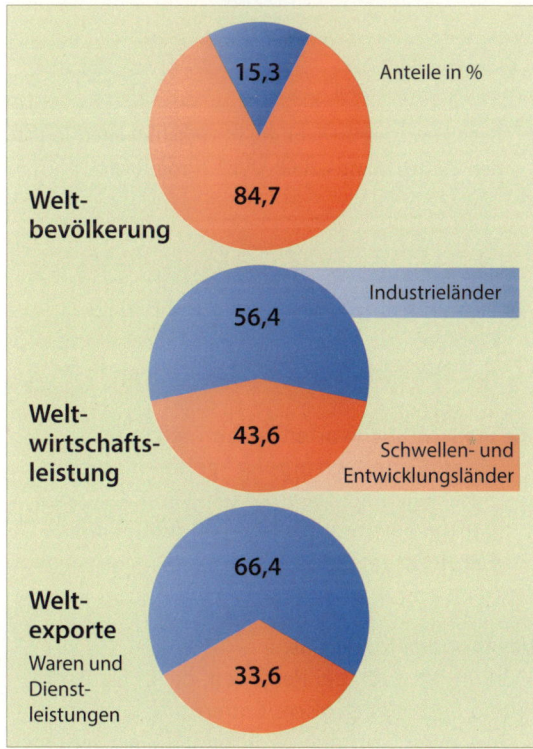

Anteile in %

Weltbevölkerung: 15,3 / 84,7

Weltwirtschaftsleistung: 56,4 (Industrieländer) / 43,6 (Schwellen- und Entwicklungsländer)

Weltexporte (Waren und Dienstleistungen): 66,4 / 33,6

[2] Die geteilte Welt.

▶ Unterschiede

In diesem Kapitel geht es vor allem um folgende Fragen:

Was versteht man unter „Entwicklung"?

Was sind Industrie-, Schwellen- und Entwicklungsländer?

Unter welchen Bedingungen verläuft der Welthandel?

Welche Möglichkeiten zur Hilfe bietet die Entwicklungspolitik?

Wichtige Kompetenzen in diesem Kapitel

Sachkompetenz
▶ Unterschiede des Entwicklungsstandes beschreiben und mit geeigneten Indikatoren verdeutlichen
▶ das Ungleichgewicht beim Handel mit Rohstoffen und Industriewaren beschreiben
▶ die ungleiche weltweite Verteilung von Armut und Reichtum beschreiben
▶ Beispiele für eine Raumentwicklung durch Rohstoffvorkommen untersuchen
▶ Raumentwicklung auf der Grundlage des Standortfaktors Arbeit beschreiben
▶ ein Instrument deutscher Entwicklungspolitik darstellen

Methodenkompetenz
▶ ein WebGIS zur Datenrecherche und Filterung der Ergebnisse einsetzen

Urteilskompetenz
▶ die Handelsbeziehungen zwischen Industrie- und Entwicklungsländern im Hinblick auf eine Benachteiligung der Entwicklungsländer beurteilen
▶ unterschiedliche Versuche zur Entwicklung und deren Auswirkungen beurteilen
▶ in Ansätzen die Möglichkeiten Deutschlands zu einer erfolgreichen Entwicklungspolitik beurteilen

Handlungskompetenz
▶ überschaubare Projekte zum Thema angeleitet organisieren, Ergebnisse präsentieren

Ungleichheiten: global, regional, lokal

Was sind Disparitäten?

1. Erläutert, welche Ungleichheiten und Unterschiede in Bild [1] deutlich werden.

Räumliche Disparitäten bei uns
Ungleichheiten, Unterschiede und Gegensätze gibt es nicht nur global zwischen Industrie- und Entwicklungsländern oder zwischen Staaten allgemein. Disparitäten gibt es auch in Deutschland und Europa. Sie reichen von der unterschiedlichen Güte der Böden einer Region bis hin zur Einstufung der Viertel einer Stadt nach ihrer Wohnqualität.

Folgen von Disparitäten
Große Ungleichheiten im Entwicklungsstand von Ländern und Regionen können zu Konflikten und Migrationen führen (siehe Kapitel 6). In den Industrieländern ziehen besonders junge Menschen aus wirtschaftlich schwachen Regionen weg. Ziel sind die Gebiete mit einem attraktiven Angebot an Arbeitsplätzen und hohem Freizeitwert. Die Abwanderung führt in den betroffenen Gebieten zu einem Bevölkerungsrückgang. In diesen Gebieten fehlen dann häufig die Mittel, um diese Entwicklung zu stoppen.

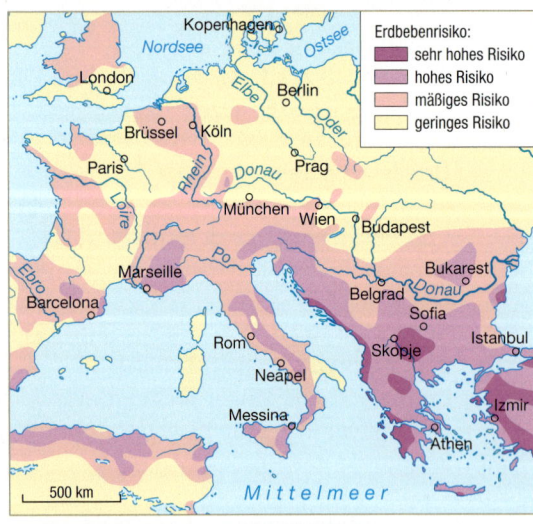

[1] Erdbebenrisiko in Teilen Europas.

Gleichwertige Lebensverhältnisse
Im Grundgesetz wird im Artikel 72 die „Herstellung gleichwertiger Lebensverhältnisse" in allen Gebieten der Bundesrepublik Deutschland gefor-

dert. Es soll verhindert werden, dass Menschen in wirtschaftlich schwächeren Regionen in Deutschland schlechtere Lebenschancen haben. Das Grundgesetz fordert vom Staat, eine Grundversorgung der Bevölkerung in allen Regionen Deutschlands zu gewährleisten. Zu diesem Zweck werden in jedem Jahr hohe Summen ausgegeben.

[2] Bevölkerungsentwicklung in verschiedenen Regionen Deutschlands 2008–2025 (Prognose).

Wählt einen der folgenden Arbeitsaufträge aus:

▪ Notiert mithilfe des Textes und Bild [2] Gebiete mit abnehmender bzw. zunehmender Bevölkerungszahl in Deutschland.

▪ Stellt in Stichworten zusammen, was zu einer „Grundversorgung" gehören sollte. Berücksichtigt dabei verschiedene Gruppen der Bevölkerung (z. B. Junge, Alte, Kinder, Berufstätige, usw.).

Was ihr noch tun könnt...
■ Erkundigt euch bei Personen, die in Deutschland über eine größere Entfernung umgezogen sind, nach Gründen für ihren Umzug. Berichtet darüber in der Klasse.

3000 km

Zahl der Dollar-Milliardäre weltweit
von 1998 bis 2007

23 Kanada

8 Schweden

53 Russland

Großbritannien 29

55 Deutschland

Frankreich 15   8 Schweiz

24 Japan

Spanien 20

25 Türkei

20 China

10 Südkorea

415 USA

13
Italien

9 Israel

8 Taiwan

10
Mexiko

13
Saudi-
Arabien

36
Indien

21
Hongkong

8
Malaysia

20 Brasilien

12 Australien

55   Zahl der Dollar-Milliardäre 2007

946
793
691
587
538
497 476
322
298
230

1998 1999 2000 2001 2002 2003 2004 2005 2006 2007

[3] Verteilung der Milliardäre auf die Staaten der Erde. *Stand 2007.*

Soziale Disparitäten

Wohlstand in den Industriestaaten und Armut und Hunger in den Entwicklungsländern stehen sich weltweit gegenüber. Aber auch die Unterschiede zwischen Arm und Reich (soziale Disparitäten) sind innerhalb der Entwicklungsländer sehr groß. Gerade die krassen sozialen Gegensätze in ihren Ländern sind für viele Bewohner dieser Staaten nicht mehr hinnehmbar. Unruhen und Proteste sind die Folge.

2. Beschreibt mit eigenen Worten anhand von Bild [3], was soziale Disparitäten sind.

Gemeinsame Ziele

Im Jahr 2000 einigten sich die Mitgliedsstaaten der Vereinten Nationen auf gemeinsame Ziele zur Verbesserung der Lage der Menschen in den Schwellen- und Entwicklungsländern. Es wurden Maßnahmen zur Beseitigung der extremen Armut und des Hungers vereinbart. Ferner wurden die Förderung der Schulbildung, die Bekämpfung von Krankheiten, die Verbesserung der Lage von Frauen und Projekte zum Schutz der Natur beschlossen. In einigen Bereichen (z. B. Ausbau des Schulwesens) bzw. in bestimmten Regionen (vor allem in Brasilien, Südafrika, Indonesien und China) konnten inzwischen deutliche Fortschritte erzielt werden.

5 km

Sprakel

Nienberge

Gelmer-Dyckburg

Kinder-haus

Coerde

Handorf

Gieven-beck

Münster-Mitte

Mauritz-Ost

Roxel

Sen-trup

Gremmen-dorf

Mecklen-beck

Berg Fidel

Wolbeck

Albachten

Angel-modde

Hiltrup

Amelsbüren

Anteil der zufriedenen Bürger mit ihrer Wohngegend in den Stadtteilen:

über 80 %   60 – 80 %   43 – 60 %

[4] Zufriedenheit der Bewohner Münsters mit ihrer Wohngegend. *Stand 2012.*

3. Erläutert die Aussage von Grafik [4].

Arbeiten mit einem WebGIS

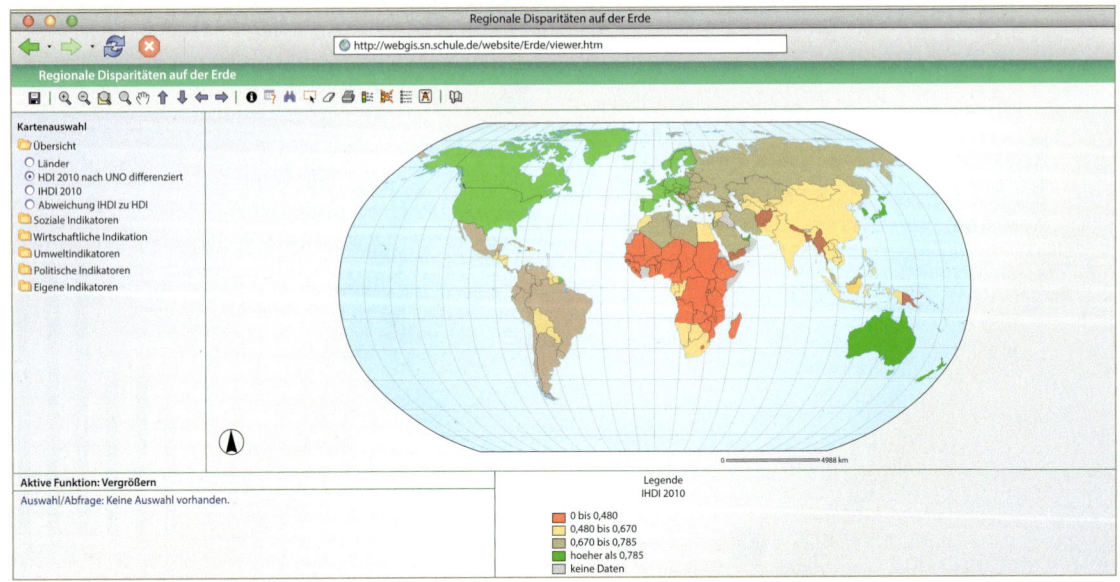

[1] Startseite eines WebGIS-Servers zu regionalen Disparitäten auf der Erde.

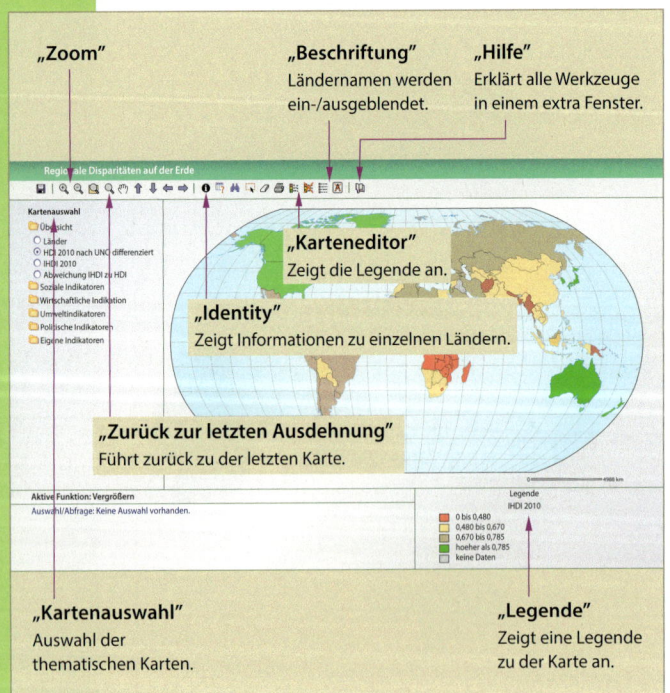

[2] Wichtige Bedienfunktionen des WebGIS.

Disparitäten und WebGIS

Navigationssysteme, digitale Stadtpläne oder auch Google Earth sind Geoinformationssysteme (GIS). Sie bieten digitale Daten zu bestimmten Räumen. Damit lassen sich anschauliche Karten und Grafiken erzeugen. Ein Geoinformationssystem im Internet wird WebGIS genannt.

Für die Untersuchung von Disparitäten in einem Gebiet oder weltweit brauchen wir Zahlen. Diese kann ein geeignetes WebGIS liefern.

– Startet euren Internetbrowser und gebt ein: www.sn.schule.de/~gis/

– Links findet ihr eine Kurzanleitung für das WebGIS. Macht euch mit den Werkzeugen in der Leiste vertraut (Abbildung [3]). Die Hilfe-Funktion unterstützt euch dabei.

– Daten zu Ländern findet ihr so: „i" (identify) anklicken und dann das gesuchte Land in der Weltkarte anklicken. Es öffnet sich ein Fenster mit Angaben zum Land.

1. Sucht für die in Bild [5] angegebenen „Indikatoren" die fehlenden Werte selbst im WebGIS.

[3] Werkzeugleiste des WebGIS.

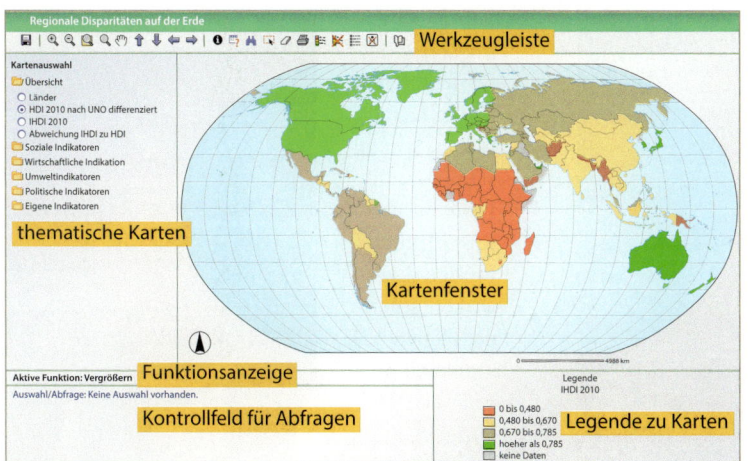

[4] „Bedienfelder des WebGIS.

Ergebnisse der Abfrage/Auswahl	
Anzahl der Datensaetze: 1	
Landname	Deutschland
Fläche (km²)	356109
Binnenland	N
Kontinent	Europa
Soziale Indikatoren	
Bevölkerung 1975 (Mio.)	
Bevölkerung 2010 (Mio.)	
Bevölkerung 2025 (Mio.)	
Bevölkerung 2050 (Mio.)	
Bevölkerungsdichte (Einw./km²)	
Altersdurchschnitt 1990	
Altersdurchschnitt 2010	
Bevölkerung unter 15 J. 2010 (%)	
Bevölkerung über 65 2008 (%)	
Lebenserwartung 2002	
Lebenserwartung 2010	
Alphabeten 2010 (%)	

[5] Daten für den Entwicklungsstand Deutschlands aus dem WebGIS-Angebot (Auswahl).

Wir untersuchen Länderbeispiele

Auf den Wahlseiten (S. 290–295) werden jeweils ein Land, sein Entwicklungsstand und die gegenwärtigen Probleme kurz vorgestellt. Schreibt auf ein Plakat oder eine andere große beschreibbare Fläche den Kopf einer Tabelle wie in der Abbildung [6]. Im Laufe eurer Arbeit soll die Tabelle von den Bearbeitern der Wahlseiten vervollständigt werden. Wertet die vollständige Tabelle dann gemeinsam aus.

Zur Bearbeitung der Wahlseiten:
1. Teilt euch in Gruppen zu den Wahlseiten auf.
2. Informiert euch mit dem WebGIS („identify"-Funktion, siehe Bild [2]) über die in der Tabelle [6] geforderten Werte eures Beispiellandes.
4. Vervollständigt die Tabelle [6] mit den Werten eures Beispiellandes aus dem WebGIS.
5. Präsentiert das von euch bearbeitete Land mit den Informationen aus dem WebGIS und von der entsprechenden Wahlseite vor eurer Klasse.

„Eine Welt – viele Welten" ...	Bevölkerung 2010 (Mio.)	Lebens- erwartung 2010 (Jahre)	Internet- zugang 2008 (%)	Rank (Rang) HDI 2010	Nationaleinkommen pro Einwohner 2008 ($)
Deutschland	81,6	79,8	75,5	10	35308,0
USA	309,6	77,9	75,9	4	47093,9
Vereinigte Arabische Emirate (VAE)	5,4	77,4	65,2	32	58005,8
Bolivien					

[6] Ausgewählte Zahlen aus dem vorgestellten WebGIS zu verschiedenen Ländern.

Bolivien – reich und arm

[1] Der Cerro Rico (4800 m), der „Silberberg" bei Potosi in Bolivien. Durch den jahrhundertelangen Bergbau ist der Cerro Rico so durchlöchert, dass Geologen seinen Einsturz erwarten. *Foto, 2010.*

[2] Für die Arbeit im Cerro Rico benutzt man heute: Koka-blätter, Sprengschnüre und Dynamit. Die Kokablätter werden gekaut, wirken gegen die Höhen-krankheit und betäuben das Hungergefühl. *Foto, 2010.*

Wirtschaft und Entwicklung Boliviens

[3] **Die Deutsche Gesellschaft für Internationale Zusammenarbeit (GIZ) schreibt 2013:**

... Erdgas und Erdöl, der Bergbau (Zink, Zinn, Silber) und die Landwirtschaft (Soja, Kaffee, Mais, Reis) stellen die wichtigsten Wirtschaftszweige des Landes dar. Der Bergbau hat sich von den niedrigen Preisen der 1990er-Jahre erholt. ... Der Staatsanteil an der Wirtschaft ist seit 2006 ständig gewachsen: Verstaatlicht* wurden u. a. der größte Energiekonzern des Landes, die Telekom (ENTEL) und die Fluggesellschaft (BoA) des Landes. Die Erlöse aus Erdgas und Erzen erbringen die Hälfte der Staatseinnahmen. Da die Regierung von Präsident Morales bestrebt ist, eine Umverteilung des Einkommens zugunsten der benachteiligten Bevölkerung (vor allem der Indios) herbeizuführen, sind die Staatsausgaben stark angestiegen. Sollten die Preise für Gas und Erze wieder fallen, könnte schnell ein riesiges Loch im Staatshaushalt entstehen ...

http://liportal.giz.de/bolivien/wirtschaft.entwicklung. html (Download 23.4.2013).

[4] **Zur Armutsbekämpfung und Entwicklung heißt es weiter:**

... Bolivien hat in den letzten Jahren viele Erfolge bei der Armutsbekämpfung feiern können. Trotzdem ist Bolivien nach wie vor eines der ärmsten Länder Südamerikas und der Welt. Zudem verschärfte sich die extrem ungleiche Einkommensverteilung weiter. Hervorzuheben ist aber, dass Bolivien nicht nur die Armutsbekämpfung, sondern auch die Demokratisierung (Gesetz zur Volksbeteiligung) anstrebt ...

Ebenda (Download 23.4.2013).

1. Informiert euch anhand des Textes und der Fotos über die Lage in Bolivien.
2. Präsentiert eure Ergebnisse in geeigneter Form in der Klasse.

Verstaatlichung
Der Staat übernimmt die Kontrolle über einen Teil der Wirtschaft (z. B. den Bergbau).

Tipps für die Erarbeitung
– Orientiert euch anhand einer Karte über Nachbarstaaten, Gebirge, Landschaften und größere Städte Boliviens.

Tipps zur Präsentation
– Auf einer Wandzeitung Chancen und Probleme bei der Entwicklung Boliviens gegenüberstellen.

Madagaskar –(k)ein Paradies

[1] Bei den Unruhen im Jahr 2012 gegen die Regierung gab es in Antananarivo, der Hauptstadt Madagaskars, mehr als 100 Tote. *Foto, 2012.*

[2] Bodenerosion auf Madagaskar. *Foto, 2010.*

Ein Land am Boden

Politisch und wirtschaftlich ist der Inselstaat Madagaskar heute wie gelähmt – mit teils dramatischen Folgen für die Bevölkerung (Hunger, Seuchen, Unruhen). Nur 5% der ländlichen Bevölkerung haben Zugang zu Strom. Weite Waldflächen sind durch die Gewinnung von Brennholz weiter verwüstet worden. Es fehlt an Infrastruktur, Devisen*, politischer Stabilität und einer funktionierenden Verwaltung. Ein Astronaut nannte Madagaskar einmal einen „blutenden Ziegelstein". Er bezog sich dabei auf die Form Madagaskars und die durch die starke Abtragung der Böden rötlich gefärbten Flüsse, die in den Indischen Ozean münden.

[3] **Das Bundesministerium für wirtschaftliche Zusammenarbeit und Entwicklung schreibt 2013:**

…Vor hundert Millionen Jahren wurde Madagaskar vom afrikanischen Festland getrennt. Aufgrund seiner isolierten Lage konnte sich eine besonders vielfältige Pflanzen- und Tierwelt entwickeln. Zahlreiche Arten kommen nur auf Madagaskar vor – viele sind noch unentdeckt. Doch das Naturparadies ist durch menschliche Eingriffe bereits zu großen Teilen zerstört. War die Insel ursprünglich fast komplett bewaldet, ist inzwischen nur noch ein Bruchteil des Regenwaldes erhalten. Projekte zum Schutz des Regenwaldes, die Ausweisung von Naturschutzgebieten und Anfänge eines Ökotourismus konnten zwar mit deutscher Unterstützung gestartet werden. … Jahrzehntelange Misswirtschaft und schlechte Regierungsführung haben Madagaskar jedoch an den Rand des Ruins getrieben. Das Land gehört heute zu den am wenigsten entwickelten Ländern der Welt. … Die Bundesrepublik Deutschland stellte die Entwicklungszusammenarbeit mit Madagaskar nach dem gewaltsamen Machtwechsel 2009 ein. …

www.bmz.de/de/was_wir_machen/laender_regionen/ subsahara/madagaskar/index.html#inhalt (Download am 3.5.2013)

1. Informiert euch anhand des Textes und der Fotos über die Lage auf Madagaskar.
2. Präsentiert eure Ergebnisse in geeigneter Form in der Klasse.

Devisen
Ausländisches Geld (z. B. US-Dollar oder EURO), mit dem auf dem Weltmarkt eingekauft werden kann.

Tipps für die Erarbeitung
– Orientiert euch anhand einer Karte über Nachbarstaaten, Gebirge, Landschaften und größere Städte Madagaskars.

Tipps zur Präsentation
– Auf einer Wandzeitung Chancen und Probleme bei der Entwicklung Madagaskars gegenüberstellen.

Südkorea – ein Tigerstaat

[1] Polizeieinheiten gehen gegen Arbeiter in Seoul vor. Diese protestieren gegen ein neues Arbeitsgesetz, das Entlassungen erleichtert und die beliebige Erhöhung der Arbeitszeit ermöglicht. *Foto, 1996.*

[2] Koreaner beim Badeurlaub. In Südkorea werden die wenigen Urlaubstage möglichst mit der Familie verbracht. *Foto, 2011.*

Schneller Aufstieg

Der Begriff „kleine Tiger" wurde in den 1970er-Jahren für die vier asiatischen Länder Hongkong, Singapur, Taiwan und Südkorea geprägt. In diesen Ländern, die vor 1960 zu den ärmsten Entwicklungsländern gehörten, vollzog sich eine schnelle Industrialisierung. Dies gelang vor allem durch den Export von Produkten, die durch Niedriglöhne sehr preiswert hergestellt werden konnten.

Dazu zählten Haushaltsgeräte, Kameras, Kleidung, Fernseher, aber auch Schiffe.

„Entwicklungsdiktatur" Südkorea

Aus Familienbetrieben entwickelten sich die Weltkonzerne Samsung, Hyundai und LG. Diese Firmen erhielten unter der Militärdiktatur von General Park Chung Hee (1962–1979) staatliche Hilfen für den Verkauf ihrer Produkte im Ausland. Der General errichtete eine „Entwicklungsdiktatur", in der die Südkoreaner zu ständigen Höchstleistungen angetrieben wurden. Das Jahr 1965 machte Park zum „Jahr der Arbeit". Das Jahr darauf wurde zum „Jahr der härteren Arbeit" erklärt. Widerstand (z. B. Streiks) wurde nicht geduldet, Tausende wurden eingesperrt, viele ermordet.

Zwar ist Südkorea heute eine Demokratie, aber Befehl und Gehorsam ist bis heute das übliche Prinzip in den Betrieben. Dies behindert Erfindungen und neue Ideen. Aber Länder wie Vietnam, Indonesien oder Usbekistan schicken Beamte nach Südkorea, die den koreanischen Weg als mögliches Modell für die Entwicklung der eigenen Wirtschaft untersuchen sollen.

1. Informiert euch anhand des Textes und der Fotos über die Lage in Südkorea.
2. Präsentiert eure Ergebnisse in geeigneter Form in der Klasse.

Tipps für die Erarbeitung
– Orientiert euch anhand einer Karte über Nachbarstaaten, Gebirge, Landschaften und größere Städte Südkoreas.

Tipps zur Präsentation
– Auf einer Wandzeitung Chancen und Probleme bei der Entwicklung Südkoreas gegenüberstellen.

Brasilien – auf dem Sprung

[1] Das weltgrößte Eisenerzvorkommen im Gebiet von Carajas. *Foto, 2013.*

[2] Proteste in Sao Paulo gegen steigende Fahrpreise, bestechliche Politiker und die hohen Kosten der Fußball-WM und der Olympischen Spiele. *Foto, 2013.*

Wachstum um jeden Preis

[3] **Der Journalist Thomas Fatheuer schrieb 2011:**

Die Entwicklung in Brasilien hat ihren Preis.
... Brasilien scheint jetzt da angelangt zu sein, wo es schon seit langem sein wollte: im Kreis der neuen Großmächte (BRICS*). ... Die Regierung setzt weiter auf Wirtschaftswachstum, einen Ausbau der Infrastruktur und Investitionen in Großprojekte. ... Und dabei spielt Amazonien eine entscheidende Rolle. Amazonien verfügt über riesige Bodenschatzvorkommen. Neben Bauxit für die Aluminiumgewinnung vor allem Eisenerze. So sollen dort Wasserkraftwerke mit der Leistung von 30 Atomkraftwerken entstehen. Warum so viel Energie? „Wir brauchen Energie um zu wachsen!" – das ist die Parole der Regierung in Brasilia. Denn nur so hofft die Regierung auch die Lebenssituation der ärmsten Teile der Bevölkerung weiter verbessern zu können. Die Programme der letzten Jahre zur Bekämpfung der Armut waren erfolgreich. ... Wachstum um jeden Preis bleibt weiter das große Ziel der brasilianischen Wirtschaftspolitik. Dem müssen sich Umweltbelange unterordnen. ...

Thomas Fatheuer: Am Beispiel eines Staudammes. Die Entwicklung in Brasilien hat ihren Preis, in: Edition Le Monde diplomatique: Südamerika. Der eigene Kontinent, taz Verlags-GmbH, Berlin 2011, S. 13 ff. bearbeitet.

1. Informiert euch anhand des Textes und der Fotos über die Lage in Brasilien.
2. Präsentiert eure Ergebnisse in geeigneter Form in der Klasse.

BRICS
Die Abkürzung steht für die großen Schwellenländer: Brasilien, Russland, Indien, China, Südafrika.

Tipps für die Erarbeitung
– Orientiert euch anhand einer Karte über Nachbarstaaten, Gebirge, Landschaften und größere Städte Brasiliens.

Tipps zur Präsentation
– Auf einer Wandzeitung Chancen und Probleme bei der Entwicklung Brasiliens gegenüberstellen.

Wahlseite — Nauru – der Traum ist vorbei

[1] Nauru.
Luftbild, 2010.

Reichtum auf der Pazifikinsel Nauru

[2] **Der Journalist Christoph Gunkel berichtete in „Spiegel Online" 2011:**

Villen, Autos und Koffer voller Geld. Die Pazifik- 1
insel Nauru war das reichste Land der Erde – 2
dank großer Phosphatvorkommen. Phosphat, ei- 3
ner der wichtigsten Bestandteile für Düngemittel 4
und Sprengstoff, der zeitweilig fast so wertvoll 5
wie Gold eingeschätzt wurde. 6
Die Menschen in Nauru lebten ohne Sorgen. In 7
einem Land, in dem in den 1970er-/80er-Jahren 8
viele Menschen sechs Autos besaßen und sich 9
nicht ärgerten, wenn ihr Jeep eine Panne hatte. 10
Sie ließen ihn einfach am Straßenrand liegen 11
und kauften sich einen neuen. Steuern? Fehlan- 12
zeige. Strom, Wasser, Medikamente? Alles kos- 13
tenlos. Arbeitslosigkeit? Nicht vorhanden. Wer 14
arbeitet schon, wenn er im Geld schwimmt? 15
Stattdessen feierte das Land eine Dauerparty... 16
Der Staat zahlte fast alles, schuf unzählige gut 17
entlohnte Stellen. Damit nicht genug: Nauru 18
wollte eine Großmacht werden. Es kaufte in Aus- 19
tralien teure Hotels und ganze Stadtviertel und 20
verlor weltweit Milliarden in riskanten Projekten. 21
Um das Jahr 2000 waren die Phosphatvorkom- 22
men abgebaut. Nauru war bankrott. Der einst 23
reichste Staat der Welt war zum Entwicklungs- 24
land abgesunken. Seine Bewohner mussten sich 25
wieder von der Fischerei ernähren. Ihre Villen 26
verfielen, die Autos verrosteten. 27

Der kurzfristige Wohlstand hatte sie nicht glück- 28
lich, sondern fettleibig und krank gemacht. Heu- 29
te leidet jeder Dritte an Diabetes. ... 30

Christoph Gunkel: Der Traum ist vorbei, Spiegel online, 2011, bearbeitet.

[3] Ein Bewohner der Insel. *Foto, 2011.*

1. Beschreibt die Bilder.
2. Nennt anhand der Texte und der Bilder wichtige Stationen der Entwicklung Naurus.
3. Erläutert die gegenwärtige Situation des Pazifikstaates Nauru (Fortschritte, Probleme).

Tipps für die Erarbeitung
– Ihr könnt beim Lesen die Schritte des Textknackers anwenden. Findet Nauru mit dem Kartenprofi auf einer Weltkarte.

Tipps zur Präsentation
– Ein erfundenes Interview mit der Person in Bild [3] führen.

Mongolei – begehrt wie nie

„Rohstoffgigant" Mongolei

[1] **Im Internetauftritt des Bundesministeriums für wirtschaftliche Zusammenarbeit und Entwicklung (BMZ) heißt es 2013 zur Mongolei:**

... Die Mongolei gilt als eines der an Rohstoffen 1
reichsten Länder der Welt. Das Land verfügt un- 2
ter anderem über Kohle, Kupfer, Gold, zahlreiche 3
Mineralien und Erze sowie über sogenannte sel- 4
tene Erden. Diese werden zum Beispiel für die 5
Herstellung von Bildschirmen, Windkraftanla- 6
gen, Energiesparlampen und medizinischen Ge- 7
räten benötigt. Erst ein Drittel des Landes ist auf 8
Rohstoffvorkommen erforscht. 9
Die Mongolei ist das erste Land, mit dem 10
Deutschland ein Rohstoffpartnerschaftsabkom- 11
men geschlossen hat ... 12

http://www.bmz.de/de/was_wir_machen/laender_regionen/asien/mongolei/zusammenarbeit.html
(Download 7.5.2013, bearbeitet).

Kehrseiten der Entwicklung

[2] **Zur Umweltsituation heißt es:**

... In den Städten, vor allem in der Hauptstadt 1
Ulan Bator, leidet die Bevölkerung in den Winter- 2
monaten unter extremer Luftverschmutzung. Sie 3
entsteht zum einen durch die Verbrennung un- 4
gereinigter Rohkohle in den Heizkraftwerken. 5
Zum anderen wird sie durch den Zuzug von No- 6
maden hervorgerufen, die vor der Armut auf 7
dem Land flüchten und ihre Jurten am Stadtrand 8
aufschlagen. Um die Zelte aus Tierhaut und Filz 9
bei Temperaturen von bis zu 50 Grad unter Null 10
bewohnbar zu halten, verfeuern die Menschen al- 11
les, was sie finden können – auch Plastikabfälle 12
und alte Autoreifen ... 13

Ebenda, bearbeitet.

1. Beschreibt die Bilder.
2. Schätzt die Dicke der Steinkohlenflöze in Bild [4]. Vergleicht mit der Mächtigkeit der Flöze im Ruhrgebiet.

[3] Am Rand der Hauptstadt Ulan-Bator. *Foto, 2012.*

[4] Mächtige Steinkohlenflöze in einem Tagebau. *Foto, 2012.*

3. Erläutert mit den Bildern und Texten die gegenwärtige Situation der Mongolei (Fortschritte, Probleme).
4. Benennt anhand des Textes und der beiden Abbildungen Chancen und Schwierigkeiten für die Mongolei zur Entwicklung des Landes.

 Tipps für die Erarbeitung
– Ihr könnt beim Lesen die Schritte des Textknackers anwenden. Findet die Mongolei mit dem Kartenprofi auf einer Weltkarte.

Tipps zur Präsentation
– Werbeprospekt zur „unbekannten Mongolei" gestalten.

Hauptwege des Welthandels

Was sind die Grundlagen des Welthandels?

[1] Wichtige Agrarregionen der Erde und Handel mit landwirtschaftlichen Gütern. *Stand 2011.*

wichtige Regionen landwirtschaftlicher Nutzung:

- Ackerland mit guten Böden
- Reisanbau
- Anbau tropischer Handelspflanzen (u. a. Kaffee, Kakao, Bananen, Zuckerrohr)

wichtige Handelsrouten mit landwirtschaftlichen Gütern:

- → Weizen
- → Kaffee
- → Wolle

- ● wichtiges Wirtschaftszentrum
- ● bedeutender Seehafen

D Deutschland
GB Großbritannien
H. Hamburg
R. Rotterdam

Austausch von Gütern

Die von uns benötigten Güter sind nicht gleichmäßig über die Erde verteilt. Ländern, die reich an Rohstoffen und landwirtschaftlichen Gunsträumen sind, stehen rohstoffarme Länder gegenüber. Bodenschätze (z. B. Bauxit) finden sich über die ganze Erde verstreut. Landwirtschaftliche Produkte sind dagegen von Wasser und Wärme abhängig. Tee, Kaffee und Südfrüchte wachsen z. B. nur in warmen Gebieten. Kartoffeln und Zuckerrüben gedeihen in kühlgemäßigten Klimazonen. Preisunterschiede in der Produktion treiben im Zusammenhang mit sinkenden Transportkosten den internationalen Handel an.

Container – Transportbehälter weltweit

Der US-amerikanische Transportunternehmer McLean entwickelte vor mehr als 50 Jahren eine Box mit standardisierter Größe, in der Waren verstaut werden konnten. Er soll sich darüber geärgert haben, dass er jedes Teil einzeln von einem Verkehrsmittel auf das andere verladen lassen musste. Beim Transport wird der Container vom Schiff auf die Bahn oder einen Lkw verladen. Das spart viel Zeit und Arbeitskräfte.

Mit Ausnahme von Rohstoffen wie Öl und Eisenerz werden die meisten Güter heute in Containern transportiert.

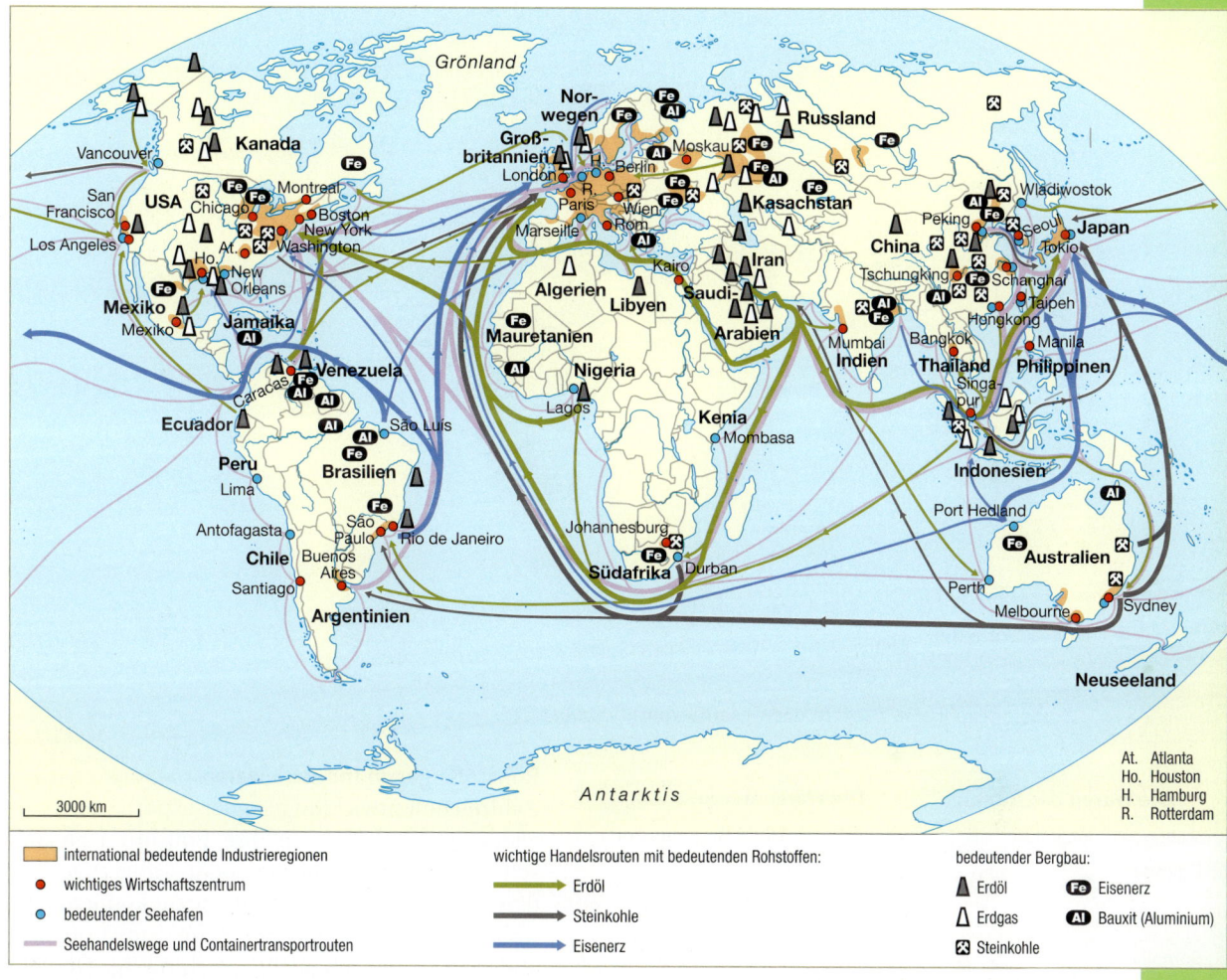

[2] Wichtige Industrieregionen der Erde und Handel mit bedeutenden Rohstoffen. *Stand 2011.*

Legende:

international bedeutende Industrieregionen

● wichtiges Wirtschaftszentrum

● bedeutender Seehafen

— Seehandelswege und Containertransportrouten

wichtige Handelsrouten mit bedeutenden Rohstoffen:

→ Erdöl

→ Steinkohle

→ Eisenerz

bedeutender Bergbau:

▲ Erdöl   Fe Eisenerz

△ Erdgas   Al Bauxit (Aluminium)

⬚ Steinkohle

At. Atlanta
Ho. Houston
H. Hamburg
R. Rotterdam

3000 km

1. Wertet die beiden Karten auf dieser Doppelseite in zwei Gruppen aus.
2. Benennt die Wirtschaftsräume, zwischen denen die Haupthandelsströme verlaufen.
3. Verfolgt die Schifffahrtsrouten für wichtige landwirtschaftliche Güter bzw. Rohstoffe. Nennt Häfen, Meere, Meerengen und Seekanäle entlang der Routen.
4. Vergleicht die Handelsströme in den beiden Karten.
5. Bewertet die Folgen des zunehmenden Welthandels für euer tägliches Leben.

Wählt einen der folgenden Arbeitsaufträge aus:

◼ Zeichnet die Karten vereinfacht ab.

◪ „Entfernungen verlieren im Welthandel an Bedeutung." Notiert in Stichworten eine Begründung für diesen Satz.

Was ihr noch tun könnt…

■ Euch über die aktuelle Gefährdung der Schifffahrtsrouten durch Piraten informieren.

Gerechter Welthandel

Wie kann er erreicht werden?

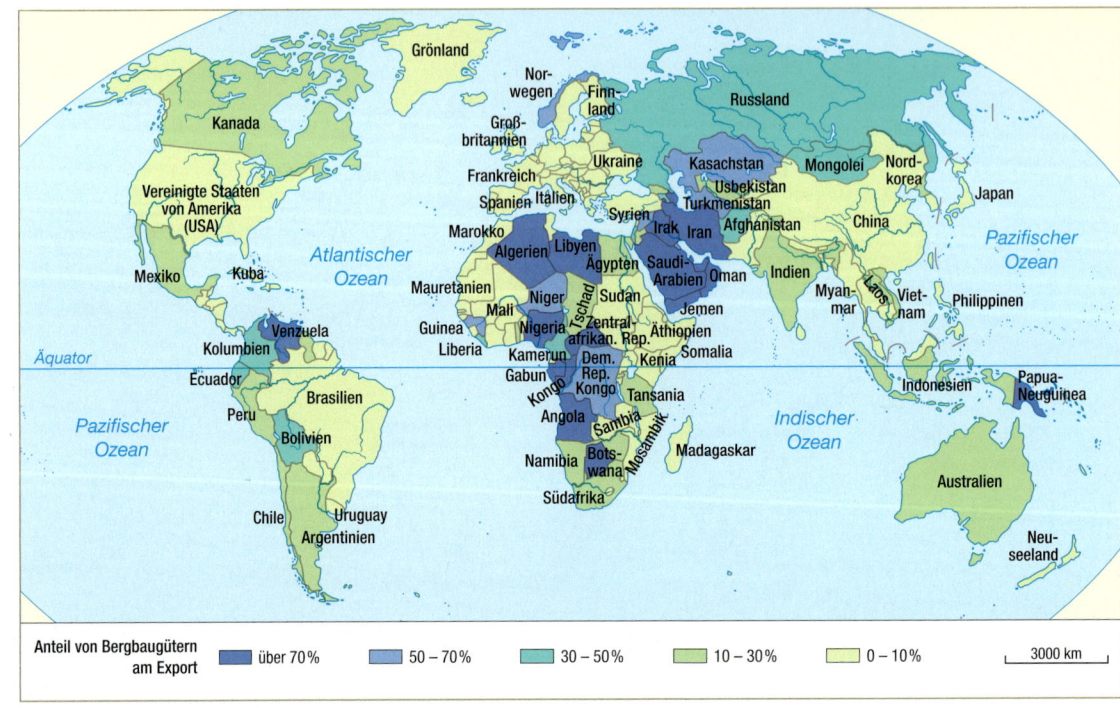

[1] Rohstoffexporte in Prozent des Gesamtexports. *Stand 2011.*

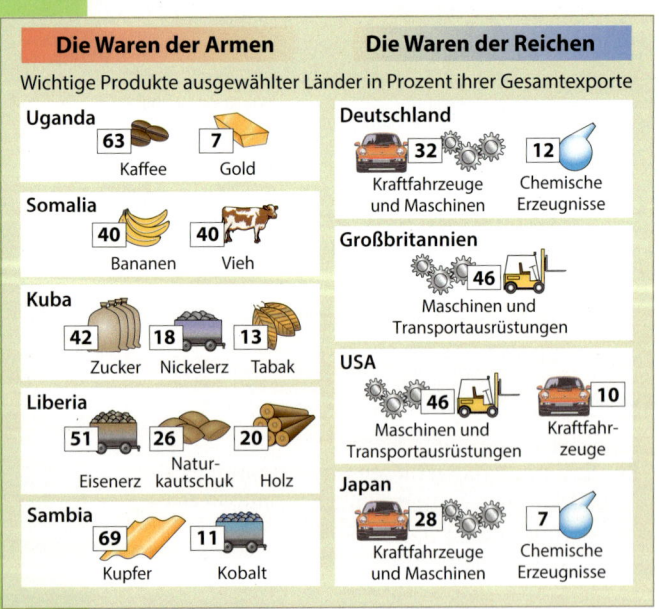

[2] Die Waren der Reichen und Armen.

1. Beschreibt die geographische Lage der Staaten, deren Rohstoffanteil am Export über 70 % liegt.
2. Benennt die Unterschiede bei den Exporten der Industrie- bzw. Entwicklungsländer.

Rohstoffe gegen Industriewaren

Zahlreiche Entwicklungsländer exportieren überwiegend Rohstoffe, um ihre Einfuhren an Maschinen, Industrieanlagen oder Fahrzeuge aus den Industriestaaten bezahlen zu können. Die Rohstoffpreise und die Erlöse für Industriegüter ändern sich jedoch nicht gleichmäßig. Obwohl auch die Preise für Rohstoffe in den letzten Jahren gestiegen sind, sind die Preise für Industriegüter stärker angehoben worden.

Sinken die Rohstoffpreise, müssen vom Export abhängige Länder Schulden machen. Viele Entwicklungs- und Schwellenländer sind gegenüber ausländischen Regierungen und Banken so hoch verschuldet, dass eine Rückzahlung dieser Gelder praktisch unmöglich ist. Die hohen Schulden behindern die Entwicklung in vielen Staaten, da z. B. für das Bildungswesen kein Geld vorhanden ist, weil die Schulden bezahlt werden müssen.

In den letzten Jahren haben die führenden Industriestaaten beschlossen, den ärmsten Entwicklungsländern ihre Schulden ganz oder zum Teil zu erlassen. Die Entwicklungsländer müssen dafür zusagen, dass sie die eingesparten Gelder für die Entwicklung ihres Landes verwenden.

3. Erläutert, warum die Verschuldung für Entwicklungsländer ein Entwicklungshindernis ist.

[3] Die Orangenernte ist harte Arbeit. *Foto, 2010.*

TransFair und FairTrade

TransFair ist ein 1992 gegründeter Verein mit dem Ziel, Wege zu einem gerechteren Welthandel aufzuzeigen. Der Verein betreibt nicht selbst Handel mit Produkten, sondern vergibt ein Siegel für fair gehandelte Produkte. Es gibt ca. 1 000 FairTrade-Produkte. FairTrade-Bedingungen für die Produzenten sind:
– Produktion im Einklang mit der Natur,
– umweltverträgliche und schonende Anbaumethoden, möglichst Verzicht auf den Einsatz von Kunstdünger und Pflanzenschutzmitteln,
– soziale Absicherung der Arbeiterinnen und Arbeiter mit angemessenen Löhnen und guten Arbeitsbedingungen,
– Verbot von Kinderarbeit.
TransFair garantiert den Erzeugern (Bauern) einen Mindestpreis. Damit der Erlös möglichst vollständig den Produzenten zugute kommt, erfolgt der Handel ohne Zwischenhändler. Langfristige Abnahmeverträge garantieren den Erzeugern Planungssicherheit.

Anfangs wurden „Fair" gehandelte Produkte vor allem von Bioläden oder Eine-Welt-Läden angeboten. Inzwischen nehmen immer mehr Supermarktketten FairTrade-Produkte in ihr Angebot auf.

Beispiel Orangensaft

90 % des bei uns angebotenen Orangensaftes kommen aus Brasilien, weil dort die Produktion am billigsten ist. „Billig" hat aber einen hohen Preis – vor allem für die Orangenbauern und die Umwelt. Die Pflückerinnen und Pflücker arbeiten zu Hungerlöhnen und werden nach der Menge der gepflückten Orangen bezahlt. Häufig werden Pestizide gesprüht, ohne die Arbeiter vorher zu warnen. Kinderarbeit ist weit verbreitet.

● Ernten

● Sortieren nach Größe

● Auspressen → Saft

● Konzentrieren auf 20 % des Volumens durch Wasserentzug

● Transport des Extraktes in Tankschiffen

● Lagern in Hafenstädten

● Rückverdünnung

● Pasteurisieren und Hinzufügen von Aromastoffen

● Orangensaft, Orangennektar

[4] Von der Orange zum Orangensaft.

4. Erkundet das Angebot von FairTrade-Produkten in Geschäften eurer Umgebung.

Wählt einen der folgenden Arbeitsaufträge aus:

▣ Beschreibt in Stichworten den Weg von der Orange zum Orangensaft.

▣ Stellt in einer Tabelle die FairTrade-Produktionsbedingungen der bisherigen Orangensaftproduktion gegenüber.

Was ihr noch tun könnt...

■ Erarbeitet eine Präsentation zum fairen Welthandel in eurer Schule. Von Organisationen wie TransFair könnt ihr dazu umfangreiches Informationsmaterial nicht nur zu Orangensaft, sondern auch zu Kaffee, Honig, Tee, Schokolade und Kakao erhalten.

Hilfe aus Deutschland

Wie kann geholfen werden?

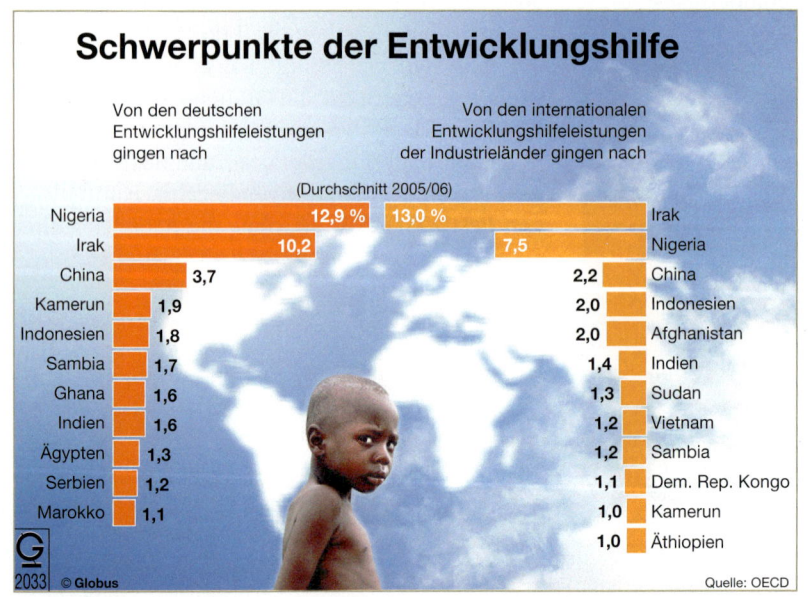

Schwerpunkte der Entwicklungshilfe

Von den deutschen Entwicklungshilfeleistungen gingen nach

Von den internationalen Entwicklungshilfeleistungen der Industrieländer gingen nach

(Durchschnitt 2005/06)

Von den deutschen	Von den internationalen
Nigeria 12,9 %	13,0 % Irak
Irak 10,2	7,5 Nigeria
China 3,7	2,2 China
Kamerun 1,9	2,0 Indonesien
Indonesien 1,8	2,0 Afghanistan
Sambia 1,7	1,4 Indien
Ghana 1,6	1,3 Sudan
Indien 1,6	1,2 Vietnam
Ägypten 1,3	1,2 Sambia
Serbien 1,2	1,1 Dem. Rep. Kongo
Marokko 1,1	1,0 Kamerun
	1,0 Äthiopien

G 2033 © Globus

Quelle: OECD

[1] Größte Empfängerländer deutscher und internationaler Entwicklungshilfe.

Ein eigenes Ministerium

Das Bundesministerium für wirtschaftliche Zusammenarbeit und Entwicklung (BMZ) leitet seit 1961 die staatliche deutsche Entwicklungshilfe. Das BMZ beschränkt sich auf die Planung der Projekte und die Abstimmung mit internationalen Einrichtungen wie Weltbank und UNO.

Das BMZ unterscheidet zwei Bereiche der Hilfe: Zum einen die finanzielle Entwicklungszusammenarbeit (FZ) mit günstigen Krediten oder Zuschüssen. Diese werden z. B. für den Ausbau des Straßennetzes oder des Gesundheitswesens eingesetzt. Die personelle Zusammenarbeit (PZ) besteht in der Entsendung von „Entwicklungshelfern" und der Aus- und Weiterbildung von Fachkräften vor Ort.

Die wichtigsten Organisationen, die die Entwicklungsprojekte durchführen, sind die Deutsche Gesellschaft für Internationale Zusammenarbeit (GIZ) und der Deutsche Entwicklungsdienst (DED).

Fehlschläge und Erfolge

[2] **Werner Balsen schrieb am 13. 2. 1996 in der „Berliner Zeitung":**
Ein Werk deutscher Entwicklungshilfe: Im Andenhochland Boliviens steht seit 1984 eine hochmoderne Blei-Silber-Hütte. Sie hat nie produziert. ... Für die Errichtung der Industrie-Anlage musste sich der bolivianische Staat hoch verschulden. Die hochmoderne Hütte sollte in jedem Jahr 21 000 Tonnen Blei und 195 Tonnen Silber aus den Minen rund um Potosi gewinnen. ... Sie wurde jedoch nie in Betrieb genommen. Denn die notwendige Menge an Erzen mit Blei und Silber ist um Potosi nicht vorhanden. Die Zweifel der örtlichen Bergleute waren von den Planern und Finanziers des Projekts nicht ernst genommen worden. ... „Zusammenfassend ist das Vorhaben als völlig gescheitert einzustufen", heißt es in einem Bericht an das BMZ ...

Werner Balsen: Ein Werk deutscher Entwicklungshilfe, in: Berliner Zeitung vom 13. 2. 1966 (bearbeitet).

Bis in die 1980er-Jahre wurden in der deutschen Entwicklungspolitik vor allem Projekte zur Erschließung von Bodenschätzen gefördert. Darunter fielen Großprojekte wie Staudämme, Kaftwerke und Stahlwerke.

1. Wertet die Grafik [1] oben aus.
2. Beschreibt anhand des Autorentextes den Aufbau der staatlichen deutschen Entwicklungszusammenarbeit.
3. Berichtet über das im Text [2] dargestellte Projekt und die Gründe für das Scheitern.

[3] Ein Mitglied der Initiative „Partnerschaft Afrika" beim Zusammenbau der Nabe eines Windrades zur Wasserförderung. *Foto, 2011.*

[4] Ein „Solarkocher" für eine Schule in Mali. *Foto, 2011.*

[5] Zelte und Baracken von Bauarbeitern in Mumbai. Im Hintergrund Rohbauten von neuen Wohnblöcken. *Foto, 2012.*

Private Entwicklungsprojekte

Hunderte von privaten nichtstaatlichen Projekten engagieren sich in der Entwicklungspolitik: kleine und große, nur auf ein Projekt fixierte bis zu solchen mit einem breiten Tätigkeitsbereich in den Entwicklungsländern.

Die größten dieser Initiativen sind „Brot für die Welt" und „Misereor" von den Kirchen. Weitere größere Organisationen sind das Deutsche Rote Kreuz, die Deutsche Welthungerhilfe und terre

des hommes. Daneben gibt es eine Vielzahl kleiner Hilfsorganisationen. Die meisten Projekte werden zur Zeit in Afrika durchgeführt. An zweiter Stelle folgt Asien.

Beispiel 1: Partnerschaft Afrika
Partnerschaft Afrika ist ein gemeinnütziger Verein, der nach dem Prinzip Hilfe zur Selbsthilfe handeln möchte. Der kleine Verein mit begrenzten Mitteln konzentriert sich auf konkrete Projekte – zur Zeit insbesondere in der Region Mopti in Mali, Westafrika. Dort bestehen gute Kontakte zu Entwicklungshelfern vor Ort. Wichtig ist der Initiative „eine angemessene Eigenbeteiligung der einheimischen Bevölkerung in Mali". Gefördert und umgesetzt wurden bisher vor allem Maßnahmen zur Wasserversorgung, der Wiederaufforstung und im Schulwesen.

Beispiel 2: Mobile Schulen für Kinder von Bauarbeitern in Indien
In der Millionen-Metropole Pune in Indien sind Großbaustellen Zeichen des so genannten Fortschritts. Wie fast überall in Indien leben die Bauarbeiter und deren Familien in der Nähe der Baustellen, meist in zusammengezimmerten Bretterhütten. Hauptleidtragende der elenden Lebensbedingungen sind die Kinder. Sie können in den meisten Fällen keine Schule besuchen. Die Hilfsorganisation „Mobile Creches" hat mobile Einrichtungen geschaffen, damit Kinder in den Abendstunden Lesen, Schreiben und Rechnen lernen. Dieses Projekt wird von terre des hommes unterstützt.

Wählt einen der folgenden Arbeitsaufträge aus:

▣ Schreibt auf ein Plakat, warum Entwicklungshilfeprojekte für Kinder besonders sinnvoll und notwendig sind.

▣ Erstellt mithilfe der Bilder und des Textes einen Zeitungsartikel über die Arbeit der Initiative „Partnerschaft Afrika".

Was ihr noch tun könnt...
■ Informiert euch bei Entwicklungshilfeorganisationen über aktuelle Projekte für und mit Kindern (Adressen Seite 302).

Auf dieser Seite findet ihr einige Anregungen, was ihr zum Thema „Disparitäten" noch tun, ausprobieren und erproben könnt. Denkt auch daran, euer Portfolio zu führen:

– gelungene Lernergebnisse in Text und Bild sammeln,
– Lernerfahrungen zum Thema „Disparitäten" notieren.

1. Eine Ausstellung zu einem „Entwicklungsland" erarbeiten.

Dabei könnt ihr versuchen, mögliche Vorurteile gegenüber den dort lebenden Menschen abzubauen.

2. Ein Entwicklungsprojekt unterstützen

Zunächst türmen sich Fragen über Fragen:
▶ Haben wir überhaupt Möglichkeiten, Menschen in Entwicklungsländern zu helfen?
▶ Können wir mit wenig Geld ein Projekt sinnvoll unterstützen?
▶ Kommt das gespendete Geld auch an?
▶ Wie kommen wir an geeignete Spendenadressen heran?
▶ Welche Hilfsorganisationen gibt es am Schulort oder der nächstgrößeren Stadt?

Ihr könnt in folgenden Schritten vorgehen:
1. Sucht zunächst Adressen von Entwicklungshilfeorganisationen.
2. Fordert in einem Brief Informationsmaterial über Entwicklungsprojekte
   der Hilfsorganisation an. Manche Organisatoren vermitteln auch Referenten,
   die in den Unterricht kommen können und dort von euch befragt werden können.
   Fragt dazu euren Lehrer.
3. Sichtet das eingegangene Info-Material und wertet es aus.
4. Wählt ein Projekt aus, das ihr unterstützen wollt.
5. Sammelt Ideen, wie ihr an Spendengelder kommt (Flohmarkt, Sammelaktion, usw.).
6. Macht euer Hilfsprojekt bekannt: Schülerzeitung, Handzettel, Plakate usw.
7. Überweist euer Spendengeld. Euer Lehrer unterstützt euch dabei.
8. Bemüht euch um einen langfristigen Kontakt zur Hilfsorganisation, damit ihr auch
   weiterhin über das von euch unterstützte Projekt informiert werdet.

**Auswahl privater Organisationen, die Entwicklungsprojekte unterstützen
und Informationen bieten:**

Terre des Hommes	**MISEREOR e.V.**	**Kindernothilfe e.V.**	**Brot für die Welt**
Ruppenkampstraße 11 a	Mozartstraße 9	Düsseldorfer Landstraße 180	Stafflenbergstraße 76
49034 Osnabrück	52064 Aachen	47249 Duisburg	70184 Stuttgart

Das kann ich!

[1] wichtige Begriffe

Entwicklung   Entwicklungsländer
Schwellenländer   Industrieländer
Dritte Welt   Entwicklungshilfe
Disparitäten   HDI   WebGIS

[2] Trinkwasserversorgung in Indien, unterstützt von der Deutschen Welthungerhilfe. *Foto, 2006.*

[3] Skulptur an der Südspitze Madagaskars. *Foto, 2012.*

Sachkompetenz

1. Erklärt euch gegenseitig die wichtigen Begriffe in [1] und schreibt die Bedeutung der Begriffe auf.
2. Nennt Unterschiede zwischen Industrie-, Schwellen- und Entwicklungsländern.
3. Beschreibt die Verteilung der Länder auf der Erde nach ihrem Entwicklungsstand.
4. Erläutert, wodurch Entwicklungsländer im Welthandel benachteiligt werden.
5. Nennt verschiedene Ansätze zur Entwicklung von Regionen oder Staaten.
6. Beschreibt Maßnahmen der deutschen Entwicklungspolitik. Bezieht dabei auch Bild [2] ein.

Methodenkompetenz

7. Erklärt, wie man ein WebGIS zum Finden von Daten nutzen kann.

Urteilskompetenz

8. Bewertet die Einteilung der Länder der Erde hinsichtlich ihres Entwicklungsstandes nach Weltbank und UN.
9. Vergleicht die Bemühungen zur Entwicklung in verschiedenen Ländern im Hinblick auf die Ergebnisse.
10. Beurteilt die Möglichkeiten Deutschlands für eine wirksame Entwicklungspolitik.

Handlungskompetenz

11. Erarbeitet Vorschläge, wie ihr Projekte von Entwicklungshilfeorganisationen unterstützen könnt.
12. Diskutiert, welche „Botschaft" durch die Skulptur an der Südspitze Madagaskars vermittelt werden könnte. Entwickelt gemeinsam Ideen für eine Skulptur zum Thema dieses Kapitels.

304

Medien im Alltag

Die Ministerin hat gestern in der Talkshow einen Politiker heftig kritisiert. Das sollten wir kommentieren ...

Wie beeinflussen die Medien die öffentliche Meinung?

[1] Zeitungsschlagzeilen. *2012.*

Die Macht der Medien

Nach wochenlangen Berichten und immer neuen Vorwürfen und Hinweisen auf Fehlverhalten ist der damalige Bundespräsident Christian Wulff 2012 zurückgetreten.

Ausgelöst wurde die Affäre durch einen Anruf des Bundespräsidenten bei dem Leiter einer Zeitungsredaktion. Wulff verlangte, Gerüchte über ihn nicht zu veröffentlichen. Der Redaktionsleiter gab nicht nach und pochte auf die Pressefreiheit.

Im Artikel 5 des Grundgesetzes der Bundesrepublik Deutschland steht:

[2] **Aus dem Grundgesetz der Bundesrepublik Deutschland (Fassung vom 11. Juli 2012):**
Artikel 5 (1): Jeder hat das Recht, seine Meinung in Wort, Schrift und Bild frei zu äußern und zu verbreiten und sich aus allgemein zugänglichen Quellen ungehindert zu unterrichten. Die Pressefreiheit und die Freiheit der Berichterstattung durch Rundfunk und Film werden gewährleistet. Eine Zensur findet nicht statt.

1. Lest den Grundgesetzartikel [2] und erläutert ihn anhand von Beispielen.
2. Nehmt Stellung zu folgenden Behauptungen:
   – Die Medien sollten auch dann berichten, wenn es für den Betroffenen peinlich oder schädlich ist.
   – Die Medien dürfen niemandem durch Berichte schaden.
   – Die Öffentlichkeit hat ein Recht auf die Wahrheit.

„ Ja, natürlich ... , selbstverständlich ... , natürlich wollen wir sie als Anzeigenkunden behalten. "

Dr. S. Wichtig Chefredakteur

[3] Meinungsbildung heute. *Karikatur, 2014.*

3. Wertet die Karikatur [3] aus.

[4] Talkshow. *Foto, 2013.*

Medien – die vierte Gewalt?

Neben den drei Staatsgewalten (Gesetzgebung – ausführende Gewalt – Rechtsprechung) werden die Medien oft als vierte Gewalt bezeichnet. Sie sollen unabhängig über aktuelle Ereignisse berichten. Die Medien beeinflussen aber auch durch ihre Berichterstattung die öffentliche Meinung. Sie können Politiker unterstützen, aber auch zu ihrem Sturz beitragen.

Politiker nutzen gerne die zahlreichen Talkshows, um sich darzustellen. Sie erreichen dabei ein Millionenpublikum. Poltiker können ihre Meinung darstellen, Gegner angreifen und Werbung für ihre Partei machen. Durch ungeschicktes Verhalten hat aber auch schon manch einer beim Publikum an Ansehen verloren.

Medien – Anwälte der Verbraucher?

Die Macht der Medien reicht bis in die Wirtschaft hinein – oft zum Wohle der Verbraucher und Kunden. Fernseh- oder Zeitungsberichte über Salmonellen in Hähnchen, Massentötungen von Küken oder Giftstoffe in Textilien haben zum Beispiel zu Gesetzesänderungen geführt und ganze Wirtschaftszweige gezwungen, ihre Produkte und Arbeitsweisen zu ändern.

[5] Titelblatt eines deutschen Nachrichtenmagazin. Foto, 2013.

[6] Entertainer Stefan Raab mit der Sängerin Lena. Foto, 2013.

Medien – „Stars" werden gemacht

Viele bekannte Sänger oder Schauspieler verdanken ihre Bekanntheit nicht nur ihrem Talent, sondern zu großen Teilen den Medien. Ob bei Castingshows oder durch häufiges Spielen ihrer Songs im Radio werden sie schnell einem breiten Publikum bekannt. Doch meistens hält die Berühmtheit der Gewinner nicht lange an. Sobald das Interesse der Medien abnimmt, sind sie auch wieder vergessen.

[7] Luca Hänni gewann die neunte Staffel von „Deutschland sucht den Superstar". Foto, 2013.

4. Nennt Beispiele für Künstler, die eine kurze Zeit berühmt waren und dann wieder aus den Medien verschwanden.

Wählt einen der folgenden Arbeitsaufträge aus:

◼ Gestaltet ein Poster (oder eine Doppelseite in eurem Heft), das die Macht der Medien in verschiedenen Bereichen zeigt.

◼ Entwickelt aus den Teilthemen dieser Doppelseite ein Rollenspiel: „Redaktionskonferenz".

Orientierung

Faszination High-Tech

[1] Eröffnung der IFA in Berlin. *Foto, 2010.*

Faszination High-Tech

Auf der CeBIT, der weltgrößten Messe für Informationstechnik, und der IFA, der Internationalen Funkausstellung, drängen sich jährlich Hunderttausende Besucher, um die neuesten Entwicklungen im Bereich der Medien kennen zu lernen. Welchen Stellenwert die digitale Welt in der Gesellschaft einnimmt, zeigt die große Anzahl prominenter Gäste aus Politik, Wirtschaft oder den Medien.

In der Arbeitswelt hat die Informationstechnik zu einschneidenden Veränderungen geführt. Von der Scanner-Kasse über den Fahrkartenautomaten bis hin zu computergesteuerten medizinischen Eingriffen ist kaum ein Beruf ohne die Hilfe dieser Technik denkbar. Auch in unserem häuslichen Alltag ist sie längst angekommen.

Möglichkeiten und Grenzen

Auf vielen Gebieten ist die Technikgläubigkeit groß. Im Auto verlassen wir uns auf die Signale der Abstandhalter oder wir folgen der Navi-Stimme durch eine fremde Stadt. Automatische Verpackungssysteme sorgen für keimfreie Lebensmittel. Der Autopilot im Flugzeug soll uns ganz sicher ans Ziel bringen und das vollautomatische Stellwerk hält die Eisenbahnzüge auf Kurs.

Auch die Massenmedien genießen Vertrauen. Dabei geht es in erster Linie um den Wahrheitsgehalt der Inhalte. Mehr als die Hälfte der Bevölkerung vertraut der Verlässlichkeit der Berichterstattung in Radio und Fernsehen. Ein Drittel der Menschen hält das Internet für glaubwürdig.

1. Nennt technische Geräte, auf die ihr nicht mehr verzichten könnt und möchtet. Welche Geräte sind für euch verzichtbar?

2. Wertet die Grafik [2] aus und vergleicht mit eurem eigenen Zuhause.

[2] Multimedia-Ausstattung Jugendlicher. *2012.*

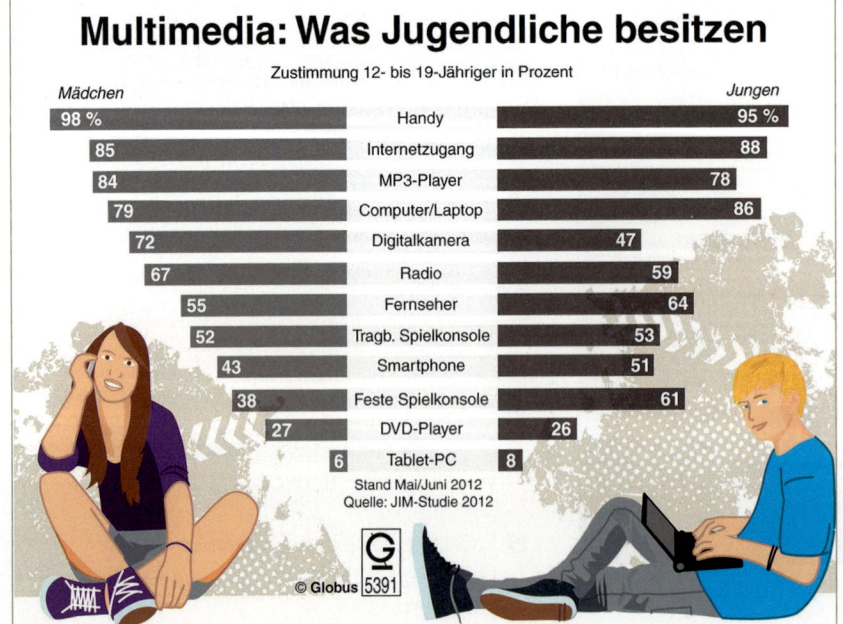

Kino

▶ **1895**
erste Kinovorstellung in Paris
▶ **1920er-Jahre**
Tonfilm
▶ **1930er-Jahre**
Farbfilm
▶ **1980er-Jahre**
Heimkino (Video)
▶ **1990er-Jahre**
digitale Filmbearbeitung
▶ **1995**
erster animierter Kinofilm (Toy Story)
▶ **2009**
erster 3D-Film (Avatar)

Rundfunk

▶ **1923**
erste Radiosendung in Deutschland
▶ **1925**
erste Fernsehsendung in Deutschland
▶ **1936**
TV-Übertragung Olympische Spiele
▶ **1952**
Start ARD und DDR-Fernsehen
▶ **1963**
Start ZDF
▶ **1964**
Start der „Dritten"
▶ **1967**
Farbfernsehen
▶ **1984**
Privater Rundfunk
▶ **1995**
Start Internet-Radio
▶ **2005**
HDTV
▶ **2010**
3D-Fernsehen

Internet

▶ **1971**
E-Mail-Programme
(USA)
▶ **1984**
E-Mail in Deutschland
▶ **1989**
W(orld)-W(ide)-W(eb)
▶ **2007**
Smartphone
▶ **2010**
iPad

▶ Medien im Alltag

In diesem Kapitel geht es vor allem um folgende Fragen:
Wie viel Macht haben die Medien?
Wo liegen Möglichkeiten und Grenzen der modernen Technik?
Wie beeinflussen Medien und Werbung unseren Alltag?
Wie kommen statistische Ergebnisse zustande?
Wodurch unterscheiden sich öffentlich-rechtliches und privates Fernsehen?
Wie nützlich oder gefährlich ist das Internet?

Wichtige Kompetenzen in diesem Kapitel

Sachkompetenz
▶ Regeln im Umgang mit persönlichen Daten im Internet kennen
▶ Formen der Werbung beschreiben und ihre gesellschaftlichen Auswirkungen kennen
▶ den Unterschied zwischen öffentlich-rechtlichen und privaten Medien am Beispiel Fernsehen beschreiben
▶ den Einfluss der Medien auf Individuum, Familie und Gesellschaft beschreiben

Methodenkompetenz
▶ Fragetechniken kennen, Umfragen analysieren und am Beispiel medienrelevanter Themen selber durchführen

Urteilskompetenz
▶ Chancen und Gefahren digitaler sozialer Netzwerke mit ihren Auswirkungen auf den Einzelnen und die Gesellschaft beurteilen
▶ die gesellschaftlichen Folgen von politischer Zensur und Verboten im Internet beurteilen
▶ die Einflussmöglichkeiten öffentlich-rechtlicher und privater TV-Sendungen auf die politische Sozialisation beurteilen

Handlungskompetenz
▶ das eigene Verhalten im Umgang mit Medien kritisch hinterfragen und gegebenenfalls ändern
▶ Informationen zu Medienkompetenzen aufbereiten und in angemessener Form präsentieren

Medien und Werbung

Wie beeinflussen sie unseren Alltag?

> Bei Werbung zappe ich gleich weg.

> In Filmen stört Werbung total, aber manchmal ist sie lustig.

> Ich finde Werbung gut, da kann man sich über neue Sachen informieren.

> Vor allem die Werbung in Zeitschriften ist oft künstlerisch – sagt meine Schwester.

[1] Meinungen zur Werbung.

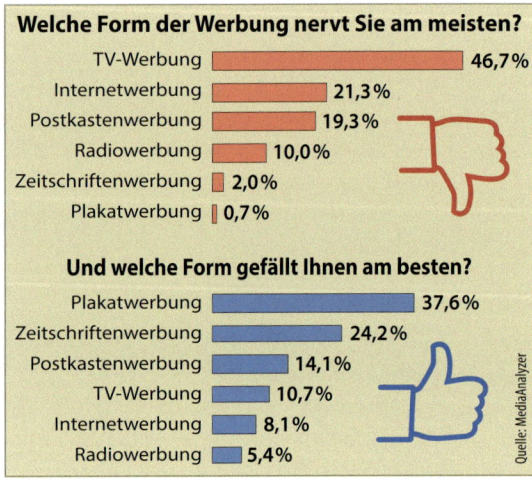

Welche Form der Werbung nervt Sie am meisten?

TV-Werbung	46,7%
Internetwerbung	21,3%
Postkastenwerbung	19,3%
Radiowerbung	10,0%
Zeitschriftenwerbung	2,0%
Plakatwerbung	0,7%

Und welche Form gefällt Ihnen am besten?

Plakatwerbung	37,6%
Zeitschriftenwerbung	24,2%
Postkastenwerbung	14,1%
TV-Werbung	10,7%
Internetwerbung	8,1%
Radiowerbung	5,4%

Quelle: MediaAnalyzer

[2] „Wie lästig ist Werbung?" Umfrageergebnisse 2011.

1. Lest die Aussagen in [1] sowie die Umfrageergebnisse (Bild [2]) und nehmt dazu aus eurer Sicht Stellung.

Werbung und Wirtschaft

Werbung ist wichtig für die Wirtschaft. Doch auch die Werbebranche selbst ist ein bedeutender Wirtschaftszweig. Als sich zu Beginn des Jahrtausends die wirtschaftliche Lage verschlechtert hatte, gingen sofort die Werbeaufträge zurück und es kam in der Branche zu Entlassungen. Das hatte Folgen für die Medien, die auf Werbeeinnahmen angewiesen sind.

2. Nennt Produkte, deren Werbung euch in der letzten Zeit positiv oder negativ aufgefallen ist.

„Kreativberufe"

Arbeitsplätze in der Werbebranche sind sehr begehrt. Werbekampagnen werden durch die gemeinsame Arbeit verschiedener Berufe erstellt. Es wird gefilmt, fotografiert, gezeichnet oder getextet. An der Spitze der Werbemaßnahmen steht häufig ein „Art Director". Er/sie hat in der Regel Grafik/Design studiert und erarbeitet die Gesamtkonzeption einer Werbekampagne. Die konkrete Ausführung erledigen dann „Mediengestalter für Digital- und Printmedien" – ein Ausbildungsberuf mit vielen Möglichkeiten, sich zu spezialisieren.

3. Notiert weitere Berufe, die mit Werbung zu tun haben.

Mehr Werbung – zwangsläufig mehr Umsatz?

Die Medien nehmen jährlich rund 19 Milliarden Euro für Werbung ein. Wer so viel Geld ausgibt, erwartet natürlich steigende Verkäufe der beworbenen Produkte. Weil Werbung aber häufig als lästig empfunden wird, muss sie besonders attraktiv gestaltet werden. Wenn sie Neugier weckt, unterhält, informiert, erschreckt oder provoziert, ist die Chance groß, dass sie beachtet wird.

Eine genaue Erfolgskontrolle von Werbemaßnahmen ist schwierig. Die Unternehmen können jedoch feststellen, ob ihr Umsatz nach einer Werbekampagne gestiegen ist. Der Werbemarkt ist daher sehr hart umkämpft.

[3] Werbeplakat auf einer Litfaßsäule in Berlin. *Foto, 2019.*

Werbung – gezielt Wünsche wecken

[4] **Frau Weber berichtet:**
Wir haben 1999 einen teuren neuen Fernseher mit einem großen Bildschirm gekauft. Damit waren wir sehr zufrieden.
Dann sahen wir in der Werbung die Flachbildschirme.
2005 haben wir dann zusammen mit neuen Wohnzimmermöbeln auch einen neuen Fernseher mit „flat screen" gekauft. Man will ja schließlich nicht als altmodisch und technisch veraltet gelten …

Autorentext

4. Nehmt zum letzten Satz von Frau Weber Stellung.
5. Befragt eure Eltern nach Produkten, die es vor 20 Jahren noch nicht gab, die heute aber selbstverständlich sind.

Werbung – „Lifestyle" und neue Trends
Durch Medien und Werbung werden Stilrichtungen vorgegeben und Trends geprägt. Aussehen und Aufmachung von bekannten Personen in den Medien werden nachgeahmt. Häufig identifiziert man sich auch mit den vorgestellten Produkten: Man wird stark, wenn man die abc-Limo trinkt oder attraktiv, wenn man das xyz-Deo benutzt. Selten erhält man in der Werbung konkrete Informationen über das Produkt. Im Vordergrund der Werbebotschaft steht das Lebensgefühl.

Geschlechterrollen
Der Mann kommt müde von der Arbeit, und eine strahlende Hausfrau empfängt ihn mit der neuen Fertigsuppe. So und so ähnlich sah Werbung früher aus. Die damals als normal empfundenen Rollen wurden aufgegriffen und verfestigt.
Anders heute: Ein allein erziehender Vater tauscht coole Sprüche mit seiner Tochter aus oder backt mit ihr Kuchen. Frauen zeigt man in gehobenen Berufen, und Männer finden sich immer häufiger in der Kosmetikwerbung. Moderne Werbung versucht, sich den veränderten Rollenbildern anzupassen.
Damit eine Marke im Gedächtnis der Käufer bleibt, muss die Produktwerbung in Abständen wiederholt werden – meist angepasst an den veränderten Zeitgeschmack.

[5] Der „moderne" Mann. *Foto, 2013.*

[6] Rollenbilder in der Werbung früher und heute. *Fotos.*

6. Beschreibt die Lifestyle-Werbung [5] und sammelt weitere Beispiele.
7. Zählt Produkte auf, die auch heute noch mit traditioneller Rollenverteilung von Frauen und Männern werben.

Wählt einen der folgenden Arbeitsaufträge aus:

☑ Listet die verschiedenen Bereiche von Werbung auf.

☑ Werbung sieht in einer Frauenzeitschrift anders aus als in der Tageszeitung oder im Kinderprogramm des Fernsehens. Tragt Beispiele zusammen und vergleicht.

Was ihr noch tun könnt…
■ Eine eigene Werbeseite in einer Zeitschrift für eine Creme oder ein Getränk skizzieren.
■ Werbebotschaften analysieren (z. B. Bedarf wecken, Lebensgefühl vermitteln, Betonung oder Aufbrechen traditioneller Geschlechterrollen …) und zu einer Collage gestalten.

Eine Umfrage durchführen

Du guckst doch bestimmt lieber Fernsehen als zu lesen!?

Hmm ...

Eigentlich lese ich lieber spannende Bücher, aber ich will der freundlichen Frau jetzt gerne mal einen Gefallen tun und werde „ja" sagen.

[1] Umfrage in der Fußgängerzone.

Befragungen

Umfragen gibt es zu fast allen Lebensbereichen. Dabei werden Stimmungen und Meinungen wiedergegeben oder über Erfahrungen berichtet.

Die Ergebnisse sind von vielen Zufällen abhängig. Es ist z. B. nicht egal, ob man zu Hause in Ruhe einen Fragebogen ausfüllen kann oder ob man auf der Straße plötzlich mit Fragen überfallen wird. Wichtig ist auch, ob man auf vorgegebene Fragen antworten soll oder seine Meinung frei äußern kann.

Bei der Bewertung der Umfrageergebnisse solltet ihr auch die Auftraggeber und ihre Interessen am Thema berücksichtigen. Vielfach hat man schon eine Vorstellung vom gewünschten Ergebnis und stellt die Fragen daher in einer bestimmten Richtung.

[2] Ein Fragebogen.

1. Schritt: Vorbereitung

- Thema auswählen
- Fragen sammeln und ordnen
- Anzahl der Fragen festlegen
- äußere Form bestimmen: z. B. schriftlicher Fragebogen oder mündliche Befragung; Auswahlantworten vorgeben oder frei antworten lassen
- Fragen formulieren
- Reihenfolge festlegen
- Erlaubnis einholen (Schulleitung, Veranstalter...)

2. Schritt: Durchführung

- Sich vorstellen und das Ziel der Befragung erklären
- höflich und freundlich bleiben, bedanken
- nicht drängen, nicht beeinflussen (z. B. durch Gesichtsausdruck, Bemerkungen, gut gemeinte Tipps)

3. Schritt: Auswertung

- Antworten sichten und sortieren
- Strichliste für jeweils dieselben Antworten machen
- Präsentationsform festlegen (Vortrag, Schülerzeitung, Internet; Tabelle, Diagramme, Aussagesätze?...)
- Zahlenwerte evtl. in Prozente umrechnen

4. Schritt: Präsentation

- Diagramme bzw. Tabellen erstellen
- OHP-Folie mit Gesamtergebnis kopieren
- Ergebnisse vorstellen und erläutern
- Rückfragen aus dem Plenum klären und diskutieren
- Unklarheiten, Missverständliches usw. im Ablauf sowie Verbesserungsvorschläge notieren

Freizeitgewohnheiten

1. Gib an, was du hiervon am liebsten machst:
   ☐ Fernsehen
   ☐ Sport
   ☐ Internet
   ☐ Freunde sehen

2. Nenne deine Lieblingsbeschäftigung:

   _____

   _____

   _____

3. Wie viele Stunden pro Tag sitzt du am Computer:
   ☐ 1–2   ☐ 3–4   ☐ mehr

4. Zur Person
   ☐ Mädchen
   ☐ Junge
   ☐ 10–12 Jahre
   ☐ 13–15 Jahre

[3] Musterfragebogen (nicht ins Buch schreiben!)

1. Findet ein Thema aus dem Medienbereich, zu dem ihr eine Umfrage durchführen wollt.
2. Erstellt dazu einen Fragebogen und führt die Umfrage mithilfe der Arbeitsschritte und Tipps durch.
3. Wertet die Umfrage aus und gestaltet die Präsentation.

Ein Tipp: Viele Textverarbeitungsprogramme verfügen über einen Programmteil, mit dem man einfach Diagramme erstellen kann.

Darstellungsformen

Die Ergebnisse von Umfragen werden meistens grafisch dargestellt.
Bei Fragen mit Auswahlantworten ist die Auswertung schnell gemacht und über eine Strichliste in ein Diagramm übertragen. Die gängigsten Diagramme kennt ihr vermutlich. Doch nicht jeder Diagrammtyp passt zu allen Befragungen. Das Kreis- bzw. Tortendiagramm ist sehr über-

sichtlich, eignet sich aber nur für wenige Werte, weil sonst die Übersicht verloren geht. Die Ergebnisse müssen vorher in Prozente umgerechnet werden.

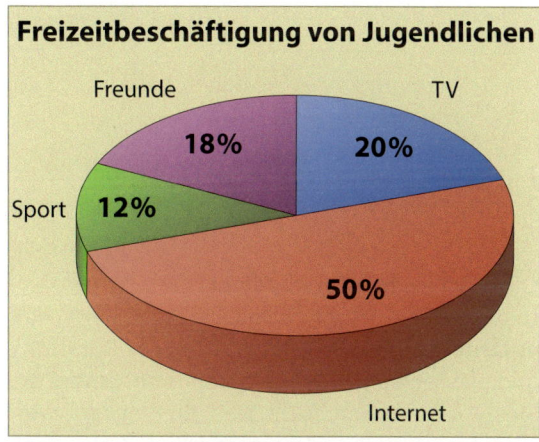

[4] Beispiel: Kreisdiagramm.

Bei Säulen-, Balken- oder Liniendiagrammen können nicht nur viele Einzelwerte dargestellt, es können auch Vergleiche angestellt werden. Es kann z. B. ein Umfrageergebnis vom Vorjahr mit heutigen Werten zusammen gezeigt oder es könnte nach Altersgruppen getrennt werden.

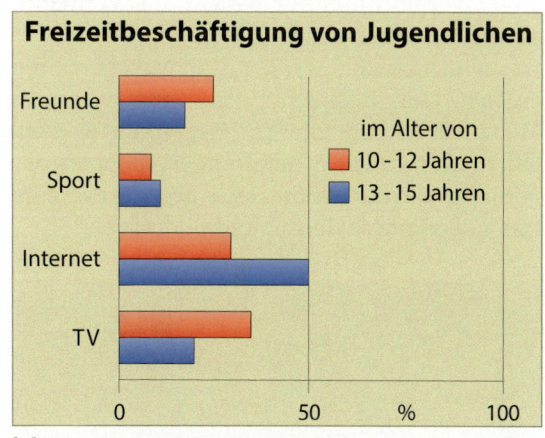

[5] Beispiel: Balkendiagramm.

Wenn die Befragung so genannte offene Antworten zulässt (der Befragte kann mit eigenen Worten antworten), kann man nur Tendenzen beschreiben oder nachträglich Antworten in Gruppen zusammenfassen (zustimmend, ablehnend, neutral ...), um sie darzustellen.

ARD und ZDF

Die Rundfunkgebühren sind schon wieder erhöht worden.

Dafür kannst du auch Filme ohne Werbung sehen.

Aber doch nicht überall!

Richtig, nur bei den sogenannten öffentlich-rechtlichen Sendern, also ARD und ZDF.

Werbung gibt es bei denen auch…

Aber nur vor 20.00 Uhr.

1. Informiert euch auf dieser Seite über den öffentlich-rechtlichen Rundfunk.
2. Präsentiert der Klasse eure Ergebnisse in angemessener Form.

Öffentlich-rechtlicher Rundfunk

In der Zeit der nationalsozialistischen Herrschaft in Deutschland (1933–45) wurden der Rundfunk und das entstehende Fernsehen im Sinne der Machthaber missbraucht und dienten der Verbreitung der nationalsozialistischen Ziele. Nach dem Ende der nationalsozialistischen Gewaltherrschaft wurde der öffentlich-rechtliche Rundfunk (Radio- und Fernsehprogramme) mit dem Ziel gegründet, eine unabhängige und ausgewogene Grundversorgung der Bevölkerung mit Informationen, Bildung, Kultur und Unterhaltung zu garantieren.

Ein Rundfunkrat überwacht die Einhaltung dieser Verpflichtung. Er besteht aus Vertretern aller Gesellschaftsschichten.

Zur Finanzierung werden Rundfunkgebühren erhoben. Als Ergänzung darf eine begrenzte Menge an Werbesendungen ausgestrahlt werden. Öffentlich-rechtlicher Rundfunk ist mehr als nur Fernsehen, dazu gehört auch eine große Zahl von Radiosendern überall im Bundesgebiet.

Am Anfang war das Erste

So nannte man in den frühen Fernsehjahren die 1950 gegründete ARD. 1952 eröffnete sie das TV-Zeitalter in Deutschland. Das „Zweite", also das ZDF, kam 1963 hinzu. Und ein Jahr später starteten die „Dritten".

Die in der ARD zusammengeschlossenen Sendeanstalten bieten bundesweit ein gemeinsames Programm an. Die „Dritten" versorgen die Sendegebiete mit Regionalnachrichten.

Im Laufe der Jahre kamen noch Sender dazu, die sich auf bestimmte Bereiche, wie z. B. Nachrichten (zdf-info) oder Kindersendungen (KiKa) spezialisiert haben. Sie heißen Spartenprogramme.

Mittlerweile kann man alle öffentlich-rechtlichen Sender auch im Internet als Live-Stream empfangen.

[2] Der WDR in Köln. *Foto, 2013.*

[3] Die Sendeanstalten der ARD.

Tipps für Auswertung und Präsentation
– Begriffe mit Beispielen erklären,
– Bekannte Sendungen der öffentlich-rechtlichen Sendeanstalten auflisten,
– die beliebteste Sendung aus ARD oder ZDF ermitteln,
– eine Umfrage durchführen: Welche Sendungen habt ihr in den letzten drei Tagen gesehen?

Grenzenloses Fernsehen

1. Informiert euch auf dieser Seite über die privaten Fernseh- und Radioprogramme.
2. Präsentiert der Klasse eure Ergebnisse in angemessener Form.

Schöne neue Fernsehwelt

Mit der Einführung des privaten Rundfunks 1984 wurde die Auswahl an Radio- und Fernsehprogrammen größer. Über die Satellitenschüsseln kommen heute Hunderte von in- und ausländischen – meist privaten – Sendern ins Haus. Je nach Empfangsgerät kann man sogar die gewünschten Sendungen vorprogrammieren und dann automatisch aufzeichnen lassen.

Eine Frage der Finanzen

Die meisten Privatsender finanzieren ihren Betrieb ausschließlich mithilfe der Werbeeinnahmen. Oft hört man Klagen über lästige Werbeunterbrechungen an der spannendsten Stelle, aber die Wenigsten wollen für Unterhaltung extra zahlen. Doch wer dazu bereit ist, kann zu den privaten „Bezahlsendern" ausweichen. Die senden ihre Programme verschlüsselt, so dass man nur über einen gebührenpflichtigen Zugang an die Inhalte herankommt.

Alles bestens?

Heute stehen alle Programme rund um die Uhr zur Verfügung. Bei dem großen und beliebten Angebot an Unterhaltungssendungen haben es

Beiträge zu Kultur, Wirtschaft oder Politik schwer, viele Zuschauer zu finden.

Viele Zuschauer wissen gar nicht, dass die meisten Realityshows oder Dokusoaps nur wenig mit der Wirklichkeit zu tun haben. In Wahrheit folgen hier die Schauspieler den Vorgaben eines Drehbuchs.

[1] Die Formel 1 bei RTL. *Foto, 2013.*

Meine Lieblingssendungen sind Casting-Shows.

Habt ihr gewusst, dass eine Werbeminute 150 000 Euro kosten kann?

Manchmal probiere ich, die Nachrichten auf Englisch bei CNN zu verstehen.

[2] Aussagen zu den Fernsehgewohnheiten.

Tipps für Auswertung und Präsentation

– Mit der Gruppe ARD/ZDF zusammen setzen und Unterschiede erarbeiten,
– Nachrichtensendungen aufnehmen und vergleichen,
– die Äußerungen [2] zum Anlass für eine allgemeine Diskussion über TV-Gewohnheiten nehmen.

Internet – eine tolle Erfindung?

[1] „Fernsehtelefonat" per Skype. *Foto, 2013.*

1. Informiert euch auf dieser Seite über die Möglichkeiten und Risiken bei der Nutzung des Internets.
2. Berichtet der Klasse über eure Ergebnisse in angemessener Form.

Weltweit verbunden

Jederzeit in Sekundenbruchteilen mit den entferntesten Gegenden der Welt in Verbindung treten – das ist Internet.

– Die Schwester von Tim ist auf Schüleraustausch in den USA. Gestern hat er sie auf dem Monitor sehen und gleichzeitig mit ihr reden können.
– Mira aus der Parallelklasse fehlt schon drei Wochen. Sie hat sich das Bein gebrochen. Schon mehrmals konnte sie über eine Web-Cam am Unterricht teilnehmen.

Ob Rechner, Notebook oder Tablet, per Kabel oder Mobilfunk, das Internet ist rund um die Uhr und fast überall für uns da.

Unterhaltung

– Kai mag Computerspiele. Viele hat er auf DVD, aber noch lieber spielt er in der Community.
– Melanie liebt Filme und TV-Serien. Weil sie zur Sendezeit nicht immer daheim ist, stöbert sie im Internet bei den Mediatheken der Sender.
– Musik hören ist die Lieblingsbeschäftigung von Marc und Lena. Das Netz liefert ihnen Radiosender und Videoclips.

Das Internet als Arbeitsplattform

Mit einem Computer kann man mit den entsprechenden Programmen z. B. Texte schreiben, Berechnungen anstellen oder zeichnen. In Verbindung mit dem Internet wachsen diese Möglichkeiten. Texte oder andere Arbeitsergebnisse können schnell weitergeleitet werden.

„Als Geschäftsmann kann ich mir ein Leben ohne Internet nicht mehr vorstellen. Anfragen von Kunden, Bestellungen bei Lieferanten, einfach alles läuft übers Internet. Die Flugkarte für das Meeting letzte Woche habe ich ebenfalls gleich im Netz gebucht."

„Auch privat kaufen wir viel in den Internetshops ein. Und die Planung für den Familienurlaub läuft gerade; wir haben uns schon ansehen können, ob das Hotel direkt am Strand liegt. Sogar die kleine Wohnung für meine Mutter haben wir übers Internet gefunden!"

[2] Die Ansichten von Herrn und Frau Brink.

Tipps für die Erarbeitung
Ihr könnt beim Lesen die Schritte des Textknackers anwenden. Was habt ihr über das Internet erfahren?

Tipps für die Präsentation
– Möglichkeiten aufzählen, die das Internet bietet,
– über eigene Erfahrungen berichten.

Internet – gefährliches Glatteis

[1] **Gefahren von Facebook und Co. –
Ein Interview mit der Polizistin Bettina Reich
über soziale Netzwerke im Internet:**

Welche Gefahren lauern in sozialen Netzwerken?
Reich: Generell sind Facebook, Twitter oder andere soziale Netzwerke nicht gefährlich. Sie haben gute Seiten. Nette Leute finden sich zusammen, und das ist erstmal positiv. Auf der anderen Seite ist in sozialen Netzwerken wenig anonym. In einem Chatroom zum Beispiel gibt man sich einen Spitznamen. Dadurch kann man keine Rückschlüsse auf die Person, die dahinter steht, ziehen. In sozialen Netzwerken ist das anders. Da gibt man sehr viel unverschlüsselt von sich preis – auch Menschen, die man gar nicht kennt. Und das ist gefährlich.

Inwiefern?
Reich: Sobald ich meine persönlichen Daten auf diese Weise im Netz veröffentliche, hat eine große Menge Menschen Zugriff auf meine Angaben. Und einige haben vielleicht nicht so gute Absichten.

Was sollte ich denn auf keinen Fall von mir preisgeben?
Reich: Komplette Anschriften, Bankdaten, Fotos oder Angaben zur Familie zum Beispiel. Generell gilt: Alles, was eine Identifikation der jeweiligen Person möglich macht, gehört nicht ins Internet. Es muss einem klar sein, dass alles, was ich in die virtuelle Welt eingebe, eventuell ewig Bestand hat und abgerufen werden kann.

Welche Folgen kann das haben?
Reich: Viele junge Leute sind in sozialen Netzwerken schon sexuell belästigt worden – verbal oder mit Bildern.

Gibt es konkrete Zahlen?
Reich: Nein. Aber ich glaube, dass die Dunkelziffer sehr hoch ist. Denn die meisten Kinder und Jugendlichen werden erstmal nicht darüber reden, wenn sie belästigt worden sind.

Wie sollte ich mich in so einem Fall verhalten?
Reich: Auf jeden Fall zur Polizei gehen und Anzeige erstatten. Und so wenig Fotos wie möglich von sich selbst in ein soziales Netzwerk stellen – schon gar keine aufreizenden Bilder.

Neue Westfälische nw-news.de, 6.10.2010

[2] **Phishing – moderner Betrug im Internet**
Beim Phishing sollen Sie dazu gebracht werden, vertrauliche Bank- oder Kreditkartendaten (PIN, TAN oder andere Passworte) an Betrüger zu übermitteln – ein Trick, der offensichtlich in vielen Fällen funktioniert. Im Jahr 2010 wurden rund 5 000 Strafanzeigen von Phishing-Opfern mit einem Gesamtschaden von rund 17 Millionen Euro registriert. Daneben wird Phishing auch eingesetzt, um an andere Passworte zu kommen, etwa an Zugangsdaten von Ebay-Accounts, Facebook-Accounts oder Packstationen der Post.

www.computerbetrug.de

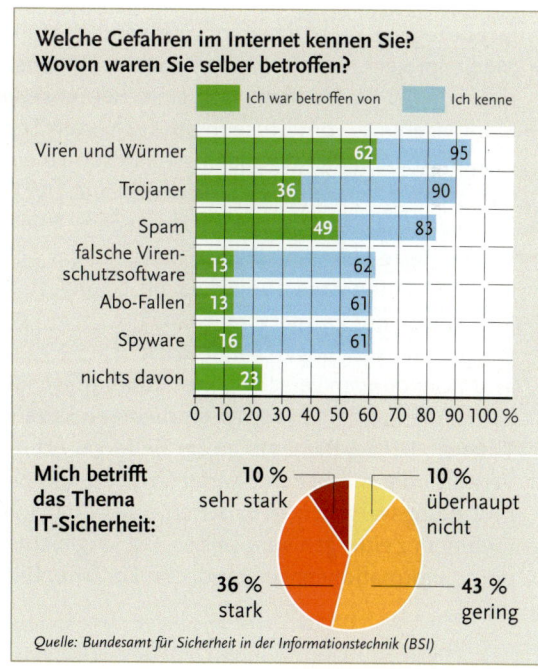

[3] Sicherheit im Internet – ein viel diskutiertes Thema.

Tipps für Auswertung und Präsentation
- unbekannte Begriffe gemeinsam klären,
- das Interview mit eigenen Worten nachspielen,
- die Grafik zu den Umfrageergebnissen auswerten,
- eine Diskussion zu eigenen negativen Erfahrungen mit dem Internet anregen.

Politik aktiv

Denkt auch daran, euer Portfolio zu führen:

- – schöne Ergebnisse in Text und Bild sammeln,
- – Lernerfahrungen zum Thema „Innovationen, neue Technologien und Medien" notieren.

1. Über Medien informieren

- ▶ Rundfunkanstalten (z. B. WDR-Öffentlichkeitsarbeit, Besucher-Service, 50600 Köln, Tel. 0221 2206744),
- ▶ Film- und TV-Studios (z. B. Produktionsstudios Köln-Bocklemünd),
- ▶ Museen (z. B. Filmmuseum Düsseldorf, Schulstraße 4, 40213 Düsseldorf),
- ▶ Zeitungsverlage usw.
nach vorheriger Anmeldung besuchen und darüber berichten.

2. Medien erproben, beurteilen und erstellen

- ▶ **Medienecke** („Rechnerinsel") in der Klasse oder einem Neben-raum gemeinsam einrichten, um Gruppenarbeit im Rotationsprin-zip zu ermöglichen (Lern- und Übungsprogramme, Lernspiele, fachbezogene Recherchen im Internet durchführen usw.).
- ▶ **Medienprojekt** planen und durchführen: Videos, Fotos, Tonaufnah-men von der Klassenfahrt, von einer Betriebserkundung, einer Stadtbegehung, vom Museumsbesuch, vom Schüleraustausch usw. machen, hinterher zusammenstellen zu einem Medienpro-dukt wie z. B. ein Internetauftritt oder eine DVD.
- ▶ Erstellen bzw. Betreuung einer **Homepage**. Hierzu Fotos, kleine Videos, Texte über neueste Aktivitäten in der Schule zusammenstel-len (z. B. Aktionstage, Projektwoche, Sportfest, Abschlussfeiern, Besuch von der Partnerschule usw.).
- ▶ **Nachrichtensendungen vergleichen**
a) TV-Sendungen verschiedener Rundfunksender vom selben Tag aufnehmen und nach vorher erarbeiteten Kriterien auswerten, z. B. Themen, Länge, Reihenfolge der Beiträge, Art der Darstellung (nur Verweis oder mit Bildern, Karten, Videos, Interviews usw. ergänzt).
b) Zeitungsvergleich: z. B. Berichte aus Politik, Wirtschaft, Sport in mehreren Zeitungen vom selben Tag vergleichen (Länge, Hinter-grundinformationen, verständliche Sprache, Bilder als Ergänzung usw.).

3. Medienwirkung testen

- ▶ Fotos aus Zeitungen und Zeitschriften von aktuellen Ereignissen oder bekann-ten Persönlichkeiten ausschneiden oder scannen, und mit anderen Bildunter-schriften oder Kommentaren versehen.
- ▶ Unterschiedliche Zeitungsfotos zu Bildgeschichten zusammenfügen.
- ▶ Portraits von MitschülerInnen aus verschiedenen Perspektiven machen (extrem nah, seitlich, von unten…).

[1] Begriffswirrwar

Rundfunkrat	Chefgestalter von Werbematerialien
Art-Direktor	Recht auf freie Ausübung der Medientätigkeit zur Gewährleistung der freien Meinungsbildung
Pressefreiheit	Kontrollorgan des öffentlich-rechtlichen Rundfunks
Öffentlich-rechtlicher Rundfunk	politisch und wirtschaftlich unabhängiger Rundfunk mit Grundversorgungsauftrag

[2] Vertrauen in die Medien.

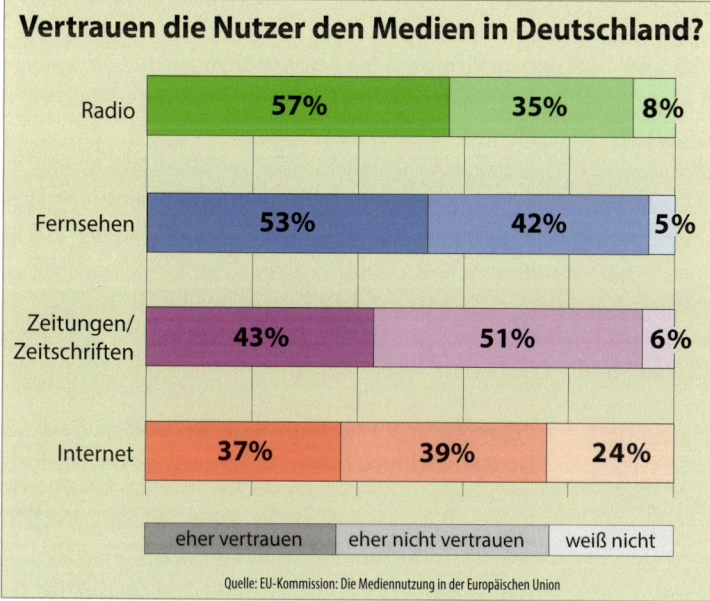

Vertrauen die Nutzer den Medien in Deutschland?

	eher vertrauen	eher nicht vertrauen	weiß nicht
Radio	57%	35%	8%
Fernsehen	53%	42%	5%
Zeitungen/Zeitschriften	43%	51%	6%
Internet	37%	39%	24%

Quelle: EU-Kommission: Die Mediennutzung in der Europäischen Union

[3] Jugendliche und die Faszination Technik

EUROPAS JUGEND ZEIGT SICH UNBESORGT GEGENÜBER EIGENER PERSPEKTIVLOSIGKEIT...

MAL ECHT JETZT, ALTER: WOZU BRAUCHEN WIR EINEN JOB, WENN WIR 3D-FERNSEHEN HABEN?

DER VOLLE GENUSS!

SCHWARWEL

Sachkompetenz
1. Ordnet die Begriffe in [1] richtig zu.
2. Erklärt die Bedeutung von Pressefreiheit an Beispielen.
3. Nennt drei Bereiche, in denen die Medien Einfluss nehmen können.
4. Findet Anwendungsbeispiele für die Informationstechnik im Alltag.
5. Erläutert die Bezeichnungen „Öffentlich-rechtlicher Rundfunk" und „Privater Rundfunk".
6. Nennt Veränderungen, die durch die Einführung des privaten Rundfunks eingetreten sind.
7. Fasst die Vorteile des Internets zusammen.
8. Nennt Gefahren, die im Internet lauern.

Urteilskompetenz
9. Beurteilt die Macht der Medien: Berichterstattung „um jeden Preis" – ja oder nein?
10. Der Rundfunkrat aus Vertretern aller Gesellschaftsschichten beeinflusst u.a. die Programmgestaltung des öffentlich-rechtlichen Rundfunks; welche Auswirkungen könnte das haben und wie ist eure Meinung dazu?

Methodenkompetenz
11. Nennt Regeln für eine Befragung.
12. Wertet die Karikatur [3] aus.
13. Diskutiert über die Aussage der Karikatur.

Handlungskompetenz
14. Skizziert eine Mindmap zum Thema Infotechnik und Medien.

Lexikon

A

Abendland: Das Abendland (oder Okzident) liegt geografisch gesehen im Westen Europas. Es gehören die Länder Italien, Frankreich, England, Deutschland und die Iberische Halbinsel dazu. Der Begriff hat zudem eine kulturelle Bedeutung und bezeichnet die christliche, europäische Kultur, die von den Völkern in Europa seit dem Mittelalter geschaffen wurde.

Abgeordnete: Die Abgeordneten werden vom Volk gewählt, um dessen Interessen im Bundestag zu vertreten.

Absolutismus: Bezeichnung für die Epoche im 17. und 18. Jahrhundert, in der Ludwig XIV. und seine Regierungsform in Europa als Vorbild galten. Der Monarch besaß die uneingeschränkte Herrschaftsgewalt. Er regierte nach den von ihm erlassenen Gesetzen und forderte von allen Untertanen unbedingten Gehorsam.

Abtauchzone: Bereich der Erde, wo Erdplatten sich (infolge der Schwerkraft) unter andere Erdplatten bewegen und diese dann anheben. Solche Vorgänge verlaufen in extrem langsamer (geologischer) Zeit.

Aktiengesellschaft (AG): Während bei einem Einzelunternehmer das Betriebskapital aus dem Vermögen des Unternehmers stammt, wird das Betriebskapital bei Aktiengesellschaften dadurch beschafft, dass viele Einzelpersonen oder andere Unternehmen Anteilscheine (Aktien) an dem Unternehmen kaufen. Das durch den Verkauf eingenommene Geld bildet das Betriebskapital. Der Gewinn eines Unternehmens wird anteilig jährlich auf die Besitzer der Aktien verteilt. Die Aktien werden auch an der Börse, dem Handelsplatz für Aktien, gekauft und verkauft.

Antike: Zeitabschnitt des Altertums im Mittelmeerraum (etwa von 1200 v. Chr. bis 600 n. Chr.).

Azteken: Hochkultur in Mittelamerika, deren Kultur von den spanischen Eroberern 1521 zerstört wurde.

Aufklärung: Bewegung von Philosophen und Naturwissenschaftlern vor allem in Frankreich nach 1650, die dazu auffordern, nur das als wahr anzunehmen, was man nachprüfen kann; gegenüber dem alles kontrollierenden König fordern sie Freiheit der Gedanken. Sie fordern die Menschen auf, selbst zu denken und nichts ungeprüft zu glauben. Nach dieser Bewegung wird die Zeit von 1650 bis 1789 als „Zeitalter der Aufklärung" bezeichnet.

Auslandsverschuldung: Gesamtheit aller finanziellen Verpflichtungen, die ein Land gegenüber einem anderen Land hat (ähnlich wie das Verhältnis eines Kreditnehmers gegenüber seiner Bank); je länger eine (Staats-)Verschuldung dauert, desto größer wird der üblicherweise fällige Zinssatz für den Kredit; insbesondere ärmere Staaten können dann ihre Schulden nicht mehr tilgen.

B

Ballhaus: Ein Ballhaus war ein Gebäude, in dem Ballspiele durchgeführt wurden („Ball" also nicht im später erweiterten Sinne des „Tanzens"). Im Ballhaus von Versailles wurde ein Vorläufer vom Tennis gespielt.

Bastille: Die „Bastille" (aus dem Französischen = kleine Bastion – also ein vorgezogener Verteidigungspunkt für eine Festung) war ursprünglich eine Burg (im Osten von Paris) in der Funktion eines Stadttores (zum Schutz gegen den Angriff englischer Truppen). Seit der Zeit Ludwigs XIII. wurde sie als Gefängnis genutzt

Biografie: Lebensrückschau bzw. Lebensgeschichte oder Lebenserinnerungen (Memoiren); eine Biografie umfasst einerseits objektive Daten wie den Geburtstag oder andere wichtige Zeiten („Meilensteine"), andererseits beruht die Auswahl von Ereignissen z. T. auf subjektiven Entscheidungen (eine selbst verfasste Biografie heißt „Autobiographie"; *auto* = selbst).

Brandrodung: Vernichtung von (unerwünschten) Pflanzen durch Feuer, um die so frei werdende Fläche landwirtschaftlich nutzen zu können; es handelt sich um eine alte Methode (Tradition), die in den Tropen durchgeführt wird; die Asche der verbrannten Pflanzen liefert aber nur kurz und vergleichsweise wenig Nährstoffe (Mineralien) für eine ackerbauliche Nutzung.

Bundeskanzler: Der Bundeskanzler hat als Regierungschef der Bundesrepublik Deutschland das mächtigste politische Amt inne.

Bundestag: Der Bundestag ist das vom Volk gewählte Parlament der Bundesregierung Deutschland und sitzt in der Hauptstadt Berlin. Die Mitglieder des Bundestages werden in allgemeiner, unmittelbarer, freier, gleicher und geheimer Wahl für vier Jahre vom Volk gewählt. Zu den vielen Aufgaben des Bundestages zählen u. a. die Gesetzgebung, die Kontrolle der Regierungsarbeit oder die Wahl des Bundeskanzlers.

Bundeskartellamt: Staatliche Dienststelle, die für die Kontrolle und Anwendung des Gesetzes gegen Wettbewerbsbeschränkungen (Kartellgesetz) zuständig ist.

Burschenschaft: Das Wort „Bursche" leitet sich von dem alten Wort „Burse" ab. Eine Burse war im 18. und zu Beginn des 19. Jh. eine allgemeine Bezeichnung für „Studenten".

D

da Vinci, Leonardo: Gelehrter, der von 1452 bis 1519 lebte; geboren wurde er in Anchiano, einem kleinen italienischen Ort in der Nähe der Stadt „Vinci" (*da Vinci* = aus Vinci) in der Toskana. Er war Maler und Erfinder. Sein wohl berühmtestes Gemälde ist die Mona Lisa.

Deutscher Zollverein: Der Deutsche Zollverein trat am 1.1.1834 in Kraft. Ziel des Zollvereins war eine Vereinheitlichung von unterschiedlichen Abgaben (Zöllen), die an den Grenzen der 35 Länder des Deutschen Bundes zu entrichten waren. Bei einem Transport von Königsberg nach Köln wurde die Ware vor Gründung des Deutschen Zollvereins achtzigmal kontrolliert.

Disparität: (von lat.: *disparatum* = abgesondert, getrennt) ein Nebeneinander von Ungleichem; hierunter wird in der Geographie auch verstanden, dass es in einem Großraum unterschiedliche Lebensbedingungen gibt (z. B. „auf dem Land" oder „in einer Großstadt"). In den Wirtschaftswissenschaften versteht man darunter auch eine gesellschaftliche (soziale) Ungleichheit (z. B. zwischen Industriestaaten und Entwicklungsländern).

Dolchstoßlegende: Die sogenannte Dolchstoßlegende ist eine Theorie, die unmittelbar nach dem Ersten Weltkrieg von der Führungsebene der Oberen Heeresleitung verbreitet wurde. Danach beruhte die Niederlage des deutschen Heeres und die Kapitulation Deutschlands nicht auf der bisherige Politik, sondern die Soldaten an der Front seien, u. a. von sozialistischen Gruppierungen, von hinten „erdolcht" worden. Diese hatten sich ab 1917 gegen eine Fortführung des Ersten Weltkriegs ausgesprochen.

Drittstaat: Ein Drittstaat ist ein Staat, der nicht zu einem bestimmten Bündnis gehört, zum Beispiel zur Europäischen Union (EU). Gegenüber den Mitgliedern der EU ist zum Beispiel Australien ein Drittstaat.

E

Eisenindustrie: In den Betrieben der Eisenindustrie werden Produkte aus Gusseisen (Roheisen) hergestellt. Aus dem Eisen wiederum kann Stahl gewonnen werden, der eine höhere Qualität als Eisen hat (aus Stahl werden z. B. Schiffe und Autos hergestellt).

Energierohstoff: brennbarer „Stoff" (Substanz), der (die) noch nicht weiter verarbeitet wurde; ein Beispiel wäre Erdöl, das noch nicht zu Heizöl oder Benzin verarbeitet worden ist.

Europäischer Gerichtshof für Menschenrechte: Der Europäische Gerichtshof für Menschenrechte (EGMR oder auch EuGHMR) hat seinen Sitz in Straßburg (Frankreich). Gegründet wurde der EGMR 1959, hatte zunächst jedoch nur recht eingeschränkte Befugnisse bzw. „Macht".

Exekutive: Bezeichnung für die ausführende Gewalt (Regierung und ihre Behörden) in einem Staat. In demokratischen Staaten gibt es daneben die Legislative, das Parlament, für die Gesetzgebung und die Judikative, die Gerichte, für die Rechtsprechung.

F

Fließzone: „Fließzone" ist eine Bezeichnung aus der Erdwissenschaft (Geologie). Anders als ihr Name vermuten lässt, ist die Fließzone nicht mit einem Gewässer zu verwechseln. Vielmehr ist es eine nur in gewisser Weise formbare Gesteinsschicht zwischen zwei festen Schichten.

Flotte: „Flotte" bezeichnet ganz allgemein eine größere Anzahl von Schiffen in der Handelsschifffahrt oder beim Militär (= Marine). Im engeren Sinne wird unter „Flotte" beim Militär die Gesamtheit der verfügbaren (Kampf-)Schiffe verstanden.

G

Gasmaske: Atemschutzmaske, die gegen Atemgifte schützen soll; die erste Gasmaske (mit einem Kohlefilter) wurde 1915 erfunden. Im Ersten Weltkrieg gab es auch Gasmasken für Pferde, denn Pferde spielten bei diesem Krieg noch eine große Rolle.

Grundgesetz (GG): Verfassung der Bundesrepublik Deutschland, die am 23. Mai 1949 in Kraft trat und seit der Wiedervereinigung im Oktober 1990 in leicht veränderter Form in ganz Deutschland gilt.

H

Herero-Aufstand: Die Hereros lebten als Halbnomaden in Südwestafrika. Sie lehnten sich ab 1904 wegen Unterdrückung und Ausbeutung mit einem Aufstand gegen die deutsche Kolonialmacht auf.

Hochgebirge: Bergkette mit mehr als 1 500 Metern Höhe (bis zu dieser Höhengrenze spricht man von einem „Mittelgebirge")

Humanismus: Lebensanschauung, die von Gelehrten im Zeitalter der Renaissance vertreten wurde. Die Humanisten traten für eine umfassende Bildung des Menschen ein.

I

IG Metall: ist eine Abkürzung der Bezeichnung Industriegewerkschaft Metall, die größte Gewerkschaft in Deutschland und die weltweit größte organisierte Arbeitnehmervertretung.

Imperialismus: (von lat.: *imperare* = herrschen) Bestreben eines Staates (bzw. dessen Führung), seine (ihre) Herrschaft auf andere Länder auszudehnen (z. B. der Imperialismus im Römischen Reich = Römisches Imperium). Die Zeit, in der europäischer Mächte nach 1870 bis 1918 Weltreiche errichten wollten, wird „Zeitalter des Imperialismus" genannt.

Internationaler Strafgerichtshof: Der Internationale Strafgerichtshof ist zuständig für die Verfolgung von Verbrechen wie Völkermord und massenhafte Menschenrechtsverletzungen. Er ist 1998 durch einen internationalen Vertrag gegründet worden. Die USA und China erkennen ihn nicht an. 2009 fand die erste Verhandlung statt.

J

Jakobiner: Jakobiner waren Mitglieder einer wichtigen politischen Organisation zur Zeit der Französischen Revolution. Die Jakobiner wollten die Monarchie (das Königtum) abschaffen und mit Gewalt die Gleichheit aller Franzosen durchsetzen. Sie fanden in ärmeren gesellschaftlichen Kreisen große Unterstützung. Ihr Name leitet sich von ihrem Versammlungsort ab, dem Kloster Saint-Jacques in Paris.

K

Kathedrale: (genauere Bezeichnung: „Kathedralkirche") großes prachtvolles Kirchengebäude. In der Regel ist sie das Gotteshaus eines katholischen Bischofes.

Klerus: Gesamtheit aller Angehörigen des (katholischen) Priesterstandes; Angehörige des Klerus werden auch als „Kleriker" bezeichnet.

Klima: Aus dem (durchschnittlichen) Wetter einer längeren Zeit (etwa 30 Jahre) ergibt sich ein für einen Ort üblicher Zustand der Wetterelemente – das Klima.

Kolonien, Kolonisation: (von lat.: *colonia* = Pflanzstadt) Eine Kolonie ist ein abhängiges, in der Regel überseeisches Gebiet eines Staates, in dem sich dessen Angehörige niedergelassen und die eingesessene Bevölkerung unterworfen haben. Unter Kolonialismus versteht man eine Politik, die sich Rohstoffe, Absatzmärkte und Siedlungsgebiete durch Eroberung und Aneignung von Kolonien zu verschaffen sucht. Diese seit dem 15. Jh. von vielen europäischen Staaten verfolgte Politik diente in erster Linie dazu, die eigene Macht zu vergrößern.

Kontinent: (von lat.: *continens* = zusammenhängend) Festlandmassen im Gegensatz zu Meeren und Inseln. Die sieben Kontinente (Erdteile) sind: Afrika, Antarktis, Asien, Australien, Europa, Nord- und Südamerika.

Kreuzzug: bezeichnet die Feldzüge der christlichen Völker des Abendlandes zwischen dem 11. und 13. Jh. aus religiösen Gründen. Zum Ersten Kreuzzug rief Papst Urban III. im Jahre 1095 auf. Die Kreuzfahrer sollten das Heilige Land aus der Hand der „Ungläubigen" befreien.

L

Landtag: Der Landtag ist die Vertretung des Volkes in den jeweiligen Bundesländern. Er wird von den Bürgern des Bundeslandes für 4 Jahre gewählt.

Leibeigenschaft: Eine vom Mittelalter bis zur frühen Neuzeit weit verbreitete persönliche Verfügungsbefugnis eines Leibherrn über einen Leibeigenen (Leibeigene durften z. B. nur mit Genehmigung ihres Leibherrn heiraten). Im Gegensatz zu Sklaven waren Leibeigene keine handelsfähige Ware, konnten aber vererbt oder freigelassen werden.

M

Marktwirtschaft (freie): eine Wirtschaftsordnung mit freiem Wettbewerb, d. h. ohne staatliche Eingriffe, mit freier Wahl der Verbrauchsgüter, freier Preisbildung entsprechend Angebot und Nachfrage, mit unbehindertem Gewinnstreben.

Ministerpräsident: Als Ministerpräsident wird der Regierungschef einer Landesregierung bezeichnet, so z. B. in den deutschen Bundesländern (mit Ausnahme der Stadtstaaten Berlin, Bremen und Hamburg).

Mittelozeanischer Rücken: im mittleren (küstenfernen) Bereich eines Ozeans (= Meer) gelegene Erhebung am Meeresboden, die infolge vulkanischer Aktivitäten entstand (und z. T. noch weiter entsteht); dieser neu entstandene oder entstehende Meeresboden drückt die hier angrenzenden Erdplatten auseinander.

Morgenland: Morgenland (oder Orient) werden die Erdteile genannt, die von Europa aus betrachtet im (Süd-)Osten, also in Richtung der aufgehenden Sonne liegen. Heute nennt man das Gebiet meist Naher Osten.

N

Nationalstaat: In der frühen Neuzeit entstand in England und Frankreich ein einheitlicher Nationalstaat: Der König herrschte mithilfe einer zentralen Verwaltung, eines zentralen Gerichtswesens und einer Versammlung der Stände einheitlich über den gesamten Staat. Dadurch bildete sich eine Gemeinschaft von Untertanen gleicher Sprache und Kultur: die Nation. In Deutschland wurde erst 1871 ein Nationalstaat gegründet, später als bei den meisten Nachbarstaaten. Problematisch konnte das Zusammenleben verschiedener Nationen in einem „Vielvölkerstaat" werden, z. B. in Österreich-Ungarn. Nach dem Ersten Weltkrieg erhielt jede Nation das Selbstbestimmungsrecht.

O

Opposition: Widerstand der öffentlichen Meinung oder bestimmter Parteien und Gruppen gegen die Regierung.

Ostafrikanischer Graben: infolge geologischer (im Erdinneren wirkender) Kräfte entstehende Senke; sie wird durch Erdplatten bewirkt, die sich auseinander bewegen.

P

Pilger: (von lat.: *pergere/per agere* = „jenseits des Ackers" oder „in der Fremde") Pilger sind Menschen, die eine längere Reise, meist aus religiösem Antrieb unternehmen, z. B. nach Jerusalem oder Santiago de Compostela.

Pogrom: (von russ.: Verwüstung) Planmäßige und gewaltsame Ausschreitungen, v. a. gegen Juden. Zu schweren antijüdischen Pogromen kam es nach 1881 in Russland, der Ukraine, in Polen und Rumänien. Der Begriff bezeichnet auch die staatlich organisierte Judenverfolgung während des Nationalsozialismus. Einen Höhepunkt stellte das reichsweite Pogrom in der Nacht vom 9. auf den 10. 11. 1938 dar, das von den Nationalsozialisten verharmlosend „Reichskristallnacht" genannt wurde.

Pressefreiheit: Recht auf freie Ausübung der Medientätigkeit zur Gewährleistung der freien Meinungsbildung. In Deutschland steht dieses Recht im Grundgesetz (Artikel 5 (1)).

R

Reform: Eine Reform bezeichnet in der Politik eine Neuordnung oder Verbesserung von bestehenden Verhältnissen. Sie findet geplant und ohne Anwendung von Gewalt statt.

Reformation: (von lat.: *reformatio* = Wiederherstellung, Erneuerung) Erneuerungsbewegung Martin Luthers; die Reformation bezeichnet heute die kirchlichen Veränderungen, die nach 1517 zur Gründung evangelischer Kirchen in Europa führten (Lutheraner, Reformierte).

Regierungsbezirk: In Deutschland sind einige Bundesländer in Regierungsbezirke unterteilt (in NRW: Arnsberg, Detmold, Düsseldorf, Münster und Köln). Oberster Beamter ist der Regierungspräsident (bzw. die Regierungspräsidentin). Regierungsbezirke sind u. a. für die Verwaltung der Schulen zuständig.

Renaissance: (von ital.: *rinascita* = Wiedergeburt) Bezeichnung für die Zeit am Ende des Mittelalters, in der in Wissenschaft und Kunst die Schriften sowie Kunstwerke der griechischen und römischen Antike „wiederentdeckt" wurden und großen Einfluss auf das Denken sowie Fühlen der Menschen hatten.

Republik: Der Begriff ist abgeleitet von lat. *res publica* = die öffentliche, die gemeinsame Sache. In unserem Sprachgebrauch gilt Republik als Staatsform, mit einer gewählten Regierung, in der das Volk oder ein Teil des Volkes die Macht ausübt.

Revolution: Der meist gewaltsame Umsturz einer bestehenden politischen und gesellschaftlichen Ordnung.

Rousseau, Jean-Jacques: Rousseau wurde 1712 in Genf (heutige Schweiz) geboren und verstarb 1778 in der Nähe von Paris. Er war Schriftsteller, Naturforscher und Komponist. Mit seinen Gedanken zur Aufklärung gilt er als ein Wegbereiter der Französischen Revolution. Berühmt wurde er mit seinen Schriften zur Erziehung der Kinder und seinen politischen Schriften, in denen er die Durchsetzung der Gleichheit aller Menschen forderte.

S

Sanierung: (von lat.: *sanare* = heilen; z. B. im Wort „Sanitäter") Maßnahmen zur Gesundung bzw. Wiederherstellung eines unbelasteten Zustands; eine Sanierung kann beispielsweise an einem (hoch verschuldeten) Staatshaushalt (Haushaltssanierung) oder an einem vernachlässigten Stadtteil (Stadtsanierung) erfolgen. Wenn Halden oder alte Industrieanlagen saniert werden, bedeutet das oft eine Entgiftung des Bodens und Wiedernutzbarmachung (für andere Zwecke).

Senat: (von lat.: *senatus* = Rat der Alten) war im Römischen Reich eine Versammlung von meist adligen Beratern, die die Politik des Staates beeinflussten. Auch heute gibt es Senate – so werden beispielsweise die Regierungen von Stadtstaaten, wie Berlin oder Hamburg genannt.

Slum: Bezeichnung für einen verwahrlosten Stadtteil, in dem große gesellschaftliche Probleme (Kriminalität, Gewalt, Umweltverschmutzung usw.) herrschen; solche Merkmale gibt es weltweit in einigen großen Städten – unabhängig von der politischen Führung oder dem Reichtum eines Landes.

Soziale Marktwirtschaft: Das Wirtschaftsleben wird durch Rahmengesetze des Staates derart gestaltet, dass wirtschaftlich und sozial schwächere Bevölkerungsgruppen geschützt werden. Ziel der sozialen Marktwirtschaft ist es, die Verschärfung sozialer Gegensätze nach Möglichkeit zu verhindern, gesellschaftlich negative Folgen der Marktwirtschaft zu vermeiden, zu mindern oder auszugleichen. Die soziale Marktwirtschaft in Deutschland unterliegt dem Sozialstaatsgebot des Grundgesetzes.

Sozialgesetzgebung: Auf Reichskanzler Otto von Bismarcks Initiative hin, wurden gegen Ende des 19. Jhs. mehrere Gesetze zur Verbesserung der Lebens- und Arbeitsbedingungen der Arbeiter verabschiedet. Vorangegangen waren wiederholte Proteste und Streiks der Arbeiter gegen zu hohe Arbeitszeiten oder gesundheitsschädliche Arbeistbedingungen in den Fabriken. Mit den Kranken-, Unfall- und Altersversicherungen sollte die soziale Not der Arbeiter gemindert werden.

Sozialversicherungen: Bezeichnung für die Ende des 19. Jahrhunderts erstmals eingeführten Pflichtversicherungen. Sie sind gesetzlich vorgeschrieben und umfassen Kranken-, Unfall- und Altersversicherung.

Spinning Jenny: umgangssprachliche Bezeichnung für die erste industrielle Spinnmaschine zum Verspinnen von Wolle zu Garn (eigentlich: spinning engine); vor dieser Erfindung kam es oft zu Engpässen bei der Garnproduktion (musste von Frauen auf Spinnrädern hergestellt werden), sodass auch nur eingeschränkt Stoffe hergestellt werden konnten.

Standortfaktoren: Aus Gründen der Wirtschaftlichkeit muss für ein Unternehmen der günstigste Standort nach gewissen Faktoren ausgewählt werden. Dazu gehören z. B. die Leistungsfähigkeit der Verkehrs-, Informations- und Kommunikationsnetze, vorhandene Arbeitskräfte und Rohstoffe, Nähe zum Verbraucher und ein gutes Absatzgebiet. Diese Standortfaktoren beeinflussen den Erfolg des Unternehmens und müssen deshalb sorgfältig bedacht werden.

Stellungskrieg: Im Gegensatz zum Bewegungskrieg eine Form der Kriegsführung, die durch sich kaum verändernde Frontverläufe geprägt ist. Vor allem an der Somme, bei Verdun und Ypern tobte im Ersten Weltkrieg jahrelang ein verlustreicher, aber ergebnisloser Kampf zwischen den gegnerischen Armeen, die sich in Schützengräben festgesetzt hatten.

Steppe: (das Wort geht auf die russische Sprache zurück) baumlose Graslandschaft der gemäßigten Breiten; die Winter in den Steppen sind meistens kalt bis sehr kalt, im Sommer ist es dort trocken.

Steuern: Steuern sind Gelder, die genau festgesetzt sind und von allen Bürgern an den Staat gezahlt werden müssen. Mit diesem Geld kann der Staat seine Ausgaben finanzieren und für seine Bürger sorgen, z. B. Straßen bauen.

Streik: Arbeitnehmer legen gemeinsam ihre Arbeit nieder, um den Arbeitgeber zu Verbesserungen der Arbeitsbedingungen oder Lohnerhöhungen zu bewegen.

Sturmflut: außergewöhnlich hohes Hochwasser, das durch die unterstützende Wirkung eines starken Windes an eine Küste oder in eine Flussmündung gedrückt wird; ältere Schutzdämme halten einer solchen Belastung teilweise nicht stand.

Subventionen: Der Begriff kommt von dem lateinischen Wort „subvenire" und bedeutet „zu Hilfe kommen". Es sind Gelder oder Steuervergünstigungen, die der Staat an Unternehmen oder bestimmte Wirtschaftsbereiche (z. B. Bergbau oder Landwirtschaft) verteilt und sie damit unterstützt.

T

Tank: engl. Bezeichnung für „Panzer"

Terms of Trade: Kennziffer, die das wertgleiche Austauschverhältnis von verschiedenen Waren, Gütermengen, im Austauschhandel zwischen zwei Staaten angibt. So entspricht heute der Wert eines deutschen Lkw dem Wert von 60 Tonnen Bananen, vor 20 Jahren war er noch für 30 Tonnen zu erhalten. Die Terms of Trade haben sich also für das Lieferland der Bananen verschlechtert.

Terrorismus: (von lat.: *terror* = Schrecken). Gesetzwidrige Androhung oder Anwendung von Gewalt zur Durchsetzung bestimmter politischer Ziele. Das kann durch Attentate, Selbstmordanschläge oder auch durch Entführungen geschehen.

Toleranz: Eine Haltung, die Ansichten und Handlungen Andersdenkender anerkennt und gelten lässt.

V

Vegetation: Gesamtheit der Pflanzen, die in einem bestimmten einheitlich geprägten Gebiet wachsen (z. B. die „Alpenvegetation"); ein ähnliches Wort ist das Englische vegetable (= Gemüse).

Verbannung: Verweisung einer Person aus ihrem angestammten Lebensraum; eine Verbannung erfolgt nicht freiwillig (das wäre ein selbst gewähltes „Exil"), sondern wird mit Zwang ausgeübt.

Verfassung: Eine Verfassung bestimmt die grundlegende Ordnung eines Staates, die Aufgaben und Rechte seiner Organe sowie die Rechte und Pflichten der Bürger. Seit dem 18. Jh. forderte man, dass die Regeln schriftlich niedergelegt würden. Die heutige Verfassung der Bundesrepublik Deutschland ist das ▶ Grundgesetz.

Verfassungsgerichtshof Nordrhein-Westfalen: Der Verfassungsgerichtshof Nordrhein-Westfalen prüft bei Bedarf (im Falle einer entsprechenden Klage) die Vereinbarkeit (Verfassungsmäßigkeit) von Gesetzen (und ähnlichen rechtlichen Bestimmungen) mit der Verfassung dieses Bundeslandes. Bürgerinnen und Bürger können nicht direkt Klage beim Verfassungsgerichtshof erheben. Der Verfassungsgerichtshof Nordrhein-Westfalen hat seinen Sitz in Münster.

Versailler Vertrag: Der Friedensvertrag von Versailles beendete (1919) den Ersten Weltkrieg zwischen Deutschland und seinen Gegnern. Die Siegermächte, vor allem Frankreich, setzten schwer wiegende wirtschaftliche und politische Belastungen für Deutschland durch; unter anderem musste Deutschland die Alleinschuld am Ersten Weltkrieg anerkennen. Der Name „Versailler Vertrag" stammt von der Stadt, in der der Vertrag abgeschlossen wurde: dem Paris nahe gelegenem Sitz der französischen Könige mit dem berühmten Schloss.

Völkermord: Absicht, eine nationale, religiöse (oder ethnische = größere Teilgruppe in einem Staat mit kulturell übereinstimmenden Merkmalen) Gruppe zu vernichten.

W

Waffenstillstand: Bei einem Waffenstillstand legen die kriegführenden Parteien die Waffen nieder. Danach erfolgt meist der Friedensschluss.

WebGIS: Der Begriff setzt sich aus den Teilen **web** (Internet) und **GIS** (Geographische Informations-Systeme) zusammen. Diese Geoinformationssysteme bieten digitale Daten zu bestimmtem Räumen. Unter diesem Begriff wird im Allgemeinen eine GIS-Applikation verstanden. (Wie du damit arbeiten kannst, findest du auf S. 288–289 im Buch.)

Weltbild: Der Begriff wird oft zusammen mit dem Begriff Weltanschauung oder mit Vorstellungen über die Welt erwähnt. Die Vorstellung, dass die Erde Mittelpunkt der Welt und des Weltalls sei, wurde durch astronomische Beobachtungen verändert. Nikolaus Kopernikus erkannte, dass die Erde um die Sonne kreist (heliozentrisches Weltbild) und dass die Erde nicht der Mittelpunkt der Welt ist (geozentrisches Weltbild). Diese Beobachtungen widersprachen den Lehren der Kirche.

Wettbewerb: Die Konkurrenz der Teilnehmer auf einem Markt; vor allem: Konkurrenz der Verkäufer von Waren und Dienstleistungen um die Gunst der Käufer.

Wettrüsten: Bezeichnung für den im Kalten Krieg zwischen den USA und der UdSSR ausgetragenen Rüstungswettlauf. Ein „Gleichgewicht des Schreckens" sollte den Ausbruch direkter bewaffneter Konflikte verhindern. Seit Mitte der 1980er-Jahre wurde die Zahl der Atomwaffen durch Abrüstungsvereinbarungen reduziert. Kalter Krieg und Wettrüsten endeten 1989/90 mit dem Zusammenbruch der Sowjetunion.

Wirbelsturm: Stürme, die sich um eine senkrechte Achse drehen; abgesehen von dieser gemeinsamen Eigenschaft unterscheiden sich die Wirbelstürme der Erde je nach Großraum stark voneinander (ein Hurrikan z. B. kann nur entstehen, wo das Meerwasser über 26 Grad Celsius warm ist).

World Trade Organization (WTO): Die World Trade Organization ist eine internationale Einrichtung mit Sitz in Genf. Die WTO wurde 1994 gegründet, sie beschäftigt sich mit der Regelung von Handels- und Wirtschaftsbeziehungen zwischen den Mitgliedsstaaten (Stand 2011: 153 Mitgliedsstaaten). Im Falle eines Streits zwischen ihren Mitgliedern versucht sie zu vermitteln.

Bildquellennachweis

Umschlag: © hadynyah-istockphoto.com; Klappe (vorne o.l.), 47 (3): © Arctic-Images/Corbis; Klappe (vorne o.r.), 220 (2): Cultura/mauritius images; Klappe (vorne m.r.), 223 (3): picture-alliance/dpa/Friso Gentsch; Klappe (vorne u.l.), 136 (2): Hollandse Hoogte/laif; Klappe (vorne u.r.), 124 (3.v.o.): picture-alliance/Arco Images; Klappe (vorne l.), 14: picture alliance/WILDLIFE; 8 (2): Peter Wirtz, Dormagen; 8 (3): Martina Quill, Esslingen; 10/11: © George Steinmetz/Corbis; 11 (r.): Eric LOBO/HOA-QUI/laif; 12 (1): © George Steinmetz/Corbis; 13 (5): mauritius images/age; 14 (2 r.): picture-alliance/WILDLIFE/S. Muller; 14 (2 l.), Klappe hinten: Shutterstock/fotoedu; 14 (2 u.): picture-alliance/ZB; 17 (2): picture-alliance/dpa/© dpa/Chang Xu; 17 (3): picture-alliance/dpa/© dpa/Strunin Anatoly; 17 (4): picture-alliance/Burkhard Juettner/vintage.de; 21 (4): © Frank Krahmer/Corbis; 24 (1): GlowImages/GammaIllustrations; 26 (3): Partnerschaft Afrika e.V., Geesthacht; 27 (5): Partnerschaft Afrika e.V., Geesthacht; 28 (2A): Konrad Wothe/LOOK-foto; 28 (2B): Andreas Strauss/LOOK-foto; 28 (2C): Konrad Wothe/LOOK-foto; 29 (3l.o.): age fotostock/LOOK-foto; 29 (3m.): photoshot/LOOK-foto; 29 (3l.u.): Photononstop/LOOK-foto; 29 (3r.): picture alliance/WILDLIFE/G. Lacz; 29 (4): Roland and Sabrina Michaud/akg; 30 (1, 2): look-foto; 30 (3): picture-alliance/© Balance/Photoshot/David Woodfall; 30 (4): Konrad Wothe/LOOK-foto; 31 (6): mauritius images/Robert Harding; 31 (7): age fotostock/LOOK-foto; 32 (1): TerraVista/LOOK-foto; 32 (2): ArcticPhoto/laif; 32 (3): Look-foto; 33 (4): picture-alliance/NHPA/photoshot/JOHN SHAW; 35 (1): Reinhard Dirscherl/LOOK-foto; 37 (1): TerraVista/LOOK-foto; 39 (B 1): Stefan Eisend/LOOK-foto; 39 (C 1): TerraVista/LOOK-foto; 39 (A 1): age fotostock/LOOK-foto; 40/41: Photoshot; 42 (1): Photoshot; 42 (2): Polaris Images/laif; 42 (3): Photoshot; 43 (4): Photoshot; 45 (o.): Turpin/Le Figaro Magazine/laif; 46 (1): mauritius images; 46 (2): picture-alliance/dpa-Report; 47 (4): picture-alliance/ZB/euroluftbild; 48 (3): picture-alliance/Uwe Gerig; 50 (1): picture-alliance/dpa; 50 (2): Peter Essick /Aurora/laif; 51 (7): mauritius images/Alamy; 52 (1): picture-alliance/ZB; 52 (2): imago; 53 (4): Corbis/(c) Zahidul Karim Salim/NurPhoto; 53 (6): mauritius images; 54 (2), 55 (3): Partnerschaft Afrika e.V., Geesthacht; 57 (1): picture-alliance/ZB; 59 (1): F1online; 59 (2): look-foto; 60 (1): picture-alliance/ZB/euroluftbild; 60 (3): Glow Images/ImagebrokerRM; 61 (4): Sinopix/laif; 63 (3): sciencephotolibrary/ROGER HILL; 64/65: imago; 66 (1): Shutterstock/Robert Crum; 66 (3): imago; 67 (4): allOver/mauritius images; 67 (5): picture-alliance/Marcus Simaitis/dpa; 68 (1): picture-alliance/dpa; 68 (3): www.a1pix. Com/YourPhotoToday/PM; 69 (o.): Paul Langrock/Zenit/laif; 69 (2.v.o.): © Imaginechina/Corbis; 69 (3.v.o.): picture-alliance/dpa; 69 (u.): picture-alliance/blickwinkel/W; 70 (1): Alexander Figge, Marl; 71 (2): © Christian Schwier-fotolia.com; 71 (3): Alexander Figge, Marl; 72 (1): picture-alliance/dpa; 72 (2): Imago Stock & People GmbH/imago images/Rüdiger Wölk; 73 (1): Daniel Rosenthal/laif; 73 (2): picture-alliance/dpa; 74 (1): picture-alliance/dpa; 74 (2): picture-alliance/dpa; 75 (1): Fulvio Zanettini/laif; 75 (2): picture-alliance/dpa-infografik; 76 (o.): Philippe Dureuil/PhotoAlto/laif; 76 (m.): Shutterstock/Hurst Photo; 76 (u.): Alberto Masnovo-shutterstock.com; 82 (1): Generallandesarchiv Karlsruhe, J-B Heudorf 1; 85 (3): akg-images; 86 (1): picture-alliance/maxppp; 86 (2): akg-images; 89 (3l.): akg-images; 89 (3 r.): picture-alliance/ZB/Karlheinz Schindler; 91 (3): Jacqueline Guillot/akg-images; 92 (2), 97 (2): © Bettmann/CORBIS; 93 (l.): picture-alliance/Foodcollectio; 94 (1): akg-images; 95 (2): Roland and Sabrina Michaud/akg; 96 (o.): akg/North Wind Picture Archives; 96 (m.): picture-alliance/Lou Avers; 96 (u.): INTERFOTO/CCI; 98/99: picture-alliance/ZB © dpa/Hartmann, Elmar; 102 (2), 103 (m.): akg-images/De Agostini Pict. Lib.; 103 (o.): akg-images/Cameraphoto; 103 (u.), 107 (3): akg-images; 104 (1): bpk/Scala; 105 (3): akg-images; 106 (1): Albertina Museum, Wien/www.albertina.at; 106 (2): akg-images; 108 (1): akg-images; 113 (1): picture-alliance/United Archiv/© Banco de México Diego Rivera Frida Kahlo Museums Trust/VG Bild-Kunst, Bonn 2014; 113 (3): bpk; 115 (2): akg-images/© Banco de México Diego Rivera Frida Kahlo Museums Trust/VG Bild-Kunst, Bonn 2014; 116 (m.): picture-alliance/Foodcollectio; 116 (u.): Glow Images/Heritage Images RM; 118/119: picture-alliance/JOKER; 120 (l.): picture-alliance/dpa/dpaweb; 120 (r.o.): picture-alliance; 120 (r. 2.v.o), Klappe (hinten u.l.): picture-alliance/WILDLIFE; 120 (r. 3.v.o.), Klappe (hinten o.m.): picture-alliance/Ton Koene; 120 (r.u.): picture-alliance; 123 (2): INTERFOTO/imagebroker/bildagentur münchen; 124 (o.): akg-images; 124 (2.v.o.): picture-alliance/Fraser Hall/R; 124 (u.): picture-alliance/Ethel Davies; 125 (3): Imagebroker/mauritius images/ib; 126 (2): © Jason Bleibtreu/Sygma/Corbis; 127 (3): picture-alliance/dpa-infografik; 127 (6): Polaris Images/laif/Vincent Sannier; 128 (1): picture-alliance/dpa-infografik; 129 (3): picture-alliance/dpa-infografik; 130 (1): Nick Hannes/Reporters/laif; 131 (2): Sven Torfinn/laif; 131 (l.): Pep Bonet/Noor/laif; 131 (r.): Francesco Zizola/Noor/laif; 133 (3): picture-alliance/dpa; 134 (1): picture-alliance/dpa/Florian Schuh; 134 (3): picture-alliance/dpa/Thomas Brey; 135 (2): picture-alliance/Horst Ossinge; 137 (1): picture-alliance/dpa; 138 (u.): Franz Pfluegl-fotolia.com; 139 (1): picture-alliance/dpa-infografik; 139 (2): picture-alliance/dpa-infografik; 140/141: F1online; 141 (l.): Uwe Umstätter/mauritius images; 141 (r.): Shutterstock/Olena Zaskochenko; 142 (1): INTERFOTO/NG Collection; 142 (2): Hans-Bernhard Huber/laif; 143 (3): look-foto; 143 (4): look-foto; 143 (5): Glow Images/Corbis RF; 144 (2), 159 (1): StockThings-shutterstock.com; 146 (1): picture-alliance/Raimund Nitzsche dpa; 146 (2): gabczi-shutterstock.com; 146 (3): Ingo Bartussek – fotolia.com; 146 (4): Juliette Antoine/Oredia/laif; 147 (6): Martin Kirchner/laif; 147 (7): Image Source/mauritius images; 147 (8), 311 (6): JackF – fotolia.com; 147 (9): Gaby Gerster/laif; 148 (3 l.): Interfoto; 148 (3 r.): Glow Images/Westend61; 149 (5): Shutterstock/Goodluz; 149: www.boys-day.de, www.girls-day.de; 150: Christine Kronenberg, Köln; 152 (2): Pressmaster – fotolia.com; 153 (3): Imagebroker/mauritius images/ib; 154 (1): © Reinhard Schmid/Schapowalow; 156 (3): konoklast_hh – fotolia.com; 157 (3): New YorkTimes Cartoons/laif; 158 (o.): picture-alliance/Ikon Images; 159 (2): mauritius images; 159 (3): picture-alliance/dpa-infografik; 160/161: akg-images; 162 (1): © Gianni Dagli Orti/Corbis; 162 (4) bpk; 163 (6): bpk; 163 (7): Owen Franken/Corbis Düsseldorf; 166 (1): akg-images/Erich Lessing; 167 (3): Imago; 167 (5): akg-images; 167 (6): akg-images/Erich Lessing; 168 (1): akg-images/Jean-Claude Varga; 168 (2): akg-images/Erich Lessing; 169 (1, 2): akg-images; 170 (1): bridgeman/Giraudon; 170 (2): bridgeman/Giraudon; 170 (3): picture-alliance/Mary Evens Picture Library, London; 172 (1): akg-images/Erich Lessing; 172 (2): akg-images; 173 (3, 6 l., 6 r.): akg-images; 174 (1): akg-images; 175 (6): © Bridgemanart.com; 176 (1): akg-images; 179 (2), 257 (o.): akg-images; 180 (2, 3): akg-images; 181 (2): akg-images; 182 (3): picture-alliance/maxppp; 184 (o.): Verlag Freies Geistesleben; 184 (2.v.o.): akg/De Agostini Picture Lib.; 184 (3.v.o.): picture-alliance; 184 (u.): akg-images/Erich Lessing; 185 (2, 4): akg-images; 186/187: picture-alliance/ZB; 188 (1): bpk/Nationalgalerie, SMB/Jürgen Liepe; 188 (2), 195 (1): akg-images; 189 (1): picture-alliance/dpa; 189 (2, 3): Georgsmarienhütte, www.

Projektleitung: Dr. Uwe Andrae
Redaktion: Terezia Petö, Johannes Völker
Grafik: Thomas Binder, Magdeburg; Elisabeth Galas, Bad Breisig; Wolfgang Mattern, Bochum
Karten: Carlos Borell, Dr. Volkhard Binder, Berlin
Bildassistenz: Christina Sandig, Svea Schade
Layoutkonzept: Ulrike Kuhr; Corinna Babylon, Berlin auf Basis eines Entwurfs von Buchgestaltung+, Berlin
Umschlaggestaltung: Rosendahl Berlin
Technische Umsetzung: Uwe Rogal, Berlin

Das Umschlagbild zeigt eine Tänzerin im Tempel Angkor Wat in Kambodscha
(© hadynyah-istockphoto.com).

www.cornelsen.de

Die Webseiten Dritter, deren Internetadressen in diesem Lehrwerk angegeben sind,
wurden vor Drucklegung sorgfältig geprüft. Der Verlag übernimmt keine Gewähr für
die Aktualität und den Inhalt dieser Seiten oder solcher, die mit ihnen verlinkt sind.

1. Auflage, 5. Druck 2020

Alle Drucke dieser Auflage sind inhaltlich unverändert
und können im Unterricht nebeneinander verwendet werden.

© 2014 Cornelsen Schulverlage GmbH, Berlin
© 2016 Cornelsen Verlag GmbH, Berlin

Druck und Bindung: Livonia Print, Riga

ISBN 978-3-06-064376-9 (Schülerbuch)
ISBN 978-3-06-064997-6 (E-Book)

PEFC zertifiziert
Dieses Produkt stammt aus nachhaltig
bewirtschafteten Wäldern und kontrollierten
Quellen.
www.pefc.de
PEFC/12-31-006

Exkursionsziele, Industriedenkmäler in Nordrhein-Westfalen

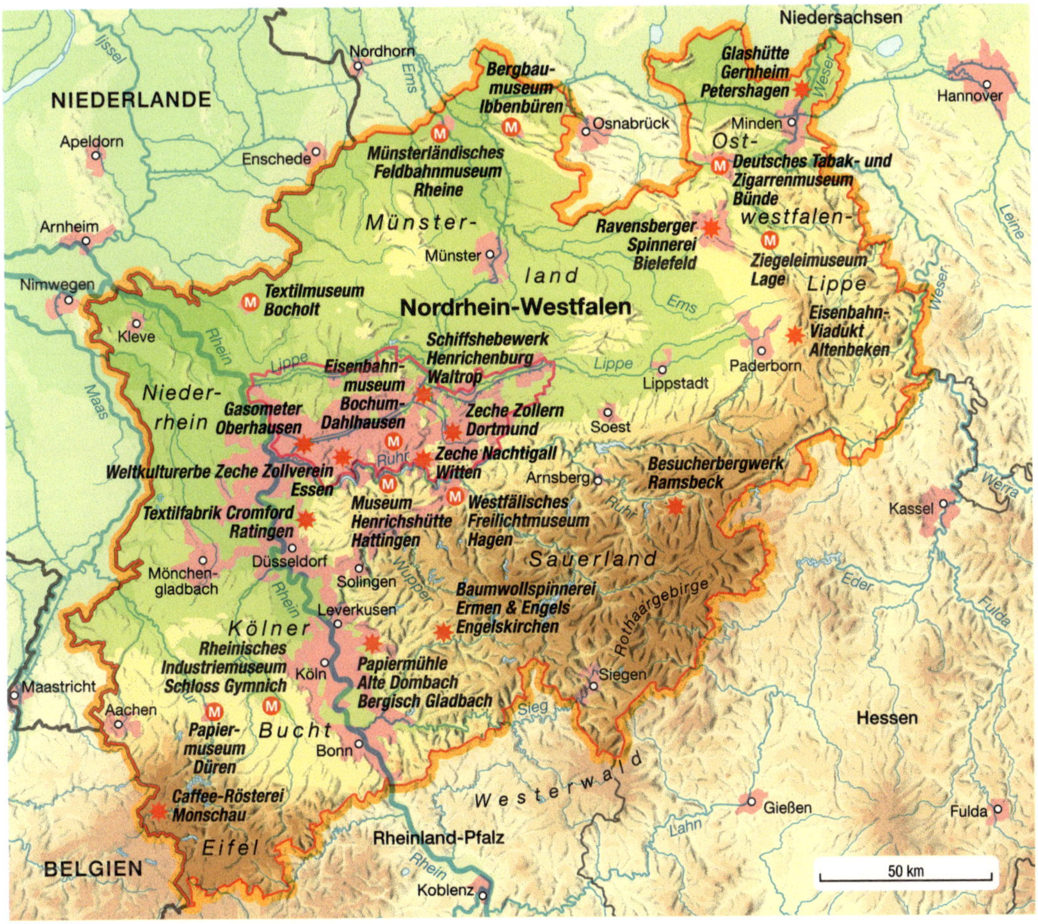

Niedersachsen

NIEDERLANDE

Nordhorn

Apeldorn

Enschede

Arnheim

Nimwegen

Kleve

**Textilmuseum
Bocholt**

*Münster-
land*

Münster

Nordrhein-Westfalen

Bergbau-
museum
Ibbenbüren

Münsterländisches
Feldbahnmuseum
Rheine

Osnabrück

Glashütte
Gernheim
Petershagen

Weser

Hannover

Minden

Ost-

Deutsches Tabak- und
Zigarrenmuseum
Bünde

westfalen-

Ravensberger
Spinnerei
Bielefeld

Ziegeleimuseum
Lage

Lippe

Leine

Weser

Eisenbahn-
Viadukt
Altenbeken

Paderborn

Ems

Lippstadt

Lippe

Soest

Niemen-
rhein

Gasometer
Oberhausen

Weltkulturerbe Zeche Zollverein
Essen

Textilfabrik Cromford
Ratingen

Mönchen-
gladbach

Maastricht

Aachen

Papier-
museum
Düren

Caffee-Rösterei
Monschau

BELGIEN

Eifel

Eisenbahn-
museum
Bochum-
Dahlhausen

Schiffshebewerk
Henrichenburg
Waltrop

Zeche Zollern
Dortmund

Zeche Nachtigall
Witten

Museum
Henrichshütte
Hattingen

Düsseldorf

Solingen

Leverkusen

Westfälisches
Freilichtmuseum
Hagen

Arnsberg

Ruhr

Besucherbergwerk
Ramsbeck

Sauerland

Kassel

Wupper

Baumwollspinnerei
Ermen & Engels
Engelskirchen

Kölner

Rheinisches
Industriemuseum
Schloss Gymnich

Köln

Papiermühle
Alte Dombach
Bergisch Gladbach

Bucht

Bonn

Siegen

Sieg

Werra

Eder

Fulda

Hessen

Gießen

Fulda

Westerwald

Lahn

Rheinland-Pfalz

Koblenz

Rhein

50 km

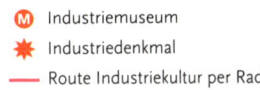

Industriemuseum

Industriedenkmal

Route Industriekultur per Rad

Der Textknacker

Beim Lesen und Verstehen von Texten hilft der Textknacker.

1. Schritt: Vor dem Lesen

Bilder beim Text helfen mir, den Text besser zu verstehen.
Die Überschrift sagt mir etwas über den Inhalt des Textes.

- Ich sehe mir die Bilder an.
- Ich lese die Überschrift.

Worum könnte es in dem Text gehen?

2. Schritt: Das erste Lesen

Ein Text hat Absätze. Was in einem Absatz steht, gehört zusammen.
Die Schlüsselwörter im Text sind besonders wichtig.
Einige Wörter werden unter dem Text erklärt.

- Ich zähle die Absätze.
- Ich lese die hervorgehobenen Schlüsselwörter.
- Ich lese die Worterklärungen.

Was weiß ich jetzt?

3. Schritt: Den Text genau lesen

Erst der ganze Text sagt mir, worum es geht.
Ich lese den ganzen Text – Absatz für Absatz.

Was habe ich erfahren?

4. Schritt: Nach dem Lesen

Ich habe den ganzen Text gelesen.
- Ich schreibe zu jedem Absatz etwas auf.
- Ich schreibe die wesentlichen Informationen auf.
- Ich schreibe auf, was für mich wichtig ist.